本书为中国科协重大调研项目
"大学生（科技类）价值观状况及其教育引导研究"成果

中国科技类大学生健康成长状况研究报告

王培刚 等 著

中国社会科学出版社

图书在版编目（CIP）数据

中国科技类大学生健康成长状况研究报告/王培刚等著.—北京：中国社会科学出版社，2019.3
ISBN 978 - 7 - 5203 - 4188 - 2

Ⅰ.①中… Ⅱ.①王… Ⅲ.①大学生—人才成长—研究报告—中国 Ⅳ.①G645.5

中国版本图书馆CIP数据核字（2019）第048291号

出版人	赵剑英
责任编辑	田　文
责任校对	张爱华
责任印制	王　超

出　版	中国社会科学出版社
社　址	北京鼓楼西大街甲158号
邮　编	100720
网　址	http://www.csspw.cn
发行部	010 - 84083685
门市部	010 - 84029450
经　销	新华书店及其他书店
印　刷	北京明恒达印务有限公司
装　订	廊坊市广阳区广增装订厂
版　次	2019年3月第1版
印　次	2019年3月第1次印刷
开　本	710×1000　1/16
印　张	24
字　数	381千字
定　价	98.00元

凡购买中国社会科学出版社图书，如有质量问题请与本社营销中心联系调换
电话：010 - 84083683
版权所有　侵权必究

目 录

概 述 ··· (1)
 一　问卷的设计与编制 ·· (1)
 二　调查抽样方案 ·· (4)
 三　问卷施测过程 ·· (6)
 四　调查样本分布及问卷质量 ······································ (7)
 五　主要结论与建议 ··· (9)

第一章　人生观与人生追求 ·· (26)
 一　对人生价值的看法 ·· (26)
 二　对有关消极人生观的看法 ······································ (31)
 三　本章小结 ·· (34)

第二章　政治观与政治行为 ·· (38)
 一　对当前中国思想理论状况的看法 ······························ (38)
 二　对中国特色社会主义道路、理论体系与制度的看法 ······ (40)
 三　入党意愿与动机 ··· (47)
 四　本章小结 ·· (48)

第三章　道德观与道德行为 ·· (53)
 一　对雷锋精神的看法 ·· (53)
 二　自身道德意愿与行为 ··· (57)
 三　本章小结 ·· (76)

第四章　文化观与文化素养 …………………………………（82）
　　一　文化自信心 ……………………………………………（82）
　　二　传承中华民族优秀传统文化的意愿 …………………（90）
　　三　对待他文化的态度 ……………………………………（97）
　　四　文化经典著作阅读情况 ………………………………（101）
　　五　本章小结 ………………………………………………（106）

第五章　对社会主义核心价值观认知践行状况（上）………（112）
　　一　对社会主义核心价值观基本内容的了解情况 ………（112）
　　二　获取社会主义核心价值观宣传教育信息的渠道 ……（117）
　　三　对社会主义核心价值观建设意义的认识 ……………（122）
　　四　对社会主义核心价值观的理解 ………………………（128）
　　五　本章小结 ………………………………………………（132）

第六章　对社会主义核心价值观认知践行状况（下）………（135）
　　一　对社会主义核心价值观的认同状况 …………………（135）
　　二　对社会主义核心价值观的践行意愿 …………………（149）
　　三　本章小结 ………………………………………………（165）

第七章　择业观与就业意愿 …………………………………（175）
　　一　择业观 …………………………………………………（175）
　　二　就业意愿 ………………………………………………（181）
　　三　本章小结 ………………………………………………（189）

第八章　创新创业状况 ………………………………………（195）
　　一　自主创业意愿 …………………………………………（195）
　　二　对大学生自主创业的看法 ……………………………（200）
　　三　学校对大学生创新能力培养的重视程度 ……………（206）
　　四　学校创业教育活动开展情况 …………………………（207）
　　五　本章小结 ………………………………………………（212）

第九章　科学精神与科学素养 (217)
　　一　对科技作用的看法 (217)
　　二　对科学工作者社会担当的认识 (219)
　　三　对科学道德建设有关举措的了解 (221)
　　四　对科学家学术历程的了解 (223)
　　五　成为隐姓埋名为国奉献的科学家的意愿 (226)
　　六　对科学家献身精神的评价 (229)
　　七　参加科普活动情况 (231)
　　八　本章小结 (237)

第十章　学术道德 (244)
　　一　对学校学术诚信文件的知晓情况 (244)
　　二　对周围同学学术诚信情况的评判 (250)
　　三　对待课程论文的态度和做法 (256)
　　四　学校科学道德和学风建设宣讲教育活动 (263)
　　五　本章小结 (269)

第十一章　课程教学 (275)
　　一　对思想政治理论课在学习掌握核心价值观中作用的评价 (275)
　　二　对专业课教师对大学生价值观引导状况的评价 (283)
　　三　本章小结 (289)

第十二章　日常思想政治教育(上) (293)
　　一　党团活动 (293)
　　二　校园文化 (296)
　　三　社团活动 (304)
　　四　本章小结 (311)

第十三章　日常思想政治教育(下) (318)
　　一　网络育人 (318)

二　实践育人 …………………………………………（326）
　三　全员育人 …………………………………………（333）
　四　科技活动 …………………………………………（339）
　五　本章小结 …………………………………………（346）

第十四章　对价值观教育成效的评价 ……………………（354）
　一　整体成效评价 ……………………………………（354）
　二　对影响成效因素的看法 …………………………（362）
　三　本章小结 …………………………………………（372）

后　记 ……………………………………………………（376）

概　　述

"青年的价值取向决定了未来整个社会的价值取向，而青年又处在价值观形成和确立的时期，抓好这一时期的价值观养成十分重要。"①科技类大学生作为科技创新和社会生产力发展的生力军，他们的价值观状况更是关乎创新型国家和世界科技强国目标的实现。为准确把握科技类大学生价值观状况，深入探寻科技类大学生价值观教育的有效路径，我们承担的中国科协研究项目"大学生（科技类）价值观状况及其教育引导研究"于 2017 年 1 月至 3 月在全国 24 个省（自治区、直辖市）的 80 所高校展开了广泛的问卷调查。本研究基于调查获得的第一手资料，真实呈现了科技类大学生价值观的总体状况，客观反映了科技类大学生对价值观教育开展状况及其成效的认知和评价，并针对调研中发现的问题提出了相应的对策和建议，以期为增强科技类大学生价值观教育的针对性和实效性提供实证参照和学理支撑。

一　问卷的设计与编制

本次调研使用课题组自行研制的调查问卷。在调查问卷的编制和修订过程中，课题组多次组织有关专家学者进行交流、探讨，吸收了多方宝贵意见，从而提高了调查问卷的科学性和有效性。具体情况如下。

---

① 习近平：《青年要自觉践行社会主义核心价值观——在北京大学师生座谈会上的讲话》，《人民日报》2014 年 5 月 5 日。

(一) 问卷设计思路

本次调查对象以科技类大学生群体（即理工农医军类大学生）为主体，同时关注非科技类大学生（即人文科学类和社会科学类大学生），以期在对比中把科技类大学生与非科技类大学生价值观状况的共性与个性挖掘出来。调查采用课题组自编问卷，从"大学生价值观状况"和"大学生价值观教育开展状况"两个维度设计了具体的调查指标。

"大学生价值观状况"维度考察指标主要涉及大学生的人生观、政治观、道德观、文化观、对社会主义核心价值观认知践行状况、择业观以及大学生的创新创业状况、科学素养状况、学术道德状况等。人生观与人生追求、政治观与政治行为、道德观与道德意愿、文化观与文化素养、对社会主义核心价值观认知践行状况、择业观等是大学生价值观状况的重要组成部分，同时也是反映大学生价值观教育成效的重要指标；创新创业状况、科学素养状况、学术道德状况作为大学生人生理想与价值追求的生动体现，也是洞悉大学生价值观状况的重要指标，因而也成为我们考察的重要关注点。

"大学生价值观教育开展状况"维度重点关注大学生价值观教育的主渠道和主阵地两个方面。课程是大学生价值观教育的主渠道，问卷从思想政治理论课和专业课两个角度来考察大学生价值观教育的开展状况以及教育成效；日常思想政治教育是大学生价值观教育的主阵地，调查涉及各类教育活动的开展状况以及大学生的参与程度等，具体指标涵盖了党团活动、校园文化活动、社团活动、网络教育、社会实践活动、科技活动、全员育人等。此外，该维度还纳入了大学生对价值观教育成效的评价，以便更直观地评判当前大学生价值观教育的开展成效。

主要维度及具体指标设置参见表0-1。

表 0-1　　　　　　　　　　问卷设计结构表

调研主题	主要维度	一级指标	二级指标
大学生价值观及其教育状况	大学生价值观状况	人生观与人生追求	对人生价值的看法；对有关消极人生观的看法
		政治观与政治行为	对当前中国思想理论状况的看法；对中国特色社会主义道路、理论体系、制度的看法；入党意愿与动机
		道德观与道德行为	对"雷锋精神"的看法；自身道德意愿与行为
		文化观与文化素养	民族自豪感与文化自信心；传承中华优秀传统文化的意愿；对待他文化的态度；文化经典著作阅读情况
		对社会主义核心价值观认知践行状况	对核心价值观基本内容的了解情况；获取核心价值观宣传教育信息的渠道；对核心价值观建设意义的认识；对核心价值观的理解；对核心价值观的认同状况；对核心价值观的践行意愿
		择业观与就业意愿	择业观；就业意愿
		创新创业状况	自主创业意愿；对大学生自主创业的看法；学校对大学生创新能力培养的重视程度；学校创业教育活动开展情况
		科学精神与科学素养	对科技作用的看法；对科学工作者社会担当的认识；对科学道德建设有关举措的了解；对科学家学术历程的了解；成为隐姓埋名为国奉献的科学家的意愿；对科学家献身精神的评价；参加科普活动情况
		学术道德	对学校学术诚信文件的知晓情况；对大学生学术诚信情况的评判；对待课程论文的态度；学校科学道德和学风建设宣讲教育活动开展情况
	价值观教育开展状况	课程教学	对思想政治理论课在学习掌握核心价值观中作用的评价；专业课教师对大学生价值观引导状况
		日常思想政治教育	党团活动、校园文化活动、社团活动、网络教育、社会实践活动、科技活动、全员育人的开展状况及学生的参与情况
		对价值观教育成效的评价	对整体成效的评价；对影响教育成效原因的看法

（二）问卷编制和修订过程

为设计出科学合理的调查问卷，课题组于2016年5月至7月初广泛收集文献，深入开展理论研究，分析国内外相关调研资料，并对科技类大学生进行了探索性访谈，通过反复讨论，征求多方意见，初步拟定了调查问卷的主要内容和基本结构框架。2016年7—8月，在课题组的组织下，由相关学科专家、大学生管理工作者和科技类大学生代表组成的研讨组对调查问卷的指标体系、整体布局、问题形式、答案设计、语言表达、提问方式等进行了广泛深入地讨论。研讨组成员从专业的角度、管理工作的经验或自身的切身体会对调查问卷提出了许多宝贵的意见和建议。随后，课题组在吸收、采纳这些意见和建议的基础上对调查问卷做了初步修订。2016年9月下旬，课题组就调查问卷设计工作向课题主管部门进行了汇报，会后，根据评审会议上有关专家学者的意见和建议再次对调查问卷进行了修订。2016年10月下旬，课题组对调查问卷进行测试，对问卷的信度、效度进行测评，并针对调研反映出来的问卷设计问题展开讨论和交流，明确问卷修订的总体思路与大致方向，并做出了新的修订和完善。2016年12月，课题组邀请有关专家学者从技术方法、理论论证、现实需要等多个层面对问卷修订稿进行了深入探讨，在此基础上，课题组对调查问卷进行了再次修订和完善，最终形成本次调研使用的问卷。

二 调查抽样方案

调查采用分层抽样的方法。为全面、深入地把握科技类大学生的价值观状况，课题组将部属高校和非部属高校作为此次调研的抽样范围。综合考量样本代表性和调查成本等因素，课题组从部属高校和非部属高校中分别随机抽取了40所高校，形成80所高校的抽样框。具体情况如下。

（一）抽样高校数以及样本量的确定

目前，国内共有113所部属高校，699所非部属本科高校，根据这两类高校的分布，第一类部属高校抽取40所，第二类非部属本科高校抽取40所，共形成80所高校的抽样框。根据国家统计局2014年的信息，每年国家研究生招生50多万，本科生招生300多万。按照在校研究生与本科生的比例，总计大概抽取本科生5000人，研究生1000人，从而形成6000人的总样本量。

（二）抽样高校及其样本容量的确定

首先，按照部属高校和非部属高校两个层次对所有高校的分层特征进行排序，然后进行分层随机抽样，通过设定的种子数随机抽取部属高校40所，非部属本科高校40所。抽取到的这80所高校的本科生总人数为1277697人，研究生总人数为449603人。

其次，将各高校本科生人数（X）除以80所高校的本科生总人数1277697人，获得所抽中高校规模占1277697人的一个比例，然后乘以所抽取的本科生总人数规模5000人，即可获得每个高校要抽取的本科生人数规模。将各高校研究生人数（Y）除以80所高校的研究生总人数449603人，获得所抽中高校规模占449603人的一个比例，然后乘以所抽取的研究生总人数规模1000人，即可获得每个高校要抽取的研究生人数规模。各高校抽取的本科生人数和研究生人数之和即为每所高校要抽取的样本量。以武汉大学为例，抽取的本科生为 $\left(\frac{X}{1277697}\right) \times$ 本科生样本量 $= \left(\frac{31086}{1277697}\right) \times 5000 = 122$ 人，研究生为 $\left(\frac{Y}{449603}\right) \times$ 研究生样本量 $= \left(\frac{23211}{449603}\right) \times 1000 = 52$ 人，即该高校需要抽取的样本量为174人。

根据以上步骤，可依次获得80所高校各自的抽样规模。

（三）各抽样高校中被抽取院系及其样本量的确定

按照所抽中高校院系总数的20%比例，分别在80所高校中抽取将要调查的学院。在院系层面，根据本科生、硕士生、博士生等不同学段分别设置将要抽取的调查人数。

以武汉大学为例，在 SAS 系统中设定随机种子数为 20161225。按照 20% 的比例，从 34 个教学学院中随机抽取 7 个院系（国学院、马克思主义学院、政治与公共管理学院、动力与机械学院、土木建筑工程学院、印刷与包装系、第二临床学院）。抽样规模为 174 人，其中本科生抽取 122 人，研究生抽取 52 人。根据年龄分布和学院分布，制定以下抽样方案：国学院、马克思主义学院、政治与公共管理学院各抽取 26 人，每个院系本科一、二年级分别抽取 5 人，三、四年级分别抽取 4 人，研究生抽取 8 人。动力与机械学院、土木建筑工程学院、印刷与包装系各抽取 24 人，各院系本科一年级抽取 5 人，二、三、四年级分别抽取 4 人，研究生抽取 7 人。第二临床学院抽取 24 人，其中本科一、二年级分别抽取 4 人，三年级到五年级分别抽取 3 人，研究生抽取 7 人。

三　问卷施测过程

2017 年 1—3 月，课题组在中国人民大学、清华大学、北京工业大学、北京航空航天大学、北京科技大学、北京邮电大学、中国农业大学、中国传媒大学、中央财经大学、外交学院、中央音乐学院、中国政法大学、中华女子学院、中国地质大学（北京）、北京联合大学、天津大学、天津科技大学、中国民航大学、燕山大学、华北科技学院、中国人民武装警察部队学院、山西大学、山西农业大学、山西医科大学、内蒙古医科大学、集宁师范学院、吉林大学、东北师范大学、吉林师范大学、吉林财经大学、吉林农业科技学院、吉林警察学院、哈尔滨商业大学、复旦大学、华东师范大学、上海外国语大学、南京航空航天大学、南京农业大学、江苏师范大学、南京晓庄学院、浙江中医药大学、浙江传媒学院、中国科学技术大学、合肥工业大学、厦门大学、闽南师范大学、江西财经大学、江西警察学院、中国石油大学（华东）、山东建筑大学、山东中医药大学、曲阜师范大学、滨州学院、安阳师范学院、洛阳师范学院、武汉大学、华中科技大学、武汉工程大学、中国地质大学（武汉）、中南民族大学、广州体育学院、桂林电子科技大学、广西科技师范学院、重庆大学、重庆邮电大学、重庆师范大学、四川美术学院、重庆科技学院、电子科技大学、西南民族大学、西藏农牧学院、西安交通大学、西安建筑科技大学、长安大学、西北农林科技大学、兰州大学、兰州财经大学、甘肃政法学院、宁夏大学、北方民族大学80所高校①开展了大学生价值观状况调查。

在施测过程中，课题组严格遵守抽样方案，并且坚持以下基本原则：第一，要求被访者真实填答，确保没有替答或者弃答的现象；第二，为确保问卷填答的真实性和有效性，要求被访者在填答问题的时候，有访问员在现场；第三，避免个人背景同质的学生填写全部问卷，确保不同背景的学生都有同等被抽中的机会，如果多人都符合抽样要求，选择出生日期和调查日期最为接近的学生进行调查；第四，在学院层面，根据四年制或五年制本科、硕士生、博士生等不同学历阶段，以及男女性别分别设置平衡数量抽取；第五，在被调查高校中如果有博士研究生缺少的情况，将抽样名额放在同一学科的硕士生中进行抽取，如果出现以上二者都缺少的情况，将抽样名额放在同一学科的本科生中进行抽取，直到抽取到相应规模的被访者；第六，每所高校都有相应数量的备份问卷，仅限在问卷丢失、毁损的情况下使用。

四 调查样本分布及问卷质量

调查问卷回收后，课题组对回收的问卷进行了整理，并在EpiData软件中进行了数据录入。在数据统计工作完成后，课题组使用SPSS21.0软件分析了调查样本的分布情况，分析结果如下：

本次调查共发放问卷6000份，回收问卷5938份，回收率为99.0%；其中有效问卷5807份，有效回收率为96.8%。样本的基本情况详见表0-2。

---

① 80所高校排名顺序参照教育部公布的《2017年全国高等学校名单》（截至2017年5月31日）中各高校的排名顺序。

表0-2　　　　　　　调查样本基本情况分布表　　　　　　　(N/%)①

项目	类别	人数	百分比
性别	男生	3038	52.4
	女生	2761	47.6
民族	汉族	5022	87.3
	少数民族	728	12.7
年龄	16—20岁	2540	44.5
	21—24岁	2857	50.0
	25岁以上	315	5.5
学校类别	985高校	1776	30.6
	211高校	1109	19.1
	普通本科	2922	50.3
年级	大一	1378	23.7
	大二	1347	23.2
	大三	1177	20.3
	大四（含少数大五）	1047	18.0
	研究生	854	14.7
学科类别	科技类	3429	59.7
	非科技类	2314	40.3
政治面貌	中共党员（含预备党员）	1353	23.4
	共青团员	4229	73.1
	民主党派成员	11	0.2
	群众	193	3.3
生源地	农村	2116	36.6
	乡镇	597	10.3
	县城、县级市	1193	20.6
	地级市	963	16.6
	省会城市	590	10.2
	直辖市	326	5.6

① 数据统计中，存在个别问卷有关题目未作答现象。

续表

项目	类别	人数	百分比
学生干部经历	有	4716	81.7
	没有	1057	18.3
独生子女	是	2958	51.3
	否	2805	48.7

五 主要结论与建议

调查表明,科技类大学生价值观状况总体积极健康,呈现出奋发向上、崇德向善的发展态势;科技类大学生价值观教育扎实推进,成效显著。同时,调查也反映出一些值得注意的现象与问题,为进一步加强和改进科技类大学生价值观教育指明了方向。

(一) 科技类大学生价值观状况

调查发现,奋发向上、崇德向善是当前科技类大学生价值观状况的总体态势。绝大多数科技类大学生崇尚奉献精神,能够辩证看待个人价值与社会价值的关系,对消极人生观具有一定的抵御能力;"四个自信"坚定,入党意愿较为强烈,入党动机基本端正;高度认可雷锋精神,做志愿者的意愿强烈并且积极践行;民族自豪感和责任感强烈,乐于传承中华优秀传统文化,能够理性对待他文化;对社会主义核心价值观的认知和理解较好,高度认同社会主义核心价值观,愿做社会主义核心价值观的践行者;能认真对待课程论文,自觉遵循学术规范;择业时考虑因素多样化;普遍认识到科技的作用和科学工作者的社会担当,对科学家的献身精神给予高度评价,参与科普活动的意愿强烈。但调查也发现,部分科技类大学生存在享乐主义倾向,入党动机夹杂功利性因素,道德意愿易受社会不良风气的影响,对文化经典著作阅读情况不太乐观;对社会主义核心价值观存在一些错误观念,践行社会主义核心价值观的积极性有待提高;对学校学术诚信文件的知晓情况欠佳,到西部地区就业以及自主创业意愿较弱,参与科普活动的情况不太理想。

1. 人生观与人生追求

多数科技类大学生崇尚奉献精神，能够辩证看待个人价值与社会价值的关系，对消极人生观具有一定的抵御能力。调查显示，86.4%的科技类大学生认为"奉献是人生最大的快乐"，仅有1.7%的科技类大学生明确表示反对。关于个体价值与国家、民族的关系，高达92.1%的科技类大学生赞同"人生梦想是国家梦、民族梦和个人梦的有机统一"，仅有1.4%的科技类大学生明确表示不赞同。调查还发现，科技类大学生对"宿命论""拜金主义"等消极人生观具有一定的抵御能力，分别有66.8%、62.3%的人对"生死由命，富贵在天""人为财死，鸟为食亡"等观点表示不赞同，但是"享乐主义"人生观的影响不容忽视，26.8%的科技类大学生赞同"人生苦短，应及时行乐"，还有24.3%的科技类大学生表示"说不清楚"。

2. 政治观与政治行为

科技类大学生"四个自信"坚定，高度认同中国特色社会主义道路、理论、制度和文化。调查显示，92.2%的科技类大学生赞同"实现民族复兴必须坚持中国特色社会主义道路"；92.7%的科技类大学生赞同"中国特色社会主义理论体系是我国现代化建设的理论指南"；85.1%的科技类大学生认为当前中国社会最有影响力的思想理论是中国特色社会主义理论体系；91.4%的科技类大学生认为"中国特色社会主义制度具有独特优势"；93.8%的科技类大学生坚信"中华民族一定能创造文化新辉煌"。调查发现，科技类大学生入党意愿强烈，入党动机基本端正。在入党意愿方面，86.0%的科技类大学生积极要求加入党组织，"追求理想和信念"（30.9%）、"为国家和社会作出更多的贡献"（24.1%）、"对党的执政地位和执政理念有信心"（15.1%）等是科技类大学生积极入党的主要动机。但是，少数科技类大学生缺乏坚定信仰，将加入党组织作为个人发展的跳板，企图通过入党来"增强就业竞争力"（13.1%）、"寻求政治荣誉感"（8.8%）、"谋求仕途发展"（6.2%）。

3. 道德观与道德行为

雷锋精神的时代价值得到科技类大学生的充分肯定，高达96.0%

的科技类大学生认为在当今社会，雷锋精神"并未过时，仍值得发扬"，仅有4.0%的科技类大学生认为雷锋精神"已经过时，不值一提"。关于志愿活动参与情况，94.0%的科技类大学生愿意参加诸如抗震救灾、山区支教、环境保护等相关志愿活动；85.7%的科技类大学生平均每年都会参加公益（义务）活动，其中五成（50.7%）的科技类大学生每年参与公益活动1—2次；35.0%的科技类大学生每年参与公益活动的次数达到3次以上。数据表明，科技类大学生参加志愿活动的意愿强烈并且积极付诸实践，展现了无私奉献、勇于担当的精神风貌。但是调查也发现，科技类大学生的道德意愿易受社会不良风气的影响。遇到跌倒的老人，仅有一半（50.6%）的科技类大学生表示"一定会"主动伸出援手，另有46.5%的科技类大学生顾虑重重、犹豫不决，表示"可能会"伸出援手，还有2.9%的科技类大学生"不会"伸出援手。进一步分析科技类大学生"可能会""不会"向跌倒老人伸出援手的原因发现，82.3%的人担心"借此讹人的事件很多，防人之心不可无"。可见，如何治理社会不良风气，为科技类大学生做好事、行善举提供坚实的制度支撑和良好的法律保障，从而消除他们德行善举的后顾之忧是当前道德建设面临的突出难题。

4. 文化观与文化素养

科技类大学生拥有高度的民族自豪感和责任感。调查显示，95.8%的科技类大学生表示"我为自己是中华民族的一员而自豪"；98.2%的科技类大学生赞同"国家兴亡，匹夫有责"。在对待优秀传统文化和外来文化的态度上，96.3%的科技类大学生赞同"我们应当传承好中华民族的优秀传统文化"；95.7%的科技类大学生认为"我们应以开放包容的态度对待外域文明，吸收其优长"。这组数据表明绝大多数科技类大学生认识到中华优秀传统文化的魅力和价值，愿做中华优秀传统文化的传承者，并且能够理性、客观地对待外来文化，不"盲目排外"。关于对文化经典著作的阅读情况，科技类大学生对传统文化经典著作的阅读率最高，分别有92.1%、76.1%、68.2%的学生不同程度地读过《论语》《孟子》《道德经》；马克思主义经典著作次之，完整或部分阅读过《共产党宣言》《毛泽东选集》《邓小平文选》的科技类大学生比例分别为67.8%、68.2%、51.6%；科技类大学生对西方文化经典著作的阅读率最低，分别有28.3%、24.2%、21.5%的学生完整或部分阅读过《理想国》《社会契约论》《正义论》。进一步分析发现，绝大多数科技类大学生对文化经典著作的阅读仅停留在走马观花、浅尝辄止的泛读层面。具体来说，《论语》（20.6%）、《共产党宣言》（15.5%）是科技类大学生精读率最高的两部文化著作，而其他文化经典著作的精读率均低于10.0%。

5. 对社会主义核心价值观认知践行状况

多数科技类大学生认可社会主义核心价值观建设的意义，从多渠道获取社会主义核心价值观信息。数据显示，85.9%的科技类大学生认为当前有必要弘扬和培育核心价值观；94.0%的科技类大学生认为"核心价值观是一个国家最持久最深层的力量"；92.2%的科技类大学生赞同"社会主义核心价值观对当今中国社会发展产生了重要引领作用"；分别有98.4%、96.5%、83.9%的科技类大学生对"国无德不兴，人无德不立""青年兴则国家兴，青年强则国家强""人生的扣子从一开始就要扣好"表示赞同。结果表明绝大多数学生认识到社会主义核心价值观在国家兴旺发达、社会发展进步以及个体成长成才中的重要作用。调查还发现，科技类大学生从多种渠道获取社会主义核心价值观信息，分别为网络媒体（68.4%）、思想政治理论课（65.1%）、电视广播（62.9%）、校园文化活动（41.5%）、书籍报刊（40.4%）、社会实践（23.1%）、专业课（14.2%）、家庭教育（13.3%）以及其他渠道（2.0%）。网络媒体、思想政治理论课、电视广播是科技类大学生获取社会主义核心价值观信息的主要渠道。

科技类大学生对社会主义核心价值观基本内容的了解程度较高，对社会主义核心价值观内涵的理解情况总体较好。在对社会主义核心价值观基本内容的了解方面，60.6%的科技类大学生表示"非常了解"或"比较了解"。关于对社会主义核心价值观内涵的理解，95.4%的科技类大学生赞同"自由、平等、民主等是人类社会共同的价值追求，但在不同的社会历史阶段、不同的国度有不同的内涵与实现形式"。但是，由于社会主义核心价值观中的"自由、平等、民主"等概念与西方国家主张的价值观存在字面的重合，一些科技类大学生把二者混为一谈。数据显示，19.4%的科技类大学生认为社会主义核心价值观"与一些西方国家主张的价值观没有什么差别"；24.6%的科技类大学生表示"说不清楚"。因而，必须提高警惕，加强教育引导，厘清社会主义核心价值观与西方国家主张的价值观在理论基础、内涵性质等方面的区别，帮助科技类大学生加深对社会主义核心价值观内涵的理解。

社会主义核心价值观获得了科技类大学生的高度认同，明确表示认同的科技类大学生比例为94.9%。关于对爱国、敬业、诚信、友善等公民层面核心价值观的认同，科技类大学生的认同度普遍较高，均在92.0%以上。调查显示，分别有98.2%、94.6%的科技类大学生赞同"国家兴亡，匹夫有责""科学无国界，科学家有祖国"；分别有92.0%、92.5%的科技类大学生认为"职业无贵贱之分，要干一行爱一行""'工匠精神'应成为每个人的职业追求"；96.6%的科技类大学生认为"在市场经济条件下，'无信不立'并没有过时"；95.8%的科技类大学生赞同"帮助别人是一种快乐"。

科技类大学生践行社会主义核心价值观的积极性较高。数据显示，对于学校组织的下基层开展核心价值观教育宣讲活动，64.1%的科技类大学生"愿意参加"，26.9%的学生表示"一般"，还有9.0%的学生表示"不愿意"。关于周围同学社会主义核心价值观的践行情况，科技类大学生的评价不太乐观，近四成（39.4%）的学生认为周围同学"少部分能"或"几乎都不能"以核心价值观作为自己的行为准则，另有五成（50.3%）的学生认为周围同学"大部分能"以核心价值观作为自己的行为准则，仅有10.3%的学生认为周围同学"基本都能"以核心价值观作为自己的行为准则。相较于对社会主义核心价值观的认同度（94.9%），科技类大学生践行社会主义核心价值观的积极性有待进一步提高。

科技类大学生对民主、公正、法治、爱国、敬业、诚信、友善等核心价值观的践行情况普遍较好。关于民主、公正、法治价值观的践行，81.5%的科技类大学生愿意参与诸如基层人大代表选举、监督听证会等民主政治活动；在遭受不公正待遇时，90.2%的科技类大学生能够采取积极行动从而争取公正待遇；在遇到法律纠纷时，87.3%的科技类大学生敢于采用法律武器来维护自己的合法权益。关于公民层面的核心价值观，78.0%的科技类大学生表示"当国防安全遇到战争威胁时，愿意参军入伍"；94.0%的科技类大学生表示"能尽职尽责地做好本职工作"；96.8%的科技类大学生表示"答应别人的事情会尽力做到"；94.4%的科技类大学生表示"在科学研究中不弄虚作假、欺诈剽窃、不实署名"；92.1%的科技类大学生表示会向突发疾病的同学主动伸出援手。

6. 其他方面的价值观

择业观与就业意愿。科技类大学生的择业观趋于务实，在选择职业时最看重的因素是"发展空间"（36.3%）；其次是"薪资福利"（27.4%）和"兴趣爱好"（19.5%）；接下来考虑的因素依次是"工作稳定"（8.0%）、"工作环境"（4.6%）、"专业对口"（2.2%）、"社会地位"（1.6%）、"其他"（0.4%）。结果表明，科技类大学生择业考虑因素既呈现多样化，又存在一定的偏向性，更加关注未来发展潜力、当下待遇以及自身兴趣爱好。在就业意愿方面，超过五成（51.5%）的科技类大学生到西部地区就业意愿不强烈，其主要原因是"对西部缺乏了解"（39.7%）、"发展空间不够"（23.6%）、"条件艰苦"（21.3%）。

创新创业状况。科技类大学生支持在校大学生自主创业，但是其自主创业意愿较弱。调查显示，86.1%的科技类大学生赞同"大学生应成为创新创业的生力军"，85.0%的科技类大学生肯定在校大学生自主创业对其成长成才具有积极作用。但是，科技类大学生对创新创业的认识与其实际的行动选择之间存在较大的差距。数据显示，仅51.1%的科技类大学生有自主创业的打算，48.9%的学生没有这方面的打算。科技类大学生在自主创业时最希望得到创业资金支持（79.8%）、创业平台支持（52.2%）、创业政策支持（49.7%）、创业技能培训（42.8%）、创业信息支持（33.1%）等方面的帮助。高校重视科技类大学生创新能力的培养，开展了丰富多彩的创新创业教育活动，并取得了良好成效。69.7%的科技类大学生认为所在学校重视培养学生的创新能力，分别有25.3%、31.8%、30.8%的科技类大学生表示所在学校开设了创业教育课程、举办过创业教育讲座、开展过创新创业大赛，只有2.8%的科技类大学生认为所在学校从未开展过创业教育活动。在教育成效方面，64.6%的科技类大学生认为学校开展的创业教育活动效果"非常好"或"比较好"，只有2.9%的科技类大学生认为效果欠佳。

科学精神与科学素养状况。科技类大学生普遍认识到科技的作用和科学工作者的社会担当，96.2%的科技类大学生赞同"科技兴则民族兴，科技强则国家强"，91.8%的科技类大学生认为"知识分子应有为人民做学问的理想"。科技类大学生对科学道德建设有关举措的知晓情况较好，但对科学家学术历程的了解情况欠佳。数据显示，81.5%的科技类大学生知晓国家最高科学科技奖获得者的相关事迹，其中4.4%的科技类大学生"完全了解"，21.0%的科技类大学生"大部分了解"，56.1%的科技类大学生"只了解其中几位"；关于对科学家学术历程的了解情况，科技类大学生对列举的10位科学家[①]学术历程了解的均值得分仅为3.47，了解其中3位科学家学术历程的比例最高，占比23.9%，对这10位科学家学术历程都了解的科技类大学生比例最低，只有0.4%。对于那些为追求真理牺牲自己幸福甚至献出生命的科学家，科技类大学生给予了高度评价；87.7%的学生认为他们的行为"可歌可泣，值得钦佩"。科技类大学生不仅在认知层面高度评价科学家的献身精神，而且在行为意愿层面愿意成为为国奉献的科学家。当被问及"你愿意成为于敏那样隐姓埋名为国奉献的科学家吗"；70.4%的科技类大学生表示"非常愿意"或"比较愿意"。科技类大学生参加科普活动的意愿强烈，在不影响正常学习生活的情况下，86.8%的学生愿意参加科普活动，但是其参加科普活动的实际状况则逊色很多，仅有58.7%的学生在过去一年参加过科普活动，且科普讲座（53.9%），科技展览（44.7%），科技周、科技节、科普日（40.0%）是其参加过的主要科普活动类型。

学术道德状况。多数科技类大学生能认真对待教师布置的课程论文，但是部分科技类大学生对学校学术诚信文件的知晓情况欠佳，不同程度地存在学术不端行为。调查显示，超过八成（80.8%）的科技类大学生表示对教师布置的课程论文会"认真对待，精益求精"，仅有58.0%的科技类大学生表示所在学校已经颁布有关学术诚信方面的文件，逾两成（20.2%）的科技类大学生认为身边同学抄袭他人科研成

---

① 10位科学家分别是：钱学森、郭永怀、李四光、邓稼先、王选、竺可桢、茅以升、罗阳、袁隆平、华罗庚。

果、伪造科研数据等学术不端行为普遍存在。高校积极开展科学道德和学风建设宣讲教育活动，并取得了良好成效，74.0%的科技类大学生认为所在学校或学院开展过此类活动；86.1%的科技类大学生参与了此类活动；82.2%的科技类大学生认为此类活动的效果"非常好"或"比较好"。

（二）科技类大学生价值观教育开展状况

当前科技类大学生价值观教育开展状况良好，科技类大学生的参与度较高，教育成效显著。但是，科技类大学生价值观教育有待进一步改进，在受访学生看来，社会主义核心价值观弘扬培育中仍存在"形式主义的活动多，入心入脑不够"（21.9%）、"学生被动接受教育多，学生主体性作用发挥不够"（21.0%）、"接地气、学生喜闻乐见的宣传教育活动不多"（18.2%）、"潜移默化地融入日常学习生活方面不够"（15.9%）、"学校、社会、家庭等方面的教育力量尚未形成合力"（12.4%）、"制度建设相对滞后，系统有效的制度支撑不够"（9.4%）等诸多问题。

1. 课程教学

思想政治理论课的开展效果得到科技类大学生的认可，逾九成（91.8%）的科技类大学生对思想政治理论课在学习掌握核心价值观中的作用持肯定性评价，仅有8.2%的科技类大学生认为思想政治理论课在学习掌握核心价值观中的作用"比较小"或"非常小"。专业课教师积极引导科技类大学生的价值观，把价值观教育渗透到了专业教育之中。调查显示，70.6%的科技类大学生认为专业课教师"非常重视"或"比较重视"价值观方面的引导，另有25.1%的学生认为专业课教师对价值观引导的重视程度"一般"，只有4.3%的学生认为专业课教师在教学过程中"不重视"价值观方面的引导。

2. 日常思想政治教育

当前日常思想政治教育开展状况良好，各高校深入推进党团活动、校园文化活动、社会实践活动以及全员育人工作，积极搭建网络思想政治教育平台。关于党团活动，78.6%的科技类大学生表示所在党团组织开展了学习和践行核心价值观的活动；关于校园文化活动，65.2%的科技类大学生表示所在学校开展过先进事迹宣讲活动，54.5%的科技类大学生表示所在学校或学院开展以核心价值观为主题的专题讲座、演讲比赛、读书会等校园文化活动"非常多"或"比较多"；关于社会实践活动，62.8%的科技类大学生表示所在学校或学院组织过学生参观革命圣地、纪念馆等红色教育基地；关于全员育人工作，67.4%的科技类大学生认为自己接触到的教师"绝大部分"或"大部分"在践行核心价值观方面起到了良好表率作用，93.1%的科技类大学生认为教师"非常重视"或"比较重视"学术规范与学术道德的引导；关于网络思想政治教育，微信微博等新媒体公众平台在科技类大学生群体中具有广泛的覆盖面，94.5%的科技类大学生表示所在学校有微信微博等新媒体公众平台。

科技类大学生对社团活动、社会实践活动和网络思想政治教育的参与度较高，但对校园文化活动、科技活动的参与度相对较低。从社团活动来看，75.7%的科技类大学生加入过社团组织，其中9.8%的科技类大学生参加的学生社团数目超过3个，科技类大学生参加的学生社团种类丰富，涵盖"文体活动类"（41.0%）、"公益服务类"（27.4%）、"学术科技类"（19.8%）和"思想理论类"（7.2%）等。就社会实践活动而言，83.8%的科技类大学生在校期间有社会实践的经历，其参加社会实践的原因呈现多样化，主要有"锻炼实践能力"（24.0%）、"了解社会"（20.6%）、"服务社会"（17.3%）、"增长见识"（16.8%）、"提高人际交往能力"（15.6%）等。从网络思想政治教育来看，科技类大学生浏览学校新媒体公众平台的频率较高；48.7%的学生"经常浏览"；48.5%的学生"偶尔浏览"或"很少浏览"；仅有2.8%的学生"基本不看"，且对思想政治教育类主题网站的关注度较低；41.6%的学生"几乎不浏览"；28.5%的学生"每月浏览3—4次"；22.7%的学生"每周浏览2—3次"；仅有7.2%的学生"几乎每天都浏览"。从校园文化活动来看，仅有少部分科技类大学生观看了（观看率为8.0%—24.8%）以钱学森（《钱学森》）、李四光（《大地之光》）、陈景润（《哥德巴赫猜想》）、邓稼先（《马兰花开》）、郭永怀（《爱在天际》）、竺可桢（《求是魂》）、茅以升（《茅以升》）、王选（《王选之歌》）、罗阳（《罗阳》）九位科学大师为原型的舞台剧。科技类大学生对九部舞台剧的观看率由高到低依次为：《钱学森》（24.8%）、《茅以升》（17.1%）、《马兰花开》（16.0%）、《哥德巴赫猜想》（15.6%）、《大地之光》（13.0%）、《罗阳》（11.7%）、《爱在天际》（10.5%）、《王选之歌》（9.7%）、《求是魂》（8.0%）。就科技活动而言，仅有41.4%的科技类大学生在校期间参加过科技活动，其中31.1%的学生参加过"挑战杯"课外科技作品竞赛；14.4%的学生参加过省级科技创新大赛；54.4%的学生参加过校级或院系级科技创新大赛。

3. 科技类大学生对价值观教育成效的评价

科技类大学生充分肯定价值观教育的成效，93.1%的科技类大学生对目前社会主义核心价值观弘扬和培育的成效持肯定性评价（包括"成效非常大""成效比较大""一般"）。但是，科技类大学生价值观教育仍有待进一步加强改进，在受访学生看来，目前社会主义核心价值观弘扬和培育中存在诸多问题，主要有"形式主义的活动多，入心入脑不够"（21.9%）、"学生被动接受教育多，学生主体性作用发挥不够"（21.0%）、"接地气、学生喜闻乐见的宣传教育活动不多"（18.2%）、"潜移默化地融入日常学习生活方面不够"（15.9%）、"学校、社会、家庭等方面的教育力量尚未形成合力"（12.4%）、"制度建设相对滞后，系统有效的制度支撑不够"（9.4%）。

（三）问题与对策

在把握科技类大学生价值观状况总体态势的基础上，针对调查中发现的一些规律性现象和问题，课题组提出如下建议：

1. 坚持分类指导，增强价值观教育的针对性

分析发现，科技类大学生价值观状况既呈现出与非科技类大学生的外部差异，也呈现出鲜明的内部差异。就与非科技类大学生相较而言，两类群体在人生观、政治观、道德观、择业创业观等方面具有共性，但在文化素养、科学素养和社会主义核心价值观认知践行状况方面存在显著差异。在文化素养方面，科技类大学生对文化经典著作的阅读率低于非科技类大学生，如图0-1所示，无论是传统文化经典著作、马克思主义经典著作，还是西方文化经典著作，科技类大学生的阅读率均低于非科技类大学生，而且两类大学生群体在西方文化经典著作的阅读情况

上差异最明显。在科学素养方面,科技类大学生参与科普活动的意愿更强烈,且实际参与的情况更好,数据显示,86.9%的科技类大学生愿意参加科普活动,高于非科技类大学生的比例82.9%;58.7%的科技类大学生参加过科普活动,而非科技类大学生参加过的比例仅为48.4%。在社会主义核心价值观认知践行状况方面,与非科技类大学生相比,科技类大学生对社会主义核心价值观的了解程度相对较低,但是对社会主义核心价值观的认同度更高,践行意愿更强烈。

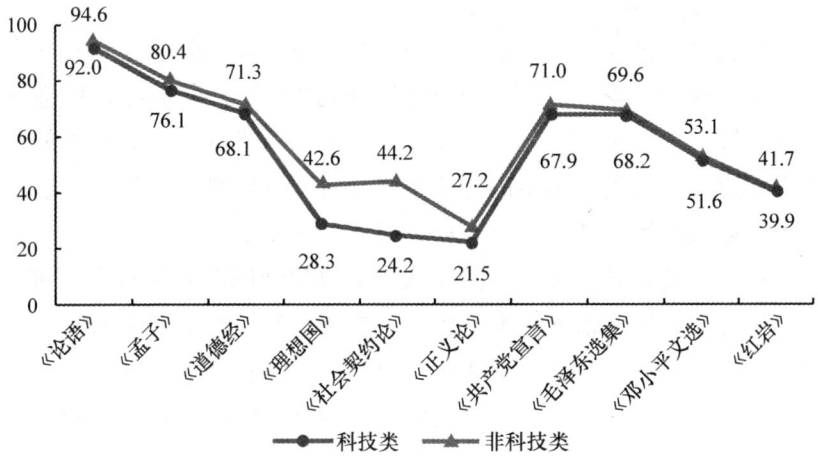

图0-1 科技类与非科技类大学生完整或部分阅读过
文化经典著作的比例(%)

就科技类大学生内部而言,年龄、学段、政治面貌、学生干部经历等不同的科技类大学生价值观状况也存在显著差异。第一,从年龄来看,随着年龄的增长,科技类大学生的社会主义核心价值观状况愈好。具体表现为,随着年龄的增长,科技类大学生对社会主义核心价值观的认知越好,对社会主义核心价值观的认同度越高,践行社会主义核心价值观的意愿越强烈。第二,从学段来看,随着学段的递增,科技类大学生越不认同"宿命论""拜金主义""享乐主义"等消极人生观,但扶跌倒老人的意愿减弱、参与公益活动的次数减少。数据显示,本科以及研究生阶段的科技类大学生表示"一定会"向跌倒老人伸出援手的比例依次为 51.6%、44.8%；参与公益活动的均值得分依次是 2.333、2.177。第三，政治面貌为党员以及有过学生干部经历的科技类大学生的价值观状况相对较好。在政治观层面，党员和学生干部对中国特色社会主义发展道路、理论体系、政治制度的认同度更高。在科学素养层面，党员和学生干部参加科普活动的意愿更强烈，且实际参与情况更理想。愿意参加科普活动的党员、非党员比例分别为 90.3%、85.7%，学生干部、非学生干部比例分别为 88.0%、81.7%；有科普活动经历的党员、非党员比例分别为 62.9%、57.4%，学生干部、非学生干部比例分别为 61.1%、48.8%。

结果表明，科技类大学生价值观状况呈现出鲜明的群体差异和个性特征。基于这一客观现实，我们应坚持分类指导，因材施教，增强价值观教育的针对性。第一，尊重科技类大学生的思维特点，有的放矢开展价值观教育。科技类大学生的专业特点是研究自然科学，他们习惯用公式、图表以及模型思考问题，逻辑思维能力强，但理论素养相对较低。因而，对科技类大学生进行价值观教育必须契合他们的认知特点和接受习惯，用通俗易懂的语言、鲜活生动的事例诠释核心价值观的丰富内涵和精神实质；贴近他们的思想实际和成长需要，找准核心价值观与科技类大学生思想的共鸣点、利益的交汇点；结合他们的专业特征和关注热点，引导他们用正确的立场、观点和方法分析问题，解开他们的思想困惑，增强他们的价值选择和判断能力。第二，针对学段差异，制定差异化教育方案。大一阶段要加强社会主义核心价值观理论教育，使其对社会主义核心价值观的丰富内涵以及建设意义有清醒的认知；大二、大三阶段重在强化社会实践，组织学生参加生产劳动、爱心公益活动、科研发明和创新创造活动，引导学生在实际的参与中增强对核心价值观的认同感和践行能力；大四阶段可以将社会主义核心价值观教育与职业规划教育结合起来，引导学生在人生规划中践行核心价值观；研究生阶段可组织到基层参加挂职锻炼，发挥专业特长，着力解决基层面临的实际问题。第三，针对学生党员、学生干部和一般学生的差异，确立不同的培养目标。对于一般学生，要求他们将社会主义核心价值观内化于心、外化于行，而党员和学生干部则要以身作则，率先垂范，带头学习和弘扬社会主义核心价值观，以模范行为感召、带动其他学生。

2. 转变教育观念，提高科技类大学生的人文素养

长期以来，"重专业技能轻人文素质"的教育观念在理工类院校占据主导地位，人文素质教育的缺位导致部分科技类大学生人文知识匮乏，人文精神缺失，人文素养较差。调查发现，部分科技类大学生不了解社会主义核心价值观的基本内容（6.7%），把社会主义核心价值观与一些西方国家主张的价值观混为一谈（19.4%），对西方民主的本质认识不清（32.1%）。还有部分科技类大学生功利主义、自我中心主义倾向较为突出，在选择职业时把个人利益放在首位，追求薪资福利和社会地位等物质层面的获得感，而忽视了国家和社会的需要；少数学生企图通过入党来"增强就业竞争力""寻求政治荣誉感""谋求仕途发展"；部分学生愿意参加社会实践的原因是"锻炼实践能力""提高人际交往能力""获得荣誉或学分""有利于升学、出国、就业等"。在人文素养方面，科技类大学生对各类文化经典著作的阅读情况不太乐观，完整读过各类文化经典著作的比例较低，而且与非科技类大学生具有较大的差距。

针对科技类大学生人文素质相对较差的现状，高校必须转变教育观念，把人文素质教育与科学素质教育放在同等重要地位，切实提高科技类大学生的人文素养。第一，增加人文课程的比重。在课时量上，提高人文课程课时在总课时中的比重；在课程设置上增设人文必修课和人文选修课，通过奖励、强制等措施确保科技类大学生接受相应的人文知识教育；在教学方式上，通过专题讨论、学术沙龙等启发学生思考，帮助学生形成完善的思维方式。第二，提高教师的人文素质。教师是学生人文素质教育的主导力量，要完善自身知识结构，提高自身人文素养，在专业教学中渗透人文精神教育，引导学生思考技术背后的社会问题，培养学生的社会责任感。第三，发挥校园文化的熏陶作用。开展"高雅艺术校园行"、名曲名画鉴赏、文艺汇演等校园文化活动，营造浓厚的文化育人氛围，陶冶学生的情操，提高学生的审美；定期举办人文学术讲座，邀请优秀人文学者阐述经典学说、介绍前沿学术成果，拓宽科技类大学生的人文视野；开展以"阅读经典，感悟人生"为主题的读书活动，组织科技类大学生积极参加并撰写读书心得体会，使学生在阅读经典中净化心灵、感悟真理，提高自己的人文素养。

3. 注重实践养成，提高科技类大学生的价值践行能力

价值认知是基础、前提，价值践行是重点、关键，二者紧密联系、相互促进、共同提升。调查发现，科技类大学生的价值认知较好，但是价值践行能力相对较差，知行分裂现象较为普遍。具体表现为，94.9%的科技类大学生表示认同社会主义核心价值观，但是只有64.1%的科技类大学生愿做社会主义核心价值观的践行者；高达98.2%的科技类大学生认为"国家兴亡，匹夫有责"，但是当国防安全遇到战争威胁时，只有78.0%的科技类大学生愿意参军入伍；高达96.0%的科技类大学生认为雷锋精神"并未过时，仍值得发扬"，但是仅有一半（50.6%）的科技类大学生表示"一定会"向跌倒老人主动伸出援手；逾八成的科技类大学生赞同"大学生应成为创新创业的生力军"，但是有自主创业打算的学生比例仅为51.1%；86.8%的科技类大学生愿意参加科普活动，但是仅有58.7%的学生在过去一年参加过科普活动；科技类大学生高度评价科学家为追求真理牺牲幸福甚至献出生命的行为（87.7%），但是成为为国奉献的科学家意愿略显不足（70.4%）。

针对科技类大学生价值认知与价值践行之间的脱节现象，必须发挥实践的养成作用，将价值观教育融入他们的日常生活、课外活动以及社会实践，促进知与行的有效对接和转化。第一，融入日常生活。把社会主义核心价值观的基本要求具体化为科技类大学生的日常行为规范，并建立科学的评价体系，加强对其日常行为的评估，促使科技类大学生按照社会主义核心价值观的要求修身立德、为人处世、建功立业；将社会主义核心价值观的价值要素融入校园礼仪，广泛组织形式庄严庄重、具有丰富教育内涵的纪念庆典活动，通过情境的渲染、过程的体验促进社会主义核心价值观入脑入心入行。第二，融入课外活动。继续深化"挑战杯""创青春"等全国性的科技竞赛，组织开展省级、校级、院系级科技创新大赛，紧密围绕社会主义核心价值观的基本内容策划活动主题，不断创新活动形式，使科技类大学生参加课外活动的过程转化为践行社会主义核心价值观的过程。第三，融入社会实践。社会实践能促进知情意行的相互转化，实现"知"与"行"的统一。高校要搭好实践育人平台，做好实践育人工作，定期组织科技类大学生参观革命遗址、烈士陵园和革命历史纪念馆等，激

发其爱国主义热情；组织科技类大学生开展以关爱空巢老人、留守儿童、残疾人等困难群体志愿服务活动，践行"奉献、友爱、互助、进步"精神；鼓励科技类大学生发挥专业特长，深入农村、企业、社区，开展科技、文化、卫生"三下乡"活动，将所学专业与服务地方经济社会发展结合起来。

4. 整合育人资源，形成价值观教育的合力

调查发现，12.4%的科技类大学生认为目前学校、社会、家庭等方面的教育力量尚未形成合力，从而影响了社会主义核心价值观培育成效。因此，必须统筹家庭、学校以及社会的教育资源，形成多方配合、通力合作的整体合力。

第一，充分发挥家庭教育的基础作用。家长不仅要言传身教，营造良好的家庭氛围，发挥良好的家风家教在科技类大学生正确价值观形成中的潜移默化作用，还应加强与学校的交流沟通，及时纠正子女的错误价值观念，促进子女正确价值观的确立。第二，学校是科技类大学生价值观教育的主阵地，应把价值观教育贯穿教育教学全过程和各环节，形成全方位立体化育人体系。思想政治理论课要发挥主渠道作用，推进社会主义核心价值观"进课堂、进教材、进头脑"，帮助科技类大学生深刻领会社会主义核心价值观的深刻内涵，厘清社会主义核心价值观与西方国家价值观的区别；更新教育内容，把价值说服与热点问题讨论结合起来，提升科技类大学生的价值判断能力；创新教学方法，综合运用案例教学、专题教学、体验教学等方法，增强吸引力、感染力。专业课也要"守好一段渠""种好责任田"，在教学中渗透价值观教育，使专业课与思想政治理论课形成协同效应。同时，还要把价值观教育渗透于校园文化、社会实践活动、党团活动、社团活动、科研活动以及管理服务之中，着力构建全方位、全过程的核心价值观培育机制。第三，社会要营造良好的舆论和制度环境。调查发现，互联网、电视广播、书籍报刊等大众传媒是科技类大学生获取社会主义核心价值观宣传教育信息的重要渠道，因而，大众传媒应坚持正面宣传为主，牢牢把握舆论导向，把主流价值观贯彻到日常形势宣传、成就宣传、主题宣传、典型宣传、热点引导和舆论监督中，弘扬真善美、贬斥假恶丑，使其成为消极负面信息的"过滤器"，主流价值观的"传声筒"。调查也发现，9.4%的科技

类大学生认为目前社会主义核心价值观弘扬和培育中存在的问题之一是"制度建设相对滞后,系统有效的制度支撑不够"。因而,必须创新和完善社会主义核心价值观培育的经济、政治、文化、社会制度,使符合核心价值观的行为得到鼓励、违背核心价值观的行为受到贬斥,为科技类大学生的德行善举提供坚强有力的制度保障。

5. 打磨校园经典,扩大宣传工程的影响力

先进典型是传播优秀价值观的鲜活教科书。调查发现,由中国科协、教育部等单位联合实施的"共和国的脊梁——科学大师名校宣传工程"在科技类大学生中发挥了重要的价值引领作用。统计结果表明,观看舞台剧对科技类大学生的人生观、道德观、核心价值观以及科学素养产生了积极正向的影响。在人生观层面,观看舞台剧的部数越多,科技类大学生越崇尚奉献精神,越能正确看待中国梦的集体意义和个人意义;在道德观层面,观看舞台剧的部数越多,科技类大学生向跌倒老人伸出援手的意愿越强烈,参与公益活动的频率越高;在核心价值观层面,观看舞台剧增强了科技类大学生对社会主义核心价值观的认同感和践行意愿;在科学素养层面,观看舞台剧的部数越多,科技类大学生越能认识到科学工作者的社会担当,成为为国奉献的科学家意愿以及参与科普活动的意愿越强烈。但是,目前仅有少数名校排演了相关舞台剧,且这些舞台剧在科技类大学生群体中的覆盖面较窄,在调查涉及的9部舞台剧中,"没看过"的科技类大学生比例在75.2%—92.0%之间。因此,有关部门要推出更多精品力作,加大宣传力度,扩大宣传工程的覆盖面和影响力。

第一,支持更多高校创作排演科学大师剧目。遴选一批为国家科技事业发展作出重大贡献、在科技界具有较高声誉的科学家,在全国范围内筛选出一批学生社团,支持他们以科学大师的生平事迹为题材排演话剧、音乐剧或歌剧,广泛宣传科学大师的科学精神和爱国情怀。第二,坚持思想性与艺术性相结合,着力打磨校园经典。参与高校要坚持科学的创作态度,通过查阅文献资料、实地调查、访谈等形式,提炼关键性支撑材料,确保剧本创作的真实性、可靠性;广泛听取各方面的意见建议,不断修改完善剧目细节。同时邀请戏剧界德高望重的艺术家做技术指导,就剧目编排、音乐创作、舞美设计作出评估,不断提高剧目的感

染力。第三,加大宣传力度,扩大宣传工程的影响力。有关高校要把排演科学家剧目作为发展健康向上校园文化的重要抓手,定期组织校内公演,将观看剧目纳入新生入学教育和学校庆典活动,推动优秀剧目代代传承;鼓励有关高校到其他高校开展巡演活动,让更多的科技类大学生感受科学大师崇高的思想境界和人格魅力;充分发挥"互联网+"平台优势,在官方微博、学校论坛上开辟专栏,组织观演的学生分享观演感受,巩固宣传工程的教育效果。

(执笔人:王丹)

第一章 人生观与人生追求

人生观与人生追求通常涉及对人生价值的思考和对人生前进方向的态度，大学生的人生观与人生追求集中反映了大学生的思想道德素质与精神价值选择。人生观与人生追求是科技类大学生价值观状况的重要表现，也是评估科技类大学生价值观教育实效性的重要指标。本章通过考察科技类大学生对人生价值的看法以及受有关消极人生观影响的程度，全面客观地展现当代科技类大学生人生观与人生追求状况，以期为科技类大学生健康积极人生观的塑造和对消极人生观抵制能力的提升提供参考。

一 对人生价值的看法

大学生对人生价值的看法集中反映出大学生人生价值观的状况，课题组围绕科技类大学生对人生梦想以及奉献价值观的看法展开了针对性调研。

（一）对人生梦想的看法
1. 总体情况

从整体上看，当前科技类大学生群体在思想认知层面都能够较好地将个人梦与国家梦、民族梦紧密结合，将个人价值的实现统一于国家、民族利益的实现中，凸显了科技类大学生积极向上的人生价值观。数据显示，对于"人生梦想是国家梦、民族梦、个人梦的有机统一"这一观点，高达92.1%的科技类大学生明确表示认同，其中持"非常赞同"看法的人数占比62.0%，"比较赞同"的人数占比30.1%，此外6.5%

的科技类大学生表示认同程度"一般",仅有1.4%的科技类大学生明确表示不认同,其中表示"不大赞同"和"很不赞同"的人数分别只占所有受访科技类大学生的1.2%和0.2%(见图1-1)。相比而言,当非科技类大学生在被问及该问题时,有63.5%的非科技类大学生非常赞同这一观点,29.1%的非科技类大学生比较赞同,意味着明确持认同态度的非科技类大学生占所有受访非科技类大学生总人数的92.6%,而明确表示不认同的人数比例为0.9%,其中不太赞同的人数比例为0.7%,其余数据与科技类大学生的情况基本一致。

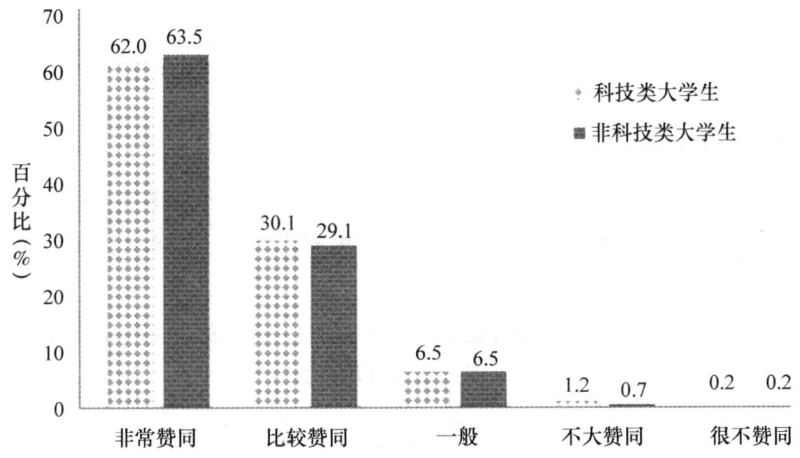

图1-1 大学生对"人生梦想是国家梦、民族梦、个人梦的有机统一"的认同分布情况

2. 不同群体科技类大学生对人生梦想的看法

为进一步研究探讨不同类型科技类大学生对人生梦想的看法,课题组进行了交互分析,发现自然因素、成长背景和教育因素不同的科技类大学生群体对人生梦想的看法存在显著差异。

(1) 基于自然因素的分析

统计发现,科技类大学生群体对人生梦想的看法因性别的不同而具有显著差异,具体情况如下。在回答"人生梦想是国家梦、民族梦与个人梦的有机统一"问题上,科技类女大学生比科技类男大学生的认同度高出近0.6个百分点，如表1-1所示，科技类女大学生的认同度为92.5%，而男大学生的认同度则为91.9%（$\chi^2 = 9.825$，$P<0.05$），说明科技类女大学生相较于男大学生在思想认知上更注重个人价值与社会价值的有机统一。

表1-1 对"人生梦想是国家梦、民族梦、个人梦的有机统一"的认同度与自然因素的交互分析 （%）

	人生梦想是国家梦、民族梦、个人梦的有机统一					卡方检验	
	非常赞同	比较赞同	一般	不大赞同	很不赞同	χ^2	P
男	60.5	31.4	6.4	1.5	0.2	9.825	0.043
女	64.4	28.1	6.7	0.7	0.1		

（2）基于教育因素的分析

数据分析发现，政治面貌、学校所在区域等因素会使科技类大学生群体对人生梦想的看法产生显著差异（见表1-2）。

表1-2 对"人生梦想是国家梦、民族梦、个人梦的有机统一"的认同度与教育因素的交互分析 （%）

		人生梦想是国家梦、民族梦、个人梦的有机统一					卡方检验	
		非常赞同	比较赞同	一般	不大赞同	很不赞同	χ^2	P
政治面貌	党员	67.5	27.8	3.9	0.8	0.0	22.873	0.000
	非党员	60.1	30.9	7.4	1.3	0.3		
学校所在区域	华东地区	62.4	27.4	8.5	1.6	0.1	44.662	0.006
	华南地区	56.4	36.6	5.9	0.1	1.0		
	华中地区	64.0	31.4	4.1	0.5	0.0		
	华北地区	62.8	27.6	7.4	1.8	0.4		
	西北地区	61.8	32.0	5.2	0.8	0.2		
	西南地区	57.0	36.7	5.9	0.4	0.0		
	东北地区	64.7	29.7	4.8	0.8	0.0		

从政治面貌来看，政治面貌为党员的科技类大学生对"人生梦想是国家梦、民族梦、个人梦的有机统一"这一观点的认同度高达95.3%，高于非党员大学生91.0%的认同度（$\chi^2 = 22.873$，$P < 0.001$）。这一结果表明政治面貌为党员的科技类大学生能更好地看待和权衡个人价值与社会价值之间的关系，价值取向更为积极。

从学校所在区域来看，学校所在区域不同的科技类大学生对人生梦想的看法也存在差异。数据显示，对于"人生梦想是国家梦、民族梦、个人梦的有机统一"这一观点，华东地区高校的科技类大学生表示非常赞同和比较赞同的比例为89.8%，华南地区为93.0%，华中地区为95.4%，华北地区为90.4%，西北地区为93.8%，西南地区为93.7%，东北地区为94.4%。总体而言，对"人生梦想是国家梦、民族梦、个人梦的有机统一"这一观点的认同度从低到高依次为：华东地区、华北地区、华南地区、西南地区、西北地区、东北地区、华中地区。与其他地区高校相比，华中地区高校学生更重视个人价值与社会价值的有机统一。

（二）对奉献价值观的看法

奉献是人生价值的最高境界，大学生关于人生价值的选择不可避免地要回答如何看待奉献这一问题。科技类大学生对奉献这一人生价值追求的不同态度反映出他们不同的人生价值取向和思想道德境界。

1. 总体情况

调查表明，当前科技类大学生对奉献价值观的认同情况较好，肯定以奉献为乐的人生价值追求和价值选择。数据显示，对于"奉献是人生最大的快乐"这一观点，有86.4%的受访科技类大学生明确表示认同，其中非常赞同的人数比例高达50.6%，比较赞同的人数比例为35.8%；11.9%的科技类大学生认同度一般，仅有1.3%、0.4%的科技类大学生不大赞同和很不赞同。相较于科技类大学生对该问题的态度，非科技类大学生非常赞同和比较赞同这个观点的人数占比分别为49.1%和37.0%，明确持不认同态度方面和科技类大学生情况一致。

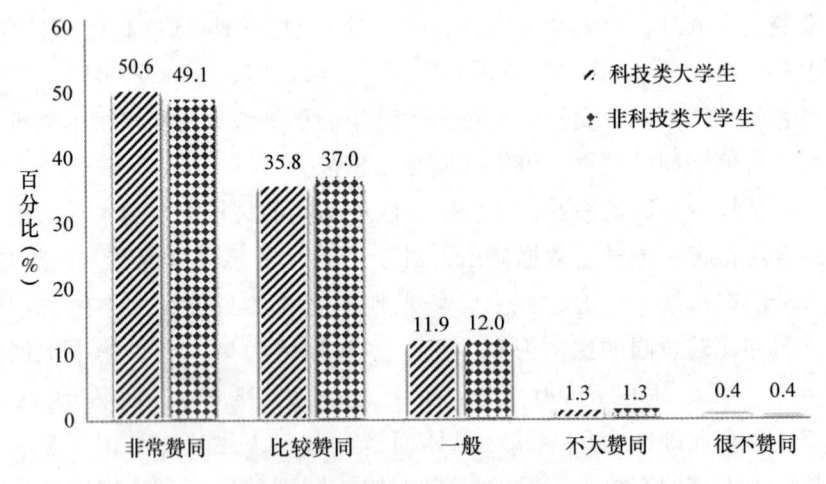

图 1-2 科技类大学生与非科技类大学生对"奉献是人生最大的快乐"的认同情况

2. 不同群体科技类大学生对奉献价值观的看法

为进一步研究探讨不同群体科技类大学生对奉献价值观的看法，课题组进行了交互分析，发现政治面貌、学校类别不同的科技类大学生群体对奉献价值观的态度存在显著差异。

从政治面貌来看，与科技类非党员大学生相比，科技类党员大学生更推崇奉献价值观。数据显示，对于"奉献是人生最大的快乐"这一观点，政治面貌为党员的科技类大学生的认同度为88.8%，而非党员大学生的认同度为85.6%（$\chi^2 = 9.781$，$P < 0.05$），由此表明科技类党员大学生群体总体上人生价值取向更加积极向上，展现出了科技类党员大学生群体良好的精神风貌。

从学校类别来看，学校类别不同的科技类大学生群体对奉献价值观的看法也存在显著差异，来自普通本科的科技类大学生群体对奉献价值观的认同度更高，211高校次之，985高校学生的认同度最低。如表1-3所示，对于"奉献是人生最大的快乐"这一观点，普通本科的科技类大学生明确表示认可的人数比例达到88.6%，985高校仅为83.7%，211高校为86.1%（$\chi^2 = 45.819$，$P < 0.001$）；普通本科的科

技类大学生表示不赞同的比例为0.6%，而211高校学生的比例为1.8%，985高校学生的比例为3.0%。

表1-3 对"奉献是人生最大的快乐"的认同度与教育因素的交叉表分析

		奉献是人生最大的快乐（%）					卡方检验	
		非常赞同	比较赞同	一般	不大赞同	很不赞同	χ^2	P
政治面貌	党员	53.4	35.4	10.4	0.8	0.0	9.781	0.044
	非党员	49.8	35.8	12.4	1.5	0.5		
学校类别	985高校	44.9	38.8	13.3	2.5	0.5	45.819	0.000
	211高校	50.9	35.2	12.1	1.4	0.4		
	普通本科	54.8	33.8	10.8	0.4	0.2		

二 对有关消极人生观的看法

当前社会价值观渐趋多元，一些消极的、片面的社会价值观念造成大学生人生价值观的偏差。科技类大学生对这些鱼龙混杂的消极人生观的抵御能力事关科技类大学生能否树立起正确健康的价值观念、积极向上的价值追求。课题组通过考察科技类大学生对"生死由命，富贵在天""人为财死，鸟为食亡""人生苦短，应及时行乐"等，"宿命论""拜金主义""享乐主义"三种消极人生观的态度，来把握科技类大学生受消极人生观的影响程度。

（一）总体情况

调查表明，当前科技类大学生群体受消极人生观的影响不大，大多数学生对消极人生观具有一定的抵御能力。数据显示，科技类大学生群体受"宿命论""拜金主义""享乐主义"三种消极人生观影响的程度在16.3%—26.8%之间。具体来看，对于"生死由命，富贵在天"所体现的"宿命论"这一消极人生观，66.8%的受访科技类大学生明确表示不认同，其中表示很不赞同的人数比例为32.9%，不大赞同的人数比例为33.9%；16.9%的科技类大学生表示一般；16.3%的科技类大学生明确表示认同，其中表示非常赞同的占8.6%，表示比较赞同的占7.7%。对于"人为财死，鸟为食亡"这一反映"拜金主义"的论述，有62.3%的科技类大学生能明确持有不认同的态度，其中很不赞同的人数占比32.7%，不大赞同的人数占比29.6%；18.8%的科技类大学生持一般的态度；但有18.9%的科技类大学生对此明确表示认同，其中8.1%的科技类大学生非常赞同，10.8%科技类大学生比较赞同。对于"人生苦短，应及时行乐"所涉及的"享乐主义"观，明确表示不认同态度的科技类大学生仅有48.9%，其中很不赞同该观点的人数比例为23.6%，不大赞同的相应人数比例为25.3%；24.3%的科技类大学生持一般的态度；但仍有26.8%的大学生群体表示认同，其中表示非常赞同的占11.3%，比较赞同的占15.5%。

进一步比较分析发现，在三种消极人生观中，科技类大学生受"宿命论"和"拜金主义"人生观的影响相对较小，但是"享乐主义"人生观对科技类大学生的潜在影响不容小觑。这应该引起教育者的高度关注，并将如何更有效地抵制这一消极人生观造成不良影响的问题纳入到高校价值观教育的范畴中，有针对性地加强科技类大学生关于识别消极人生观的教育，引导他们树立正确的人生观。

(二) 不同群体科技类大学生受消极人生观影响的情况

为深入分析不同群体科技类大学生对有关消极人生观的看法，课题组尝试对"生死由命，富贵在天""人为财死，鸟为食亡""人生苦短，应及时行乐"三种消极人生观做因子分析，提取公因子。经检验，这三种消极人生观的KMO样本合适性测定值为0.709，Bartlett球形检验显著，表明效度合适，适合做探索性因子分析。采用主成分分析和最大方差旋转的方法，从上述三种消极人生观中提取一个公因子，累计方差贡献率为74.3%。将提取的公因子命名为"消极人生观影响情况"，然后以"消极人生观影响情况"的因子载荷系数为因变量进行一般线性回归分析。在分析中，我们将调查所涉及的三种消极人生观的回答选项"非常赞同""比较赞同""一般""不大赞同""很不赞同"分别赋值为1分、2分、3分、4分、5分，得分越高表明受消极人生观影响的程度越小，抵制消极人生观影响的能力越强。按照 0.05 的检验水准，回归系数具有统计学意义的社会人口学变量有民族、政治面貌、学生干部经历、独生子女状况、学校所在区域。

1. 基于自然因素的分析

从民族来看，汉族学生受有关消极人生观的影响程度更小。数据显示，汉族学生在抵制有关消极人生观影响方面的得分比少数民族学生高 23.7 个百分点，说明汉族学生在抵制消极人生观不良影响上的表现相对较好。

2. 基于成长背景的分析

从独生子女状况来看，与非独生子女相比，独生子女受有关消极人生观影响程度更大。数据显示，独生子女在抵御有关消极人生观影响方面的得分比非独生子女低 12.2 个百分点。

3. 基于教育因素的分析

从政治面貌来看，科技类党员大学生受有关消极人生观的影响程度更小。数据显示，科技类党员大学生在抵制有关消极人生观影响方面的得分比科技类非党员大学生高 19.3 个百分点。

从学生干部经历来看，有过学生干部经历的科技类大学生在抵御有关消极人生观影响方面的得分比没有学生干部经历的科技类大学生高 25.3 个百分点。结果表明，有过学生干部经历的科技类大学生受有关消极人生观的影响较小，可见学生干部经历在一定程度上能够帮助科技类大学生群体抵制消极人生观的影响。

从学校所处区域来看，学校所在区域不同的科技类大学生受消极人生观的影响程度不同。华北地区高校的科技类大学生在抵制有关消极人生观影响方面的得分比华东地区高校科技类大学生低 11.7 个百分点；西北地区高校的科技类大学生在此考察项的得分则比华东地区高校科技类大学生低 12.0 个百分点；西南地区和东北地区高校的科技类大学生在抵制有关消极人生观影响上的得分相比华东地区则分别低 33.7、37.7 个百分点。综上可知，在上述分析探讨的五个区域中，受消极人生观影响的程度从小到大依次为：华东地区＜华北地区＜西北地区＜西南地区＜东北地区，这说明华东地区高校的科技类大学生相较于其他地区大学生更能够正确辨别和看待消极人生观，抵制消极人生观的能力更强。

三 本章小结

通过对调查数据进行分析可以发现，当前大多数科技类大学生建立起健康向上的人生观，怀有积极正确的人生追求。科技类大学生能够将个人价值与社会价值的实现相结合，乐于奉献，能够正确看待多元的社会价值观，对消极人生观具有一定的抵制能力。但调查的结果也反映出仍有小部分科技类大学生对个人价值实现的看法存在偏差，个别消极人生观对科技类大学生的潜在影响不容忽视。

（一）总体状况

第一，多数科技类大学生能较好地将个人梦与国家梦、民族梦紧密结合，将个人价值的实现统一于国家、民族利益的实现中。调查研究显示，高达92.1%的科技类大学生明确表示认同"人生梦想是国家梦、民族梦、个人梦的有机统一"这一观点，仅有1.4%的科技类大学生持不认同的态度。

第二，科技类大学生人生价值观积极向上，乐于奉献。调查研究显示，科技类大学生对"奉献是人生最大的快乐"这一观点明确持认同态度的比例达到了86.4%，仅有1.7%的科技类大学生持不认同态度。

第三，科技类大学生抵制消极人生观的能力总体较强，但个别消极人生观的潜在影响不容忽视。数据显示，科技类大学生受"生死由命，富贵在天""人为财死，鸟为食亡""人生苦短，应及时行乐"三种消极人生观影响的程度为16.3%—26.8%，集中表明当前科技类大学生受消极人生观的影响程度不高。

（二）值得关注的现象与问题

在对调研数据进行具体分析的过程中，课题组发现不同群体科技类大学生人生观与人生追求状况存在显著差异，享乐主义人生观的影响不容忽视。

1. 不同群体科技类大学生对人生价值的看法存在显著差异

调查研究发现，在如何看待人生梦想和奉献精神的问题上，性别、政治面貌、学校所在区域以及学校类别不同的科技类大学生群体存在显著差异。政治面貌对科技类大学生看待人生梦想以及奉献精神的影响较大，科技类党员大学生更重视个人梦想与国家梦、民族梦的统一，更推崇奉献精神。从学校类别来看，在对待"奉献是人生最大的快乐"这一观点的态度上，985高校的科技类大学生明确表示认同的人数比例仅为83.7%，211高校和普通本科这一比例分别为86.1%和88.6%。高校务必要科学文化教育和思想道德教育两手抓，切不可忽视价值观教育的开展。

2. 消极人生观的影响不容忽视，享乐主义人生观仍占据一定市场

调查研究发现，消极人生观对科技类大学生群体树立正确、积极、健康人生观的威胁依然存在。其中，有16.3%的受访科技类大学生明确表示认同"宿命论"，有18.9%的科技类大学生明确表示认同"拜金主义"，甚至有高达26.8%的科技类大学生对"享乐主义"这一消极人生观持认同态度，可见仍有一部分科技类大学生不同程度地受到消极人生观带来的负面影响。在三种消极人生观中，51.1%的科技类大学生对"人生苦短，应及时行乐"表示赞同或一般，可见"享乐主义"消极人生观对科技类大学生的影响仍不容小觑。"享乐主义"往往被包裹在看似合乎情理的观点或事实之中，故科技类大学生群体对此警惕性不高，抵制能力不强，致使"享乐主义"占据一定市场。如何更有效地抵制其造成的潜在危害应该引起教育者的高度重视。

（三）对策与建议

针对调查反映出的问题，课题组提出如下对策和建议：

第一，加强对科技类大学生的人生价值观教育，引导科技类大学生树立正确健康的人生观、选择积极向上的人生追求，使社会主流价值观牢牢占据科技类大学生思想高地。调查发现，仍有小部分科技类大学生在思想认知层面对社会主流价值观的理解度和认同度不够，无法正确看待个人价值与社会价值之间的关系，缺乏对奉献精神的价值追求。针对这部分科技类大学生的思想认知不足，我们需要有计划、有目的地开展人生价值观教育，切实提高人生价值观教育的实效性。在对科技类大学生的人生价值观教育中，要注重加强对大学生的思想引领，将意识形态教育与大学生的人生价值观教育紧密结合，积极弘扬社会主旋律，引导

大学生既在中国梦的实现道路上抓住实现人生梦想的机会，又自觉将人生价值的实现与国家、民族利益的实现熔铸一体。通过有针对性的人生价值观教育，使科技类大学生认识到中国梦、民族梦的实现不仅为包括科技类大学生群体在内的每位中国人个人梦想的实现创造了条件，而且中国梦实现的真正内涵正是让所有中国人都能够走在实现自己人生理想的前进道路上。同时，科技类大学生的人生价值观教育要讲清楚奉献与索取的关系，引导科技类大学生正确地看待奉献的人生追求和价值取向，认识到消极人生观对自身的潜在危害，提高科技类大学生对消极人生观的抵抗能力，使社会主流价值观在科技类大学生群体当中真正达到内化于心、外化于行的效果。

第二，持续发挥思想政治理论课的主渠道作用，将人生观教育贯穿教育教学全过程。思想政治理论课是所有大学生群体接受主流价值观教育和人生价值观教育的主渠道，是大学生树立正确人生观和培养向上追求的重要途径，因此思想政治理论课必须发挥主渠道作用，帮助大学生在思想认知层面对人生价值与社会价值、奉献与索取的关系形成积极的看法。高校思想政治理论课不能忽视以"宿命论""拜金主义""享乐主义"为代表的消极人生观对大学生积极人生观塑造的负面影响。思想政治理论课不能将消极人生观影响的讲授流于表面、流于形式，而应深刻剖析其存在的原因和潜在危害，引导科技类大学生更清楚认识并抵制消极人生观，倡导正能量。同时，思想政治理论课既要注重方式方法，告别传统刻板的教育形式，也要重视师资队伍的优化提升。其他课程的教育教学过程中也应注重培养科技类大学生积极正确的人生观与人生追求。教师应自觉弘扬奉献美德，身体力行抵制消极人生观，为大学生树立榜样。

第三，树立积极的榜样，发挥榜样的示范引领作用。人生价值与人生追求是思想层面和精神层面的意识活动，往往通过直接的说理教育无法达到应有的效果，必须发挥榜样对大学生形成向上人生观的积极影响。调查研究发现，党员和有过学生干部经历的科技类大学生表现出良好的精神风貌，更重视个人梦与国家梦、民族梦的统一，更推崇奉献精神，对消极人生观的抵御能力更强。依靠这些"身边人"正确健康的思想行为的引导，通过开展诸如优秀学生党员干部先进事迹学习报告会等教育形式，鼓励思想境界更高、乐于奉献的党员、学生干部与普通学生多交流，通过党员干部的以身作则来感染和带动普通学生，帮助普通学生树立起积极的人生观。

第四，突出实践育人，培育科技类大学生积极人生观与高尚人生追求。与非科技类大学生不同，科技类大学生日常更多从事改造世界的实践工作，因此科技类大学生的人生价值观教育更应突出实践育人，发挥实践的养成作用。高校应做好实践育人工作，鼓励科技类大学生深入基层，深入生产第一线，深入农村、企业、社区，深入保家卫国的最前沿，开展科技、文化、卫生"三下乡"活动，围绕技术扶贫、文化惠民、医疗卫生等内容开展形式多样的志愿服务实践，将个人命运与国家命运紧密相系，在实践中为中国梦的实现添砖加瓦。同时，应结合专业特色开展丰富的教育活动，如对医药类专业大学生进行人生价值观教育应注重培养他们的家国情怀，突出医生治病救人、悬壶济世的价值取向，倡导医药类专业大学生在实践中认识到自身专业价值与国家、民族利益的紧密相关性，组织他们参加诸如义诊、志愿救助等实践活动，弘扬奉献精神，鼓励他们在为国家医药事业进步的贡献中实现人生梦想；鼓励农林类专业大学生积极将专业实践深入到国家三农建设中来，在为农民增收、农业发展、农村稳定的实践中革除消极人生观造成的影响，在面朝土地的物质和精神实践中树立正确健康的人生价值观。

（执笔人：胡栩健）

第二章 政治观与政治行为

政治观是人们在日常实践活动中形成的对基本政治问题的观点和看法，政治行为是指人们在政治观的指导下展开的一系列活动。大学生的政治观和政治行为影响着大学生对我国政治道路、政治理论、政治制度的理解和看法。引导大学生形成正确的政治观和政治行为是高校思想政治教育的基础工作。为此，课题组围绕大学生对当前中国思想理论状况的看法，对中国特色社会主义道路、理论体系与制度的看法，大学生的入党意愿与动机等问题进行调查与分析，通过总体描述以及比较不同大学生群体之间的差异情况，探讨影响大学生政治观和政治行为的因素，为进一步引导和改进大学生的政治观和政治行为提供参考。

一 对当前中国思想理论状况的看法

大学生对当前我国思想理论状况的看法是大学生对我国政治道路、政治理论认知的基本体现。

(一) 总体情况

调查结果显示，科技类大学生对当前中国的思想理论状况认知良好。在对当前中国社会最有影响力的思想理论认知上，有76.0%的科技类大学生，选择"中国特色社会主义理论体系"，高于非科技类大学生的73.8%。科技类大学生选择"马克思列宁主义"的有9.1%，选择"新自由主义"的有3.7%，选择"文化保守主义"的有0.7%，还有9.7%的科技类大学生表示"说不清楚"，0.8%的科技类大学生认为是其他的思想理论或社会思潮。从选择的情况来看，多数科技类大学生对中国特色社会主义理论体系的理论价值和现实价值有正确的认识，并且认识状况稍好于非科技类大学生，但是也有一定比例的学生受到西方社会思潮的影响，对我国的政治道路、政治理论的认知模糊不清。

（二）不同类型科技类大学生对当前中国思想理论状况的看法

为了进一步探讨不同类型科技类大学生对当前中国社会最有影响力的思想理论的看法，课题组进行了交互分析，发现学生干部经历、学校类别不同的科技类大学生，对当前中国思想理论状况的看法存在显著差异。

从学生干部经历来看，有学生干部经历的科技类大学生对当前中国思想理论状况的把握更准确。如表2-1所示，有学生干部经历的科技类大学生认为"中国特色社会主义理论体系"是当前中国社会最有影响力的思想理论的比例有77.2%，认为是"马克思列宁主义"的比例有8.4%，认为是"新自由主义"的比例有3.7%，认为是"文化保守主义"的比例有0.5%，"说不清楚"的比例有9.4%，选择"其他"的比例有0.8%；没有学生干部经历的科技类大学生的选择比例分别是70.9%、11.4%、3.2%、1.7%、11.4%、1.4%。

表2-1　　　　　学生干部经历不同的大学生对当前中国
思想理论状况的看法　　　　　　　　　　（%）

学生干部经历	当前中国社会最具有影响力的思想理论或社会思潮					
	马克思列宁主义	中国特色社会主义理论体系	新自由主义	文化保守主义	说不清楚	其他
有	8.4	77.2	3.7	0.5	9.4	0.8
没有	11.4	70.9	3.2	1.7	11.4	1.4

注：$\chi^2 = 21.835$；$P < 0.01$。

从学校类别来看，985高校的科技类大学生对当前中国思想理论状况的把握最好；其次是普通本科的科技类大学生，再次是211高校的科技类大学生。如表2-2所示，985高校的科技类大学生选择"中国特色社会主义理论体系"的比例有77.3%，高于普通本科的76.4%和

211 高校的 72.9%；985 高校的科技类大学生选择"马克思列宁主义"的比例有 6.0%，低于普通本科的 11.5% 和 211 高校的 8.9%；985 高校的科技类大学生选择"新自由主义"的比例有 4.4%，高于普通本科的 3.3% 和 211 高校的 3.2%；选择"文化保守主义"的比例有 1.1%，高于普通本科的 0.3% 和 211 高校的 1.0%；985 高校的科技类大学生认为"说不清楚"的比例有 10.6%，高于普通本科的 7.6%，低于 211 高校的 12.8%；985 高校的科技类大学生选择"其他"的比例有 0.8%，低于普通本科的 0.9% 和 211 高校的 1.1%。可见，学校类别不同，科技类大学生对当前中国思想理论状况的把握也不同，但是并不能反映出高校层次的高低对大学生在政治理论的认识上产生必然的影响。

表 2-2　　学校类别不同的大学生对当前中国思想理论状况的看法　　（%）

学校类别	当前中国社会最具有影响力的思想理论或社会思潮					
	马克思列宁主义	中国特色社会主义理论体系	新自由主义	文化保守主义	说不清楚	其他
985 高校	6.0	77.3	4.4	1.1	10.6	0.8
211 高校	8.9	72.9	3.2	1.0	12.8	1.1
普通本科	11.5	76.4	3.3	0.3	7.6	0.9

注：$\chi^2 = 42.167$；$P < 0.001$。

二　对中国特色社会主义道路、理论体系与制度的看法

中国特色社会主义道路、理论体系、制度是中国共产党领导中国人民在建设社会主义的伟大实践中"奋斗、创造、积累的根本成就"。在三者关系中，"中国特色社会主义道路是实现途径，中国特色社会主义理论体系是行动指南，中国特色社会主义制度是根本保障"。[①] 为了解大学生对中国特色社会主义的态度，课题组考察了大学生对中国特色社

---

① 胡锦涛：《坚定不移沿着中国特色社会主义道路前进　为全面建成小康社会而奋斗》，人民出版社 2012 年版，第 12—13 页。

会主义道路、理论体系和制度的具体看法。

（一）对中国特色社会主义道路的看法

1. 总体情况

调查结果显示，多数科技类大学生赞同中国特色社会主义道路。选择"非常赞同"中国特色社会主义道路的科技类大学生有67.8%，选择"比较赞同"的有24.5%，选择"一般"的有7.1%，选择"不大赞同"的有0.6%，无人选择"很不赞同"。从选择的情况看，92.3%的科技类大学生对中国特色社会主义道路持赞同态度，与非科技类大学生的92.4%相差不大。

2. 不同类型科技类大学生对中国特色社会主义道路的看法

为了进一步探讨不同类型大学生对中国特色社会主义道路的看法，课题组进行了交互分析，发现性别、年龄、政治面貌、学生干部经历不同的大学生，对中国特色社会主义道路的看法存在显著差异。

（1）基于自然因素的分析

从性别来看，科技类大学生中，女生对中国特色社会主义道路的认同度高于男生。如表2-3所示，94.1%的女生和91.1%的男生表示赞同中国特色社会主义道路；0.2%的女生和0.8%的男生表示不赞同中国特色社会主义道路。

表2-3　　性别与中国特色社会主义道路认同度的交互分析　　　　（%）

性别	实现民族复兴必须坚持中国特色社会主义道路				
	非常赞同	比较赞同	一般	不大赞同	很不赞同
男	67.2	23.9	8.1	0.8	0.0
女	68.6	25.5	5.7	0.2	0.0

注：$\chi^2 = 13.011$；$P < 0.05$。

从年龄来看，科技类大学生中，中间年龄段的科技类大学生对中国特色社会主义道路的认同度最高，高年龄段的科技类大学生的认同度最低。如表2-4所示，92.7%的中间年龄段大学生对中国特色社会主义道路表示赞同，略高于低年龄段的92.1%，高于高年龄段的89.1%；

选择不赞同的比例中，低年龄段为0.4%，中间年龄段为0.8%，高年龄段为0.4%。

表2-4　年龄与中国特色社会主义道路认同度的交互分析　　　　　（%）

年龄	实现民族复兴必须坚持中国特色社会主义道路				
	非常赞同	比较赞同	一般	不大赞同	很不赞同
低年龄段	64.9	27.2	7.5	0.3	0.1
中间年龄段	69.9	22.8	6.5	0.7	0.1
高年龄段	70.0	19.1	10.5	0.4	0.0

注：$\chi^2=21.774$；$P<0.01$。

（2）基于教育因素的分析

从政治面貌来看，科技类大学生中，党员大学生对中国特色社会主义道路的认同度高于非党员大学生，具有显著的统计学差异。如表2-5所示，95.3%的党员大学生对中国特色社会主义道路表示赞同，0.3%表示不赞同；非中共党员学生中，91.2%表示赞同；0.7%表示不赞同。

表2-5　政治面貌与中国特色社会主义道路认同度的交互分析　　　（%）

政治面貌	实现民族复兴必须坚持中国特色社会主义道路				
	非常赞同	比较赞同	一般	不大赞同	很不赞同
党员	75.4	19.9	4.4	0.3	0.0
非党员	65.2	26.0	8.1	0.6	0.1

注：$\chi^2=33.325$；$P<0.001$。

从学生干部经历来看，科技类大学生中，有学生干部经历的大学生赞同中国特色社会主义道路的比例高于没有学生干部经历的大学生，具有显著的统计学差异。如表2-6所示，有学生干部经历的大学生认为要坚持中国特色社会主义道路的比例为92.8%，没有学生干部经历的大学生赞同这种观点的比例为89.5%，两者相差3.3个百分点。而表示不赞同的比例分别为0.6%和0.8%。

表 2-6　　　　学生干部经历与中国特色社会主义道路
认同度的交互分析　　　　　　　　(%)

学生干部经历	实现民族复兴必须坚持中国特色社会主义道路				
	非常赞同	比较赞同	一般	不大赞同	很不赞同
有	68.6	24.2	6.6	0.5	0.1
没有	64.5	25.0	9.7	0.6	0.2

注：$\chi^2 = 9.757$；$P < 0.05$。

(二) 对中国特色社会主义理论体系的看法

作为我国社会发展与建设的理论指南，中国特色社会主义理论体系是对马克思主义的重大理论创新，大学生对中国特色社会主义理论体系的认识是对中国特色社会主义认识的重要反映。课题组通过调查科技类大学生对"中国特色社会主义理论体系是我国现代化建设的理论指南"这一观点的态度来分析科技类大学生对中国特色社会主义理论体系的看法。

1. 总体情况

调查结果显示，绝大多数科技类大学生认同中国特色社会主义理论体系。选择"非常赞同"中国特色社会主义理论体系的占 67.1%；选择"比较赞同"的占 25.6%；选择"一般"的占 6.9%；选择"不大赞同"的占 0.4%。从选择的情况看，92.7% 的被试科技类大学生对中国特色社会主义理论体系持赞同态度，与非科技类大学生的 92.4% 相差不大。

2. 不同类型科技类大学生对中国特色社会主义理论体系的看法

为了进一步探讨不同类型科技类大学生对中国特色社会主义理论体系的看法，课题组进行了交互分析，发现政治面貌、学生干部经历和学校所在区域不同的科技类大学生，对中国特色社会主义理论体系的认识存在显著差异。

从政治面貌来看，科技类大学生中，党员对中国特色社会主义理论体系的认同度高于非党员，具有显著的统计学差异。如表 2-7 所示，对于中国特色社会主义理论体系，有 95.8% 的党员科技类大学生表示赞同，仅 0.2% 表示不赞同；非党员科技类大学生中，有 91.7% 表示赞同，0.5%表示不赞同。

表2-7　　　政治面貌与中国特色社会主义理论体系认同度的交互分析　　　（%）

政治面貌	中国特色社会主义理论体系是我国现代化建设的理论指南				
	非常赞同	比较赞同	一般	不大赞同	很不赞同
党员	74.8	21.0	4.0	0.1	0.1
非党员	64.5	27.2	7.8	0.4	0.1

注：$\chi^2 = 34.585$；$P < 0.001$。

从学生干部经历来看，科技类大学生中，有学生干部经历的赞同中国特色社会主义理论体系的比例高于没有学生干部经历的具有显著的统计学差异。如表2-8所示，有学生干部经历的科技类大学生对此观点表示赞同的占比93.3%，没有学生干部经历的科技类大学生认同这种观点的比例为90.5%，两者相差2.8个百分点。

表2-8　　　学生干部经历与中国特色社会主义理论体系认同度的交互分析　　　（%）

学生干部经历	中国特色社会主义理论体系是我国现代化建设的理论指南				
	非常赞同	比较赞同	一般	不大赞同	很不赞同
有	68.5	24.8	6.5	0.2	0.0
没有	61.7	28.8	8.8	0.7	0.0

注：$\chi^2 = 14.677$；$P < 0.01$。

从学校所在区域来看，学校所在区域为华中和东北的科技类大学生对中国特色社会主义理论体系的赞同度最高，分别为96.1%和96.0%。其他区域赞同比例由高到低依次为华南（93.1%）、华北（92.5%）、华东（91.8%）、西北（91.7%）、西南（90.5%）（见图2-1）。

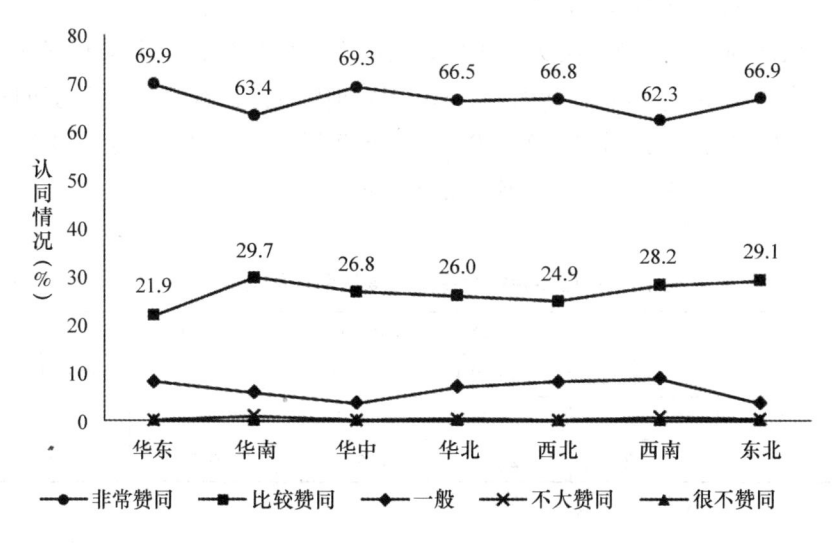

图 2-1　不同学校区域大学生对中国特色社会主义
理论体系的认同情况

（三）对中国特色社会主义制度的看法

中国特色社会主义制度，集中体现了中国特色社会主义的特点和优势。课题组通过调查科技类大学生对"中国特色社会主义制度具有独特优势"这一观点的态度来分析科技类大学生对中国特色社会主义制度的看法。

1. 总体情况

调查结果显示，绝大多数科技类大学生赞同中国特色社会主义制度。选择"非常赞同"中国特色社会主义制度的占65.5%；选择"比较赞同"的占25.9%；选择"一般"的占7.6%；选择"不大赞同"的占0.8%；选择"很不赞同"的占0.2%。从选择的情况看，91.4%的科技类大学生对中国特色社会主义制度持赞同态度，略高于非科技类大学生的90.6%。

2. 不同类型科技类大学生对中国特色社会主义制度的看法

为了进一步探讨不同类型科技类大学生对中国特色社会主义制度的看法，课题组进行了交互分析，发现性别、年龄、政治面貌和学生干部经历不同的科技类大学生，对中国特色社会主义制度的认识存在显著差异。

(1) 基于自然因素的分析

从性别来看,科技类大学生中,女生对中国特色社会主义制度的认同度高于男生。如表2-9所示,女生赞同中国特色社会主义制度的比例是92.8%,不赞同的比例是0.3%;男生赞同中国特色社会主义制度的比例是90.6%,不赞同的比例是1.4%。

表2-9　　　　性别与中国特色社会主义制度认同度的交互分析　　　　(%)

性别	中国特色社会主义制度具有独特优势				
	非常赞同	比较赞同	一般	不大赞同	很不赞同
男生	64.4	26.2	8.0	1.1	0.3
女生	67.2	25.6	6.9	0.3	0.0

注:$\chi^2 = 12.725$;$P < 0.05$。

从年龄来看,科技类大学生中,年龄段低的大学生,对中国特色社会主义制度的认同度相对更高。如表2-10所示,低年龄段的大学生对中国特色社会主义制度的赞同比例是92.1%,高于中间年龄段的91.1%和高年龄段的89.5%。

表2-10　　　年龄与中国特色社会主义制度认同度的交互分析　　　　(%)

年龄	中国特色社会主义制度具有独特优势				
	非常赞同	比较赞同	一般	不大赞同	很不赞同
低年龄段	63.4	28.7	6.8	1.0	0.1
中间年龄段	66.8	24.3	7.9	0.8	0.2
高年龄段	70.9	18.6	10.5	0.0	0.0

注:$\chi^2 = 19.281$;$P < 0.05$。

(2) 基于教育因素的分析

从政治面貌来看,科技类大学生中,党员对中国特色社会主义制度的认同度高于非党员。如表2-11所示,党员对中国特色社会主义制度的赞同比例是93.9%,不赞同的比例是0.4%;非党员对"中国特色社会主义制度具有独特优势"的赞同比例是90.6%,不赞同的比例是1.2%。

表2-11　政治面貌与中国特色社会主义制度认同度的交互分析　　（%）

政治面貌	中国特色社会主义制度具有独特优势				
	非常赞同	比较赞同	一般	不大赞同	很不赞同
党员	73.2	20.7	5.8	0.4	0.0
非党员	63.1	27.5	8.2	1.0	0.2

注：$\chi^2 = 30.603$；$P < 0.001$。

从学生干部经历来看，科技类大学生中，有学生干部经历的赞同中国特色社会主义制度的比例高于没有学生干部经历的科技类大学生，具有显著的统计学差异。如表2-12所示，有学生干部经历的大学生对此观点表示赞同的占比92.1%，没有学生干部经历的大学生认同这种观点的比例为88.3%，两者相差3.8个百分点。

表2-12　学生干部经历与中国特色社会主义制度认同度的交互分析　　（%）

学生干部经历	中国特色社会主义制度具有独特优势				
	非常赞同	比较赞同	一般	不大赞同	很不赞同
有	66.6	25.5	7.0	0.8	0.1
没有	61.6	26.7	10.4	0.9	0.3

注：$\chi^2 = 12.268$；$P < 0.05$。

三　入党意愿与动机

近年来，高校大学生党员队伍逐渐庞大。数据显示，截至2016年6月，全国高校在校大学生党员总数逾211万人，占全国高校学生总数的7.7%，学生党支部达7.96万个。[1] 大学生的入党意愿和入党动机是发展党员的重要考量。为此，课题组对科技类大学生的入党意愿和入党动机进行了调查。

---

[1] 《大学生党员要有"先锋范儿"》，人民网，http://dangjian.people.com.cn/n1/2017/0330/c117092-29179168.html。

调查结果显示，科技类大学生的入党意愿比较强烈。在是否愿意加入中国共产党的选择中，有78.5%的科技类大学生表示愿意，比非科技类大学生高了0.8个百分点；科技类大学生中，表示"还没想好"的占比14.1%，表示不愿意的占比7.4%。

从入党动机来看，科技类大学生的入党动机较为端正。如图2-2所示，在给出的入党动机选项中，科技类大学生选择比例最高的是"追求理想和信念"和"为国家和社会作出更多的贡献"，分别是30.9%和24.1%，均高于非科技类大学生的29.8%和21.6%。而选择"谋求仕途发展""寻求政治荣誉感""增强就业竞争力"的比例中，科技类大学生分别为6.2%、8.8%、13.1%，均低于非科技类大学生的6.4%、10.4%、14.3%。

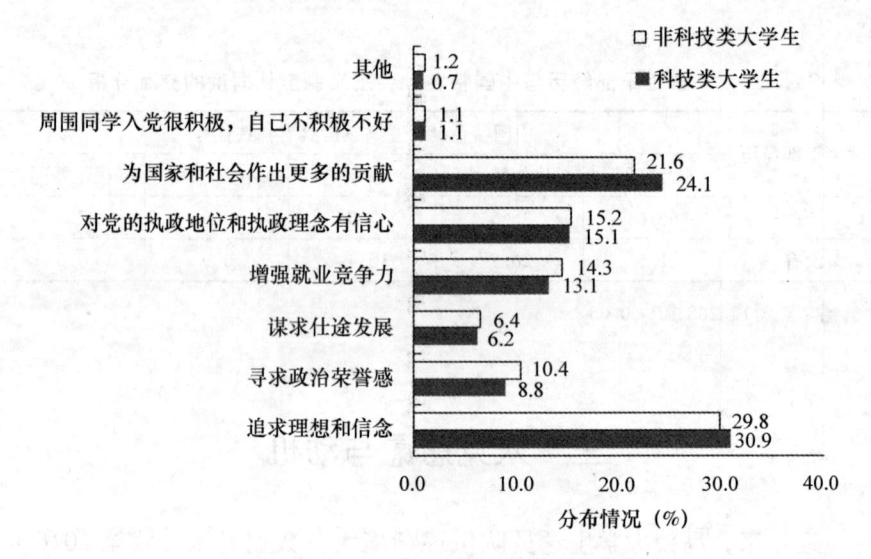

图2-2 大学生入党动机分布情况

四 本章小结

本章主要考察了科技类大学生的政治观与政治行为，调查结果显示，科技类大学生能正确把握当前中国最有影响力的思想理论，对中国特色社会主义道路、理论体系与制度有较为正确的认识，入党意愿比较强烈，入党动机较为端正。但是，调查中反映出来的一些规律性现象和问题需要引起教育者的高度重视，以提升对科技类大学生政治观教育的实效性。

（一）总体状况

总体来说，科技类大学生政治立场坚定、政治态度端正。第一，科技类大学生能够正确认识当前中国最有影响力的思想理论，有76.0%的科技类大学生选择"中国特色社会主义理论体系"。第二，科技类大学生高度认同中国特色社会主义道路、理论体系与制度。92.3%的科技类大学生对"实现民族复兴必须坚持中国特色社会主义道路"的说法持赞同态度；92.7%的科技类大学生对"中国特色社会主义理论体系是我国现代化建设的理论指南"的说法持赞同态度；91.4%的科技类大学生对"中国特色社会主义制度具有独特优势"的说法持赞同态度。第三，科技类大学生入党意愿较强烈，入党动机端正。78.5%的科技类大学生愿意加入中国共产党。科技类大学生入党的主要动机是"追求理想和信念""为国家和社会作出更多的贡献"和"对党的执政地位和执政理念有信心"。

（二）值得关注的现象和问题

通过对调查数据进行具体分析发现，不同类型的科技类大学生，其政治观和政治行为有一定差异，社会主义核心价值观的培育成效和思想政治教育活动对科技类大学生的政治观与政治行为有显著影响。

第一，不同性别、不同年龄段、不同政治面貌、不同学生干部经历、不同学校类别的科技类大学生，其政治观与政治行为的差异较为明显。其一，女生的政治立场更加坚定、政治态度更加端正。具体表现为，女生对中国特色社会主义道路、制度的认同度高于男生，女生更加愿意加入中国共产党。其二，年龄段高的大学生，对中国特色社会主义道路、制度的赞同度略低，但入党意愿更强烈，入党动机更端正。其三，党员科技类大学生的政治立场更坚定、政治态度更端正。具体表现为，党员对中国特色社会主义道路、理论体系、制度的认同度更高，入党意愿更强烈，入党动机更端正。其四，有学生干部经历的大学生对当前中国社会最具影响力的思想理论把握更准确，对中国特色社会主义道路、理论体系、制度的认同度更高。其五，学校类别不同的大学生政治立场、政治观念差异显著。具体表现为，不同学校类别的大学生，对当前中国社会最具有影响力的思想理论认知不同，入党意愿和入党动机也不同。

第二，社会主义核心价值观的培育成效对科技类大学生的政治观和政治行为有重要影响。其一，社会主义核心价值观弘扬和培育的成效越好，科技类大学生越赞同中国特色社会主义道路、理论体系、制度。其二，科技类大学生对社会主义民主和西方民主的看法越理性，其越赞同中国特色社会主义道路、理论体系、制度，政治立场越坚定。

第三，思想政治教育活动是影响科技类大学生政治观与政治行为的重要因素。其一，思想政治理论课的开展效果对科技类大学生对中国特色社会主义道路、理论体系、制度的认同度有显著影响。具体表现为，思想政治理论课的开展效果越好，科技类大学生越赞同中国特色社会主义道路、中国特色社会主义理论体系、中国特色社会主义制度。其二，专业课教师对价值观教育的重视程度在科技类大学生对中国特色社会主义道路、理论体系、制度的认同度上影响显著。具体表现为，专业课教师对价值观教育越重视，科技类大学生越赞同中国特色社会主义道路、中国特色社会主义理论体系、中国特色社会主义制度。其三，科技类大学生参加社会主义核心价值观宣讲活动的意愿对大学生对中国特色社会主义道路、理论体系、制度的认同度有显著影响。具体表现为，科技类大学生参加社会主义核心价值观宣讲活动的意愿越强烈，越赞同中国特色社会主义道路、中国特色社会主义理论体系、中国特色社会主义制度；学校或学院开展社会主义核心价值观为主题的活动频率越高，科技类大学生对中国特色社会主义制度的赞同度也越高。

（三）对策与建议

针对调查发现的问题，课题组提出以下对策和建议：

1. 注重群体差异，有针对性地进行政治观教育

不同群体大学生心理状态存在差异，其政治观念和政治行为处于不

同的层次。调查发现，性别、年龄、政治面貌、学生干部经历不同的大学生，对中国特色社会主义道路、理论体系、制度的看法不同，入党意愿和入党动机也不一样。对科技类大学生进行政治观教育，要着重把握科技类大学生的心理特点和接受习惯；要从认知和情感出发，把握男女学生对政治理论信息的关注特点和关注方式，有针对性地推出不同性别大学生乐于接受的政治理论宣传平台；从年龄出发，根据不同年龄段大学生的认知特点，由浅入深进行政治观教育，对低年龄段的学生主要以认知教育为主，对高年龄段的学生则要上升到情感、意志、行为的高度；以党支部活动和团学活动为依托，加强大学生的政治理论学习和政治行为践行，发挥党员和学生干部的力量和优势，通过党员干部的以身作则来感染和带动普通学生，达到以一小部分影响一大部分，最终形成"点面相统一"的效果。

2. 立足社情国情，恰当引导大学生参与政治话题讨论

关注时政新闻和社会热点能够帮助大学生了解我国的社情、国情和我国在国际社会中的地位以及他国的政治制度和政治理念，有利于大学生在客观、全面的基础上形成科学的政治观和世界观。调查显示，对大学生社会主义核心价值观的培育成效越好，其政治立场越坚定、政治观念越正确。因此，对国家出台的重要政策、国家举行的重要政治活动、国家倡导的核心价值观念，要在广泛宣传的基础上，倾听大学生的观点和看法，对正确的观点和看法加以肯定，对有失偏颇的观念进行适当引导。对一些热点的社会话题，尤其是涉及政治立场和社会思潮的事件，要坚决地捍卫正确的政治立场，坚持正确的政治宗旨，在舆论双方辩论的时候，占领舆论高地，揭开事实真相，把握事实话语权，在现实生活和网络上恰当发声，引导大学生理智地对待和分析，冷静处理与政治话题有关的社会问题。

3. 营造政治氛围，开展多种形式的思想政治教育实践活动

营造良好的政治氛围，鼓励大学生参与政治实践活动能够提高大学生的政治意识。调查显示，科技类大学生对中国特色社会主义道路、理论体系和制度的认同受思想政治理论课效果的影响，思想政治理论课的开展效果越好，科技类大学生的政治立场越坚定。科技类大学生政治观的形成还受专业课教师和校园文化活动的影响，因此，为科技类大学生

营造良好的政治氛围，开展多种形式的思想政治教育实践活动，提高大学生接触政治信息、政治理论的频率，在实践中由感性认识转变为理性认识，有利于帮助大学生更好地培养良好的政治观。可以组织大学生宣讲团或调查小组，利用"三下乡"、暑期社会实践的机会，深入基层、深入社区、深入农村、深入企业，宣讲我国改革开放的成果，了解基层单位在坚持中国特色社会主义的道路上，各行各业所发生的变化和取得的成就，深刻认识我们党为人民群众所做出的伟大贡献，在深入体察民情、了解事实的基础上，坚定道路自信、理论自信、制度自信。

（执笔人：杨曼曼）

第三章　道德观与道德行为

坚持把立德树人作为高等教育的根本任务，努力培养德才兼备、全面发展的社会主义事业建设者和接班人是新时期的新要求。高校科技类大学生是推动国家未来发展的一支重要力量，如何将他们培养成具有较高综合素质的人才，是高等教育直面的重要课题。为此，课题组重点关注当前科技类大学生的思想道德状况，主要围绕科技类大学生对"雷锋精神"的看法，做诸如抗震救灾、山区支教、环境保护等活动志愿者的意愿，主动伸手扶跌倒老人的意愿，参与公益活动的情况等涉及道德观与道德行为的核心问题进行探究。结合调查结果反映出的突出问题和特殊现象，课题组也尝试提出若干有针对性的对策和建议，以期为高校进一步加强和改进道德教育提供有益参考。

一　对雷锋精神的看法

雷锋精神承载着中华民族的传统美德，诠释着社会主义核心价值观的精髓要义，彰显着社会主义、共产主义道德的精神境界，是民族精神和时代精神的生动写照。考察科技类大学生对雷锋精神的态度和看法，是了解和把握当代科技类大学生道德观状况的重要方面，对加强和改进高校雷锋精神教育实践活动有着重要意义。

（一）总体情况

调查显示，当被问及"在当今社会，您如何看待雷锋精神"这一问题时，有4.0%的科技类大学生认为雷锋精神"已经过时，不值一提"，有96.0%的科技类大学生认为"并未过时，仍值得发扬"。显而易见,当前高校科技类大学生对雷锋精神表现出高度的认可和充分的肯定,这也从侧面反映出高校开展的雷锋精神教育实践活动成效显著。

(二)科技类大学生群体对雷锋精神看法的差异状况

为进一步分析影响科技类大学生对雷锋精神看法的因素,对调查问卷中的"已经过时,不值一提""并未过时,仍值得发扬"两个选项分别赋值 0 分、1 分,结合自然因素、成长背景、教育因素包含的多项人口学变量,进行二分 Logistic 回归分析。按照 0.05 的检验水准,回归系数具有统计学意义的变量有:性别、独生子女情况、学生干部经历和学校所在区域(见表 3-1)。结果表明,自然因素、成长背景、教育因素均会影响大学生对雷锋精神的看法。

表 3-1 科技类大学生对雷锋精神看法的影响因素二分 Logistic 回归分析

变量		非标准化系数 B	SE	显著性水平 P	发生比 Exp(B)
常数项		2.859	0.822	0.001	17.436
男生(参照项:女生)		-0.426	0.206	0.039	0.653
年龄平方		0.001	0.002	0.757	1.001
县级以上(参照项:乡镇以下)		-0.344	0.211	0.102	0.709
独生子女(参照项:非独生子女)		-0.440	0.214	0.040	0.644
家庭月总收入		-0.007	0.008	0.383	0.993
学历层次(参照项:大一)	大二	-0.158	0.311	0.611	0.854
	大三	-0.635	0.340	0.062	0.530
	大四	-0.403	0.413	0.329	0.668
	研究生	-0.541	0.584	0.355	0.582
学校类别(参照项:普通本科)	985 高校	0.232	0.227	0.306	1.261
	211 高校	0.421	0.274	0.125	1.523
党员(参照项:非党员)		0.405	0.260	0.120	1.499
学生干部(参照项:非学生干部)		0.636	0.210	0.003	1.889

续表

变量		非标准化系数		显著性水平	发生比
		B	SE	P	Exp（B）
学校所在区域（参照项：华东地区）	华南地区	0.871	0.626	0.164	2.390
	华中地区	0.807	0.371	0.030	2.241
	华北地区	0.475	0.247	0.055	1.609
	西北地区	0.800	0.355	0.024	2.225
	西南地区	0.403	0.319	0.207	1.496
	东北地区	0.559	0.358	0.118	1.749

N = 3038　　-2 Log likelihood = 989.673　　Cox & Snell R Square = 1.4%

1. 基于自然因素的分析

从性别来看，在科技类大学生群体中，男大学生对雷锋精神的认可度不及女大学生。具体而言，男性科技类大学生认为雷锋精神"并未过时，仍值得发扬"的发生比是女性科技类大学生的 0.653 倍。

2. 基于成长背景的分析

从独生子女情况来看，独生子女科技类大学生对雷锋精神的认可度不及非独生子女科技类大学生。具体而言，在科技类大学生群体中，独生子女认为雷锋精神"并未过时，仍值得发扬"的发生比是非独生子女的 0.644 倍。

3. 基于教育因素的分析

从学校所在区域来看，华中地区和西北地区高校的科技类大学生对雷锋精神的认可度均明显高于华东地区高校的科技类大学生。数据显示，华中地区高校的科技类大学生认为雷锋精神"并未过时，仍值得发扬"的发生比是华东地区高校科技类大学生的 2.241 倍，西北地区是华东地区高校科技类大学生的 2.225 倍。

从学生干部经历来看，有学生干部经历的科技类大学生对雷锋精神的认可度高于没有学生干部经历的科技类大学生。具体情况是，有学生干部经历的大学生认为雷锋精神"并未过时，仍值得发扬"的发生比是没有学生干部经历的大学生的 1.889 倍。

（三）思想政治教育与科技类大学生对雷锋精神的看法

加强大学生雷锋精神教育，是新时期高校开展思想政治工作的重要抓手。交互分析显示，思想政治理论课教学和日常思想政治教育开展情况不同，科技类大学生对雷锋精神的看法存在显著差异。具体如下：

1. 思想政治理论课在科技类大学生对雷锋精神看法上的影响

调查结果表明，思想政治理论课对大学生掌握社会主义核心价值观的作用越大，科技类大学生对雷锋精神的认可度就越高。具体而言，在认为思想政治理论课作用"大"①的学生中，有95.8%的大学生认为雷锋精神"并未过时，仍值得发扬"；在认为思想政治理论课作用"一般"的学生中，95.5%的学生认同雷锋精神；而在认为思想政治理论课作用"小"的学生群体中，其认同雷锋精神的比例为90.2%（χ^2 = 13.147，$P<0.01$）。

2. 日常思想政治教育在科技类大学生对雷锋精神看法上的影响

党团活动、校园文化活动、社团活动、社会实践活动等都是高校开展日常思想政治教育的重要方式。经交互分析发现，所在院校党团活动、校园文化活动开展情况不同、参加社团情况不同、社会实践经历不同的科技类大学生，其对雷锋精神的态度均存在显著差异。具体情况如下：

（1）基于党团活动开展情况的分析

调查结果表明，所在党团组织开展过学习和践行社会主义核心价值观活动的科技类大学生对雷锋精神的认可度明显高于所在组织没有开展过类似活动的科技类大学生。表示自己所在的党团组织开展过相关活动的大学生，其认同雷锋精神的比例高达96.8%；表示所在党团组织没有开展过和不清楚是否开展过相关活动的科技类大学生，其认为雷锋精神"并未过时，仍值得发扬"的比例分别为91.7%、93.2%（χ^2 = 24.333，$P<0.001$）。

（2）基于校园文化活动开展情况的分析

调查结果表明，所在学校或学院开展过先进事迹宣讲活动的科技类

---

① 注：作用"大"表示作用"非常大"和作用"比较大"；作用"小"表示作用"比较小"和作用"非常小"，下同。

大学生对雷锋精神的认可度明显高于所在院校没有开展过类似活动的科技类大学生。表示"开展过"此类活动的科技类大学生，其认为雷锋精神"并未过时，仍值得发扬"的比例为96.4%，而表示"没有开展过"此类宣讲活动的科技类大学生，对雷锋精神的认同比为92.0%（$\chi^2 = 11.114, P < 0.01$）。

（3）基于参加社团情况的分析

调查结果表明，参加社团类型不同的科技类大学生，其对雷锋精神的认可度存在显著差异。所在社团类型为学术科技类、文体活动类、思想理论类、公益服务类和其他类的科技类大学生，其赞同雷锋精神"并未过时，仍值得发扬"观点的比例依次为93.3%、96.6%、96.2%、97.7%、93.8%。可见，对科技类大学生而言，公益服务类社团对其雷锋精神认可度的影响最大，而学术科技类社团的影响最小。对于非科技类大学生来说，加入文体活动类和公益服务类社团的大学生，其认同雷锋精神的比例更高，分别为97.3%、97.2%。

（4）基于社会实践经历的分析

调查结果表明，在校期间参加过社会实践活动的科技类大学生对雷锋精神的认可度明显高于在校期间没有社会实践经历的科技类大学生。有96.0%的参加过社会实践活动的科技类大学生，认为雷锋精神"并未过时，仍值得发扬"，而在没有任何社会实践经历的科技类大学生中，认同雷锋精神的比例为90.5%（$\chi^2 = 18.883, P < 0.001$）。

二　自身道德意愿与行为

国无德不兴，人无德不立。2013年11月习近平同志在山东曲阜考察时明确提出要"加强全社会的思想道德建设，激发人们形成善良的道德意愿、道德情感，培育正确的道德判断和道德责任，提高道德实践能力尤其是自觉践行能力"。[①] 大学生是国家和社会未来发展的生力军，大学生的道德素养状况将成为衡量中华民族整体素质的"风向标"，也

[①] 《习近平在山东考察时强调认真贯彻党的十八届三中全会精神　汇聚起全面深化改革的强大正能量》，《人民日报》2013年11月29日。

将成为影响和谐社会建设与社会主义现代化建设进程的"催化剂"。重视科技类大学生的道德素养培育已然成为了思想政治教育发展的新趋势，为此课题组设置了"做志愿者的意愿""扶跌倒老人的意愿""参与公益活动的情况"等调查指标，以期客观地把握不同类型科技类大学生群体的道德意愿和道德行为现状。

（一）做抗震救灾、山区支教、环境保护等相关活动志愿者的意愿

2016年7月，中共中央宣传部、中央文明办、民政部、教育部等八部门印发《关于支持和发展志愿服务组织的意见》，针对进一步完善志愿服务体系的总目标作出了具体要求。志愿服务活动是高校开展思想政治工作的重要载体和途径，当前国内众多高校纷纷开展涵盖医疗服务、环境保护、支教讲学、抢险救灾、科技推广等多个领域在内的志愿服务活动。课题组通过考察科技类大学生从事志愿者工作的意愿，进而了解和把握当前科技类大学生的道德意愿状况。

1. 总体情况

调查结果显示，94.1%的科技类大学生表示"愿意做诸如抗震救灾、山区支教、环境保护等相关活动的志愿者"，仅有5.9%的科技类大学生表示不愿意参加类似的志愿者活动。从总体上看，当前科技类大学生具有较高的志愿服务精神，此结果也与大学生对雷锋精神的认可度相互印证。

2. 科技类大学生做志愿者意愿的差异状况

为进一步了解科技类大学生对从事志愿者工作的意愿情况，课题组将包括自然因素、成长背景、教育因素在内的多项人口学变量与大学生"是否愿意做诸如抗震救灾、山区支教、环境保护等相关活动的志愿者"这一问题结合进行交互分析。结果发现，不同类型的科技类大学生在这一问题上的看法具有较高的内部一致性，除性别、学校所属省份因素对意愿的影响呈显著差异外，其他因素均不产生明显影响。具体情况如下：

（1）基于性别因素的分析

分析结果表明，男性科技类大学生和女性科技类大学生做相关活动志愿者的意愿存在显著差异（$\chi^2 = 8.860$，$P < 0.01$）。有95.6%的女

性科技类大学生表示愿意做相关活动的志愿者，男性科技类大学生愿意做相关活动志愿者的比例为92.7%。可见，女性科技类大学生做志愿者的意愿程度要明显高于男性科技类大学生。

(2) 基于学校所在省份的分析

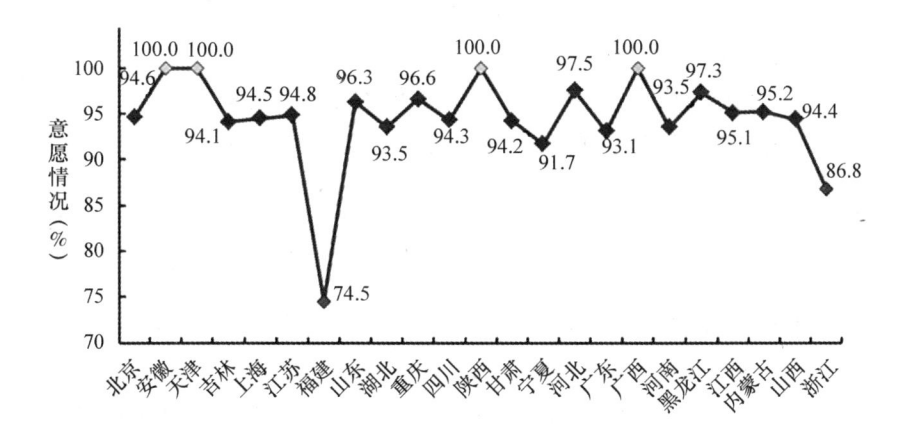

分析结果表明，学校所在省份不同的科技类大学生做相关活动志愿者的意愿存在显著差异（$\chi^2 = 42.206$，$P < 0.001$）。学校所在省份按科技类大学生做志愿者的意愿程度由高到低排序，依次为安徽（100.0%）、天津（100.0%）、陕西（100.0%）、广西（100.0%）、河北（97.5%）、黑龙江（97.3%）、重庆（96.6%）、山东（96.3%）、内蒙古（95.2%）、江西（95.1%）、江苏（94.8%）、北京（94.6%）、上海（94.5%）、山西（94.4%）、四川（94.3%）、甘肃（94.2%）、吉林（94.1%）、河南（93.5%）、湖北（93.5%）、广东（93.1%）、宁夏（91.7%）、浙江（86.8%）、福建（74.5%）。其中，学校所在省份为安徽、天津、陕西、广西的科技类大学生做相关活动志愿者的意愿最强，而经济相对发达地区，如北京、上海、广东、江苏、浙江等地科技类大学生做志愿者的意愿相对不强。（见图3-1）

图3-1　学校所在省份不同的科技类大学生做相关活动志愿者的意愿情况

（3）基于学生干部经历的分析

分析结果表明，有无学生干部经历的科技类大学生做活动志愿者的意愿存在显著差异（$\chi^2=13.281$，$P<0.001$）。担任过学生干部的科技类大学生中，有95.2%的人表示愿意做相关活动的志愿者，而没有担任过学生干部的科技类大学生愿意做活动志愿者的比例为90.6%。可见，学生干部经历是影响做志愿者意愿的一项指标。

3. 科技类大学生做志愿者意愿的影响因素分析

通过相关分析和交互分析发现，"奉献理念""社会实践参与状况""社团活动参与状况""网络信息关注程度"不同的科技类大学生，其做志愿者的意愿存在显著差异，具体情况如下：

（1）奉献理念不同的科技类大学生做志愿者的意愿情况

相关分析发现，对"奉献是人生最大的快乐"和"帮助别人是一种快乐"等奉献理念的赞同度越高，科技类大学生做志愿者的意愿越强烈。

其一，科技类大学生对"奉献是人生最大的快乐"赞同度越高，做志愿者的意愿越强烈。相关分析发现，大学生对"奉献是人生最大的快乐"的赞同度（"非常赞同"=1，"比较赞同"=2，"一般"=3，"不大赞同"=4，"很不赞同"=5）和大学生做志愿者的意愿（"愿意"=1，"不愿意"=2）之间存在显著正相关关系（$r=0.044$，$P<0.05$）。另有数据显示，对"奉献是人生最大的快乐"表示"赞同""一般""不赞同"的科技类大学生，愿意做相关活动志愿者的比例逐级递减，分别为94.8%、93.8%、80.5%（$\chi^2=11.407$，$P<0.01$）。

其二，科技类大学生对"帮助别人是一种快乐"赞同度越高，做志愿者的意愿越强烈。相关分析发现，科技类大学生对"帮助别人是一种快乐"的赞同度（"非常赞同"=1，"比较赞同"=2，"一般"=3，"不大赞同"=4，"很不赞同"=5）和大学生做志愿者的意愿（"愿意"=1，"不愿意"=2）之间存在显著正相关关系（$r=0.197$，$P<0.001$）。另有数据显示，对"帮助别人是一种快乐"表示"赞同""一般""不赞同"的科技类大学生，其愿意做志愿者的比例逐级递减，分别为95.3%、80.6%、38.5%（$\chi^2=56.427$，$P<0.001$）。

(2) 社会实践参与状况不同的科技类大学生做志愿者的意愿情况

其一，与没有参加过社会实践的科技类大学生相比，有社会实践经历的科技类大学生做志愿者的意愿更强烈。相关分析发现，"参加社会实践的经历"（"有"＝1，"没有"＝2）和大学生做志愿者的意愿（"愿意"＝1，"不愿意"＝2）之间存在显著正相关关系（$r = 0.141$，$P < 0.001$）。另有数据显示，有社会实践经历的科技类大学生愿意做相关活动志愿者的比例为95.8%，而没有社会实践经历的科技类大学生愿意做相关活动志愿者的比例为86.9%（$\chi^2 = 44.297$，$P < 0.001$）。可见，参加实践活动会对科技类大学生的思想观念产生一定的积极影响。

其二，院校组织社会实践活动情况不同的科技类大学生，其做志愿者的意愿存在显著差异（$\chi^2 = 29.220$，$P < 0.001$）。表示院校组织过学生参观革命圣地、纪念馆等红色教育基地的科技类大学生，其愿意做志愿者的比例为96.3%；明确表示院校没有组织过此类实践活动的科技类大学生，愿意做志愿者的比例为89.6%。显然，社会实践活动在大学生意识观念养成中发挥着重要作用。

(3) 社团活动参与状况不同的科技类大学生做志愿者的意愿情况

其一，相关分析发现，"参加学生社团的数目"（"没有参加"＝1，"一个"＝2，"两个"＝3，"三个及以上"＝4）和大学生做志愿者的意愿（"愿意"＝1，"不愿意"＝2）之间存在显著负相关关系（$r = -0.078$，$P < 0.01$）。即科技类大学生参加社团数目越多，做志愿者的意愿越强烈。另有数据显示，没有参加任何社团的科技类大学生，其愿意做志愿者的比例最低，为90.7%；参加两个社团的科技类大学生人数最多，且这部分大学生表示愿意做志愿者的比例也最高，为96.3%（$\chi^2 = 16.071$，$P < 0.01$）。

其二，科技类大学生参加的社团类型与其做志愿者的意愿也有一定的联系。数据显示，参加学术科技类、文体活动类、思想理论类、公益服务类和其他类型社团的科技类大学生，愿意做志愿者的比例依次为：96.3%、96.0%、95.7%、97.5%、93.8%。不难发现，参加学术科技类、文体活动类和思想理论类社团的科技类大学生，其做志愿者的意愿程度差异不大，而参加公益服务类社团的科技类大学生，其做志愿者的意愿程度明显高于参与其他社团的科技类大学生。

其三，越认可社团活动在引导大学生崇德向善方面的积极影响，科技类大学生做志愿者的意愿越强烈。相关分析发现，"对学生社团在引导大学生崇德向善方面作用的评价"（"作用非常大"＝1，"作用比较大"＝2，"一般"＝3，"作用比较小"＝4，"作用非常小"＝5）和大学生做志愿者的意愿（"愿意"＝1，"不愿意"＝2）之间存在显著正相关关系（$r=0.089$，$P<0.001$）。且数据进一步显示，认为社团价值引导作用"大""一般""小"的科技类大学生，其愿意做志愿者的比例逐级递减，该比例分别为97.2%、94.0%、92.0%（$\chi^2=12.707$，$P<0.01$）。

（4）网络信息关注程度不同的科技类大学生做志愿者的意愿情况

调查结果显示，学校有微信、微博等新媒体公众平台的科技类大学生，浏览这些公众平台信息越频繁，其做志愿者的意愿越强烈。相关分析发现，"浏览学校微信、微博等新媒体公众平台信息的频率"（"经常浏览"＝1，"偶尔浏览"＝2，"很少浏览"＝3，"基本不看"＝4）和大学生做志愿者的意愿（"愿意"＝1，"不愿意"＝2）之间存在显著正相关关系（$r=0.102$，$P<0.001$）。另有数据显示，"经常浏览""偶尔浏览""很少浏览""基本不看"校园公众平台信息的科技类大学生，其意愿做志愿者的比例依次为97.4%、95.4%、86.1%、96.4%。（见图3-2）

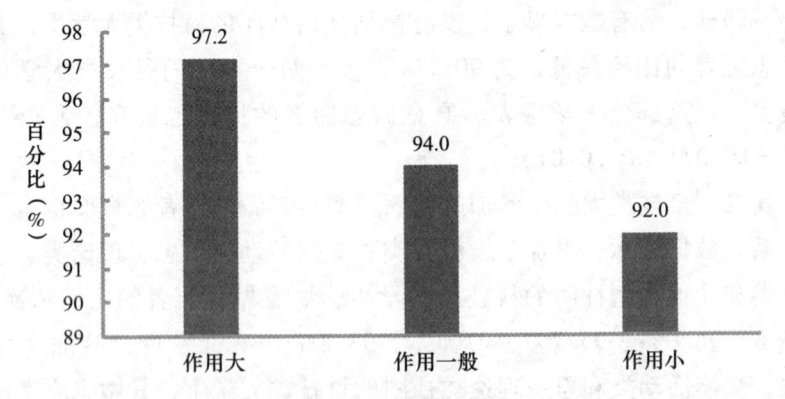

图3-2 浏览校园公众平台信息频率不同的科技类大学生做志愿者的意愿情况

(二) 向跌倒老人主动伸出援手的意愿

近年来,"老人倒地扶不扶"这一话题引发了社会热议。向跌倒老人主动伸出援手本是见义勇为、助人为乐传统美德的充分彰显,然而随着"彭宇案""许云鹤案"等事件的频频发生,不少人开始陷入"道德焦虑"。为考量大学生在遇到上述道德事件时的行为选择,课题组设置了"是否会向跌倒老人主动伸出援手"这一问题以进一步把握科技类大学生的道德观现状,同时追问了部分科技类大学生不愿意扶跌倒老人或态度模糊的原因,以深入了解当前科技类大学生群体在面临道德选择时的顾虑和困惑。

1. 总体情况

在对"是否会向跌倒老人主动伸出援手"这一问题的回答上,有 50.8% 的科技类大学生选择了"一定会",47.1% 的科技类大学生选择了"可能会",还有 2.1% 的科技类大学生选择了"不会"。从选择的情况看,超过半数的科技类大学生在遇到此类道德事件时会选择毫不犹豫地将老人主动扶起,但也有接近一半的大学生态度较为模糊,在这一问题上表现得犹豫不决、顾虑重重。而对倒地老人视若不见、漠然处之的科技类大学生仅占极小部分。

此外,课题组针对"可能会"和"不会"扶跌倒老人的科技类大学生"不伸出援手最主要的原因是什么"展开了一个具体的调查。结果显示,在不确定或一定不会扶倒地老人的原因方面,1.7% 的科技类大学生认为老人"与我非亲非故,没必要去管";79.8% 的科技类大学生认为"借此讹人的事件很多,防人之心不可无";6.0% 的科技类大学生认为"多一事不如少一事";也有 2.7% 的科技类大学生认为"即使自己不扶,相信总会有人扶";另有 9.8% 的科技类大学生认为还有其他别的原因,没有给出具体回答。明显可见,"与我非亲非故,没必要去管""即使自己不扶,相信总会有人扶""多一事不如少一事"等原因所占比重很小,而"借此讹人的事件很多,防人之心不可无"成为了近八成科技类大学生不伸援手最主要的原因,这也从一个侧面反映出当前社会存在的较为严重的人际信任问题。

2. 科技类大学生扶跌倒老人意愿的差异情况分析

为对科技类大学生伸出援手扶跌倒老人意愿情况进行深入剖析，课题组将大学生意愿以"不会""可能会""一定会"为序，分别赋值1分、2分、3分（下同），结合自然因素、成长背景、教育因素等多项人口学变量进行一般线性回归分析。按照0.05的检验水准，回归系数具有统计学意义的自变量有：学校类别、政治面貌、学生干部经历和学校所在区域。（见表3-2）

表3-2　影响大学生扶跌倒老人意愿的自然、成长和教育因素一般线性回归分析

变量		非标准化系数 B	SE	标准化系数 Beta	统计量 t	显著性水平 P
常数项		2.531	0.089		28.595	0.000
男生（参照项：女生）		-0.040	0.021	-0.035	-1.882	0.060
年龄平方		-0.005	0.000	-0.003	-0.092	0.927
县级以上（参照项：乡镇以下）		-0.030	0.022	-0.027	-1.331	0.183
独生子女（参照项：非独生子女）		-0.038	0.022	-0.035	-1.703	0.089
学历层次（参照项：大一）	大二	-0.008	0.031	-0.006	-0.251	0.802
	大三	0.030	0.037	0.022	0.820	0.412
	大四	0.007	0.044	0.005	0.153	0.878
	研究生	-0.086	0.061	-0.056	-1.406	0.160
学校类别（参照项：普通本科）	985高校	-0.068	0.024	-0.058	-2.803	0.005
	211高校	-0.070	0.028	-0.051	-2.486	0.013
党员（参照项：非党员）		0.120	0.026	0.096	4.676	0.000
学生干部（参照项：非学生干部）		0.057	0.026	0.041	2.199	0.028
学校所在区域（参照项：华东地区）	华南地区	-0.121	0.060	-0.040	-2.036	0.042
	华中地区	-0.010	0.036	-0.006	-0.285	0.775
	华北地区	0.014	0.029	0.011	0.475	0.635
	西北地区	-0.068	0.035	-0.043	-1.960	0.050
	西南地区	-0.076	0.037	-0.046	-2.076	0.038
	东北地区	0.142	0.042	0.069	3.363	0.001

$N = 2957$　$R^2 = 5.3\%$　$F = 5.215$

从学校类别来看，来自985高校和211高校的科技类大学生扶跌倒老人的意愿均低于普通本科科技类大学生。数据显示，来自985高校的伸出援手扶跌倒老人的意愿比普通本科低6.8个百分点，来自211高校的伸出援手扶跌倒老人的意愿比普通本科低7.0个百分点。一般而言，相比较普通院校，985高校和211高校在教育大学生方面更具有优势，但数据反映出，来自985高校和211高校的大学生扶跌倒老人的意愿程度远不如来自普通院校的大学生，这点值得我们关注和反思。

从政治面貌来看，与非党员相比，党员科技类大学生扶跌倒老人的意愿更强烈。数据显示，党员科技类大学生主动伸出援手扶跌倒老人的意愿比非党员高12.0个百分点，这说明政治面貌一定程度上影响着科技类大学生的道德意愿。

从学生干部经历来看，与没有学生干部经历的科技类大学生相比，有相关学生干部经历的科技类大学生扶跌倒老人的意愿更强烈。数据显示，有学生干部经历的科技类大学生主动伸出援手扶跌倒老人的意愿比没有学生干部经历的科技类大学生高5.7个百分点，这说明学生干部工作历练对提升科技类大学生的道德观有一定的帮助。

从学校所在区域来看，学校所在区域为东北的科技类大学生主动伸出援手扶跌倒老人的意愿比学校所在区域为华东的科技类大学生高14.2个百分点；华南地区高校的科技类大学生扶跌倒老人的意愿比华东地区低12.1个百分点；西南地区高校的科技类大学生扶跌倒老人的意愿比华东地区低7.6个百分点。

3. 其他影响科技类大学生扶跌倒老人意愿的因素分析

大学生主动伸出援手扶跌倒老人的意愿程度是考察大学生道德观积极与否的一项重要指标。课题组尝试将各种可能因素与扶跌倒老人的意愿情况进行一般线性回归分析，从而发现其在影响科技类大学生扶跌倒老人意愿中所起到的作用。分析结果显示，人生价值观因素、政治观因素、文化因素、网络因素、社会实践状况均会对科技类大学生扶跌倒老人的意愿产生不同程度的影响。

（1）基于人生价值观因素的分析

人生价值观因素可以从"外"与"内"的角度，即价值观教育和价值观念认同两个维度进行把握。将其与扶跌倒老人意愿进行一般线性回归分析，按照0.05的检验水准，发现回归系数具有统计学意义的自变量有：思想政治理论课在学习掌握核心价值观中作用的评价、教师在践行核心价值观方面表率作用的现状、核心价值观弘扬和培育成效、对核心价值观建设意义的认识①。具体情况如下：

从思想政治理论课在学习掌握核心价值观中作用的评价来看，科技类大学生对思想政治理论课在学习掌握核心价值观中作用的评价越高，其扶跌倒老人的意愿越强烈。数据显示，思想政治理论课在学习掌握核心价值观中的作用按照"非常小""比较小""一般""比较大""非常大"为序，每提高一个等级，科技类大学生扶跌倒老人的意愿随之提高7.5个百分点。

从教师在践行核心价值观方面起表率作用的现状来看，越多教师能在践行核心价值观方面起到良好表率作用，科技类大学生扶跌倒老人的意愿越强烈。数据显示，对"教师中有多少人在践行核心价值观方面起到良好表率作用"的评价，按照"绝少部分""少部分""说不清楚""大部分""绝大部分"为序，每提高一个等级，科技类大学生扶跌倒老人的意愿随之提高5.5个百分点。

从核心价值观弘扬和培育成效来看，科技类大学生对目前社会主义核心价值观弘扬和培育成效的评价越高，其扶跌倒老人的意愿越强烈。数据显示，对价值观教育整体成效的评价按照"成效很小""成效较小""一般""成效比较大""成效非常大"为序，每提高一个等级，科技类大学生扶跌倒老人的意愿随之提高8.0个百分点。

从对核心价值观建设意义的认识来看，科技类大学生越能认识到核心价值观建设的重要意义，其扶跌倒老人的意愿越强烈。数据显示，对社会主义核心价值观建设意义的认识，每提高一个等级，科技类大学生

---

① 由于问卷中大学生对核心价值观建设意义的认识通过其对"国无德不兴，人无德不立""核心价值观是一个国家最持久最深层的力量""核心价值观对当今中国社会发展产生了重要引领作用"等观点的看法来考察，因此将大学生对上述三个观点按"很不赞同""不太赞同""一般""比较赞同""非常赞同"分别赋值1—5分，并对其提取公因子。经检验，量表KMO=0.658，Bartlett球形检验近似卡方值为3105.226，显著性水平$P<0.001$，进行因子分析可以提取1个公因子，累计方差贡献率为68.2%，表明效度合适，适合做探索性因子分析，将提取出来的1个公因子命名为对核心价值观建设意义的认识。

扶跌倒老人的意愿随之提高 4.2 个百分点。

（2）基于政治观因素的分析

课题组将科技类大学生对中国特色社会主义道路、理论与制度的看法及其入党意愿作为大学生政治观现状的考察依据。将这几项指标与大学生扶跌倒老人意愿进行一般线性回归分析，按照 0.05 的检验水准，发现回归系数具有统计学意义的自变量有：对中国特色社会主义道路、理论的态度，加入中国共产党的意愿。具体情况如下：

从对中国特色社会主义道路的态度来看，科技类大学生越认可中国特色社会主义道路，其扶跌倒老人的意愿越强烈。数据显示，对"实现民族复兴必须坚持中国特色社会主义道路"这一观点的态度按"很不赞同""不大赞同""一般""比较赞同""非常赞同"的顺序，每提高一个等级，科技类大学生扶跌倒老人的意愿随之提高 5.7 个百分点。

从对中国特色社会主义理论的态度来看，科技类大学生越认可中国特色社会主义理论，其扶跌倒老人的意愿越强烈。数据显示，对"中国特色社会主义理论体系是我国现代化建设的理论指南"这一观点的态度按"很不赞同""不大赞同""一般""比较赞同""非常赞同"的顺序，每提高一个等级，科技类大学生扶跌倒老人的意愿随之提高 5.7 个百分点。

从入党意愿来看，与不愿意入党的科技类大学生相比，愿意加入中国共产党的科技类大学生扶跌倒老人的意愿更强烈。数据显示，表示愿意入党的科技类大学生，其主动扶跌倒老人的意愿比不愿意入党的科技类大学生高 17.2 个百分点。在一定意义上，积极良好的政治态度会对道德意愿施以正向的影响。

（3）基于文化因素的分析

结合科技类大学生文化观因素进行的一般线性回归分析，按照 0.05 的检验水准，回归系数具有统计学意义的自变量有：文化自信状况、传承中华民族传统文化的意愿、阅读马列经典著作的情况。

从文化自信状况来看，科技类大学生的文化自信程度越高，扶跌倒老人的意愿越强烈。具体体现在：科技类大学生对"我为自己是中华民族的一员而自豪""中华民族一定能创造文化新辉煌"的赞同度越高，其扶跌倒老人的意愿程度也越高。分析结果显示，对"我为自己是中华民族的一员而自豪"的赞同度按照"很不赞同""不大赞同"

"一般""比较赞同""非常赞同"的顺序，每提高一个等级，科技类大学生扶跌倒老人的意愿随之提高6.7个百分点。此外，对"中华民族一定能创造文化新辉煌"的赞同度按照"很不赞同""不大赞同""一般""比较赞同""非常赞同"的顺序，每提高一个等级，科技类大学生扶跌倒老人的意愿随之提高7.2个百分点。

从传承中华民族传统文化的意愿来看，科技类大学生传承中华民族传统文化的意愿越高，其扶跌倒老人的意愿越强烈。分析表明，对"我们应当传承好中华民族的优秀传统文化"的赞同度按照"很不赞同""不大赞同""一般""比较赞同""非常赞同"为序，每提高一个等级，科技类大学生扶跌倒老人的意愿随之提高7.4个百分点。

从阅读经典著作的情况来看，科技类大学生阅读马列经典著作的情况越理想，其扶跌倒老人的意愿越强烈。数据显示，对马列经典著作的阅读情况按照"没有阅读过""阅读过部分""完整地读过"的顺序，每提高一个等级，科技类大学生扶跌倒老人的意愿随之提高2.2个百分点。

（4）基于网络因素的分析

为分析网络因素对科技类大学生扶跌倒老人意愿产生的影响，将其与校园创建新媒体公众平台情况、浏览新媒体公众平台信息频率、浏览思想政治教育类主题网站频率结合进行一般线性回归分析，按照0.05的检验水准，发现回归系数具有统计学意义的自变量为：浏览新媒体公众平台信息频率。具体情况如下：

从浏览校园微信、微博等新媒体公众平台信息的频率来看，科技类大学生浏览这些公众平台信息的频率越高，其扶跌倒老人的意愿越强。数据显示，浏览公众平台信息的频率按照"基本不看""很少浏览""偶尔浏览""经常浏览"为序，每提高一个等级，科技类大学生扶跌倒老人的意愿随之提高8.0个百分点。

（5）基于实践活动因素的分析

结合科技类大学生实践活动因素进行的一般线性回归分析回归系数具有统计学意义的自变量有：社团活动作用的评价、院校组织参观红色教育基地情况以及大学生社会实践经历。

从对社团活动作用的评价来看，科技类大学生对社团活动作用的评价越高，其扶跌倒老人的意愿越强烈。数据显示，对"社团活动在引导大学生崇德向善方面积极作用"的评价按照"作用非常小""作用比较小""作用一般""作用比较大""作用非常大"的顺序，每提高一个等级，科技类大学生扶跌倒老人的意愿随之提高14.3个百分点。

从院校组织大学生参观红色教育基地情况来看，与院校没有组织过参观革命圣地、纪念馆等红色教育基地的科技类大学生相比，学校或学院组织过类似参观活动的科技类大学生扶跌倒老人的意愿更强烈。数据显示，院校组织过类似活动的科技类大学生扶跌倒老人的意愿比没有组织过类似活动的大学生高9.8个百分点。

从大学生社会实践经历来看，与没有社会实践经历的科技类大学生相比，有社会实践经历的科技类大学生扶跌倒老人的意愿更强烈。数据显示，有社会实践经历的科技类大学生扶跌倒老人的意愿比没有社会实践经历的大学生高13.0个百分点。

此外，通过将大学生所在社团类型与其扶跌倒老人的意愿进行交叉分析，发现社团类型也会对科技类大学生扶跌倒老人的意愿产生显著影响（见图3-3）。数据显示，参加学术科技类、公益服务类和思想理论类社团的科技类大学生，表示"一定会"扶跌倒老人的比例分别为56.5%、55.1%、53.8%；而参加文体活动类和其他类型社团的科技类大学生，愿意扶跌倒老人的意愿相对较低。可以看出，公益服务型和理论学习型社团在影响大学生道德意愿方面发挥更大的作用。

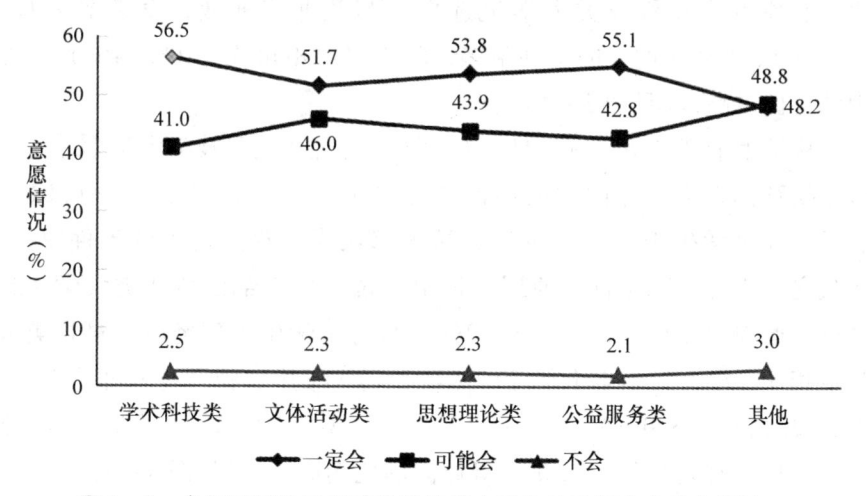

图3-3 参加不同社团类型的科技类大学生扶跌倒老人的意愿情况

4. 科技类大学生不伸援手扶跌倒老人原因的差异分析

调查表明，有超过一半的受访学生表示遇到跌倒老人一定会扶，但也有47.1%的科技类大学生在是否会主动伸出援手扶跌倒老人的问题上态度模糊。从总体来看，科技类大学生扶跌倒老人的意愿状况并不十分理想，态度立场不确定的比例偏高。究其原因，"与我非亲非故，没必要去管""借此讹人的事件很多，防人之心不可无""多一事不如少一事""即使自己不扶，相信总有人扶"等原因制约着这部分大学生扶跌倒老人的意愿。为进一步了解和把握当前科技类大学生不愿意扶跌倒老人的原因，课题组对自然因素、成长背景、教育因素各不相同的科技类大学生进行了调查研究，对数据进行了交互分析。结果发现，仅独生子女状况和学生干部经历不同的科技类大学生在不伸援手扶跌倒老人的原因方面存在显著差异，而性别、年龄、生源地、学校类别、学校所在区域、学科类别、年级、政治面貌等因素均未对科技类大学生的选择产生显著影响。

从独生子女状况来看，独生子女科技类大学生和非独生子女科技类大学生在不伸援手扶跌倒老人的原因方面存在显著差异（$\chi^2 = 11.029$，$P < 0.05$）。与非独生子女科技类大学生相比，独生子女科技类大学生不伸手扶跌倒老人的原因更多是"多一事不如少一事"（6.4%）、"即使自己不扶，相信总有人扶"（2.2%）。与独生子女科技类大学生相比，非独生子女科技类大学生选择"与我非亲非故，没必要去管"（2.3%）、"借此讹人的事件很多，防人之心不可无"（83.4%）等原因的比例更高。（见图3-4）

从学生干部经历来看，是否有学生干部经历的科技类大学生在不伸援手扶跌倒老人的原因方面存在显著差异（$\chi^2 = 17.413$，$P < 0.01$）。有无担任过学生干部的科技类大学生都认为"借此讹人的事件很多，防人之心不可无"是首要原因，且担任过学生干部的科技类大学生选择这一原因的比例更高，为83.2%。与有过学生干部经历的科技类大学生相比，没有过学生干部经历的科技类大学生选择"与我非亲非故，没必要去管"（3.0%）、"多一事不如少一事"（9.2%）、"即使自己不扶，相信总有人扶"（2.3%）等原因的比例更高。（见图3-5）

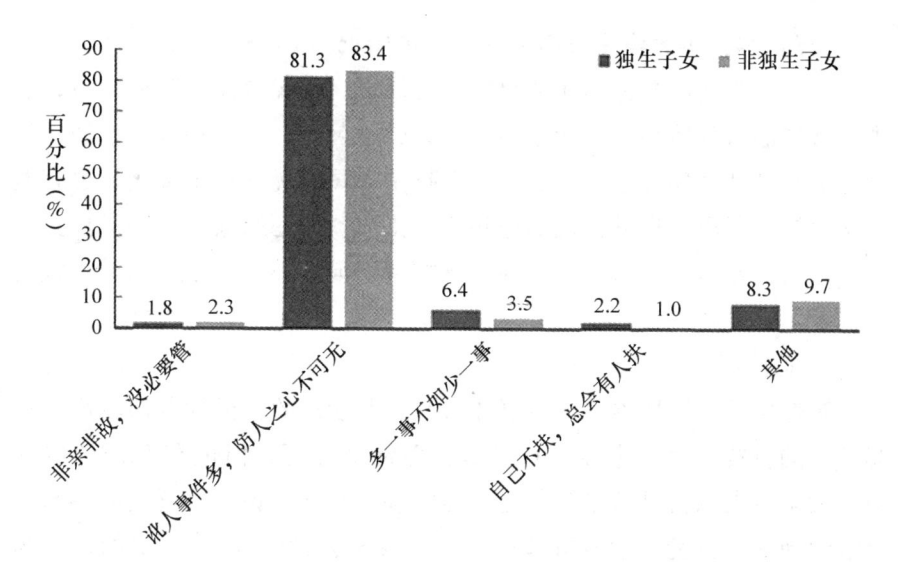

图 3-4　独生子女状况不同的科技类大学生不扶跌倒老人的原因

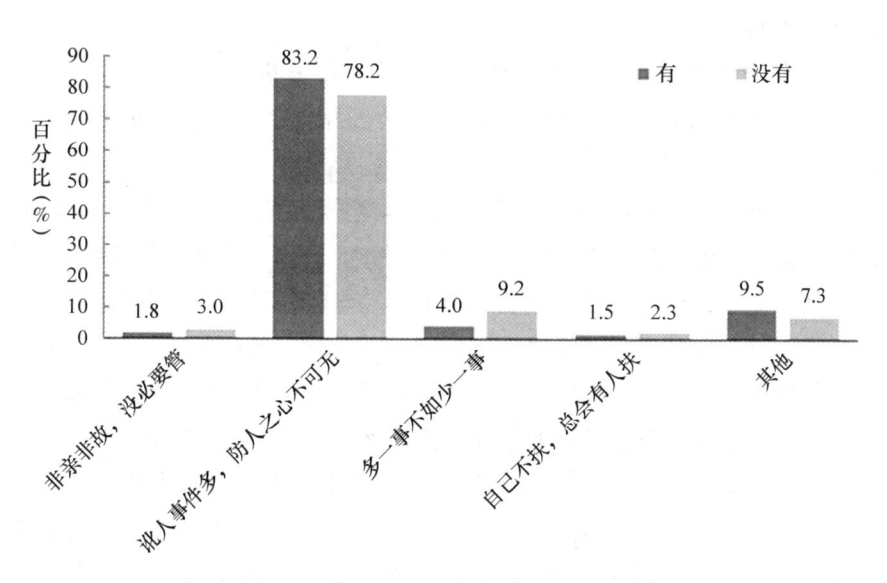

图 3-5　学生干部经历不同的科技类大学生不扶跌倒老人的原因

(三) 科技类大学生参与公益活动的情况

公益事业是社会进步和文明的重要标识。在我国社会转型时期，着力完善志愿服务体系，倡导慈善美德，鼓励公益行动，将有助于加快社会主义和谐社会建设进程，有利于弘扬中华民族优秀传统文化，也有益于缓解社会矛盾、提升公民的思想道德素质。课题组通过考察科技类大学生参与公益活动的情况，旨在准确把握当前科技类大学生的道德践行状况。

1. 总体情况

调查显示，科技类大学生群体参与公益活动的积极性普遍较高，有85.7%的科技类大学生表示自己有公益活动经历，但也有14.3%的科技类大学生表示自己从未参与过公益活动。具体来说，在近九成参与过公益活动的科技类大学生群体中，每年参与公益活动1—2次的比例为50.7%，每年参与公益活动3—4次的比例为24.9%，另有10.1%的科技类大学生每年参与公益活动的次数达5次及以上。值得注意的是，尽管绝大多数的科技类大学生有参与公益活动的相关经历，但是参与程度仍有待提高。

2. 科技类大学生参与公益活动的差异情况分析

(1) 不同群体科技类大学生参与公益活动情况的一般线性回归分析

为分析不同群体科技类大学生在参与公益活动情况方面的差异性，课题组将"没参加过""每年1—2次""每年3—4次""每年5次以上"分别赋值1分、2分、3分、4分（下同），与自然因素、成长背景、教育因素等人口学变量进行一般线性回归分析，按照0.05的检验水准，得出年级、学校类别、政治面貌、学生干部经历、学校所在区域等因素会对科技类大学生参与公益活动的情况产生显著影响。（见表3-3）

从年级来看，大二、大三的科技类大学生比大一科技类大学生参与公益活动更积极。数据显示，大二科技类大学生参与公益活动情况的得分比大一科技类大学生高25.7个百分点；大三科技类大学生参与公益活动情况的得分比大一高19.8个百分点。而高年级科技类大学生在参与公益活动方面并未表现出独特优势。

从学校类别来看，985 高校科技类大学生每年参与公益活动的次数明显多于普通高校科技类大学生。数据显示，来自 985 高校的科技类大学生每年参与公益活动情况的得分比普通本科高 18.5 个百分点。

从政治面貌来看，党员科技类大学生比非党员科技类大学生每年参与公益活动的情况更乐观。数据显示，党员科技类大学生参与公益活动情况得分比非党员高 23.2 个百分点。

从学生干部经历来看，有学生干部经历的科技类大学生每年参与公益活动的次数明显高于没有学生干部经历的科技类大学生。数据显示，有学生干部经历的科技类大学生参与公益活动情况得分比没有学生干部经历的高 27.4 个百分点。

从学校所在区域来看，学校所在区域为华东地区的科技类大学生参与公益活动情况明显优于学校所在区域为西南地区的科技类大学生。数据显示，西南地区高校的科技类大学生参与公益活动情况得分比华东地区低 44.7 个百分点。

表 3-3　科技类大学生参与公益活动情况影响因素一般线性回归分析

变量		非标准化系数		标准化系数	统计量	显著性水平
		B	SE	Beta	t	P
常数项		3.163	0.372		8.498	0.000
男生（参照项：女生）		-0.026	0.040	-0.015	-0.650	0.516
年龄		-0.057	0.019	-0.143	-2.966	0.003
年龄平方		0.002	0.003	0.019	0.618	0.537
县级以上（参照项：乡镇以下）		-0.022	0.044	-0.013	-0.497	0.619
独生子女（参照项：非独生子女）		-0.049	0.043	-0.029	-1.122	0.262
家庭月总收入		0.003	0.002	0.031	1.340	0.180
年级（参照项：大一）	大二	0.257	0.063	0.129	4.073	0.000
	大三	0.198	0.077	0.094	2.550	0.011
	大四	0.170	0.091	0.075	1.865	0.062
	研究生	0.126	0.116	0.053	1.086	0.278
学校类别（参照项：普通本科）	985 高校	0.185	0.047	0.103	3.946	0.000
	211 高校	0.042	0.061	0.018	0.692	0.489

续表

变量		非标准化系数		标准化系数	统计量	显著性水平
		B	SE	Beta	t	P
党员（参照项：非党员）		0.232	0.051	0.116	4.582	0.000
学生干部（参照项：非学生干部）		0.274	0.052	0.123	5.319	0.000
学校所在区域（参照项：华东地区）	华南地区	0.014	0.412	0.001	0.034	0.973
	华中地区	-0.047	0.080	-0.015	-0.588	0.557
	华北地区	-0.065	0.052	-0.034	-1.243	0.214
	西北地区	-0.017	0.066	-0.007	-0.258	0.796
	西南地区	-0.447	0.067	-0.172	-6.655	0.000
	东北地区	-0.142	0.072	-0.050	-1.964	0.050

N = 1807　　R^2 = 8.7%　　F = 8.504

(2) 不同省份（自治区、直辖市）科技类大学生参与公益活动的情况

为考察不同省份（自治区、直辖市）[①]科技类大学生每年参与公益活动的情况，将"没参加过""每年1—2次""每年3—4次""每年5次以上"由低到高分别赋值1—4分，并进行均值比较分析。均值得分越高，表明大学生每年参与公益活动的次数越多。调查结果显示，不同省份（自治区、直辖市）科技类大学生参与公益活动情况存在明显差异。其中，福建（2.71）、河南（2.50）、江西（2.50）、陕西（2.41）、江苏（2.40）、宁夏（2.38）、上海（2.37）、吉林（2.34）、湖北（2.31）9个省份（自治区、直辖市）的科技类大学生，每年参与公益活动情况的均值得分高于平均水平；而北京（2.31）、安徽（2.30）、浙江（2.29）、山西（2.28）、天津（2.27）、山东（2.27）、河北（2.27）、西藏（2.26）、重庆（2.25）、甘肃（2.21）、内蒙古（2.20）、广西（2.18）、黑龙江（2.09）、四川（1.89）14个省份（自治区、直辖市）的科技类大学生，每年参与公益活动情况的均值得分则低于平均水平。（见图3-6）

---

① 参与问卷调查的80所高校分布在24个省份（自治区、直辖市）。

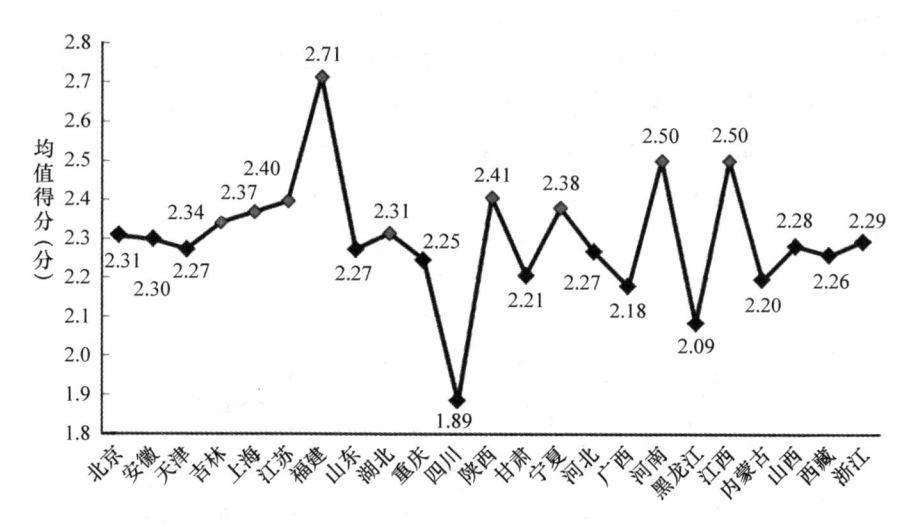

图 3-6 不同省份（自治区、直辖市）科技类大学生参与公益活动均值得分

同时也将不同省份（自治区、直辖市）与科技类大学生参与公益活动情况进行交互分析，发现来自不同省份（直辖市、自治区）的科技类大学生每年参与公益活动情况存在显著差异（$\chi^2 = 191.645$，$P < 0.001$）。数据结果显示，按照科技类大学生没参与过公益活动的比例由高到低排序，排在前列的依次是：四川（35.0%）、内蒙古（29.4%）、黑龙江（25.4%）；按照科技类大学生每年参加 1—2 次公益活动的比例由高到低排序，位列前四的依次是：浙江（74.5%）、西藏（63.0%）、甘肃（58.8%）、河北（58.1%）；按照科技类大学生每年参加 3—4 次公益活动的比例由高到低排序，位列前三的依次是：江西（50.0%）、河南（39.3%）、吉林（31.1%）；按照科技类大学生每年参加 5 次以上公益活动的比例由高到低排序，依次是：福建（25.2%）、江苏（14.2%）、宁夏（11.6%）、上海（11.3%）等地区。通过对比研究可以发现，其一，即使该地区科技类大学生每年参加 1—2 次公益活动的比例很高，也不能说明该地区科技类大学生有较高的公益活动参与度，而是在积极参与前提下，高频次参与度比重越大，公益活动积极性越高。其二，地区经济发展程度与科技类大学生参与公

益活动情况有一定的联系。一般来说，经济较发达地区的科技类大学生，其参与公益活动的情况较理想；经济欠发达地区的参与公益活动的情况欠佳。但也发现，北京、浙江等经济发展程度较高的地区没有发挥出其资源优势，这部分地区的科技类大学生参与公益活动情况较为一般。（见图3-7）

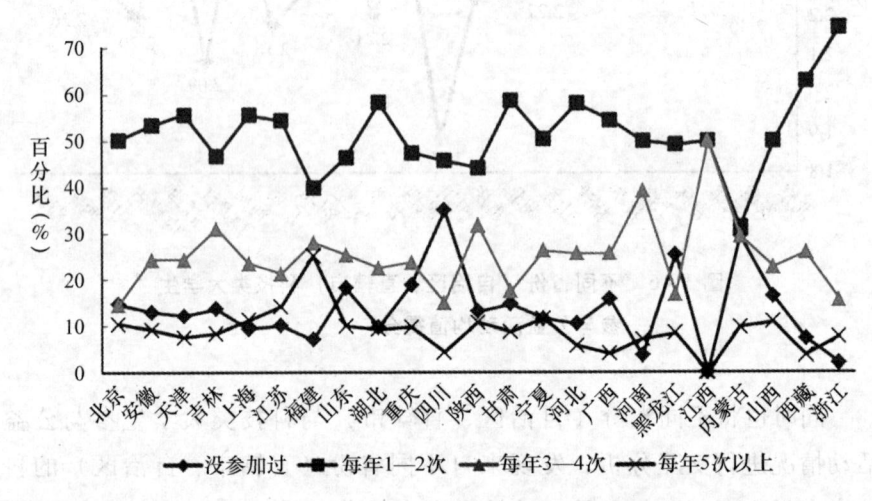

图3-7　不同省份（自治区、直辖市）科技类大学生参与公益活动的差异状况

三　本章小结

本章考察了科技类大学生对"雷锋精神"的看法，做诸如抗震救灾、山区支教、环境保护等相关活动志愿者的意愿，向跌倒老人主动伸出援手的意愿及不愿意扶的原因，参与公益活动情况等主要问题，总体上反映出了科技类大学生基本的价值取向和道德追求。调查结果显示，从整体上看，当前科技类大学生群体的道德意愿与道德行为状况较为良好，绝大部分学生具有较高的道德认知水平、强烈的道德践行意愿和较为丰富的道德实践经历。但是，通过对不同群体科技类大学生道德观与道德行为及其他影响大学生道德观与道德行为因素地深入剖析，发现当

前仍有一些差异状况和突出问题存在于科技类大学生道德观与道德行为中，需引起关注和重视。

（一）总体状况

总体来说，当前科技类大学生的道德观与道德意愿状况良好。具体表现为：

其一，科技类大学生对"雷锋精神"的认可度较高。绝大多数科技类大学生群体都认为雷锋精神"并未过时，仍值得发扬"，仅不足5.0%的科技类大学生持消极态度，认为雷锋精神"已经过时，不值一提"。雷锋精神的时代意义和实践价值得到了绝大部分科技类大学生的认可和肯定。

其二，科技类大学生做诸如抗震救灾、山区支教、环境保护等相关活动志愿者的意愿较为强烈。94.1%的科技类大学生明确表示愿意做相关活动的志愿者，只有5.9%的科技类大学生表示不愿意做相关活动的志愿者。

其三，科技类大学生主动伸援手扶跌倒老人的意愿状况较好。有97.9%的科技类大学生愿意向跌倒老人伸出援手，仅有2.1%的科技类大学生明确表示不会伸援手扶跌倒老人。但值得一提的是，在表示愿意向跌倒老人伸出援手的大学生中，有47.1%的科技类大学生扶跌倒老人的意愿并不坚定，这就意味着这部分大学生在"是否会主动伸手扶跌倒老人"问题上的态度很有可能会因其他因素的影响而发生改变。

其四，在科技类大学生不愿扶跌倒老人的原因方面，79.8%的大学生主要担心被扶老人失信于人，并借此讹人。而其他如"与我非亲非故，没必要去管""多一事不如少一事""即使自己不扶，相信总会有人扶"等原因尚未成为科技类大学生的首要顾虑。

其五，科技类大学生参与公益活动的积极性较高。有85.7%的科技类大学生每年都参加公益活动，仅14.3%的科技类大学生从未参加过公益活动。但在参加过公益活动的科技类大学生群体中，每年参加公益活动的次数在5次以上的比例仅占10.1%，超过半数的科技类大学生虽然参加过公益活动，但参与程度还不够。

（二）值得关注的现象和问题

在了解科技类大学生道德意愿和道德行为总体情况的基础上，课题组积极探索自然因素、成长背景、教育因素、文化价值观因素、网络因素、社会实践因素等对大学生道德观和道德行为产生的影响。结果发现，不同群体科技类大学生的道德观和道德行为在某些方面存在显著差异，且当前科技类大学生道德发展中也存在一些突出问题亟待解决。

第一，党员科技类大学生和有学生干部经历的科技类大学生，其道德观和道德行为的整体状况较好。例如，在向跌倒老人主动伸出援手的态度方面，党员和有学生干部经历的大学生伸援手扶跌倒老人的意愿明显高于非党员和没有学生干部经历的大学生；在参与公益活动情况方面，党员和有学生干部经历的大学生优势更为突出，积极主动性更高；在对雷锋精神认可度以及从事诸如抗震救灾、山区支教、环境保护等志愿工作的意愿方面，有学生干部经历的大学生比没有学生干部经历的意愿更强烈，等等。这充分说明，政治面貌和学生干部经历对塑造科技类大学生正确的道德观和道德行为起着至关重要的作用，同时也间接论证了高校加强学生党员和学生干部培养的必要性。

第二，思想政治理论课和日常思想政治教育对科技类大学生的道德观和道德行为影响深远。当前高校思想政治工作成效显著，大学生群体的道德发展状况呈良好发展态势。具体来说，从思想政治理论课方面来看，思想政治理论课对科技类大学生学习和掌握社会主义核心价值观的作用越大，科技类大学生对雷锋精神的认可度越高、做相关活动志愿者的意愿越强、主动扶跌倒老人的意愿程度越高、参与公益活动情况也越理想。这足见思想政治理论课在大学生道德意愿和道德行为养成过程中的重要作用。从日常思想政治教育方面来看，党团社团活动、校园文化活动、社会实践均对科技类大学生的道德状况产生了不同程度的积极影响，即院校组织开展的党团活动和校园文化活动越丰富、参与学生社团和社会实践情况越好，科技类大学生道德观和道德行为总体状况越好。然而，网络思想政治教育作为新时期高校思想政治教育的重要构成，其功能和优势尚未得到充分体现。例如，科技类大学生浏览思想政治教育类主题网站的频率越高，其扶跌倒老人的意愿反而越弱；浏览校园微博、微信等新媒体公众平台信息的频率越高,做志愿者的意愿没有随之提升。

第三,不同地区或省份(自治区、直辖市)科技类大学生道德意愿和道德行为存在较大差异。就做诸如抗震救灾、山区支教、环境保护等相关活动志愿者的意愿而言,来自北京、上海、广东、江苏、浙江等经济发展程度较高地区的科技类大学生,其意愿反而较低,尤其是浙江和福建的意愿程度远低于其他各省各地区。就参与公益活动情况而言,四川、内蒙古、黑龙江、广西等省份(自治区、直辖市)的科技类大学生,其公益活动参与情况差强人意,相比之下福建、江苏、上海、宁夏、江西、河南、吉林等地参与公益活动的积极性更高。通常来说,政治、经济、文化发展水平较高的地区,理念更为先进、资源更为丰富,能为大学生道德素养的塑造提供更广阔和适宜的平台,而调查数据显示出这些地区并没有真正利用和发挥好各自的优势,这点值得引起重视并加以改进。

(三) 对策与建议

根据此次调研的初步结论以及反映出的问题,发现科技类大学生正确的道德观和道德行为并非自发形成,教育因素在其中发挥着极为重要的作用。增强大学生的道德认知能力和道德行为能力,可重点从以下四个方面入手。

首先,要尊重学生差异,树立个性化的道德教育理念。科技类大学生是具有鲜明特点的一类群体,关注科技类大学生与非科技类大学生群体的差异是高校开展道德教育并能取得教育实效的基础和前提。针对不同群体大学生在道德发展中的差异情况,高校应积极转变道德教育理念,有的放矢地进行道德教育。道德教育工作者要正确看待科技类大学生道德发展中的差异性。比如,不同性别科技类大学生在对雷锋精神的看法、做志愿者的意愿方面存在显著差异,且女生的道德发展状况明显好于男生;以及非独生子女科技类大学生比独生子女科技类大学生对雷锋精神的认可度更高,等等。通常来说,女性在科技类大学生群体中所占比例较小,因而,高校在实施道德教育过程中,应以关注大学生身心体验和实际感受为出发点,避免通过整齐划一、命令式、程式化的教育模式塑造大学生的道德人格，要真正做到在尊重大学生道德选择的基础上，结合大学生实际，加强教育引导。同时，道德教育工作者还应改变自身在传统教育中表现出的"权威者"形象，注重学生主体性的发挥，从而实现彼此之间的良好双向互动。

其次，要发挥资源优势，实现"线上"道德教育与现实教育的有机结合。如今互联网成为了人们"发声""抒情""解惑"的重要平台和场所。以网络为媒介进行道德教育是时代发展的趋势，但同时也不能忽视现实道德教育的存在价值，必须发挥好网络道德教育与现实道德教育各自的优势，以实现高校德育工作的整体性推进。一方面，通过调研发现，当前高校的思想政治工作取得了较大的进步，思想政治理论课开展效果与科技类大学生对雷锋精神的看法、做相关活动志愿者的意愿、扶跌倒老人的意愿以及参加公益活动情况之间均呈现显著正相关关系。因此，高校必须重视思想政治理论课在培育大学生道德观和道德行为方面的"主渠道"作用。将社会主义核心价值观、中国特色社会主义政治制度等内容作为思想政治理论课的核心部分。除了坚持马克思主义理论教育，还应增强优秀传统文化教育，鼓励大学生阅读文化经典著作。另一方面，网络因素也同样对大学生道德观和道德行为的养成起着关键作用。为防止网络上良莠不齐的信息给大学生道德观念带来的"混乱"，必须要增设和规范网络道德教育内容，弘扬主旋律，要求和引导大学生遵守网络道德规范。同时，为发挥网络的独特优势，还应努力开拓网络道德教育新阵地，如建立思想政治教育主题网站、创办网上主流文化"沙龙"，设置在线理论学习区、热点讨论角等。

再次，要依靠党团组织，采取多样化的道德教育方法。要使科技类大学生真正成为对社会有用的科技型人才，除了传授专业知识，加强思想理论教育之外，还应积极引导其走出课堂、走出实验室，体验生活乐趣。调查结果显示，党团组织开展学习和践行社会主义核心价值观活动情况、参加社团情况、参加社会实践情况均与科技类大学生的道德观成正相关关系，且党员和有学生干部经历的科技类大学生在道德意愿和道德行为方面表现更突出。为此，高校应充分发挥学生党支部、团学联组织、学生社团组织在道德教育中的优势作用，有效发挥党员大学生和学生干部的榜样示范作用。一是要通过增强大学生的活动体验达到道德教育目的。鼓励科技类大学生主动参与院校党团组织开展的相关教育活动，让学生在实际活动中检验并强化自己所学到的道德知识，同时也在实践中提高处理和解决问题的能力，将更多的人文关怀融入严谨的学习生活中去。二是要通过榜样人物的典型示范增强道德教育的影响力和持久性。以身边党员大学生和学生干部的典型事迹为教育素材，借助校园广播、电视台、电子屏，学校官方微博、微信平台等进行推广；鼓励党员大学生、学生干部与普通学生结成帮扶对子等，使广大大学生在潜移默化中自觉受到鼓舞和激励，引起内心共鸣，在实际生活中效仿道德榜样的思想和行为。

最后，要坚持以文化人，着力优化道德教育情境。先进文化对塑造个体道德品质起着春风化雨般的重要作用，创建良好的校园文化就是为高校道德教育营造积极健康的育人环境。调查数据反映出，所在院校经常开展以社会主义核心价值观为主题的专题讲座、演讲比赛、读书会等校园文化活动的科技类大学生，以及所在学校开展过先进事迹宣讲活动的科技类大学生，其道德观和道德行为整体状况普遍较好。因此，必须将道德教育目标融入校园文化建设过程中去。一是要精心规划校园布局，创设优美适宜的校园文化环境。从各自学校不同的办学理念、历史传统、地理环境、物质资源等出发，因地制宜，抓好校园基础设施、绿色空间建设的同时，注重校园人文景观的布置，如定期更新宣传栏、及时更换校园宣传标语、张贴先进人物照片及事迹、打造名人文化墙、创办文化交流角等，使学生在文化熏陶中受其感染。二是要积极开展校园主题文化活动，加强校园精神文化建设。以国家重要节日、纪念日为契机，组织开展形式多样、内容生动的主题教育活动，传播正能量，激发大学生的道德情感；组织常规化、特色化的学术科技活动，提高学生创新实践能力、是非判断能力；组织丰富的文艺体育活动，让学生融入其中受其熏陶。三是要加强优秀传统文化教育，为当前教育注入丰富的育人资源。深入挖掘中华优秀传统文化之精华，赋予其时代意蕴，扩充教育资源；鼓励学生阅读传统经典著作，学习优秀传统文化思想，践行中华传统美德。

（执笔人：许家烨）

第四章　文化观与文化素养

文化是民族的血脉，对民族发展起着深远持久的影响。习近平同志在庆祝中国共产党成立 95 周年大会的讲话中，将文化自信与道路自信、理论自信、制度自信并提，并强调文化自信是"更基础、更广泛、更深厚"的自信。[①] 实现中华民族的伟大复兴，推进社会主义文化的繁荣发展，必须以文化自信为基石，而高度的文化自信源于对文化理性的认知。引导科技类大学生树立正确的文化观，提高其文化素养是当前思想政治教育亟待解决的重要问题。本章将通过重点考察科技类大学生在文化自信心、传承中华优秀传统文化意愿、阅读文化经典著作以及对待外来文化态度四个方面的具体表现，全面客观地展现当代科技类大学生文化观念和文化素养的总体状况，从而针对文化素养教育中存在的问题，探索增进科技类大学生文化观与文化素养的有效对策。

一　文化自信心

文化自信是文化主体对历史文化和当代文化价值的肯定以及对未来文化发展前景的坚定信心。科技类大学生作为社会主义事业建设的新生力量，肩负着传承中华民族优秀传统文化、革命文化，弘扬社会主义先进文化的重要使命。是否拥有对自己民族文化的自信心，关系着何时且在何种程度上能够实现中华文化的繁荣兴盛以及中华民族的伟大复兴。为了解当前科技类大学生的文化自信心状况，课题组考察了科技类大学

[①] 习近平：《在庆祝中国共产党成立 95 周年大会上的讲话》，《人民日报》2016 年 7 月 2 日。

生对中华民族传统文化、当代文化及未来文化发展的态度和看法,有助于为进一步培育和增强科技类大学生文化自信心提供借鉴和参考。

(一) 总体状况

调查显示,当前科技类大学生具有极高的文化自信心。具体表现为:在民族自豪感方面,95.8%的科技类大学生对"我为自己是中华民族的一员而自豪"表示赞同,其中表示"非常赞同"的比例达到76.2%,另有19.6%表示"比较赞同";对这一观点持中立态度的科技类大学生比例为3.9%;仅0.3%的科技类大学生对这一观点表示"不大赞同",没有科技类大学生坚决否认该观点的意义和价值。从对文化未来发展前景的态度来看,93.8%的科技类大学生赞同"中华民族一定能创造文化新辉煌",其中"非常赞同"这一观点的科技类大学生比例为70.9%,"比较赞同"该观点的科技类大学生比例为22.9%;对这一观点保持中立态度的科技类大学生比例为5.9%;仅有0.3%的科技类大学生表示"不大赞同",同样没有科技类大学生对该观点持完全否定态度。显然,在多元文化交流交融交锋的当今社会,中华文化依旧深得科技类大学生群体的热爱和尊崇。

(二) 科技类大学生的文化自信心差异状况分析

为进一步分析不同类型科技类大学生在文化自信心方面的差异性,将包含自然因素、成长背景、教育因素等在内的多项人口学变量与科技类大学生对传统文化、当代文化、文化未来发展的态度相结合进行交互分析,发现仅政治面貌、学生干部经历不同的科技类大学生在对中华民族文化的态度上存在显著差异,而其他各因素均未对科技类大学生的文化自信心产生显著的影响,这也表明科技类大学生的文化自信心状况具有较高的内部一致性。

1. 基于政治面貌的分析

从政治面貌来看,党员科技类大学生比非党员科技类大学生具有更强的文化自豪感。数据结果显示,不同政治面貌的科技类大学生在文化自信心方面存在显著差异 ($\chi^2 = 9.893$, $P < 0.01$)。党员科技类大学生赞同"我为自己是中华民族的一员而自豪"的比例为97.6%,仅0.2%不赞同该

观点；非党员科技类大学生赞同"我为自己是中华民族的一员而自豪"的比例为95.2%，有0.3%不赞同该观点。对该观点持模糊态度的党员科技类大学生比例（2.2%）要低于非党员科技类大学生（4.5%）。

2. 基于学生干部经历的分析

从学生干部经历来看，有学生干部经历的科技类大学生比没有学生干部经历的科技类大学生具有更强的文化自信心，具体体现在文化自豪感和对"创造文化新辉煌"的信心两个方面。其一，有无学生干部经历的科技类大学生在"我为自己是中华民族的一员而自豪"这一观点的看法上存在显著差异（$\chi^2=28.810$，$P<0.001$）。有学生干部经历的科技类大学生赞同该观点的比例为96.6%，不赞同该观点的比例为0.2%；没有学生干部经历的科技类大学生赞同和不赞同该观点的比例分别为92.0%、0.8%。可见，担任过学生干部的科技类大学生对历史文化和当代文化的信心比没有担任过学生干部的科技类大学生要更加坚定。其二，有学生干部经历的科技类大学生和没有学生干部经历的科技类大学生在对"中华民族一定能创造文化新辉煌"这一观点的看法上也存在一定差异（$\chi^2=9.203$，$P<0.05$）。有学生干部经历的科技类大学生对这一观点持赞同、中立、不赞同态度的比例分别为94.2%、5.4%、0.4%；没有担任过学生干部的科技类大学生赞同该观点的比例为92.0%，虽然没有人表示不赞同，但是态度模糊的科技类大学生比例达8.0%。显然，有无学生干部经历会对科技类大学生的文化自信心产生极为重要的影响。

（三）思想政治教育开展情况与科技类大学生的文化自信心

加强大学生文化自信观教育，是当前高校开展思想政治工作的一项重要内容。为分析思想政治教育因素对科技类大学生文化自信心产生的影响，将科技类大学生对"我为自己是中华民族的一员而自豪""中华民族一定能创造文化新辉煌"两种观点按"不赞同"（包括"很不赞同""不大赞同"）、"一般"、"赞同"（包括"比较赞同""非常赞同"）[①]进行划分，并结合思想政治理论课教学、专业课教师价值观引

[①] 将报告中涉及的五点分类转化为三点分类，下同。

导状况、党团活动、校园文化活动、社团活动、网络思想政治教育、社会实践、价值观教育成效等相关因素进行交互分析，按照0.05的检验水准，发现诸多思想政治教育因素与科技类大学生文化自信心之间具有显著关联性，具体体现在以下几个方面：

从思想政治理论课作用来看，思想政治理论课对科技类大学生学习掌握社会主义核心价值观的作用越大，科技类大学生的文化自信心越强。数据显示，对思想政治理论课评价不同的科技类大学生，其文化自信心状况存在显著差异。其一，认为思想政治理论课对帮助掌握核心价值观的作用越大，科技类大学生的文化自豪感越强（$\chi^2 = 108.864$，$P < 0.001$）。即认为思想政治理论课价值传递作用"小""一般""大"的学生，赞同"我为自己是中华民族的一员而自豪"这一观点的比例依次为89.0%、93.4%、97.6%。其二，认为思想政治理论课对帮助掌握核心价值观的作用越大，科技类大学生对中华民族"能创造文化新辉煌"的信心越强（$\chi^2 = 192.800$，$P < 0.001$）。即认为思想政治理论课价值传递作用"小""一般""大"的学生，赞同"中华民族一定能创造文化新辉煌"这一观点的比例依次为83.0%、89.8%、96.7%。可见，思想政治理论课会对科技类大学生的文化自信心产生非常重要的影响。

从专业课教师价值观引导程度来看，专业课教师越重视对科技类学生进行价值观方面的引导，科技类大学生的文化自信心越强。数据显示，专业课教师对价值观引导工作重视程度不同的科技类大学生，其文化自信心状况存在显著差异。其一，专业课教师对价值观引导工作越重视，科技类大学生的文化自豪感越强（$\chi^2 = 112.457$，$P < 0.001$）。即认为教师"不重视""一般重视""重视"对学生进行价值观引导的科技类大学生，赞同"我为自己是中华民族的一员而自豪"这一观点的比例依次为84.2%、92.7%、97.2%。其二，专业课教师对价值观引导工作越重视，科技类大学生对"中华民族一定能创造文化新辉煌"的信心越强（$\chi^2 = 167.302$，$P < 0.001$）。即认为教师"不重视""一般重视""重视"对学生进行价值观引导的科技类大学生，赞同"中华民族一定能创造文化新辉煌"这一观点的比例依次为80.8%、88.7%、95.9%。

从党团组织开展活动情况来看，所在党团组织开展过学习和践行社会主义核心价值观活动的科技类大学生，其文化自信心越强。数据显示，党团组织开展活动情况不同的科技类大学生，其文化自信心状况存在显著差异。其一，所在党团组织开展过学习践行核心价值观活动的科技类大学生，其文化自豪感越强（$\chi^2 = 60.987$，$P < 0.001$）。即所在党团组织开展过相关活动的科技类大学生，赞同"我为自己是中华民族的一员而自豪"这一观点的比例为97.2%，该比例明显高于所在党团组织没有开展过类似活动的科技类大学生（90.8%）。其二，所在党团组织开展过学习践行核心价值观活动的科技类大学生，其对"中华民族一定能创造文化新辉煌"的信心越强（$\chi^2 = 73.209$，$P < 0.001$）。即所在党团组织开展过相关活动的科技类大学生，赞同"中华民族一定能创造文化新辉煌"这一观点的比例为95.6%，而所在党团组织没有开展过类似活动的科技类大学生，赞同该观点的比例为86.9%。

从社会主义核心价值观主题校园文化活动开展情况来看，所在院校开展以社会主义核心价值观为主题的专题讲座、演讲比赛、读书会等校园文化活动情况越好，科技类大学生文化自信心越强。数据显示，校园文化活动开展情况不同的科技类大学生，其文化自信心状况存在显著差异。其一，所在院校开展核心价值观主题文化活动情况越理想，科技类大学生文化自豪感越强（$\chi^2 = 22.425$，$P < 0.001$）。即所在院校开展校园文化活动"少""一般""多"的科技类大学生，其赞同"我为自己是中华民族的一员而自豪"这一观点的比例分别为91.3%、95.0%、97.0%。其二，所在院校开展核心价值观主题文化活动情况越理想，科技类大学生对"中华民族一定能创造文化新辉煌"的信心越强（$\chi^2 = 46.900$，$P < 0.001$）。即所在院校开展校园文化活动"少""一般""多"的科技类大学生，其赞同"中华民族一定能创造文化新辉煌"这一观点的比例分别为87.9%、92.0%、96.0%。

从先进事迹宣讲活动开展情况来看，所在学校开展过先进事迹宣讲活动的科技类大学生比学校没有开展过类似活动的科技类大学生具有更强的文化自信心。数据显示，先进事迹宣讲活动开展情况不同的科技类大学生，其文化自信心状况存在显著差异。其一，与学校没有开展过此类活动的科技类大学生相比，学校开展过先进事迹宣讲活动的科技类大学生，其文化自豪感更强（$\chi^2 = 31.909$，$P < 0.001$）。即学校开展过此类活动的科技类大学生，其赞同"我为自己是中华民族的一员而自豪"这一观点的比例为97.3%，而没有开展过这类活动的科技类大学生，赞同该观点的比例为93.1%。其二，与学校没有开展过此类活动的科技类大学生相比，学校开展过先进事迹宣讲活动的科技类大学生对"中华民族一定能创造文化新辉煌"的信心更强（$\chi^2 = 50.051$，$P < 0.001$）。即学校开展过此类活动的科技类大学生，其赞同"中华民族一定能创造文化新辉煌"这一观点的比例为95.9%，该比例明显高于学校没有开展过相关活动的科技类大学生（89.8%）。

从参加学生社团情况来看，对社团活动价值引导作用评价越高，科技类大学生文化自信心越强。数据显示，对社团活动作用评价不同的科技类大学生，其文化自信心存在显著差异。其一，认为社团活动在引导大学生崇德向善方面积极作用越大的科技类大学生，其文化自豪感越强（$\chi^2 = 16.620$，$P < 0.01$）。即认为社团作用"小""一般""大"的科技类大学生，其赞同"我为自己是中华民族的一员而自豪"这一观点的比例分别为91.8%、94.6%、97.1%。其二，认为社团活动在引导科技类大学生崇德向善方面积极作用越大的科技类大学生，其对"中华民族一定能创造文化新辉煌"的信心越强（$\chi^2 = 22.764$，$P < 0.001$）。即认为社团作用"小""一般""大"的科技类大学生，其赞同"中华民族一定能创造文化新辉煌"这一观点的比例分别为90.1%、91.3%、95.9%。

从网络教育情况来看，学校新媒体公众平台建设情况越好、大学生浏览公众平台信息、浏览思想政治教育类主题网站情况越理想，科技类大学生的文化自信心越强。其一，与学校没有相关平台的科技类大学生相比，学校有微信、微博等新媒体公众平台的科技类大学生，其文化自豪感更强（$\chi^2 = 59.942$，$P < 0.001$）。即学校有此类公众平台的科技类大学生，赞同"我为自己是中华民族的一员而自豪"这一观点的比例为96.4%，而所在学校没有这类平台的科技类大学生，赞同该观点的比例为85.6%。另外，学校有微信、微博等新媒体公众平台的科技类大学生，其对"中华民族一定能创造文化新辉煌"的信心更强（$\chi^2 = $

38.284，$P<0.001$）。即学校有此类公众平台的科技类大学生，赞同"中华民族一定能创造文化新辉煌"这一观点的比例为94.3%，而所在学校没有这类平台的科技类大学生，赞同该观点的比例为84.6%。其二，浏览公众平台信息频率不同的科技类大学生，其文化自信心存在显著差异。数据显示，浏览这些公众号信息频率为"基本不看""很少浏览""偶尔浏览""经常浏览"的科技类大学生，其赞同"我为自己是中华民族的一员而自豪"这一观点的比例分别为94.1%、92.8%、95.6%、97.8%（$\chi^2=23.075$，$P<0.001$）；赞同"中华民族一定能创造文化新辉煌"这一观点的比例分别为89.4%、88.5%、92.7%、96.6%（$\chi^2=40.138$，$P<0.001$）。其三，浏览思想政治教育类主题网站频率不同的科技类大学生，其文化自信心存在显著差异。数据显示，浏览思想政治类主题网站频率为"几乎不浏览""每月浏览3—4次""每周浏览2—3次""几乎每天都浏览"的科技类大学生，其赞同"我为自己是中华民族的一员而自豪"这一观点的比例分别为94.1%、97.5%、96.4%、96.3%（$\chi^2=23.877$，$P<0.001$）；赞同"中华民族一定能创造文化新辉煌"这一观点的比例分别为91.1%、96.9%、94.4%、95.1%（$\chi^2=40.409$，$P<0.001$）。

从参加社会实践情况来看，院校组织过社会实践活动、参加过社会实践的科技类大学生，其文化自信心更强。其一，所在院校组织过参观红色教育基地的科技类大学生，文化自信心更强。数据显示，院校组织过红色教育基地参观活动的科技类大学生，其赞同"我为自己是中华民族的一员而自豪"这一观点的比例为96.7%，而院校没有组织过此类活动的科技类大学生赞同该观点的比例为94.0%（$\chi^2=16.431$，$P<0.001$）。此外，院校组织过参观红色教育基地的科技类大学生赞同"中华民族一定能创造文化新辉煌"这一观点的比例为95.4%，而没有组织过此类活动的科技类大学生赞同该观点的比例为90.8%（$\chi^2=28.306$，$P<0.001$）。其二，参加过社会实践的科技类大学生比没有参加过的科技类大学生有更强的文化自信心。数据显示，有社会实践经历的科技类大学生，赞同"我为自己是中华民族的一员而自豪"这一观点的比例为96.6%，而没有社会实践经历的科技类大学生赞同该观点的比例为91.5%（$\chi^2=31.337$，$P<0.001$）。另外，有社会实践经历

的科技类大学生，赞同"中华民族一定能创造文化新辉煌"这一观点的比例为94.9%，而没有社会实践经历的科技类大学生赞同该观点的比例为88.4%（$\chi^2=37.420$，$P<0.001$）。

从全员育人方面来看，越多教师能在践行社会主义核心价值观方面起到表率作用，科技类大学生的文化自信心越强。其一，能在践行社会主义核心价值观方面起到良好表率作用的教师人数越多，科技类大学生文化自豪感越强（$\chi^2=31.024$，$P<0.001$）。即认为"少部分""说不清楚""大部分"教师能起到良好表率作用的科技类大学生，其赞同"我为自己是中华民族的一员而自豪"这一观点的比例分别为91.8%、93.9%、97.0%。其二，能在践行社会主义核心价值观方面起到良好表率作用的教师人数越多，科技类大学生对"中华民族一定能创造文化新辉煌"的信心越强（$\chi^2=49.083$，$P<0.001$）。即认为"少部分""说不清楚""大部分"教师能起到良好表率作用的科技类大学生，其赞同"中华民族一定能创造文化新辉煌"这一观点的比例分别为90.9%、89.1%、95.8%。

从价值观教育成效来看，对价值观教育成效评价越高的科技类大学生，其文化自信心越强。其一，认为当前社会主义核心价值观弘扬和培育成效越大的科技类大学生，其文化自豪感越强（$\chi^2=70.732$，$P<0.001$）。即认为培育成效"小""一般""大"的科技类大学生，其赞同"我为自己是中华民族的一员而自豪"这一观点的比例分别为85.2%、95.0%、98.0%。其二，认为当前社会主义核心价值观弘扬和培育成效越大的科技类大学生，其对"中华民族一定能创造文化新辉煌"的信心越强（$\chi^2=124.126$，$P<0.001$）。即认为培育成效"小""一般""大"的科技类大学生，其赞同"中华民族一定能创造文化新辉煌"这一观点的比例分别为80.9%、91.3%、97.8%。

从总体上看，思想政治教育理论课效果越好、专业课教师对大学生价值观引导状况越好、所在党团组织开展活动情况越理想、校园文化活动开展情况越好、对社团作用的评价越高、社会实践活动参与度越高、对核心价值观教育成效评价越好，科技类大学生的文化自豪感和文化自信心便越强烈。因而，要培育科技类大学生树立和增强文化自信心，必须抓好思想政治教育中起价值导向作用的各项要素，使其最大限度地发挥价值优势，对科技类大学生施以正向的引导。

二 传承中华民族优秀传统文化的意愿

2017年1月，中共中央办公厅、国务院办公厅印发了《关于实施中华优秀传统文化传承发展工程的意见》，为新时期如何延续中华文脉、如何提升公民素养指明了方向。积极开展中华优秀传统文化主题教育实践活动，既是中华民族传统文化得以传承创新发展的有效途径，也是当前高校落实立德树人根本任务的重要方面。近年来，各地、各高校秉承以文化人、以文育人的理念，开展了一系列中华优秀传统文化传承、教育活动。为进一步了解和把握当代科技类大学生的文化观和文化素养现状，也为考察和检验各高校对科技类大学生进行优秀传统文化教育的实际成效，课题组从传承中华民族优秀传统文化的意愿方面对科技类大学生群体进行了调查。

（一）总体情况

调查显示，科技类大学生传承中华民族优秀传统文化的意愿较为强烈。具体体现在：在受访科技类大学生中，有96.3%赞同"我们应当传承好中华民族的优秀传统文化"这一观点，另有3.4%对这一观点态度模糊、立场不确定，仅有0.3%对这一观点表示不赞同。可见，绝大多数科技类大学生愿意承担起传承中华民族优秀传统文化的重任，这也从侧面反映出高校优秀传统文化教育实践活动成效显著。

（二）科技类大学生传承中华民族优秀传统文化意愿的差异状况

1. 科技类大学生传承优秀传统文化意愿的二项 Logistic 回归分析

为分析科技类大学生在传承优秀传统文化意愿方面的差异性，将科技类大学生对"我们应当传承好中华民族的优秀传统文化"这一观点的看法合并赋值，"很不赞同""不大赞同""一般"赋值0分，"比较赞同""非常赞同"赋值1分，结合多项人口学变量进行一般线性回归分析。按照0.05的检验水准，回归系数具有统计学意义的自变量有：性别、学校所在区域、学生干部经历。（见表4–1）

表 4-1　　影响科技类大学生传承中华民族优秀传统文化意愿的
二项 Logistic 回归分析

变量			模型 1	模型 2	模型 3
自然因素	男生（参照项：女生）		-0.503 * (0.019)	-0.711 ** (0.239)	-0.695 ** (0.244)
	年龄		0.003 (0.050)	0.051 (0.053)	-0.093 (0.106)
	年龄平方		0.016 (0.017)	0.003 (0.017)	0.000 (0.017)
成长背景	生源地县级以上（参照项：乡镇以下）			0.399 (0.209)	0.412 (0.218)
	家庭收入			-0.001 (0.013)	0.000 (0.014)
教育因素	年级 （参照项：大一）	大二			-0.240 (0.325)
		大三			0.284 (0.434)
		大四			0.308 (0.504)
		研究生			0.949 (0.706)
	政治面貌党员（参照项：非党员）				0.632 (0.328)
	学生干部经历有（参照项：没有）				0.590 * (0.228)
	学校类别 （参照项：普通本科）	985 高校			-0.284 (0.249)
		211 高校			-0.033 (0.291)
	学校所在区域 （参照项：华东地区）	华中地区			0.790 (0.442)
		华北地区			-0.077 (0.271)
		西北地区			0.819 * (0.403)
		西南地区			-0.022 (0.344)
		东北地区			0.173 (0.408)

续表

变量	模型1	模型2	模型3
截距	4.770*** (0.016)	3.662*** (0.235)	2.809*** (0.456)
N	3371	2998	2960
-2 Log likelihood	1028.791	868.460	827.554
Cox & Snell R Square	0.2%	0.5%	1.8%

*** $P<0.001$, ** $P<0.01$, * $P<0.05$。

从性别来看，女性科技类大学生传承优秀传统文化的发生比要高于男性科技类大学生。分析结果显示，男性科技类大学生传承优秀传统文化的发生比比女性科技类大学生低50.1个百分点。

从学生干部经历来看，曾经担任过学生干部的科技类大学生，其传承优秀传统文化的发生比要高于没有学生干部经历的科技类大学生。分析结果显示，有学生干部经历的科技类大学生传承优秀传统文化的发生比比没有学生干部经历的高80.4个百分点。

从学校所在区域来看，学校所在区域为西北的科技类大学生传承优秀传统文化的发生比要高于学校所在区域为华东的科技类大学生。分析结果显示，西北地区高校的科技类大学生传承优秀传统文化的发生比比华东地区高校的科技类大学生高126.8个百分点。

2. 不同省份（自治区、直辖市）科技类大学生传承优秀传统文化的意愿分析

为考察不同省份（自治区、直辖市）[①]科技类大学生传承中华优秀传统文化意愿的情况，将科技类大学生对"我们应当传承好中华民族的优秀传统文化"这一观点的赞同度按照"很不赞同""不大赞同""一般""比较赞同""非常赞同"由低到高分别赋值1—5分，并进行均值比较分析。均值得分越高，意味着该地区科技类大学生传承优秀传统文化的意愿越强烈。

调查结果显示，不同省份（自治区、直辖市）科技类大学生传承

---

① 参与问卷调查的80所高校分布在24个省份（自治区、直辖市）。

优秀传统文化的意愿情况存在明显差异。其中，江西（5.00）、浙江（4.98）、河北（4.91）、河南（4.89）、山西（4.84）、安徽（4.83）、山东（4.80）、广西（4.79）、天津（4.78）、西藏（4.78）、宁夏（4.77）、湖北（4.76）12个省份（自治区、直辖市）的科技类大学生，传承优秀传统文化意愿的均值得分高于平均水平；而吉林（4.74）、陕西（4.73）、福建（4.71）、北京（4.71）、甘肃（4.71）、四川（4.69）、重庆（4.68）、黑龙江（4.66）、江苏（4.64）、内蒙古（4.64）、上海（4.62）11个省份（自治区、直辖市）的科技类大学生，传承优秀传统文化意愿的均值得分低于平均水平。

综观上述分析数据，发现从整体上看，所在高校位于北京、上海、江苏等经济实力较强省份（直辖市）的科技类大学生，其传承优秀传统文化的意愿比不上其他省份（自治区、直辖市）的科技类大学生。一般意义上，在政治、经济、文化发展程度较高的地区，高校配套的师资力量、人文环境等条件更优越，理应在传承优秀传统文化方面起到"排头兵"和"示范窗"的作用，但数据显示来自这部分地区高校的科技类大学生传承优秀传统文化的意愿并不十分强烈，需引起我们重视。

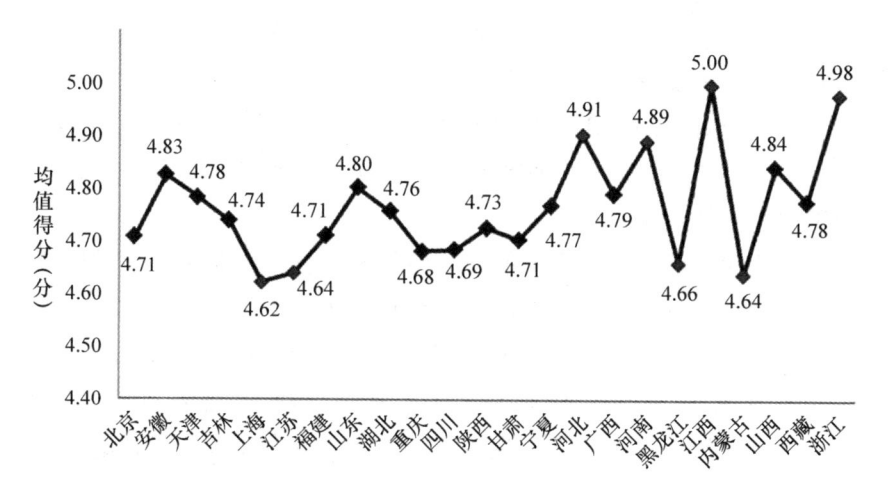

图4-1　不同省份（自治区、直辖市）科技类大学生传承优秀传统文化意愿均值得分

（三）思想政治教育开展情况与科技类大学生传承优秀传统文化的意愿

能否自觉以传承和弘扬中华民族优秀传统文化为己任，是考察大学生文化观与文化素养积极与否的一项重要指标。课题组尝试将思想政治教育相关因素与科技类大学生传承优秀传统文化的意愿相结合进行一般线性回归分析、相关分析和交互分析，从而深入探索各项因素在影响科技类大学生传承优秀传统文化意愿中所起到的作用。数据结果反映，价值观教育因素、党团活动、校园文化活动、社团活动、网络因素、社会实践状况等均会对科技类大学生传承中华民族优秀传统文化的意愿产生不同程度的影响。

1. 基于价值观教育因素的分析

结合价值观教育因素进行的一般线性回归分析，按照 0.05 的检验水准，回归系数具有统计学意义的自变量有：对思想政治理论课在学习掌握核心价值观中作用的评价、专业课教师对大学生价值观引导状况、教师在践行核心价值观方面起表率作用的现状以及核心价值观培育和弘扬成效。

从思想政治理论课在学习掌握核心价值观中作用的评价来看，科技类大学生对思想政治理论课在学习掌握核心价值观中作用的评价越高，其传承优秀传统文化的意愿越强烈。数据显示，思想政治理论课在学习掌握核心价值观中的作用按照"非常小""比较小""一般""比较大""非常大"为序，每提高一个等级，科技类大学生传承优秀传统文化的意愿随之提高 4.1 个百分点。

从专业课教师对大学生价值观引导状况来看，专业课教师对科技类大学生价值观引导的重视程度越高，科技类大学生传承优秀传统文化的意愿越强烈。数据显示，专业课教师对大学生价值观引导的重视程度按照"很不重视""不太重视""一般""比较重视""非常重视"为序，每提高一个等级，科技类大学生传承优秀传统文化的意愿随之提高 6.2 个百分点。

从教师表率作用来看，越多教师能在践行核心价值观方面起到表率作用，科技类大学生传承优秀传统文化的意愿越强烈。数据显示，在践行核心价值观方面起到良好表率作用的教师人数按"绝少部分""少部分""说不清楚""大部分""绝大部分"为序,每提高一个等级,科技类大学生传承优秀传统文化的意愿相应提高2.7个百分点。

从核心价值观培育和弘扬成效来看,科技类大学生对目前社会主义核心价值观培育和弘扬成效的评价越高,其传承优秀传统文化的意愿越强烈。数据显示,科技类大学生对价值观教育整体成效的评价按照"成效很小""成效较小""一般""成效比较大""成效非常大"为序,每提高一个等级,科技类大学生传承优秀传统文化的意愿相应提高6.2个百分点。

2. 基于实践活动因素的分析

结合党团活动、校园文化活动、社团活动、社会实践活动等因素进行相关分析和交互分析,发现这些因素均对科技类大学生传承优秀传统文化的意愿产生着积极影响。具体如下:

第一,党团活动开展情况越好,科技类大学生传承优秀传统文化的意愿越强烈。相关分析发现,"所在党团组织是否开展了学习和践行社会主义核心价值观活动"(1="否",2="是")和科技类大学生传承优秀传统文化的意愿(1="不赞同",2="一般",3="赞同")之间存在显著正相关关系($r=0.152$,$P<0.001$)。即所在党团组织开展学习和践行社会主义核心价值观活动越积极,科技类大学生传承传统优秀文化的意愿就越强。所在党团组织开展过相关活动的科技类大学生,其赞同"我们应当传承好中华民族的优秀传统文化"这一观点的比例为97.8%,而所在党团组织没有开展过类似活动的科技类大学生,其赞同该观点的比例为90.9%($\chi^2=81.359$,$P<0.001$)。

第二,先进事迹宣讲活动开展情况越好,科技类大学生传承优秀传统文化的意愿越强烈。相关分析发现,"所在学校是否开展过先进事迹宣讲活动"(1="没有开展",2="开展过")和科技类大学生传承优秀传统文化的意愿(1="不赞同",2="一般",3="赞同")之间存在显著正相关关系($r=0.093$,$P<0.001$)。即所在学校开展先进事迹宣讲活动情况越好,科技类大学生传承传统优秀文化的意愿就越强。所在学校开展过先进事迹宣讲活动的科技类大学生,其赞同"我们应当传承好中华民族的优秀传统文化"这一观点的比例为97.7%,而所在学校没有开展过类似活动的科技类大学生,其赞同该观点的比例

为94.0%（$\chi^2=34.780$，$P<0.001$）。

第三，红色革命教育活动开展情况越好，科技类大学生传承优秀传统文化的意愿越强烈。相关分析发现，"所在学校是否组织过参观革命圣地、纪念馆等红色教育基地"（1="没组织过"，2="组织过"）和科技类大学生传承优秀传统文化的意愿（1="不赞同"，2="一般"，3="赞同"）之间存在显著正相关关系（$r=0.039$，$P<0.05$）。即所在院校组织过学生参观红色教育基地的科技类大学生，其传承传统优秀文化的意愿更强。所在院校组织过参观红色教育基地的科技类大学生，其赞同"我们应当传承好中华民族的优秀传统文化"这一观点的比例为96.9%，而所在学校没有组织过类似活动的科技类大学生，其赞同该观点的比例为95.4%（$\chi^2=9.039$，$P<0.05$）。

第四，参加过社会实践的科技类大学生比没有参加过的科技类大学生具有更强的文化传承意愿。相关分析发现，"在校期间有无参加社会实践的经历"（1="没有"，2="有"）和科技类大学生传承优秀传统文化的意愿（1="不赞同"，2="一般"，3="赞同"）之间存在显著正相关关系（$r=0.139$，$P<0.001$）。即与没有社会实践经历的科技类大学生相比，有社会实践经历的科技类大学生传承优秀传统文化的意愿更强烈。有社会实践经历的科技类大学生，其赞同"我们应当传承好中华民族的优秀传统文化"这一观点的比例为97.5%，而没有社会实践经历的科技类大学生赞同该观点的比例为90.4%（$\chi^2=64.987$，$P<0.001$）。

3. 基于网络教育因素的分析

结合网络因素进行相关分析和交互分析，发现校园新媒体公众平台建设情况，大学生浏览学校微信、微博等新媒体公众平台的频率，浏览思想政治教育类主题网站的频率均会对科技类大学生传承优秀传统文化的意愿产生显著影响，具体体现在：

第一，所在学校有微信、微博等新媒体公众平台的科技类大学生具有更强的文化传承意愿。相关分析发现，"学校有无新媒体公众平台"（1="没有"，2="有"）和大学生传承优秀传统文化的意愿（1="不赞同"，2="一般"，3="赞同"）之间存在显著正相关关系（$r=0.175$，$P<0.001$）。即与所在学校没有相关新媒体公众平台的科技类大学生相比，有这些新媒体平台的科技类大学生传承优秀传统文化

的意愿更强烈。所在学校有相关新媒体公众平台的科技类大学生，其赞同"我们应当传承好中华民族的优秀传统文化"这一观点的比例为97.1%，该比例明显高于所在学校没有新媒体公众平台的科技类大学生（82.8%）（$\chi^2 = 134.717$, $P < 0.001$）。（见图4-2）

第二，浏览微信、微博等新媒体公众平台信息越频繁，科技类大学生传承优秀传统文化的意愿越强烈。相关分析发现，"浏览公众平台信息的频率"（1="基本不看"，2="很少浏览"，3="偶尔浏览"，4="经常浏览"）和大学生传承优秀传统文化的意愿（1="不赞同"，2="一般"，3="赞同"）之间存在显著正相关关系（$r = 0.057$, $P < 0.001$）。即科技类大学生浏览这些公众平台信息越频繁，其传承文化意愿越强。"基本不看""很少浏览""偶尔浏览""经常浏览"平台信息的科技类大学生，其赞同"我们应当传承好中华民族的优秀传统文化"这一观点的比例分别为91.8%、95.9%、96.7%、98.0%（$\chi^2 = 16.682$, $P < 0.01$）。（见图4-2）

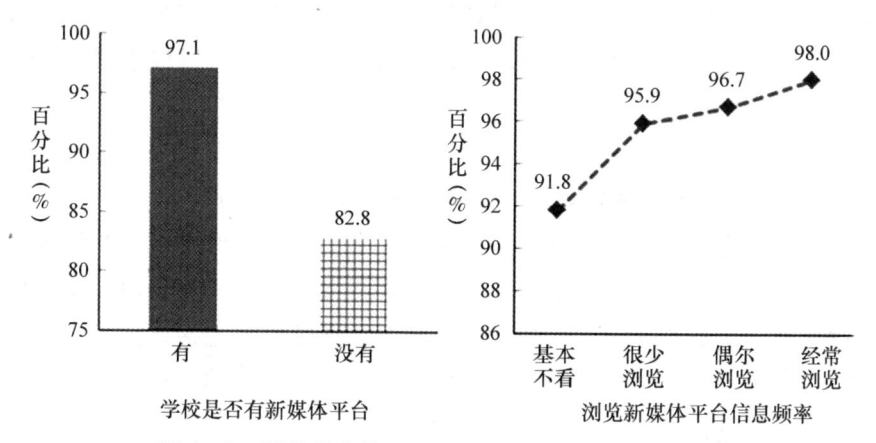

图4-2 网络教育情况不同的科技类大学生传承优秀传统文化的意愿状况

三 对待他文化的态度

当今世界范围内意识形态领域的斗争愈发激烈，西方强势文化正通过各种方式和渠道影响着国人的思维方式、价值观念和审美情趣。在这一新形势下,如何引导大学生正确理性地看待民族文化与外来文化的关系,既克服"唯我独尊"的文化自负心理,又避免"盲崇外来"的文化自卑心理,成为了当前思想政治教育直面的重要问题。课题组考察了科技类大学生对"我们应以开放包容的态度对待外域文明,吸收其优长"这一观点的态度和看法,拟了解和把握科技类大学生对于本民族文化和外来文化之间关系的体认,也为进一步培育科技类大学生文化观和文化素养找到了新的切入点。

(一) 总体情况

调查显示,在如何看待中华文明与外域文明的关系这一问题上,绝大多数科技类大学生表现出积极的态度和理性的认知。具体来说,有95.7%的科技类大学生对"我们应以开放包容的态度对待外域文明,吸收其优长"这一观点表示赞同,另有3.9%的科技类大学生对这一观点保持中立态度,仅有0.4%的科技类大学生对该观点持不赞同态度。通过以上数据可知,绝大部分科技类大学生都能理性、客观地看待外来文化,同时也都承认要积极吸收外域文明中的优秀成分以促进中华文明的进步和发展。

(二) 科技类大学生对外来文化态度的差异状况分析

大学生能否以开放包容的态度对待外来文化,又能否以批判的眼光吸收其优点和长处,是衡量大学生文化观积极与否的重要方面。为分析科技类大学生对于该问题看法的差异状况,课题组将包括自然因素、成长背景、教育因素在内的多项人口学变量与科技类大学生对外来文化的态度相结合进行交互分析。结果发现,性别、年龄、独生子女状况、政治面貌、学生干部经历、学校所在区域不同的科技类大学生,其对待外来文化的态度存在显著差异,而其他各因素均没有对科技类大学生如何看待外来文化产生显著影响。具体如下:

1. 基于自然因素的分析

从性别来看,女性科技类大学生对待外来文化的态度比男性科技类大学生更积极。数据显示,不同性别的科技类大学生在对外来文化的态度方面存在显著差异($\chi^2 = 20.296$,$P < 0.001$)。男性科技类大学生赞

同"我们应以开放包容的态度对待外域文明,吸收其优长"这一观点的比例为94.5%,而女性科技类大学生对这一观点持赞同态度的比例为97.7%。(见表4-2)

表4-2　　　不同性别科技类大学生对外来文化态度的状况分析　　　　　(%)

性别	我们应以开放包容的态度对待外域文明,吸收其优长		
	赞同	一般	不赞同
男生	94.5	4.9	0.6
女生	97.7	2.1	0.2

从年龄来看,不同年龄阶段的科技类大学生对待外来文化的态度存在显著差异($\chi^2=9.934$,$P<0.05$)。数据显示,低年龄段、中间年龄段和高年龄段的科技类大学生"赞同"应当以开放包容的态度吸收外来文化优长的比例依次为:95.6%、96.1%、94.5%,其中低年龄段的科技类大学生在这一问题上的态度最不积极,需要加强对低年龄段科技类大学生的教育和引导。(见表4-3)

表4-3　　　不同年龄段科技类大学生对外来文化态度的状况分析　　　　(%)

年龄	我们应以开放包容的态度对待外域文明,吸收其优长		
	赞同	一般	不赞同
低年龄段	95.6	3.7	0.7
中间年龄段	96.1	3.8	0.1
高年龄段	94.5	5.5	0.0

2. 基于成长背景的分析

从独生子女状况来看,独生子女科技类大学生和非独生子女科技类大学生在对待外来文化态度上存在显著差异($\chi^2=6.662$,$P<0.05$)。数据显示,独生子女科技类大学生赞同"我们应以开放包容的态度对待外域文明,吸收其优长"的比例为96.2%,该比例高于非独生子女科技类大学生(95.1%)。但是,独生子女科技类大学生不赞同该观点的比例(0.6%)也高于非独生子女科技类大学生(0.2%)。(见表4-4)

表4-4　　　独生子女状况不同的科技类大学生对
外来文化态度的状况分析　　　　　（%）

独生子女情况	我们应以开放包容的态度对待外域文明，吸收其优长		
	赞同	一般	不赞同
是	96.2	3.2	0.6
不是	95.1	4.7	0.2

3. 基于教育因素的分析

从学生干部经历来看，与没有担任过学生干部的科技类大学生相比，担任过学生干部的科技类大学生对待外来文化的态度更积极。数据显示，有无学生干部经历的科技类大学生对待外来文化的态度存在显著差异（$\chi^2=19.243, P<0.001$）。担任过学生干部的科技类大学生赞同"我们应以开放包容的态度对待外域文明，吸收其优长"这一观点的比例为96.5%，而没有学生干部经历的科技类大学生赞同该观点的比例为92.6%。（见图4-3）

从政治面貌来看，与非党员科技类大学生相比，党员科技类大学生对待外来文化的态度更积极。数据显示，政治面貌不同的科技类大学生对待外来文化的态度存在显著差异（$\chi^2=7.119, P<0.05$）。党员科技类大学生赞同"我们应以开放包容的态度对待外域文明，吸收其优长"这一观点的比例为97.0%，而非党员科技类大学生赞同该观点的比例为95.3%。（见图4-3）

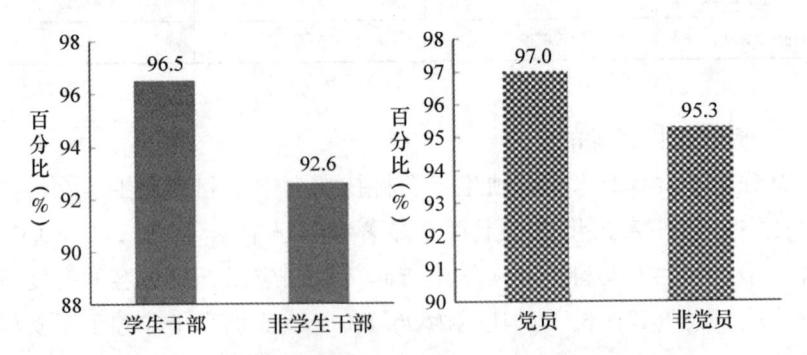

图4-3　政治面貌和学生干部经历不同的科技类大学生赞同开放包容对待他文化的情况

从学校所在区域来看，学校所在区域不同的科技类大学生对待外来文化的态度存在显著差异（$\chi^2=25.938$，$P<0.01$）。数据显示，学校所在区域按照科技类大学生对"我们应以开放包容的态度对待外域文明，吸收其优长"这一观点的赞同度由高到低排序，依次为华中地区（97.7%）、华南地区（97.0%）、华北地区（96.5%）、东北地区（96.4%）、西北地区（96.3%）、华东地区（95.2%）、西南地区（91.5%）。其中，与其他地区高校科技类大学生相比，华中地区高校科技类大学生看待外域文明更理性更客观，这同时也体现在：在受访的华中地区高校科技类大学生中，无人对上述观点表示不赞同，而西南地区高校的科技类大学生对待外来文化的态度状况最差。

四　文化经典著作阅读情况

鼓励科技类大学生阅读文化经典著作是帮助科技类大学生填补人文科学知识漏洞的直接途径，也是促使其树立正确的世界观、人生观和价值观的重要方式。为此，课题组希望通过考察科技类大学生阅读传统文化经典著作、马克思主义经典著作、国外经典著作的情况，全面客观地反映科技类大学生文化观与文化素养的总体状况。

（一）总体情况

为方便分析，课题组将经典著作阅读情况按"没有阅读""阅读过部分""完整阅读过"分别赋值1—3分，同时将《论语》《孟子》《道德经》的阅读得分相加代表"传统经典阅读"得分，将《理想国》《社会契约论》《正义论》的阅读得分相加代表"西方经典阅读"得分，将《共产党宣言》《毛泽东选集》《邓小平文选》的阅读得分相加代表"马克思主义经典阅读"得分，得分越高表明阅读情况越好。

调查结果显示，当前科技类大学生阅读哲学社会科学经典著作情况存在较大差异。总体看来，科技类大学生阅读传统经典著作的情况相对较好，阅读马克思主义经典著作的情况次之，而阅读西方经典著作的情况最差。具体体现在：对于传统经典著作而言，有36.0%的科技类大学生阅读情况较差（3—5分），44.2%的科技类大学生阅读情况一般（6

分），另有 19.7% 的科技类大学生阅读情况较好（7—9 分）。对于西方经典著作而言，有 83.6% 的科技类大学生阅读情况较差，11.4% 的科技类大学生阅读情况一般，仅有 5.0% 的科技类大学生阅读情况较好。其中，超六成（62.0%）的科技类大学生完全没有阅读过西方经典著作。对于马克思主义经典著作而言，52.5% 的科技类大学生阅读情况较差，33.1% 的科技类大学生阅读情况一般，有 14.4% 的科技类大学生阅读情况较好。（见图 4-4）

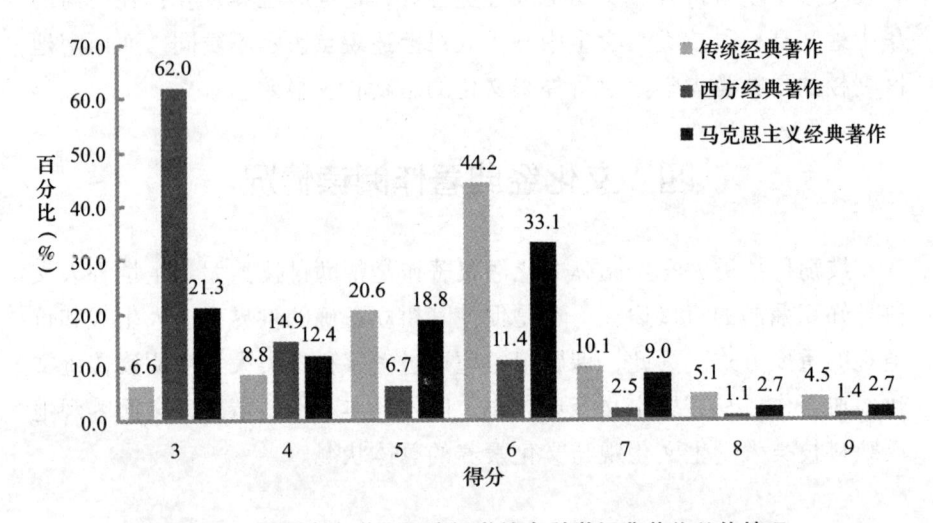

图 4-4 科技类大学生阅读哲学社会科学经典著作总体情况

（二）科技类大学生经典著作阅读状况差异分析

为考察不同群体科技类大学生阅读经典著作的情况，将受访科技类大学生阅读《论语》《孟子》《道德经》的得分之和记作"传统经典"阅读得分（3—9 分，下同），将阅读《理想国》《社会契约论》《正义论》的得分之和记作"西方经典"阅读得分，将阅读《共产党宣言》《毛泽东选集》《邓小平文选》的得分之和记作"马克思主义经典"阅读得分，分别将这三个得分与人口学背景变量进行均值比较分析，得分越高意味着科技类大学生阅读相关经典著作情况越理想。分析表明，不同的自然因素、成长背景、教育背景下，科技类大学生阅读经典著作情况具有显著的差异性。

1. 基于成长背景的分析

从生源所在地来看,生源地不同的科技类大学生阅读传统经典著作和西方经典著作的情况存在一定差异。数据显示,生源地为县级以上的科技类大学生,其阅读传统经典著作和西方经典著作的均值分别为5.84、3.96;而来自乡镇以下的科技类大学生,其阅读传统经典著作和西方经典著作的均值分别为5.67、3.78。可见,生源所在地为县级以上的科技类大学生阅读传统经典和西方经典著作的情况更好。

从独生子女状况来看,是否为独生子女的科技类大学生阅读西方经典著作的情况存在显著差异。数据显示,独生子女科技类大学生阅读西方经典著作的均值为3.95,而非独生子女的科技类大学生阅读西方经典著作的均值为3.77。可见,独生子女科技类大学生在阅读西方经典著作方面情况更佳（$t=3.732$,$P<0.001$）。

2. 基于教育因素的分析

从政治面貌来看,党员和非党员的科技类大学生阅读马克思主义经典著作的情况存在显著差异。数据显示,党员科技类大学生阅读马克思主义经典著作的均值为5.62,而非党员科技类大学生阅读马克思主义经典著作的均值为5.00。可见,党员科技类大学生阅读马克思主义经典著作的情况更佳（$t=10.454$,$P<0.001$）。

从年级来看,不同年级的科技类大学生阅读哲学社会科学经典著作的情况存在较大差异。对于传统经典著作阅读情况而言,科技类大学生所在年级按阅读情况得分由高到低为序,依次为大三（5.93）>研究生（5.82）>大四（5.77）>大一（5.68）>大二（5.64）（$F=5.017$,$P<0.001$）。对于西方经典著作阅读情况而言,科技类大学生所在年级按阅读情况得分由高到低为序,依次为大三（4.00）>大四（3.88）>研究生（3.87）>大二（3.80）>大一（3.78）（$F=2.786$,$P<0.05$）。对于马克思主义经典著作而言,所在年级按阅读情况得分由高到低为序,依次为研究生（5.48）>大三（5.32）>大四（5.18）>大二（5.03）>大一（4.89）（$F=15.210$,$P<0.001$）。由此可见,科技类大学生在本科前两年阅读经典著作的情况相对较差,高年级科技类大学生情况较好,且对于马克思主义经典著作的阅读,本科生和研究生之间差异性更加显著,这可能与文本的理解难度以及专业

性要求有关。(见图 4-5)

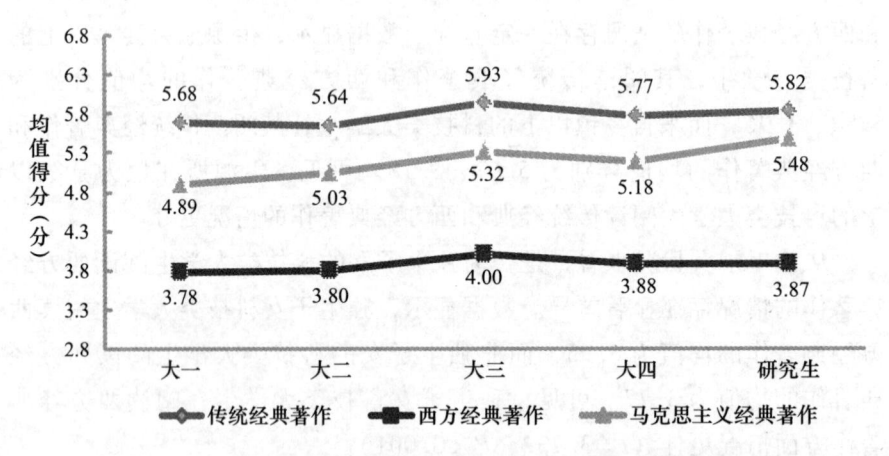

图 4-5　不同年级的科技类大学生阅读经典著作的差异状况

从学校类别来看，不同学校类别的科技类大学生阅读哲学社会科学经典著作的情况存在一定差异。不同学校类别的科技类大学生阅读传统经典著作的得分由高到低依次是：985 高校（5.89）＞211 高校（5.75）＞普通高校（5.67）（$F=8.861$，$P<0.001$）。不同学校类别的科技类大学生阅读西方经典著作的得分由高到低依次是：普通高校（3.93）＞985 高校（3.86）＞211 高校（3.74）（$F=4.533$，$P<0.05$）。不同学校类别的科技类大学生阅读马克思主义经典著作的得分由高到低依次是：普通高校（5.21）＞211 高校（5.16）＞985 高校（5.07）（$F=3.115$，$P<0.05$）。可见，学校类别不同的科技类大学生阅读不同类型经典著作的情况不一，普通高校科技类大学生阅读西方经典和马克思主义经典著作情况更为理想，相比之下，985、211 高校的教育优势并未得到突显。(见图 4-6)

从学校所在区域来看，学校所在区域不同的科技类大学生阅读哲学社会科学经典著作的情况存在显著差异。不同高校区域按科技类大学生阅读传统经典著作得分由高到低排序依次是：东北地区（6.20）＞西北地区（5.79）＞华东地区（5.76）＞华中地区（5.76）＞华北地区（5.74）＞华南地区（5.56）＞西南地区（5.53）（$F=6.925$，$P<$

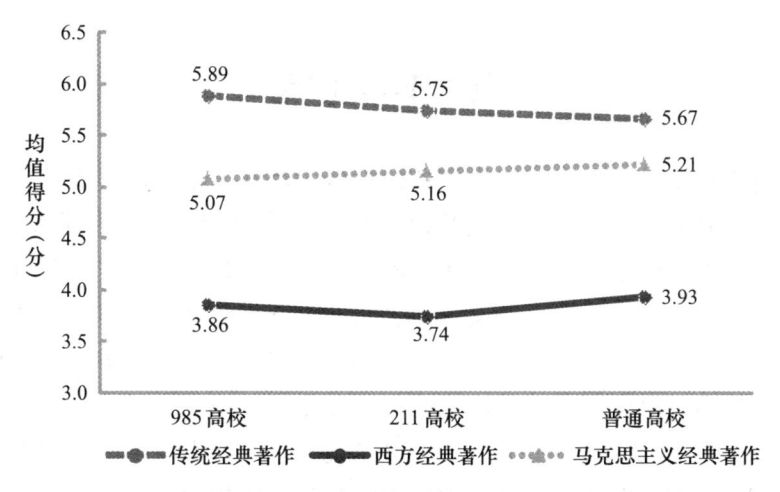

图 4-6 不同学校类别的科技类大学生阅读经典著作的差异状况

0.001）。不同高校区域按科技类大学生阅读西方经典著作得分由高到低排序依次是：东北地区（4.07）、华北地区（3.94）、西北地区（3.94）、西南地区（3.82）、华东地区（3.78）、华中地区（3.77）、华南地区（3.50）（$F=3.701$，$P<0.01$）。不同高校区域按科技类大学生阅读马克思主义经典著作得分由高到低排序依次是：华中地区（5.37）、华南地区（5.35）、华北地区（5.33）、东北地区（5.14）、西北地区（5.14）、华东地区（4.95）、西南地区（4.88）（$F=9.063$，$P<0.001$）。（见图 4-7）

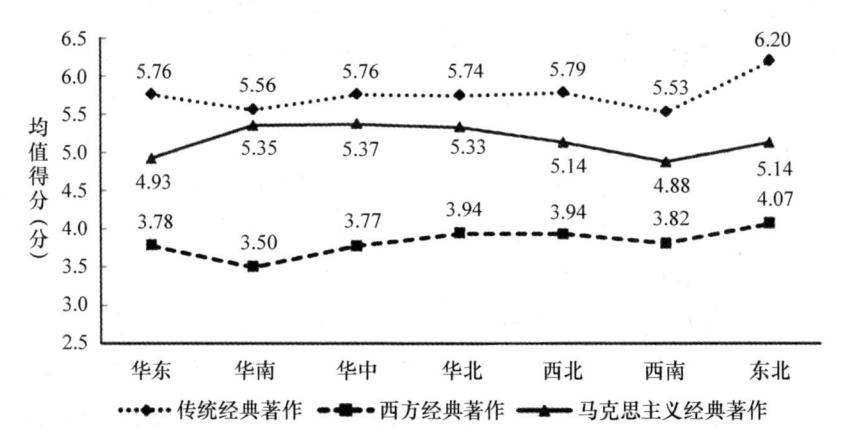

图 4-7 不同学校所在区域的科技类大学生阅读经典著作的差异状况

五　本章小结

当代科技类大学生文化观念的积极与否及其文化素养的高低，最终将会影响到社会主义现代化进程以及整个中华民族文化的传承和发展。关于科技类大学生文化观和文化素养状况的调查数据表明，当前科技类大学生群体具有较为积极的文化观念和较为良好的文化素养，具体表现为：绝大多数科技类大学生对中华文化表现出了极高的自豪感与自信心；表达出了对传承中华民族优秀传统文化的迫切愿望以及表示能够理性客观地看待外来文化等。但调查也发现，科技类大学生阅读哲学社会科学经典著作情况不太乐观，文史哲的基础知识较欠缺。科技类大学生文化观和文化素养的形成发展依赖于诸多因素的相互作用，课题组将通过探索和剖析这些影响因素，为进一步改进科技类大学生文化观，提高其文化素养提供对策和建议。

（一）总体状况

首先，科技类大学生具有较强的文化自豪感和文化自信心，主要反映在对传统文化、当代文化及文化未来发展前景的态度上。调查显示，对于"我为自己是中华民族的一员而自豪"这一观点，超过95%的科技类大学生持赞同态度，另有不足4%的科技类大学生持中立态度，仅0.3%的科技类大学生持否定态度。此外，有93.8%的科技类大学生对"中华民族一定能创造文化新辉煌"这一观点表示赞同，态度模糊和不赞同该观点的科技类大学生比例各占5.9%、0.3%。调查还发现，文化自信心状况存在显著差异的科技类大学生群体，主要是受到教育因素中政治面貌和学生干部经历的影响，其他各因素均未对科技类大学生的文化自信心产生显著影响，这表明科技类大学生的文化自信心状况具有较高的内部一致性。

其次，科技类大学生普遍具有传承中华民族优秀传统文化的高度自觉。调查结果显示，对"我们应当传承好中华民族的优秀传统文化"这一观点，有96.3%的科技类大学生表示赞同，而不赞同该观点的科技类大学生比例仅为0.3%。调查也发现，区域因素对科技类大学生传承优秀传统文化的意愿产生了显著影响，具体表现为学校所在区域和学校所在省份不同的科技类大学生，其传承优秀传统文化的意愿存在较大差异。

再次，科技类大学生的文化心理较为健康，能够理性客观地看待外来文化。调查数据表明，95.7%的科技类大学生赞同应以开放包容的态度对待外域文明，并有选择性地吸收外来文明成果。另有3.9%的科技类大学生态度模糊，没有明确表露自己的态度；仅有0.4%的科技类大学生对待外来文化的态度存在非理性倾向。同时也发现，性别、年龄、独生子女状况、政治面貌、学生干部经历、学校所在区域等因素会影响科技类大学生对待外来文化的态度。

最后，科技类大学生阅读哲学社会科学经典著作情况较为一般。阅读传统经典著作情况相对较好，其次是马克思主义经典著作，而西方经典著作阅读情况最差。同时调查结果显示，对于传统经典著作，不足两成的科技类大学生阅读情况较好；对于西方经典著作，逾六成科技类大学生表示完全没有阅读过；对于马克思主义经典著作，超过半数的科技类大学生阅读情况较差。

（二）值得关注的现象与问题

总体看来，科技类大学生的文化观与文化素养状况积极向好，但调查中也发现了一些突出问题和规律性现象，值得我们关注，也需要在今后的思想政治教育过程中予以解决。

其一，思想政治理论课和教师育德作用对科技类大学生文化观和文化素养的形成发展意义重大。当前高校课程教学成效显著，思想政治理论课作用和教师素质得到了广大科技类大学生的认可。具体体现在：从思想政治理论课开展情况来看，科技类大学生对思想政治理论课在学习掌握核心价值观中作用的评价越高，科技类大学生的文化自信心越高、传承中华民族优秀传统文化的意愿越强烈、对待外来文化的态度越理性和客观。从专业课教师育德作用来说，专业课教师对学生进行价值引导的重视程度越高，科技类大学生文化自信心越强烈、越愿意承担起传承优秀传统文化的历史使命、对外域文明的态度越理性客观，这都是思想政治理论课和教师育德积极作用的充分展现。但调查也发现，思想政治理论课和教师育德作用并未对科技类大学生经典阅读情况产生显著影响。作为思想政治教育的重要途径，讲授文化经典、鼓励经典阅读工作亟待加强。

其二，党员科技类大学生和担任过学生干部的科技类大学生表现出更积极的文化观和更高的文化素养。例如，在是否具有文化自信心方面，党员科技类大学生的文化自信心更强烈；有学生干部经历的科技类大学生对传统文化、当代文化和文化未来发展前景的信心更坚定。在传承中华民族优秀传统文化的意愿方面，有学生干部经历的科技类大学生传承优秀传统文化的可能性比没有学生干部经历的科技类大学生高出80.4个百分点。在是否应以开放包容的态度看待外域文明，并吸收其优长这一问题的看法上，党员科技类大学生比非党员科技类大学生更积极，担任过学生干部的科技类大学生比没有担任过学生干部的科技类大学生态度更为积极、更为理性，等等。显而易见，政治面貌和学生干部经历是关乎科技类大学生文化观和文化素养形成发展的重要因素。

其三，学校所在省份（直辖市、自治区）和学校类别不同的科技类大学生，其文化观和文化素养存在显著差异。调查显示，所在高校位于北京、上海、江苏、浙江、广东等经济发展程度较高的省份（直辖市）的科技类大学生，其传承优秀传统文化的意愿相对较低。众所周知，文化与经济、政治紧密联系、息息相关。通常情况下，政治经济发展程度较高的地区，教育文化产业发展水平也相对较高，理应在塑造大学生文化观念和文化品格方面起到示范和引领的作用。但数据反映出，来自这部分地区高校的科技类大学生传承优秀传统文化的意愿并不强烈。此外，来自985、211高校和普通高校的科技类大学生在文化观和文化素养方面也有一定的差异。一般意义上，985和211高校代表着师资力量、教学环境、学生素养等的较高水准，而调查发现，985、211高校的优势并未得以发挥，来自这些高校的科技类大学生人文素养与普通高校的科技类大学生差别不大，在经典著作阅读方面甚至还不如普通高校科技类大学生。

（三）对策与建议

对当代科技类大学生而言，全面客观地了解中华民族文化，是增强其民族文化认同感，确立高度文化自信的重要前提，也是促使其成为文化传承者、传播者和创造者的动力源泉。因而，解决科技类大学生根本文化观问题必须从培育其文化自觉入手，多措并举，形成合力。

首先，高校要将优秀传统文化教育融入学校教育全过程。文化育人是高校开展思想政治教育的主要理念和重要手段。将中华民族传统文化中的精华融入思想政治理论课教学和日常思想政治教育中，将有助于全面改进科技类大学生的文化观，提高其文化素养。一是要积极发挥思想政治理论课"主渠道"作用，有效传播先进文化。以社会主义核心价值观教育为主线，深入挖掘传统文化中蕴含的思想精华和道德精髓，以此丰富教学资源，深化教育内容。要将文史哲类经典著作阅读安排在高校思想政治理论课教学课时中，鼓励科技类大学生通过阅读《论语》《孟子》《道德经》等中华古典精品，掌握中国古代的哲学思想、伦理思想等，加深对中华文化的认知和认同，同时也要引导科技类大学生正确阅读马克思主义经典和西方经典著作，逐渐养成辩证思维和批判意识。二是要提高教师的优秀传统文化素养。拥有一支专业能力强、综合素质高的教师队伍，是培育科技类大学生文化素养的关键所在。无论是专职思政教师、德育工作者，还是其他专业课教师，都要在夯实自身专业理论知识的基础上，加强我国优秀传统文化理论学习，并坚持用理论指导具体工作实践，有意识地将理论知识融入教育教学和日常管理服务中去，实现价值传递。三是要创新优秀传统文化教育的方式途径。不仅要坚持将民族优秀传统文化融入党团活动、校园文化活动、社团活动、社会实践等教育环节，更要发挥好在实践活动中涌现出来的先进大学生党员和优秀学生干部的模范带头作用。

其次，科技类大学生要有转变自身文化观和提高自身文化素养的主体意识。作为国家宝贵的人才资源，科技类大学生的文化观和文化素养关乎着其自身的成长成才，更关系到国家和民族的前途命运。调查显示，科技类大学生对传统文化、当代文化以及文化未来发展抱有较为强烈的信心，对外来文化持有较为理性客观的态度，这说明教育因素在其中发挥了积极作用，但这同时也离不开科技类大学生自我意识的发展。其一，科技类大学生要形成正确的自我认知能力和自我定位能力；看清社会和时代发展的必然趋势，增强"我们是谁"的文化主体意识，明确自身所要承担的历史责任和文化使命，不卑不亢、不急不躁；将国家需要同个人的目标相结合，在达成社会价值的同时努力实现个人价值。其二，科技类大学生要有保持政治定力和文化自省的信念。作为社会思潮的主要争夺对象，科技类大学生要更加坚定中国特色社会主义政治自信和文化自信，防止在纷扰中迷失自我、失去立场。要学会以批判的眼光看待多元文化，不数典忘祖、崇洋媚外，也不夜郎自大、唯我独尊，而要自尊自谦、自省自强。其三，科技类大学生要有提高自身文化实践能力的决心。积极主动地参与各种校园文化活动、社会实践活动，培养自身对学习优秀传统文化的兴趣，也在实践中检验和提升自身的文化素养水平。

　　再次，要利用网络信息技术和网络新平台加强主流文化引导。随着互联网的迅猛发展，网络文化应运而生，并成为了科技类大学生日常生活中不可或缺的重要部分。然而调研发现，虽然科技类大学生经常利用网络浏览信息，但对思想政治教育类主题网站关注较少，受网络空间主流文化的影响较少。新形势下大学生的网络文化活动，是铸造、发展其自身文化品格的基本途径，如何凭借网络优势，加强对科技类大学生主流文化引导，消除和减少网络文化带来的负面影响，是当前思想政治工作的重点和难点。一是要净化网络空间，加强网络文化管理。要从源头上控制网络空间的"病毒"，对受其"感染"的科技类大学生做到早发现、早控制、早引导；要做好做强网上正面宣传，传播理性声音、建设性声音，营造积极健康、向上向善的网络文化氛围。二是要加强校园网络平台建设。着力打造校园文化精品网络平台，依托网络空间开展一系列有益于科技类大学生身心健康成长的活动，如先进人物事迹宣传、名人名家演讲、讲课等弘扬主旋律、倡导正能量的网络文化品牌活动。三是要让网络素养教育成为科技类大学生思想政治教育的重要内容。引导科技类大学生正确认识网络、有效运用网络，提高其抵制网上不良诱惑、甄别网络真假信息的意识和能力。

　　最后，要依托学校、家庭、社会实现优势资源的转换与整合。着力培育科技类大学生文化观和文化素养，离不开高校思想政治教育的有效开展，离不开政府和社会的大力支持，更离不开家庭教育作为必要补充。调查显示，高校所在区域具有经济优势的科技类大学生，其传承优秀传统文化的意愿程度反而更低；成长背景因素也并没有对大学生的文化观和文化素养产生显著的影响。可见促进科技类大学生素质教育的整体性升级，还需从以下三个方面努力：一是要将地区经济优势转换成文化和教育优势。在立足于本地区经济发展水平的基础上，支持和促进教育事业、文化产业发展，扩大教育文化经费投入；以地区经济和产业结构优化调整推动教育结构的优化升级；不断解放思想，形成教育综合改革新思路。二是要形成各高校独具特色的文化资源优势。充分调动和挖掘校内的文化教育资源，客观理性地分析自身教育资源的优势和局限，借鉴吸收、大胆整合、有效融通，从而形成更符合校情，更贴合科技类大学生心意的新型文化素质教育模式。三是要注重发挥家庭教育对科技类大学生文化观养成的独特作用。文化素质教育始于家庭教育，父母要密切关心并积极参与子女的成长过程，彼此保持良好的情感沟通；要善于改进家庭教育方法，从提高自身素质入手，树立起良好形象；营造温馨和睦的家庭氛围，让子女在潜移默化中学习传统美德，感受文化魅力，增强文化自信心。

（执笔人：许家烨）

第五章　对社会主义核心价值观认知践行状况(上)

高校大学生思想活跃,容易接受新鲜事物,他们的价值观受各种信息的影响,是目前社会价值观变迁的缩影。引导大学生树立正确的价值观,做出正确的价值判断和价值选择是高校思想政治教育的紧要课题之一。为此,课题组围绕大学生对社会主义核心价值观基本内容的了解情况、获取社会主义核心价值观宣传教育信息的渠道、对社会主义核心价值观建设意义的认识、对社会主义核心价值观的理解等方面展开了调查和分析。针对调研中发现的问题和现象,课题组提出了相应的对策和建议,以期为增强大学生价值观教育的实效性提供有益参考。

一　对社会主义核心价值观基本内容的了解情况

党的十八大报告将社会主义核心价值观的基本内容概括为"富强、民主、文明、和谐;自由、平等、公正、法治;爱国、敬业、诚信、友善",这24个字为新时期新阶段如何引导大学生做出正确的价值选择指明了方向。课题组就大学生对社会主义核心价值观基本内容的了解做了调查,具体分析如下。

(一) 总体情况

调查结果显示,多数科技类大学生对社会主义核心价值观的基本内容比较了解。如图5-1所示,有18.4%的大学生表示"非常了解"社会主义核心价值观的基本内容,有42.1%的大学生表示"比较了解",有32.7%的大学生表示了解情况"一般",表示"不大了解"的学生有5.9%,表示"很不了解"的学生有0.9%。但是,科技类大学生对社会主义核心价值观基本内容的了解情况不如非科技类大学生,非科技类大学生选择"非常了解"和"比较了解"总比例为64.6%,高于科技类大学生的60.5%。

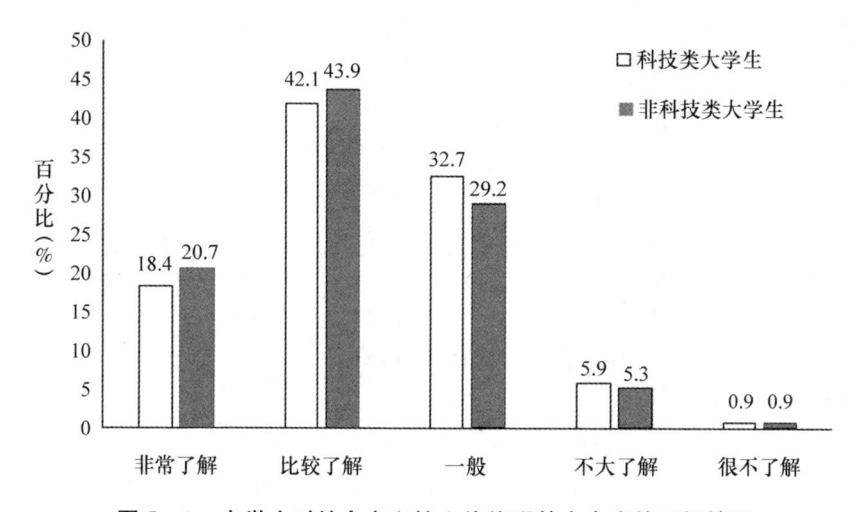

图 5-1 大学生对社会主义核心价值观基本内容的了解情况

(二) 不同类型科技类大学生对社会主义核心价值观基本内容的了解情况

为了更好地了解不同类型的科技类大学生对社会主义核心价值观内容的了解情况,我们将科技类大学生对社会主义核心价值观基本内容的了解程度由"很不了解"到"非常了解"分别赋值1—5分,并将其与相关人口学变量进行一般线性回归分析。如表5-1所示,按照0.05的检验水准,回归系数具有统计学意义的自变量有独生子女状况、年级、政治面貌、学生干部经历、学校类别、学校所在区域。

表 5-1 科技类大学生对社会主义核心价值观基本内容了解情况的一般线性回归分析

变量		非标准化系数 B	SE	标准化系数 Beta	统计量 t	显著性水平 P
常数项		3.306	0.068		48.804	0.000
男生（参照项：女生）		0.030	0.030	0.017	0.995	0.320
汉族（参照项：少数民族）		0.050	0.043	0.020	1.145	0.252
县级以上（参照项：乡镇以下）		0.048	0.032	0.028	1.488	0.137
独生子女（参照项：非独生子女）		0.095	0.032	0.055	2.986	0.003
年级（参照项：大一）	大二	0.014	0.043	0.007	0.333	0.739
	大三	0.013	0.046	0.006	0.279	0.780
	大四	0.096	0.047	0.044	2.052	0.040
	研究生	0.020	0.053	0.008	0.380	0.704
党员（参照项：非党员）		0.391	0.037	0.196	10.492	0.000
有学生干部经历（参照项：没有）		0.144	0.037	0.066	3.861	0.000
学校类别（参照项：普通本科）	985 高校	0.113	0.035	0.062	3.267	0.001
	211 高校	0.121	0.040	0.057	3.012	0.003
学校所在区域（参照项：华东地区）	华南地区	0.007	0.090	0.001	0.077	0.939
	华中地区	0.210	0.051	0.082	4.101	0.000
	华北地区	-0.032	0.041	-0.017	-0.797	0.426
	西北地区	-0.074	0.050	-0.030	-1.476	0.140
	西南地区	-0.254	0.053	-0.096	-4.786	0.000
	东北地区	-0.088	0.063	-0.026	-1.409	0.159

$N = 3320 \quad R^2 = 8.6\% \quad F = 18.285$

从独生子女状况来看，在科技类大学生中，独生子女对社会主义核心价值观基本内容的了解程度要好于非独生子女。一般线性回归分析显示，独生子女科技类大学生对社会主义核心价值观基本内容的了解程度的得分比非独生子女科技类大学生高 9.5 个百分点。

从年级来看，科技类大学生中，大四学生对社会主义核心价值观基本内容的了解程度好于大一学生。一般线性回归分析显示，大四学生对社会主义核心价值观基本内容了解程度的得分比大一学生高 9.6 个百分点。

从政治面貌来看，科技类大学生中，党员对社会主义核心价值观基本内容的了解程度好于非党员。一般线性回归分析显示，党员科技类大学生对社会主义核心价值观基本内容的了解程度的得分比非党员科技类大学生高 39.1 个百分点。

从学生干部经历来看，科技类大学生中，有学生干部经历的对社会主义核心价值观基本内容的了解程度好于没有学生干部经历的。一般线性回归分析显示，有学生干部经历的科技类大学生对社会主义核心价值观基本内容的了解程度的得分比没有学生干部经历的科技类大学生高 14.4 个百分点。

从学校类别来看，科技类大学生中，学校层次高的对社会主义核心价值观基本内容的了解程度越好。一般线性回归分析显示，985 高校的科技类大学生对社会主义核心价值观基本内容的了解程度得分比普通本科科技类大学生高 11.3 个百分点；211 高校的科技类大学生对社会主义核心价值观基本内容的了解程度的得分比普通本科科技类大学生高 12.1 个百分点。

从学校所在区域来看，学校在华中地区的科技类大学生对社会主义核心价值观基本内容的了解程度的得分比学校在华东地区的科技类大学生高 21.0 个百分点；学校在西南地区的科技类大学生对社会主义核心价值观基本内容的了解程度的得分比学校在华东地区的科技类大学生低 25.4 个百分点。

（三）不同学校类型大学生对社会主义核心价值观基本内容的了解情况

为考察科技类学校大学生对社会主义核心价值观基本内容的了解情况，将大学生对社会主义核心价值观基本内容的了解情况这一问题的回答，从"很不了解"到"非常了解"分别赋值 1—5 分，采用均值比较分析，分析结果如表 5-2 所示。

表 5-2　不同学校类型大学生对社会主义核心价值观基本内容的了解情况

学校类型	均值	标准差	了解程度(%)	非常了解	比较理解	一般	不大了解	很不了解
语言类	3.78	0.88	70.6	17.2	53.4	20.7	6.9	1.7
理工类	3.78	0.86	63.2	20.9	42.3	31.0	5.1	0.7
综合类	3.88	0.85	70.3	23.6	46.7	24.7	4.2	0.9
农林类	3.62	0.87	54.5	16.4	38.1	37.3	7.4	0.8
艺术类	3.61	0.92	57.6	15.9	41.7	32.6	7.6	2.3
财经类	3.66	0.89	58.2	17.8	40.4	33.3	7.4	1.1
政法类	3.81	0.80	68.3	17.9	50.4	26.0	5.7	0.0
师范类	3.66	0.84	58.2	15.8	42.4	34.7	6.6	0.5
民族类	3.63	0.80	53.2	15.0	38.2	42.1	4.3	0.4
军事类	4.25	0.64	90.0	35.0	55.0	10.0	0.0	0.0
体育类	3.43	0.94	43.3	13.3	30.0	46.7	6.7	3.3
医药类	3.41	0.83	45.1	8.7	36.4	42.7	11.7	0.5
总体	3.74	0.86	62.2	19.4	42.8	31.4	5.7	0.8

分析结果显示，不同学校类型大学生对社会主义核心价值观基本内容的了解情况存在显著差异。如表5-2所示，军事类（4.25）、综合类（3.88）、政法类（3.81）、语言类（3.78）和理工类（3.78）五种类型高校的大学生对社会主义核心价值观基本内容的了解高于平均水平（3.74）；而财经类（3.66）、师范类（3.66）、民族类（3.63）、农林类（3.62）、艺术类（3.61）、体育类（3.43）、医药类（3.41）七种类型高校的大学生对社会主义核心价值观基本内容的了解低于平均水平。通过分析发现，科技类（理工农医军）高校的大学生对社会主义核心价值观基本内容的了解平均得分为3.76，高于总体平均水平。

如图5-2所示，不同学校类型大学生对社会主义核心价值观基本内容的了解情况在一般以上（非常了解和比较了解的总和）的比例由高到低排序依次为军事类（90.0%）、语言类（70.6%）、综合类

（70.3%）、政法类（68.3%）、理工类（63.2%）、财经类（58.2%）、师范类（58.2%）、艺术类（57.6%）、农林类（54.5%）、民族类（53.2%）、医药类（45.1%）、体育类（43.3%）。

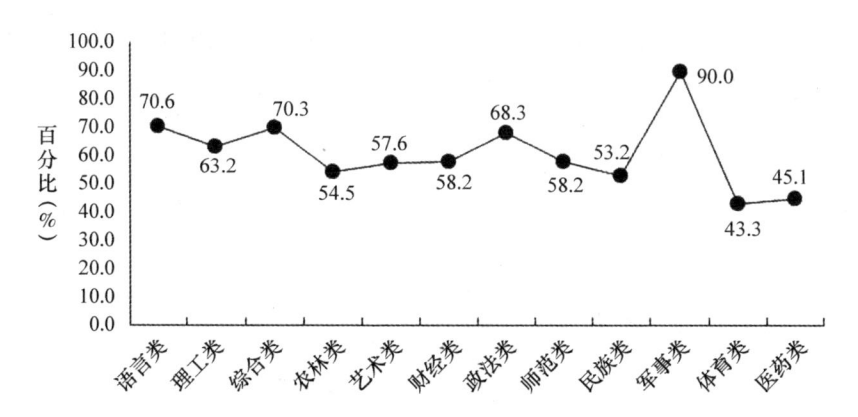

图 5-2 不同学校类型大学生对社会主义核心价值观基本内容的了解情况

二 获取社会主义核心价值观宣传教育信息的渠道

当前，信息渠道丰富多样，大学生往往通过不同的渠道来获取社会主义核心价值观的信息，以加深对社会主义核心价值观的认识和理解。不同类型的大学生也会有不同的选择。课题组调查了科技类大学生获取社会主义核心价值观宣传教育信息的渠道，具体分析如下。

（一）总体情况

调查结果显示，科技类大学生通过网络媒体、思想政治理论课和电视广播三种渠道获取社会主义核心价值观宣传教育信息的比例最高。如图 5-3 所示，科技类大学生获取社会主义核心价值观宣传教育信息的各种渠道所占比例由高到低分别是网络媒体（20.7%）、思想政治理论课（19.7%）、电视广播（19.0%）、校园文化活动（12.5%）、书籍报刊（12.2%）、社会实践（7.0%）、专业课（4.3%）、家庭教育（4.0%）。非科技类大学生获取社会主义核心价值观宣传教育信息的各种渠道所占比例与科技类大学生无较大差别，但是选择"网络媒体"的科技类大学生高于非科技类大学生1.8个百分点，选择"专业课"的非科技类大学生高于科技类大学生2.1个百分点，说明，科技类大学生的专业课学习相对而言较少涉及社会主义核心价值观的内容。

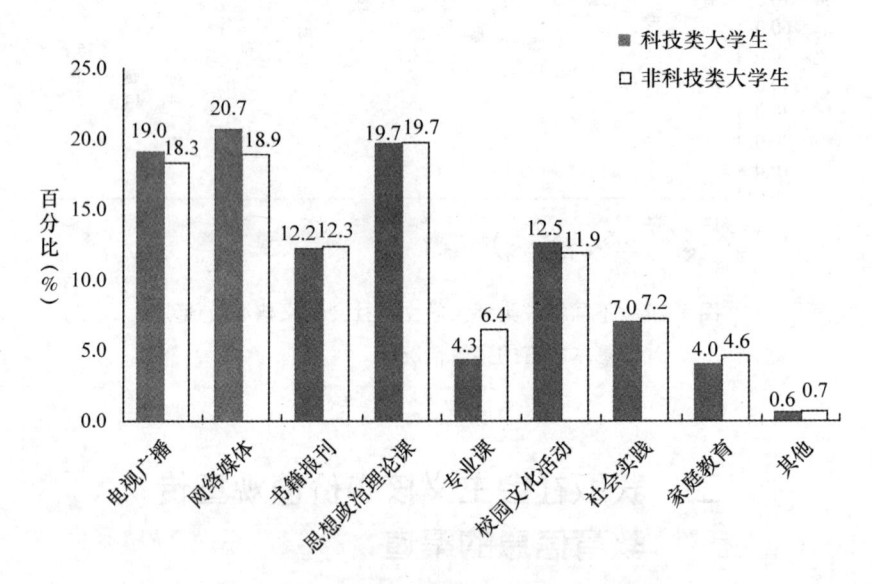

图 5-3 大学生获取社会主义核心价值观宣传教育信息渠道的情况

（二）不同类型科技类大学生获取社会主义核心价值观宣传教育信息的渠道

为了进一步探讨不同类型科技类大学生获取社会主义核心价值观宣传教育信息的渠道，课题组进行了交互分析，发现年龄、生源地、政治面貌、学生干部经历和学科类别不同的科技类大学生，获取社会主义核心价值观宣传教育信息的渠道有明显不同。

1. 基于自然因素的分析

从年龄来看，科技类大学生中，不同年龄段大学生获取社会主义核心价值观宣传教育信息的渠道不同。如图 5-4 所示，低年龄段的科技类大学生通过思想政治理论课（67.9%）、校园文化活动（44.0%）、书籍报刊（42.4%）、社会实践（23.9%）、家庭教育（15.2%）和专业课（15.0%）获取社会主义核心价值观宣传教育信息的比例高于高年龄段和中间年龄段的科技类大学生；高年龄段的科技类大学生通过网络媒体（77.7%）和电视广播（65.0%）获取社会主义核心价值观宣传教育信息的比例高于中间年龄段和低年龄段的科技类大学生。

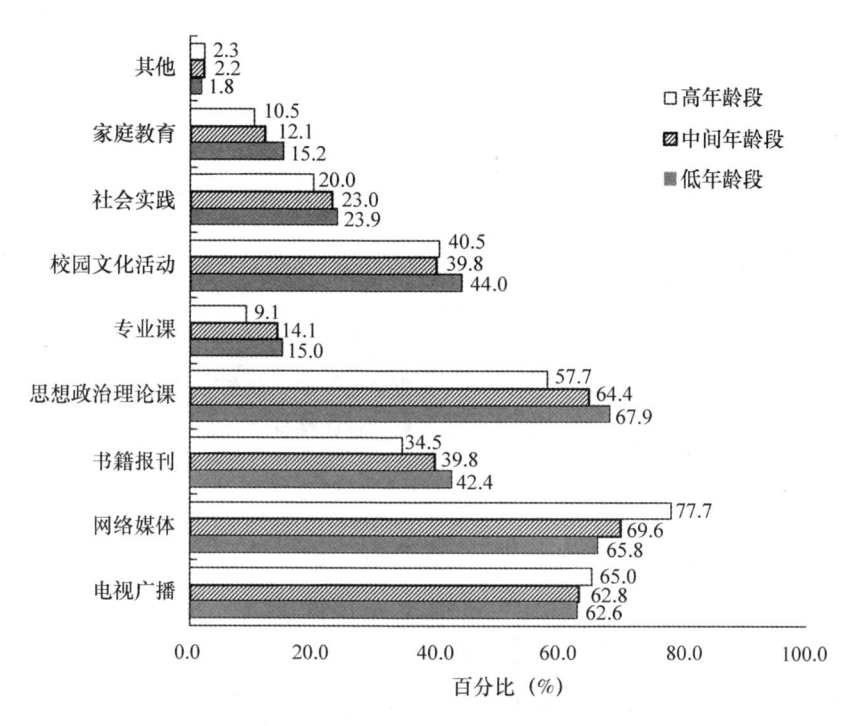

图 5-4 不同年龄段科技类大学生获取社会主义核心价值观宣传教育信息渠道的情况

2. 基于成长背景的分析

从生源地来看，科技类大学生中，不同生源地大学生获取社会主义核心价值观宣传教育信息的渠道不同。如图 5-5 所示，来自乡镇以下地区的科技类大学生通过电视广播（63.7%）、书籍报刊（42.5%）、校园文化活动（42.2%）、社会实践（23.8%）获取社会主义核心价值观宣传教育信息的比例高于来自县级以上地区的大学生；来自县级以上地区的科技类大学生通过网络媒体（68.4%）、思想政治理论课（66.2%）、家庭教育（15.0%）、专业课（14.6%）获取社会主义核心价值观宣传教育信息的比例高于来自乡镇以下地区的大学生。

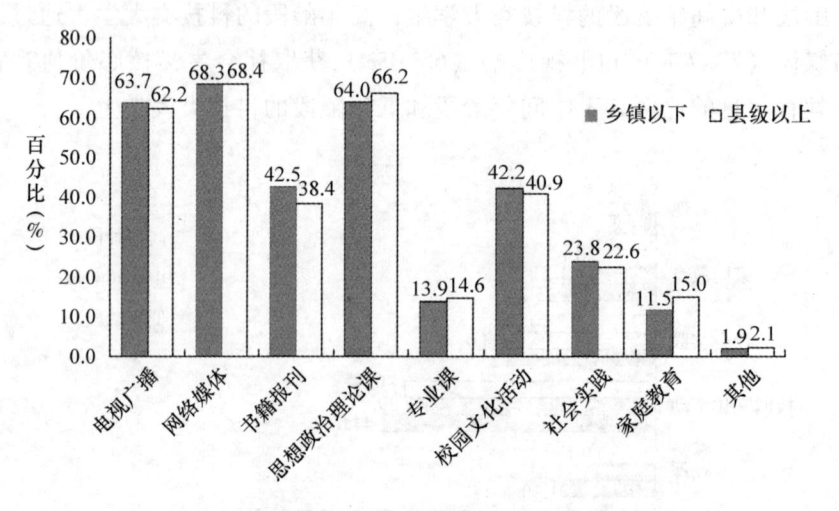

图 5-5 不同生源地科技类大学生获取社会主义核心价值观宣传教育信息渠道的情况

3. 基于教育因素的分析

从政治面貌来看，科技类大学生中，党员大学生通过网络媒体（73.5%）、电视广播（67.3%）、思想政治理论课（67.3%）、校园文化活动（46.0%）、社会实践（26.0%）获取社会主义核心价值观宣传教育信息的比例高于非党员大学生；非党员大学生通过书籍报刊（40.5%）、专业课（14.6%）和家庭教育（13.7%）获取社会主义核心价值观宣传教育信息的比例高于党员（如图 5-6 所示）。

从学生干部经历来看，科技类大学生中，有学生干部经历的大学生通过网络媒体（69.7%）、思想政治理论课（67.0%）、电视广播（64.5%）、书籍报刊（41.5%）、校园文化活动（44.1%）、社会实践（24.7%）、家庭教育（13.9%）获取社会主义核心价值观宣传教育信息的比例高于没有学生干部经历的大学生；没有学生干部经历的大学生通过专业课（15.4%）获取社会主义核心价值观宣传教育信息的比例高于有学生干部经历的大学生（如图 5-7 所示）。

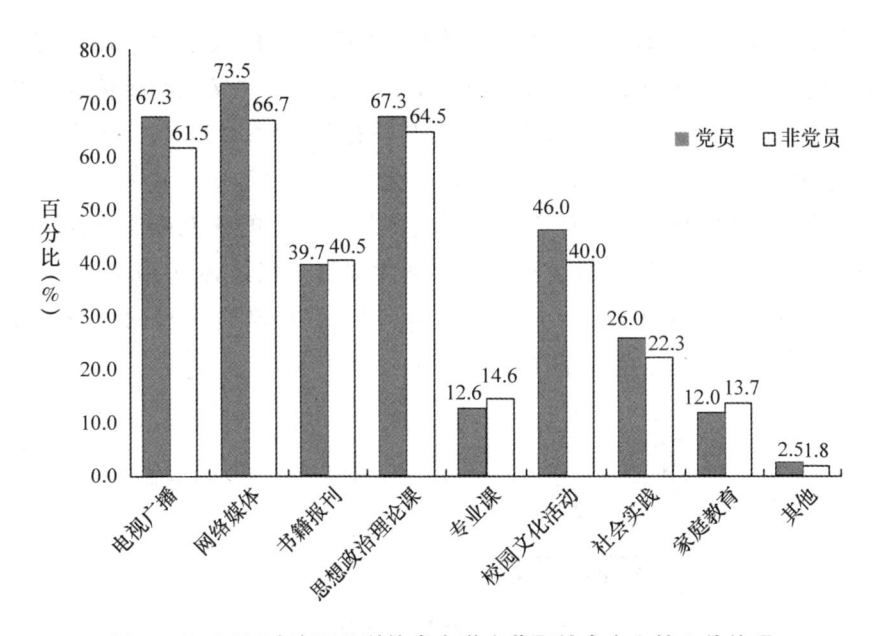

图 5-6　不同政治面貌科技类大学生获取社会主义核心价值观宣传教育信息渠道的情况

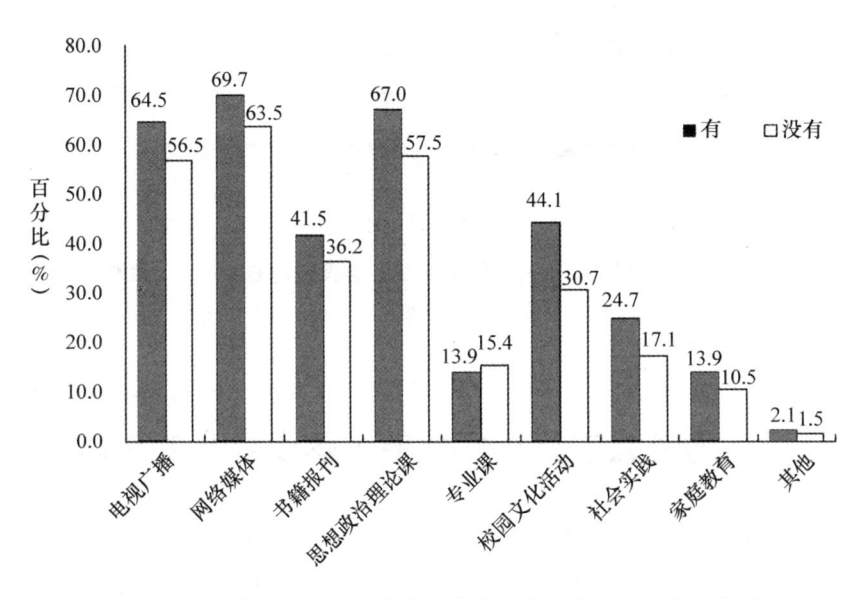

图 5-7　不同学生干部经历科技类大学生获取社会主义核心价值观宣传教育信息渠道的情况

从学校类别来看，科技类大学生中，985高校的大学生通过思想政治理论课（71.0%）、专业课（15.6%）获取社会主义核心价值观宣传教育信息的比例高于211高校和普通本科的大学生；211高校的大学生通过电视广播（65.7%）、校园文化活动（42.5%）、社会实践（25.5%）获取社会主义核心价值观宣传教育信息的比例高于985高校和普通本科的大学生；普通本科的大学生通过网络媒体（70.8%）、书籍报刊（42.4%）获取社会主义核心价值观宣传教育信息的比例高于985高校和211高校的大学生（如图5-8所示）。

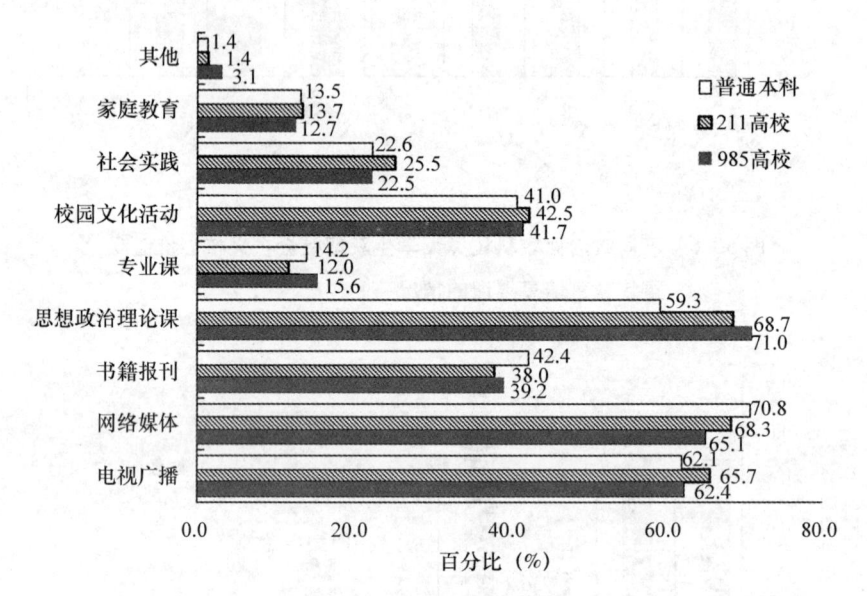

图5-8 不同学校类别科技类大学生获取社会主义核心价值观宣传教育信息渠道的情况

三 对社会主义核心价值观建设意义的认识

弘扬和培育社会主义核心价值观关乎国家前途命运、人民幸福安康，更关乎个体成长成才。为了解科技类大学生对社会主义核心价值观建设意义的认识，课题组调查分析了科技类大学生对社会主义核心价值观建设的重要性以及必要性的认识情况。

(一) 对社会主义核心价值观建设重要性的认识

2014年2月24日,习近平总书记在主持十八届中央政治局第十三次集体学习时提出:"培育和弘扬核心价值观,有效整合社会意识,是社会系统得以正常运转、社会秩序得以有效维护的重要途径,也是国家治理体系和治理能力的重要方面。"① 课题组通过调查科技类大学生对"国无德不兴,人无德不立"、"核心价值观是一个国家最持久最深层的力量"等五项习总书记在一系列重要讲话中强调的建设社会主义核心价值观的重要意义的态度,来考察科技类大学生对社会主义核心价值观建设重要性的认识。

1. 总体情况

调查结果显示,绝大部分科技类大学生对社会主义核心价值观建设的重要性有较为准确的认识。在"国无德不兴,人无德不立"这一观点的回答中,有98.3%的科技类大学生表示赞同。具体来看,86.0%的科技类大学生表示"非常赞同",12.3%的科技类大学生表示"比较赞同",仅有1.7%的科技类大学生表示"一般",没有人表示不赞同。

在"核心价值观是一个国家最持久最深层的力量"这一观点的回答中,有94.0%的科技类大学生表示赞同。具体来看,70.8%的科技类大学生表示"非常赞同",23.2%的科技类大学生表示"比较赞同",5.5%的科技类大学生表示"一般",仅有0.4%的科技类大学生表示"不大赞同",0.1%的科技类大学生表示"很不赞同"。

在"社会主义核心价值观对当今中国社会发展产生了重要引领作用"这一观点的回答中,有92.2%的科技类大学生表示赞同。具体来看,67.8%的科技类大学生表示"非常赞同",24.4%的科技类大学生表示"比较赞同",6.9%的科技类大学生表示"一般",仅有0.7%的科技类大学生表示"不大赞同",0.2%的科技类大学生表示"很不赞同"。

在"人生的扣子从一开始就要扣好"这一观点的回答中,有

---

① 《习近平:推动国家发展,核心价值观是最持久最深沉的力量》,中国共产党新闻网,http://cpc.people.com.cn/xuexi/n/2015/0803/c385474-27399954.html。

84.0%的科技类大学生表示赞同。具体来看，54.4%的科技类大学生表示"非常赞同"，29.6%的科技类大学生表示"比较赞同"，11.8%的科技类大学生表示"一般"，3.2%的科技类大学生表示"不大赞同"，1.0%的科技类大学生表示"很不赞同"。

在"青年兴则国兴，青年强则国强"这一观点的回答中，有96.4%的科技类大学生表示赞同。具体来看，71.8%的科技类大学生表示"非常赞同"，24.6%的科技类大学生表示"比较赞同"，3.4%的科技类大学生表示"一般"，0.2%的科技类大学生表示"不大赞同"。

由此可见，绝大部分科技类大学生认识到社会主义核心价值观建设的重要性，但是在核心价值观对于青年大学生人生发展的意义上，还有待加强认识。

2. 不同类型科技类大学生对社会主义核心价值观建设重要性的认识情况

为了更好地研究分析不同类型科技类大学生对社会主义核心价值观建设重要性的认识情况，课题组进行了一般线性回归分析。在分析中，我们将大学生对社会主义核心价值观建设的重要性的态度"很不赞同""不大赞同""一般""比较赞同""非常赞同"分别赋值为1分、2分、3分、4分、5分，得分越高说明认为社会主义核心价值观建设越有意义，越能正确认识社会主义核心价值观建设的重要性。按照0.05的检验水准，回归系数具有统计学意义的人口学变量有性别、生源地、政治面貌和学校类别。

表5-3 科技类大学生对社会主义核心价值观建设重要性认识情况的一般线性回归分析

变量	非标准化系数 B	非标准化系数 SE	标准化系数 Beta	统计量 t	显著性水平 P
常数项	4.633	0.051		91.506	0.000
男生（参照项：女生）	-0.091	0.025	-0.062	-3.581	0.000
县级以上（参照项：乡镇以下）	-0.089	0.028	-0.060	-3.114	0.002
独生子女（参照项：非独生子女）	0.035	0.028	0.024	1.241	0.215

续表

变量		非标准化系数		标准化系数	统计量	显著性水平
		B	SE	Beta	t	P
年级 (参照项:大一)	大二	-0.018	0.038	-0.010	-0.474	0.636
	大三	-0.078	0.041	-0.041	-1.905	0.057
	大四	-0.043	0.042	-0.022	-1.028	0.304
	研究生	-0.083	0.042	-0.046	-1.963	0.050
党员(参照项:非党员)		0.097	0.032	0.059	3.070	0.002
有学生干部经历(参照项:没有)		0.063	0.033	0.034	1.929	0.054
学校类别 (参照项:普通本科)	985 高校	-0.124	0.036	-0.085	-3.456	0.001
	211 高校	-0.014	0.038	-0.009	-0.361	0.718

$N = 3359 \quad R^2 = 1.5\% \quad F = 5.599$

如表5-3所示,从性别来看,科技类大学生中,女大学生对社会主义核心价值观建设的重要性的认识更为深刻。科技类女大学生对社会主义核心价值观建设的重要性的认识得分比科技类男大学生高9.1个百分点。

从生源地来看,科技类大学生中,来自乡镇以下地区的大学生对社会主义核心价值观建设的重要性的认识更为深刻。来自乡镇以下地区的科技类大学生对社会主义核心价值观建设的重要性的认识得分比来自县级以上地区的科技类大学生高8.9个百分点。

从政治面貌来看,科技类大学生中,与非党员大学生相比,党员大学生对社会主义核心价值观建设的重要性的认识更为深刻。党员科技类大学生对社会主义核心价值观建设的重要性的认识得分比非党员科技类大学生高9.7个百分点。

从学校类别来看,科技类大学生中,与普通本科的大学生相比,985高校的大学生对社会主义核心价值观建设的重要性的认识不够深刻。985高校的科技类大学生对社会主义核心价值观建设的重要性的认识得分比普通本科的科技类大学生低12.4个百分点。

(二) 对社会主义核心价值观建设必要性的认识

弘扬和培育社会主义核心价值观,是指引青年学生树立正确的价值观、做出正确价值选择的重要途径。课题组通过调查科技类大学生对当前弘扬和培育社会主义核心价值观有无必要的直观回答,分析科技类大学生对社会主义核心价值观建设必要性的认识。

1. 总体情况

调查结果显示,绝大多数科技类大学生对社会主义核心价值观建设的必要性有清晰的认识。如图5-9所示,在对当前弘扬和培育社会主义核心价值观有无必要的回答中,选择"非常必要"的比例有47.8%,选择"比较必要"的比例有38.1%,选择"一般""不大必要""很没必要"的比例分别是12.5%、1.2%、0.4%。与非科技类大学生相比,科技类大学生认为建设社会主义核心价值观必要的比例(85.9%)略高于非科技类大学生的85.5%。

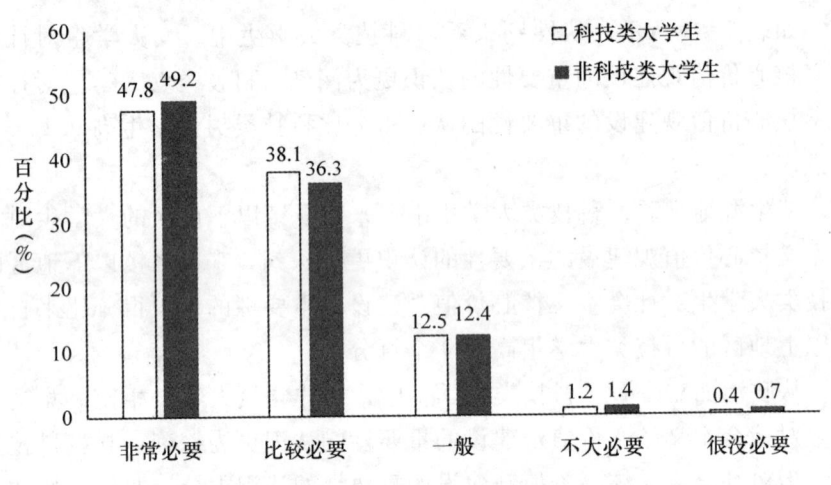

图5-9 大学生对社会主义核心价值观建设必要性的认识情况

2. 不同类型科技类大学生对社会主义核心价值观建设必要性的认识

为了解不同类型科技类大学生对社会主义核心价值观建设必要性的认识情况,我们将科技类大学生对当前弘扬和培育社会主义核心价值观有无必要的回答由"很没必要"到"非常必要"分别赋值1—5分,并将其与相关人口学变量进行一般线性回归。如表 5-4 所示,按照 0.05 的检验水准,回归系数具有统计学意义的自变量有生源地、年级、政治面貌、学生干部经历和学校所在区域。

表 5-4　　科技类大学生对社会主义核心价值观建设必要性认识情况的一般线性回归分析

变量		非标准化系数		标准化系数	统计量	显著性水平
		B	SE	Beta	t	P
常数项		4.160	0.060		68.913	0.000
男生（参照项：女生）		-0.022	0.027	-0.014	-0.824	0.410
县级以上（参照项：乡镇以下）		-0.066	0.030	-0.042	-2.184	0.029
独生子女（参照项：非独生子女）		0.004	0.030	0.002	0.127	0.899
年级（参照项：大一）	大二	-0.105	0.041	-0.055	-2.586	0.010
	大三	-0.138	0.043	-0.069	-3.188	0.001
	大四	-0.162	0.045	-0.077	-3.597	0.000
	研究生	-0.144	0.045	-0.074	-3.183	0.001
党员（参照项：非党员）		0.235	0.034	0.132	6.957	0.000
有学生干部经历（参照项：没有）		0.197	0.035	0.098	5.630	0.000
学校类别（参照项：普通本科）	985 高校	0.039	0.039	0.025	0.995	0.320
	211 高校	0.060	0.042	0.036	1.420	0.156
学校所在区域（参照项：华东地区）	华中地区	0.111	0.047	0.050	2.366	0.018
	华北地区	0.071	0.038	0.043	1.868	0.062
	西北地区	0.024	0.048	0.011	0.503	0.615
	西南地区	-0.219	0.054	-0.084	-4.098	0.000
	东北地区	0.047	0.059	0.015	0.803	0.422

N = 3357　　R^2 = 4.2%　　F = 10.214

从生源地来看,科技类大学生中,来自乡镇以下地区的大学生对社会主义核心价值观建设必要性的认识情况更好。一般线性回归分析显示,来自乡镇以下地区的科技类大学生对社会主义核心价值观建设必要性认识情况的得分比来自县级以上地区的大学生高 6.6 个百分点。

从年级来看，在科技类大学生中，大一年级的学生对社会主义核心价值观建设必要性认识的情况更好。一般线性回归分析显示，大一年级的科技类大学生对社会主义核心价值观建设必要性认识情况的得分比大二学生高10.5个百分点，比大三学生高13.8个百分点，比大四学生高16.2个百分点，比研究生高14.4个百分点。

从政治面貌来看，科技类大学生中，党员大学生对社会主义核心价值观建设必要性认识的情况好于非党员大学生。一般线性回归分析显示，党员科技类大学生对社会主义核心价值观建设必要性认识情况的得分比非党员科技类大学生高23.5个百分点。

从学生干部经历来看，科技类大学生中，有学生干部经历的大学生对社会主义核心价值观建设必要性认识的情况好于没有学生干部经历的大学生。一般线性回归分析显示，有学生干部经历的科技类大学生对社会主义核心价值观建设必要性认识情况的得分比没有学生干部经历的科技类大学生高19.7个百分点。

从学校所在区域来看，科技类大学生中，来自华中地区的大学生对社会主义核心价值观建设必要性认识情况的得分比华东地区的大学生高11.1个百分点，来自西南地区的大学生比华东地区的大学生低21.9个百分点。

四 对社会主义核心价值观的理解

大学生对社会主义核心价值观的理解，是大学生培育和践行社会主义核心价值观的前提。社会主义核心价值观与西方所谓的"普世价值"有根本的区别，课题组对科技类大学生在"自由、平等、民主等是人类社会共同的价值追求，但在不同的社会历史阶段、不同的国度有不同的内涵与实现形式"这一观点的赞同度来考察科技类大学生对社会主义核心价值观的理解情况。

（一）总体情况

调查结果显示，绝大多数科技类大学生对社会主义核心价值观的理解比较到位。如图5-10所示，在观点"自由、平等、民主等是人类社

第五章 对社会主义核心价值观认知践行状况(上) | 129

会共同的价值追求,但在不同的社会历史阶段、不同的国度有不同的内涵与实现形式"的回答上,有72.3%的科技类大学生选择"非常赞同",23.1%的科技类大学生选择"比较赞同",4.2%的科技类大学生选择"一般",仅有0.3%的科技类大学生选择"不大赞同",0.1%的科技类大学生选择"很不赞同"。与非科技类大学生相比,科技类大学生的赞同比例(95.4%)略高于非科技类大学生的94.6%。

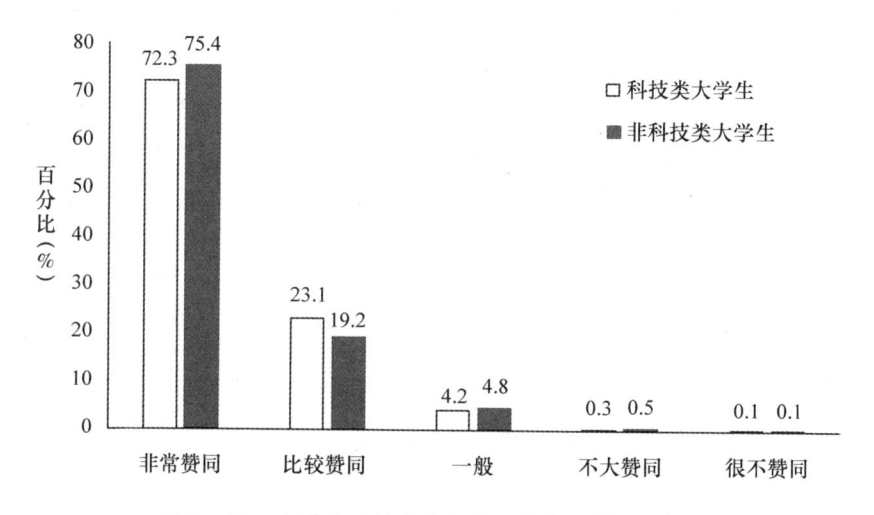

图 5-10 大学生对社会主义核心价值观的理解情况

(二)不同类型科技类大学生对社会主义核心价值观的理解情况

为了更好地了解不同类型科技类大学生对社会主义核心价值观的理解情况,我们将科技类大学生在观点"自由、平等、民主等是人类社会共同的价值追求,但在不同的社会历史阶段、不同的国度有不同的内涵与实现形式"上的回答由"很不赞同"到"非常赞同"分别赋值1—5分,并将其与相关人口学变量进行一般线性回归。如表5-5所示,按照0.05的检验水准,回归系数具有统计学意义的自变量有性别、学生干部经历、学校类别和学校所在区域。

表 5-5 　　科技类大学生对社会主义核心价值观理解情况的一般线性回归分析

变量		非标准化系数 B	SE	标准化系数 Beta	统计量 t	显著性水平 P
常数项		4.599	0.047		98.181	0.000
男生（参照项：女生）		-0.069	0.021	-0.057	-3.244	0.001
县级以上（参照项：乡镇以下）		0.018	0.024	0.015	0.769	0.442
独生子女（参照项：非独生子女）		0.041	0.023	0.034	1.761	0.078
年级（参照项：大一）	大二	-0.003	0.031	-0.002	-0.086	0.931
	大三	-0.031	0.034	-0.020	-0.917	0.359
	大四	-0.041	0.035	-0.026	-1.175	0.240
	研究生	-0.034	0.035	-0.022	-0.955	0.340
党员（参照项：非党员）		0.015	0.026	0.011	0.559	0.576
有学生干部经历（参照项：没有）		0.082	0.027	0.053	3.013	0.003
学校类别（参照项：普通本科）	985 高校	0.028	0.030	0.023	0.905	0.366
	211 高校	0.069	0.033	0.054	2.118	0.034
学校所在区域（参照项：华东地区）	华中地区	0.028	0.036	0.016	0.760	0.447
	华北地区	-0.008	0.029	-0.006	-0.256	0.798
	西北地区	-0.043	0.037	-0.025	-1.165	0.244
	西南地区	-0.133	0.042	-0.067	-3.204	0.001
	东北地区	-0.036	0.046	-0.015	-0.796	0.426

N = 3367　　R^2 = 1.3%　　F = 3.846

　　从性别来看，科技类大学生中，女大学生对社会主义核心价值观的理解情况好于男大学生。一般线性回归分析显示，男科技类大学生对社会主义核心价值观的理解情况得分比女科技类大学生低 6.9 个百分点。

　　从学生干部经历来看，科技类大学生中，有学生干部经历的大学生对社会主义核心价值观的理解情况更好。一般线性回归分析显示，有学生干部经历的科技类大学生对社会主义核心价值观的理解情况得分比没有学生干部经历的科技类大学生高 8.2 个百分点。

　　从学校类别来看，211 高校的科技类大学生对社会主义核心价值观的理解情况好于普通本科高校的科技类大学生。一般线性回归显示，

211 高校的科技类大学生对社会主义核心价值观理解情况的得分比普通本科高校的科技类大学生高 6.9 个百分点。

从学校所在区域来看，来自西南地区的科技类大学生对社会主义核心价值观的理解情况的得分比华东地区的科技类大学生低 13.3 个百分点。

（三）不同学校类型大学生对社会主义核心价值观的理解情况

为考察科技类学校大学生对社会主义核心价值观的理解情况，将大学生对"自由、平等、民主等是人类社会共同的价值追求，但在不同的社会历史阶段、不同的国度有不同的内涵与实现形式"这一问题的回答从"很不赞同"到"非常赞同"分别赋值 1—5 分，采用均值比较分析，分析结果如表 5-6 所示。

表 5-6　　不同学校类型大学生对社会主义核心价值观的理解情况

学校类型	均值比较 均值	标准差	理解程度（%）	构成比（%） 非常赞同	比较赞同	一般	不大赞同	很不赞同
语言类	4.71	0.50	98.3	72.4	25.9	1.7	0.0	0.0
理工类	4.69	0.57	95.7	74.0	21.6	4.0	0.1	0.1
综合类	4.66	0.60	94.8	71.6	23.2	4.5	0.7	0.0
农林类	4.74	0.52	96.6	77.6	18.9	3.2	0.3	0.0
艺术类	4.63	0.64	95.5	68.9	26.5	3.8	0.0	0.8
财经类	4.68	0.62	94.8	74.3	20.5	4.1	0.8	0.3
政法类	4.72	0.52	96.7	75.6	21.1	3.3	0.0	0.0
师范类	4.67	0.61	94.4	73.9	20.5	4.8	0.7	0.1
民族类	4.60	0.64	92.5	67.5	25.0	7.1	0.4	0.0
军事类	4.90	0.31	100.0	90.0	10.0	0.0	0.0	0.0
体育类	4.60	0.72	86.7	73.3	13.3	13.3	0.0	0.0
医药类	4.73	0.58	93.2	80.2	13.0	6.8	0.0	0.0
总体	4.68	0.59	95.1	73.6	21.5	4.4	0.4	0.1

分析结果显示，不同学校类型大学生对社会主义核心价值观的理解情况存在显著差异。军事类（4.90）、农林类（4.74）、医药类（4.73）、政法类（4.72）、语言类（4.71）和理工类（4.69）六种类

型高校的大学生对社会主义核心价值观的理解程度高于平均水平（4.68）；而财经类（4.68）、师范类（4.67）、综合类（4.66）、艺术类（4.63）、体育类（4.60）、民族类（4.60）六种类型高校的大学生对社会主义核心价值观的理解程度低于平均水平。通过分析发现，科技类（理工农医军）高校大学生对社会主义核心价值观的理解的平均得分为4.78，高于总体平均水平。

如表5-6所示，不同学校类型大学生对社会主义核心价值观基本内容的理解情况在一般以上（非常赞同和比较赞同的总和）的比例由高到低排序依次为军事类（100.0%）、语言类（98.3%）、政法类（96.7%）、农林类（96.6%）、理工类（95.7%）、艺术类（95.5%）、综合类（94.8%）、财经类（94.8%）、师范类（94.4%）、医药类（93.2%）、民族类（92.5%）、体育类（86.7%）。

五 本章小结

对大学生社会主义核心价值观认知践行状况的调查结果显示，科技类大学生的认知践行状况良好。具体表现为绝大多数科技类大学生对社会主义核心价值观基本内容的了解情况较好，能够认识到社会主义核心价值观建设的重要性和必要性，对社会主义核心价值观的理解状况较好，能够通过多种渠道获取社会主义核心价值观的宣传教育信息。但是，调查中也反映出一些值得关注的现象和问题，需要引起重视，以提升对科技类大学生社会主义核心价值观教育的实效性。

（一）总体状况

总体来说，科技类大学生对社会主义核心价值观认知践行状况良好。第一，科技类大学生对社会主义核心价值观基本内容的了解情况较好，有60.5%的科技类大学生了解社会主义核心价值观的基本内容，科技类（理工农医军）高校大学生对社会主义核心价值观基本内容的了解平均得分为3.76，高于总体平均水平。第二，科技类大学生获取社会主义核心价值观宣传教育信息的渠道丰富多样，主要是通过网络媒体、思想政治理论课和电视广播三种渠道。第三，科技类大学生对社会主义核心价值观建设的重要性的认识比较到位，有98.3%的科技类大学生对"国无德不兴，人无德不立"这一观点表示赞同，94.0%的科技类大学生对"核心价值观是一个国家最持久最深层的力量"这一观点表示赞同，92.2%的科技类大学生对"社会主义核心价值观对当今中国社会发展产生了重要引领作用"这一观点表示赞同，84.0%的科技类大学生对"人生的扣子从一开始就要扣好"这一观点表示赞同，96.4%的科技类大学生对"青年兴则国兴，青年强则国强"这一观点表示赞同。第四，科技类大学生对社会主义核心价值观建设的必要性的认识比较到位，有85.9%的科技类大学生对社会主义核心价值观建设的必要性有清晰的认识。第五，科技类大学生对社会主义核心价值观的理解状况较好，有95.4%的科技类大学生对"自由、平等、民主等是人类社会共同的价值追求，但在不同的社会历史阶段、不同的国度有不同的内涵与实现形式"这一观点表示赞同。

（二）对策与建议

针对调查中发现的问题，课题组提出以下对策与建议：

1. 立足学生群体差异，有针对性地进行社会主义核心价值观教育

当前，大学生的生活、学习环境受多方面信息的影响。不同群体的大学生，其价值观的形成更是被多种因素干扰。调查结果显示，不同群体的大学生对社会主义核心价值观认知践行状况有差异，因此，要立足大学生的群体差异，有针对性地开展社会主义核心价值观教育活动。首先，要关注大学生成长阶段不同，其对价值观的理解和做出的价值选择有明显的阶段性特征。调查结果已经显示，随着年龄的增长，科技类大学生的价值观和价值选择更符合社会主义核心价值观的要求。在进行社会主义核心价值观价值教育的过程中，要根据不同年龄段的学生的认知水平，对其进行有针对性的价值观教育。其次，根据不同学科类别的特点，对大学生进行价值观教育和社会主义核心价值观培育的过程中，可以结合学科特色，并且与专业教育相结合，以免科技类大学生只能通过学校的思想政治理论课进行社会主义核心价值观的学习的情况。最后，发挥党员大学生和有学生干部经历的大学生在社会主义核心价值观教育过程中的朋辈榜样作用。调查发现，党员科技类大学生和有学生干部经

历的科技类大学生，其价值观和价值选择更符合社会主义核心价值观的要求。大学生之间心理距离更近，情感上容易产生共鸣，发扬先进学生的榜样精神，应以身边事作为教育素材，提高社会主义核心价值观的实效性。

2. 强化教育引导，全方位、多方面弘扬社会主义核心价值观

社会主义核心价值观教育受高校思想政治理论课教育、专业课教师的价值观教育以及各类校园实践活动的影响。实现社会主义核心价值观对大学生进行全面的价值观引导，需要全方位加强能够对大学生产生教育效果的思想政治教育活动。思想政治理论课是高校对大学生进行思想政治教育的主阵地，也是培育社会主义核心价值观的主要渠道。要通过思想政治理论课加强大学生对社会主义核心价值观的理论认知，以深入的讲解，让大学生明晰社会主义核心价值观的内容和要求，以及弘扬和践行社会主义核心价值观的重要意义。专业课教师对大学生的价值观教育，要贯穿在学生的日常学习中，以更加贴近学生学习内容和学习要求的方式对大学生进行教育，专业课教师还要首先做好表率，以身作则，践行社会主义核心价值观。校园实践活动的开展，要与社会主义核心价值观相结合，调动学生参与的积极性，吸引学生主动参与到社会主义核心价值观的宣讲活动中。

3. 把握网络特点，以新媒体为依托创新社会主义核心价值观教育

网络和新媒体在大学生日常生活和学习中越来越不可或缺。调查发现，科技类大学生对思想政治教育网站的访问频率和浏览公共信息平台的频率影响其对社会主义核心价值观的认识。因此，利用好网络和新媒体是对大学生进行社会主义核心价值观教育的必要手段。高校要加强思想政治教育类主题网站的建设，各院系也要结合各专业的特点对大学生进行思想政治教育和社会主义核心价值观教育，要更贴近学生的现实生活和学习。学校公共信息平台的建设也需要进一步加强，不仅要对学生进行单一方面的社会主义核心价值观的宣传，还要有反馈和监管机制，定期在线解答学生的疑惑，形成价值观教育的互动机制。

（执笔人：杨曼曼）

第六章　对社会主义核心价值观认知践行状况(下)

当前我国正处于社会转型期,随着经济体制的深刻变革、社会结构的深刻变动、利益格局的深刻调整,人们思想活动的独立性、选择性、多样性和差异性日益增强,多元价值观念的并存与交织已经成为思想文化领域的常态。以社会主义核心价值观统摄、整合多样化的价值观,引导大学生做社会主义核心价值观的坚定信仰者、积极传播者、模范践行者尤为迫切。为了解高校社会主义核心价值观教育的实际成效,本章对科技类大学生社会主义核心价值观认同与践行状况进行了调查分析,并针对调查中发现的现象和问题提出了相应的对策和建议,从而为增强科技类大学生社会主义核心价值观教育实效性提供参照。

一　对社会主义核心价值观的认同状况

培育和弘扬社会主义核心价值观,贵在知行统一。知行统一,知是基础、前提,只有内心认同才能自觉践行。科技类大学生对社会主义核心价值观的情感认同能够夯实其践行的心理基础,并为其践行指明具体路径。为更好地把握科技类大学生对社会主义核心价值观的认同现状,课题组从科技类大学生对社会主义核心价值观整体认同状况以及对公民层面核心价值观的认同状况两个层面进行了调查。

(一) 对社会主义核心价值观的整体认同状况

为了解科技类大学生对社会主义核心价值观的认同情况,课题组围绕科技类大学生对社会主义核心价值观表达方式的看法、对社会主义核心价值观的情感认同状况展开了调查。在把握科技类大学生对社会主义核心价值观整体认同状况的基础上，进一步分析了影响科技类大学生对社会主义核心价值观认同的因素。

1. 总体情况

总体上来看，科技类大学生高度认同社会主义核心价值观，但是对社会主义核心价值观表述方式的认同情况不太乐观。调查显示，94.9%的科技类大学生明确表示认同社会主义核心价值观，另有4.9%的科技类大学生认同情况一般，仅有0.2%表示不认同。关于对社会主义核心价值观表述方式的看法，58.0%的科技类大学生认为"目前的概括中内容太多了，需要进一步凝练"，对这一观点持中立或不赞同态度的科技类大学生比例分别为31.3%、10.7%。

进一步比较发现，科技类大学生与非科技类大学生对社会主义核心价值观认同状况存在显著差异（$t=2.068$，$P<0.05$）。非科技类大学生对社会主义核心价值观表示认同的均值得分为4.58，而科技类大学生均值得分为4.62。科技类大学生对社会主义核心价值观的认同度高于非科技类大学生。

2. 不同群体科技类大学生对社会主义核心价值观的整体认同状况

为进一步考察不同群体科技类大学生对社会主义核心价值观的整体认同状况，将科技类大学生对"我非常认同核心价值观，是否符合实际"这一问题的回答从"很不符合"到"非常符合"分别赋值1—5分，并将其与相关人口学变量进行均值分析，得分越高表示科技类大学生对核心价值观的认同度越高。分析结果表明，年龄、学段、政治面貌、学校类别不同的科技类大学生对核心价值观的认同存在显著差异。

第一，随着年龄的增长，科技类大学生对社会主义核心价值观的认同度基本呈递增趋势。数据显示，低、中、高三个年龄段的科技类大学生对社会主义核心价值观表示认同的均值得分分别是4.56、4.65、4.65。

第二，随着学段的递增，科技类大学生对社会主义核心价值观的认同度呈递增趋势。分析发现，大一、大二、大三、大四、研究生对社会主义核心价值观表示认同的均值得分分别是4.56、4.61、4.64、4.64、4.66。

第三，学校类别不同的科技类大学生对社会主义核心价值观的认同度存在显著差异。数据显示，普通高校的科技类大学生对核心价值观表示认同的均值得分为 4.64，而 211 高校和 985 高校的科技类大学生的均值得分分别为 4.62、4.58。普通高校的科技类大学生对核心价值观的认同度最高，211 高校的科技类大学生次之，而 985 高校的科技类大学生认同度最低。学校层次越高，科技类大学生对核心价值观的认同度反而越低，其原因值得深思。

3. 科技类大学生对社会主义核心价值观认同状况的影响因素分析

为更好地分析科技类大学生对社会主义核心价值观认同状况的影响因素，课题组将科技类大学生对"我非常认同核心价值观，是否符合实际"这一问题的回答从"很不符合"到"非常符合"分别赋值 1—5 分，采用一般线性回归分析，分析结果如表 6-1 所示。按照 0.05 的检验水准，回归系数具有统计学意义的自变量有对核心价值观建设必要性的认识、对核心价值观建设重要性的认识、对核心价值观基本内容的了解程度、对核心价值观的理解、对思想政治理论课在学习核心价值观中作用的评价、校园文化活动开展频率、思想政治教育主题网站浏览频率、科技创新活动经历、科研育人情况。

表 6-1　科技类大学生对社会主义核心价值观认同状况影响因素的一般线性模型分析

变量	非标准化系数 B	非标准化系数 SE	标准化系数 Beta	统计量 t	显著性水平 P
常数项	1.065	0.114		9.303	0.000
对核心价值观建设必要性的认识	0.098	0.014	0.127	7.008	0.000
对核心价值观建设重要性的认识	0.230	0.023	0.162	10.058	0.000
对核心价值观基本内容的了解程度	0.031	0.012	0.046	2.711	0.007
对核心价值观的理解	0.253	0.017	0.246	15.303	0.000
对思政课在学习核心价值观中作用的评价	0.072	0.012	0.113	6.030	0.000
专业课教师对大学生价值观引导情况	0.022	0.014	0.031	1.534	0.125

续表

变量	非标准化系数 B	SE	标准化系数 Beta	统计量 t	显著性水平 P
党团组织是否开展核心价值观活动	-0.026	0.023	-0.018	-1.099	0.272
校园文化活动开展频率	0.039	0.012	0.059	3.329	0.001
思想政治教育主题网站浏览频率	0.049	0.010	0.080	4.814	0.000
科技创新活动经历（参照项：无）	0.042	0.018	0.035	2.247	0.025
科研育人情况	0.034	0.017	0.035	2.068	0.039
教书育人情况	0.013	0.012	0.021	1.139	0.255

$N = 3234 \quad R^2 = 29.2\% \quad F = 112.024$

价值认知是价值认同的前提，科技类大学生对社会主义核心价值观的认知越好，其对社会主义核心价值观的认同度就越高。分析显示，科技类大学生对核心价值观建设必要性的认识每提高一个等级，其对核心价值观的认同得分相应增加9.8个百分点；科技类大学生对核心价值观建设重要性的认识每提高一个等级，其对核心价值观的认同得分就会增加23.0个百分点；科技类大学生对核心价值观基本内容的了解程度每提高一个等级，其对核心价值观的认同得分就会增加3.1个百分点；科技类大学生对核心价值观的理解程度每提高一个等级，其对核心价值观的认同得分相应增加25.3个百分点。

课堂教学和日常思想政治教育是科技类大学生价值观教育的主渠道和主阵地，其开展情况及效果影响着科技类大学生对社会主义核心价值观的认同。研究发现，科技类大学生对思想政治理论课在学习掌握核心价值观中作用的评价每提高一个等级，其对核心价值观的认同得分就会相应增加7.2个百分点；所在学校开展以核心价值观为主题的专题讲座、演讲比赛、读书会等校园文化活动的频率每提高一个等级，科技类大学生对核心价值观的认同得分相应增加3.9个百分点；科技类大学生浏览思想政治教育主题网站的频率每提高一个等级，其对核心价值观的认同得分就会增加4.9个百分点；参加过科技创新活动的科技类大学生对核心价值观的认同得分比没有参加过科技创新活动的科技类大学生高4.2个百分点；在学习或参加科研项目的过程中，教师对学术规范或学术道德引导的重视程度每提高一个等级，科技类大学生对核心价值观的认同得分相应增加 3.4 个百分点。

4. 人生观与科技类大学生对社会主义核心价值观的认同状况

为深入分析人生观对科技类大学生核心价值观认同状况的影响，课题组通过相关分析探寻科技类大学生核心价值观认同状况与人生价值、消极人生观等的相关关系，以揭示不同人生观影响下的科技类大学生核心价值观认同差异。

（1）人生价值与科技类大学生对核心价值观的认同状况

第一，科技类大学生越推崇奉献精神，其对核心价值观的认同度就越高。相关分析发现，科技类大学生对"奉献是人生最大的快乐"这一观点的看法（"非常赞同"=5，"比较赞同"=4，"一般"=3，"不大赞同"=2，"很不赞同"=1）与"科技类大学生对核心价值观的认同度"之间存在显著正相关关系（$r=0.462$，$P<0.001$）。对"奉献是人生最大的快乐"这一观点表示"非常赞同""比较赞同""一般""不大赞同"和"很不赞同"的科技类大学生，对核心价值观的认同度分别是 98.6%、96.2%、79.6%、66.7%、66.7%。

第二，科技类大学生越能正确看待个人价值和社会价值的关系，其对核心价值观的认同度越高。相关分析发现，科技类大学生对"人生梦想是国家梦、民族梦、个人梦的有机统一"这一观点的看法（"非常赞同"=5，"比较赞同"=4，"一般"=3，"不大赞同"=2，"很不赞同"=1）与"科技类大学生对核心价值观的认同度"之间存在显著正相关关系（$r=0.494$，$P<0.001$）。对"人生梦想是国家梦、民族梦、个人梦的有机统一"这一观点表示"赞同""一般"和"不赞同"的科技类大学生，对核心价值观的认同度分别是 97.4%、70.6%、44.6%。

（2）消极人生观与科技类大学生对核心价值观的认同状况

为分析消极人生观与科技类大学生对核心价值观认同状况的关系，尝试对"生死由命，富贵在天""人为财死，鸟为食亡""人生苦短，应及时行乐"3 个项目进行因子分析。经检验，这 3 个项目的 KMO 样本核实性测定值为 0.709，Bartlett 球形检验显著，表明适合做探索性因子分析。采用主成分分析和最大方差旋转的方法，从上述 3 个项目中提取出 1 个公因子，累计方差贡献率为 74.363%。将提取的公因子命名为"消极人生观"，然后以"消极人生观"的因子得分为变量与科技类大学生对核心价值观的认同状况进行相关分析。

结果显示，"科技类大学生对消极人生观的认同度"（"很不赞同"＝5，"不大赞同"＝4，"一般"＝3，"比较赞同"＝2，"非常赞同"＝1）和"科技类大学生对核心价值观的认同度"之间存在显著负相关关系（$r = -0.113$，$P < 0.001$），即科技类大学生受消极人生观的影响越大，其对核心价值观的认同度越低。

5. 政治观与科技类大学生对社会主义核心价值观的认同状况

为分析政治观对科技类大学生核心价值观认同状况的影响，尝试对科技类大学生核心价值观认同状况与入党意愿、"三个自信"等进行相关分析。分析发现，入党意愿以及"三个自信"均与科技类大学生对核心价值观的认同状况存在显著正相关关系。

（1）入党意愿与科技类大学生对核心价值观的认同状况

科技类大学生的入党意愿越强烈，其对核心价值观的认同度越高。相关分析发现，"科技类大学生的入党意愿"（"愿意"＝3，"还没想好"＝2，"不愿意"＝1）和"科技类大学生对核心价值观的认同度"之间存在显著正相关关系（$r = 0.220$，$P < 0.001$）。"愿意""还没想好"以及"不愿意"加入中国共产党的科技类大学生对核心价值观的认同度依次为 97.2%、87.9%、85.0%。

（2）"三个自信"与科技类大学生对核心价值观的认同状况

为分析"三个自信"与科技类大学生对核心价值观认同状况的关系，尝试对"实现民族复兴必须坚持中国特色社会主义道路""中国特色社会主义理论体系是我国现代化建设的理论指南""中国特色社会主义制度具有独特优势"3 个项目进行因子分析。经检验，这 3 个项目的 KMO 样本核实性测定值为 0.735，Bartlett 球形检验显著，表明适合做探索性因子分析。采用主成分分析和最大方差旋转的方法，从上述 3 个项目中提取出 1 个公因子，累计方差贡献率为 79.637%。将提取的公因子命名为"三个自信"，然后以"三个自信"的因子得分为变量与科技类大学生对核心价值观的认同状况进行相关分析。

结果显示，"科技类大学生对三个自信的认同度"（"很不赞同"＝

5,"不大赞同" =4,"一般" =3,"比较赞同" =2,"非常赞同" =1)和科技类大学生对核心价值观的认同度之间存在显著正相关关系($r=0.529$, $P<0.001$),即科技类大学生道路自信、理论自信、制度自信越坚定,其对核心价值观的认同度越高。

6. 道德观与科技类大学生对社会主义核心价值观的认同

第一,越认可雷锋精神的科技类大学生对核心价值观的认同度越高。交互分析显示,认为雷锋精神"已经过时,不值一提"的科技类大学生对核心价值观的认同比例为83.9%,而认为雷锋精神"并未过时,仍值得发扬"的科技类大学生对核心价值观的认同比例则为95.3%($\chi^2=30.009$, $P<0.001$)。

第二,愿意做志愿者的科技类大学生对核心价值观的认同度更高。相关分析发现,科技类大学生做志愿者的意愿("愿意" =2,"不愿意" =1)与科技类大学生对核心价值观的认同度存在正相关关系($r=0.058$, $P<0.001$)。进一步通过交互分析发现,愿意做志愿者的科技类大学生群体中,有95.3%表示认同核心价值观,而不愿意做志愿者的科技类大学生群体对核心价值观的认同比例为88.8%($\chi^2=19.727$, $P<0.01$)。

第三,扶跌倒老人意愿越强烈的科技类大学生对核心价值观的认同度越高。相关分析发现,科技类大学生扶跌倒老人的意愿("一定会" =3,"可能会" =2,"不会" =1)与科技类大学生对核心价值观的认同度存在正相关关系($r=0.151$, $P<0.001$)。"一定会""可能会""不会"扶跌倒老人的科技类大学生表示认同核心价值观的比例分别为96.8%、93.5%、84.9%。

(二)对公民层面核心价值观的认同状况

科技类大学生对公民层面核心价值观的认同度普遍较高,均在92.0%以上。数据显示,科技类大学生对公民层面核心价值观的认同度由高到低依次为:诚信(96.6%)、爱国(96.4%)、友善(95.8%)、敬业(92.3%)。进一步比较发现,科技类大学生与非科技类大学生对公民层面核心价值观的认同状况无显著差异。

1. 爱国

（1）总体情况

爱国价值观在科技类大学生中具有较高的认同度。如图6-1所示，对于"国家兴亡，匹夫有责"这一观点，高达98.2%的科技类大学生表示赞同，其中"非常赞同"的比例为84.2%，"比较赞同"的比例为14.0%；另有1.7%的科技类大学生表示一般，仅有0.1%的科技类大学生表示不赞同。在对待观点"科学无国界，科学家有祖国"的态度上，选择"非常赞同"的科技类大学生比例为75.6%，选择"比较赞同"的科技类大学生比例为19.0%，选择"一般"的科技类大学生比例为4.9%，仅有0.5%的学生选择不赞同。可见，94.6%的科技类大学生明确赞同"科学无国界，科学家有祖国"。两组数据一致表明多数科技类大学生具有浓烈的爱国之情，能够将个人命运与国家前途联系起来。

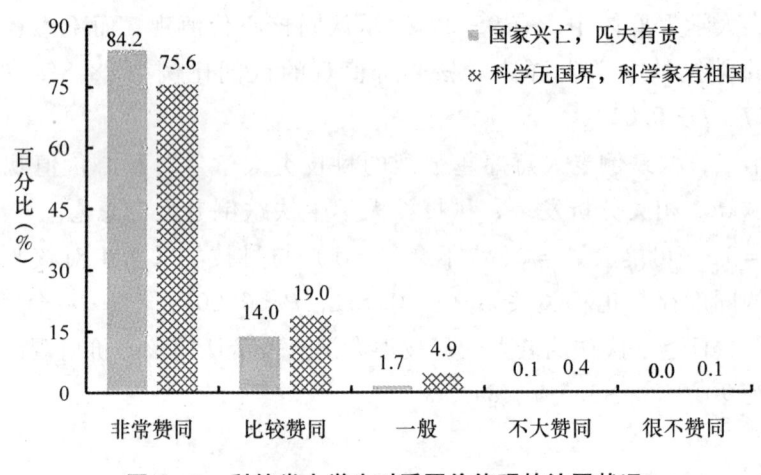

图6-1 科技类大学生对爱国价值观的认同状况

（2）不同群体科技类大学生对爱国价值观的认同状况

分析发现，政治面貌以及学生干部经历不同的科技类大学生对爱国价值观的认同状况存在显著差异。

政治面貌为党员的科技类大学生对爱国价值观的认同度更高。数据显示，党员科技类大学生对"国家兴亡，匹夫有责"表示赞同的比例为99.3%,高于非党员科技类大学生的认同比例97.7% ($\chi^2 = 15.266$, $P<0.01$)。

担任过学生干部的科技类大学生更认同爱国价值观。结果显示,担任过学生干部的科技类大学生对"国家兴亡,匹夫有责"表示赞同的比例为98.4%,而没有担任过学生干部的科技类大学生表示赞同的比例为96.9% ($\chi^2 = 18.014$, $P<0.01$);对于观点"科学无国界,科学家有祖国",担任过学生干部和没有担任过学生干部的科技类大学生表示赞同的比例分别为94.8%、93.7% ($\chi^2 = 11.671$, $P<0.05$)。

(3) 科技类大学生对爱国价值观认同状况的影响因素分析

为进一步分析科技类大学生爱国价值观认同状况的影响因素,将科技类大学生对"国家兴亡,匹夫有责"和"科学无国界,科学家有祖国"两种观点的赞同度从"很不赞同"到"非常赞同"分别赋值1—5分,并将其与有关变量进行一般线性回归分析,分析结果如表6-2所示。

表6-2 科技类大学生爱国价值观认同状况影响因素的一般线性回归

变量	国家兴亡,匹夫有责				科学无国界,科学家有祖国			
	非标准化系数		标准系数	统计量及显著性水平	非标准化系数		标准系数	统计量及显著性水平
	B	SE	Beta	t (P)	B	SE	Beta	t (P)
常数项	2.726	0.068		39.815***	2.255	0.095		23.643***
民族自豪感	0.249	0.014	0.310	17.988***	0.254	0.019	0.233	13.128***
对科学工作者社会担当的认识	0.128	0.011	0.202	11.665***	0.200	0.015	0.235	13.142***
成为隐姓埋名的科学家的意愿	0.023	0.008	0.051	3.001**	0.038	0.011	0.061	3.512***
参加科普活动意愿	0.055	0.010	0.091	5.391***	0.044	0.014	0.054	3.088**
先进事迹宣讲活动开展情况	0.017	0.015	0.019	1.170	0.010	0.021	0.008	0.487
舞台剧观看情况	0.004	0.004	0.019	1.189	0.000	0.005	-0.002	-0.148
	N=3171	R^2=23.7%		F=164.857	N=3170	R^2=18.6%		F=121.625

** $P<0.01$; *** $P<0.001$。

结果表明，民族自豪感、对科学工作者社会担当的认识、成为隐姓埋名的科学家的意愿、参加科普活动意愿影响着科技类大学生对爱国价值观的认同度。具体来说，科技类大学生的民族自豪感每提高一个等级，其对"国家兴亡，匹夫有责"和"科学无国界，科学家有祖国"两种观点的赞同度得分分别增加24.9、25.4个百分点；科技类大学生对观点"知识分子应有为人民做学问的理想"的赞同度每提升一个等级，其对"国家兴亡，匹夫有责"和"科学无国界，科学家有祖国"两种观点的赞同度得分分别增加12.8、20.0个百分点；科技类大学生对"成为于敏那样隐姓埋名为国奉献的科学家"的意愿每提高一个等级，其对"国家兴亡，匹夫有责"和"科学无国界，科学家有祖国"两种观点的赞同度得分分别增加2.3、3.8个百分点；科技类大学生参加科普活动意愿每提升一个等级，其对"国家兴亡，匹夫有责"和"科学无国界，科学家有祖国"的赞同度得分分别增加5.5、4.4个百分点。

2. 敬业

（1）总体情况

科技类大学生高度赞同敬业价值观，多数科技类大学生能够正确看待不同职业间的差异，赞同将"工匠精神"作为每个人的职业追求。92.0%的科技类大学生赞同"职业无贵贱之分，要干一行爱一行"，其中"非常赞同"的比例为68.7%，"比较赞同"的比例为23.3%；另有6.9%的科技类大学生表示一般，仅有1.1%科技类大学生表示不赞同。对于观点"'工匠精神'应成为每个人的职业追求"，表示赞同的科技类大学生比例达到92.5%，表示一般的科技类大学生比例为6.3%，表示不赞同的科技类大学生比例仅为1.2%。

（2）不同类型科技类大学生对敬业价值观的认同状况

调查发现，性别、学校类别、学校所在区域不同的科技类大学生对敬业价值观的认同状况存在显著差异。

第一，女性科技类大学生更认同敬业价值观。数据显示，对观点"职业无贵贱之分，要干一行爱一行"表示赞同、一般和不赞同的男性科技类大学生比例分别为91.0%、7.4%、1.5%，而对这一观点表示赞同、一般和不赞同的女性科技类大学生比例依次为93.5%、5.9%、0.5%（$\chi^2=20.443, P<0.001$）；对"'工匠精神'应成为每个人的职业追求"

表示赞同的女生比例为94.4%，高于男生的比例91.2%（$\chi^2 = 19.462$，$P < 0.001$）。

第二，从学校类别来看，985高校的科技类大学生对敬业价值观的认同度低于211高校和普通高校的科技类大学生。数据显示，985高校、211高校和普通高校的科技类大学生对"职业无贵贱之分，要干一行爱一行"表示赞同的比例依次为89.4%、92.5%、93.8%（$\chi^2 = 23.700$，$P < 0.01$）；对"'工匠精神'应成为每个人的职业追求"表示赞同的比例分别为90.8%、93.7%、93.1%（$\chi^2 = 19.364$，$P < 0.01$）。

第三，学校所在区域不同的科技类大学生对敬业价值观的认同状况存在显著差异，东北地区、华中地区高校的科技类大学生对敬业价值观的认同度相对较高，而西南地区、华南地区高校的科技类大学生认同度相对较低。如图6-2所示，不同区域高校的科技类大学生对"职业无贵贱之分，要干一行爱一行"表示赞同的比例由高到低依次为：东北地区（98.0%）、华中地区（93.6%）、华南地区（93.1%）、西北地区（92.2%）、华北地区（91.5%）、华东地区（91.0%）、西南地区（89.5%）；对"'工匠精神'应成为每个人的职业追求"表示赞同的比例由高到低依次为：华中地区（95.4%）、东北地区（94.8%）、西北地区（94.2%）、华东地区（92.5%）、华北地区（91.6%）、西南地区（89.7%）、华南地区（86.2%）。

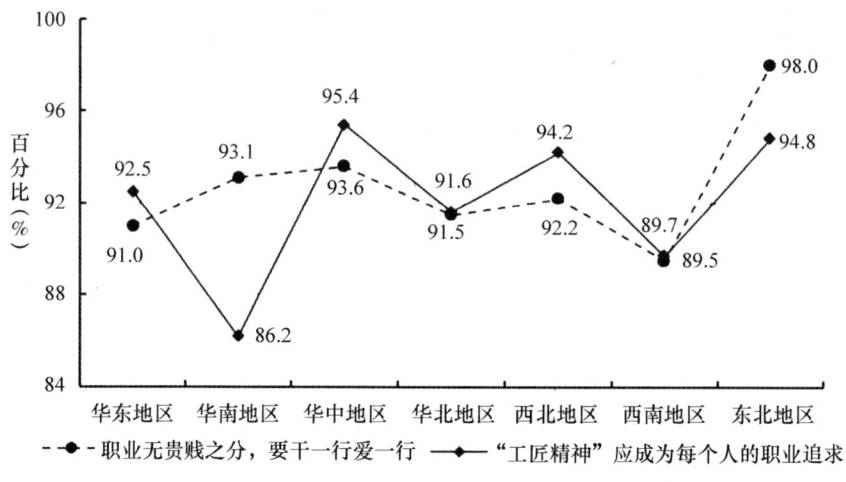

图6-2 不同区域学校的科技类大学生对敬业价值观的认同状况

(3) 科技类大学生对敬业价值观认同状况的影响因素

为分析科技类大学生敬业价值观认同状况的影响因素，尝试将其与"对待课程论文的态度""到西部地区就业的意愿"等变量进行相关分析。分析发现，科技类大学生"对待课程论文的态度""到西部地区就业的意愿"与其对敬业价值观的认同状况均存在相关关系。

第一，认真对待课程论文的科技类大学生对敬业价值观的认同度更高。相关分析发现，科技类大学生"对待课程论文的态度"（"认真对待，精益求精"=4，"简单拼凑，应付了事"=3，"其他"=2，"找人代写"=1）和其对"职业无贵贱之分，要干一行爱一行""'工匠精神'应成为每个人的职业追求"两种观点的态度之间存在显著正相关关系，相关系数分别为 0.145、0.125。如图 6-3 所示，对待课程论文态度和做法不同的科技类大学生对观点"职业无贵贱之分，要干一行爱一行"表示赞同的比例由高到低依次是："认真对待，精益求精"的学生（93.7%）、"简单拼凑，应付了事"的学生（85.9%）、"其他"做法的学生（78.0%）、"找人代写"的学生（20.0%）；对观点"'工匠精神'应成为每个人的职业追求"表示赞同的比例由高到低依

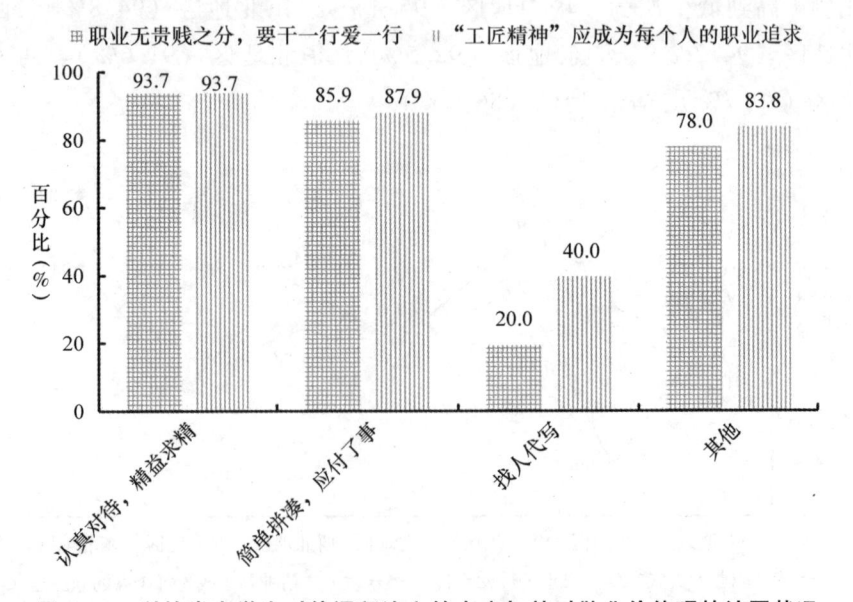

图 6-3 科技类大学生对待课程论文的态度与其对敬业价值观的认同状况

次是:"认真对待,精益求精"的学生(93.7%)、"简单拼凑,应付了事"的学生(87.9%)、"其他"做法的学生(83.8%)、"找人代写"的学生(40.0%)。

第二,到西部地区就业意愿越强的科技类大学生越认同敬业价值观。相关分析发现,科技类大学生"到西部地区就业的意愿"("非常愿意"=5,"比较愿意"=4,"一般"=3,"不大愿意"=2,"很不愿意"=1)和其对"职业无贵贱之分,要干一行爱一行"、"'工匠精神'应成为每个人的职业追求"两种观点的态度之间存在显著正相关关系,相关系数分别为0.137、0.118。科技类大学生对敬业价值观的认同度随到西部地区就业意愿的增强而提高,愿意到西部地区就业的科技类大学生对这两种观点的赞同度分别为94.6%、94.5%;对到西部地区就业表示一般的科技类大学生对这两种观点的赞同度分别为91.3%、93.3%;不愿意到西部地区就业的科技类大学生对这两种观点的赞同度分别为87.6%、87.5%。

3. 诚信

(1) 总体情况

调查发现,多数科技类大学生认同诚信价值观,认为诚信在市场经济条件下并未过时。数据显示,96.6%的科技类大学生赞同观点"在市场经济条件下,'无信不立'并没有过时",其中"非常赞同"的比例为76.4%,"比较赞同"的比例为20.2%,另有2.8%的科技类大学生表示"一般",只有0.6%的科技类大学生表示"不大赞同"或"很不赞同"。综合来看,超过九成(96.6%)的科技类大学生不赞同"诚信过时论",表明多数科技类大学生具有较强的诚信意识。

(2) 不同类型科技类大学生对诚信价值观的认同状况

分析发现,政治面貌、学生干部经历、学校所在区域不同的科技类大学生对诚信价值观的认同状况存在显著差异。

第一,党员对诚信价值观的认同度更高($F=5.825,P<0.05$)。数据显示,在对待观点"在市场经济条件下,'无信不立'并没有过时"的态度上,党员表示赞同的均值得分为4.76,高于非党员的均值得分4.71。

第二,担任过学生干部的科技类大学生更认同诚信价值观($F=$

6.040，$P<0.05$）。担任过学生干部的科技类大学生对"在市场经济条件下，'无信不立'并没有过时"表示赞同的均值得分为4.74，而没担任过学生干部的科技类大学生表示赞同的均值得分为4.68。

第三，学校所在区域不同的科技类大学生对诚信价值观的认同状况存在显著差异（$F=4.242$，$P<0.001$）。如图6-4所示，不同学校区域科技类大学生对诚信价值观表示认同的均值得分由高到低依次为：华中地区（4.76）、华东地区（4.75）、东北地区（4.74）、华北地区（4.74）、西北地区（4.72）、华南地区（4.66）、西南地区（4.61），大致呈现出东高西低的趋势。

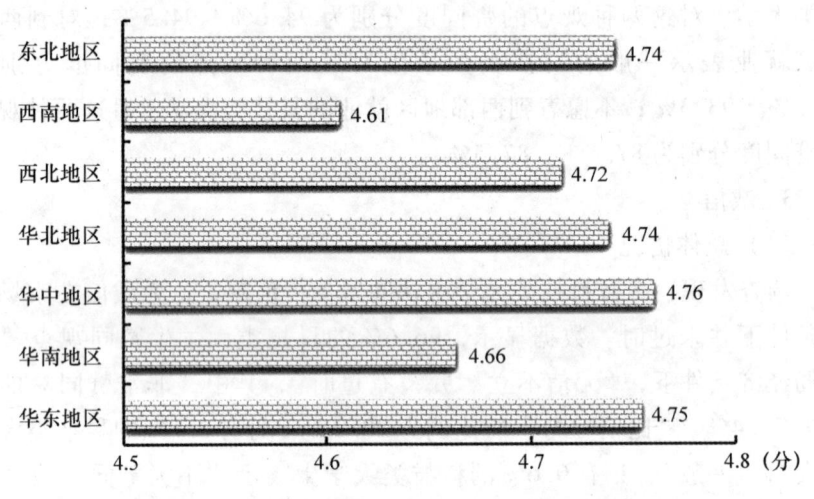

图6-4 不同学校区域的科技类大学生对诚信价值观表示认同的均值得分

4. 友善

（1）总体情况

友善价值观得到了科技类大学生的高度赞同。数据显示，对于观点"帮助别人是一种快乐"，73.8%的科技类大学生表示"非常赞同"，22.0%的科技类大学生表示"比较赞同"，另有3.8%的科技类大学生表示"一般"，仅有0.4%的科技类大学生表示不赞同。也就是说，95.8%的科技类大学生明确表示认同友善价值观，展现出科技类大学生助人为乐、救人于难的精神风貌。

（2）不同群体科技类大学生对友善价值观的认同状况

调查发现，生源地、政治面貌、学生干部经历不同的科技类大学生对友善价值观的认同状况存在显著差异。

第一，生源地为县城及以上地方的科技类大学生对友善价值观的认同度更高。调研显示，来自县城及以上地方的科技类大学生对"帮助别人是一种快乐"表示赞同的比例为96.7%，高于来自乡镇及以下地方的科技类大学生的比例95.1%（$\chi^2 = 8.818$，$P<0.05$）。

第二，党员对友善价值观的认同度更高。数据显示，对于"帮助别人是一种快乐"这一观点，表示赞同的党员科技类大学生比例为97.6%，而非党员科技类大学生的这一比例为95.4%（$\chi^2 = 19.347$，$P<0.001$）。

第三，担任过学生干部的科技类大学生更认同友善价值观。调研显示，担任过学生干部的科技类大学生对"帮助别人是一种快乐"表示赞同的比例为96.6%，而没担任过学生干部的科技类大学生对这一观点表示赞同的比例为92.8%（$\chi^2 = 23.920$，$P<0.001$）。

二 对社会主义核心价值观的践行意愿

2014年青年节当天，习近平总书记到北京大学考察并发表重要讲话，他强调"道不可坐论，德不能空谈。于实处用力，从知行合一上下功夫，核心价值观才能内化为人们的精神追求，外化为人们的自觉行动"[①]，要求广大青年从自我做起，使社会主义核心价值观成为自己的基本遵循，并身体力行大力将其推广到全社会去。因而，如何引导大学生把对核心价值观的理性认知和情感认同转化为行为上的自觉践行，使其成为社会主义核心价值观的传播者、践行者和推动者是思想政治教育必须直面的重要课题。为把握科技类大学生对核心价值观的践行情况，课题组从科技类大学生对核心价值观的整体践行意愿以及对民主、公

---

① 习近平：《青年要自觉践行社会主义核心价值观——在北京大学师生座谈会上的讲话》，《人民日报》2014年5月5日。

正、法治、爱国、敬业、诚信、友善七项核心价值观的践行情况两个层面进行了考察。

（一）对核心价值观的整体践行意愿

作为践行核心价值观的生力军，科技类大学生不仅要把核心价值观作为行为准则，做核心价值观的践行者，还应积极向广大群体宣传、讲解核心价值观，推动社会主义核心价值观在基层落地生根、开花结果。课题组通过设置"参加学校组织的下基层开展核心价值观教育宣讲活动的意愿"以及"对周围同学核心价值观践行意愿的评价"等指标来考察科技类大学生对核心价值观的整体践行情况。

1. 总体情况

调查发现，科技类大学生践行核心价值观的意愿比较强烈，但有待进一步增强，仅六成左右的科技类大学生践行核心价值观的积极性和自觉性较高。数据显示，64.1%的科技类大学生愿意参加学校组织的下基层开展核心价值观教育宣讲活动，其中"非常愿意"的比例为22.8%，"比较愿意"的比例为41.3%，另有26.9%的科技类大学生表示"一般"，还有7.2%的科技类大学生表示"不大愿意"，1.8%的科技类大学生表示"很不愿意"。科技类大学生对周围同学核心价值观践行意愿的评价也不太乐观，仅有10.3%的学生认为周围同学"基本都能"以核心价值观作为自己的行为准则，五成（50.3%）的学生认为周围同学"大部分能"以核心价值观作为自己的行为准则，另有35.0%的学生认为周围同学"少部分能"以核心价值观作为自己的行为准则，还有4.4%的学生认为周围同学"几乎都不能"以核心价值观作为自己的行为准则。

进一步比较发现，科技类大学生与非科技类大学生对社会主义核心价值观的践行意愿存在显著差异，科技类大学生践行社会主义核心价值观的积极性更高（$t=2.170$，$P<0.05$）。数据显示，科技类大学生愿意参加学校组织的下基层开展核心价值观教育宣讲活动的均值得分为3.76，高于非科技类大学生的均值得分3.70。

2. 不同类型科技类大学生对社会主义核心价值观的践行意愿

交互分析发现，性别、年龄等自然因素，生源地、独生子女状况等成长背景以及政治面貌、学校类别、学校所在区域等教育因素不同的科技类大学生在践行核心价值观意愿方面存在显著差异。

（1）基于自然因素的分析

第一，女性科技类大学生践行核心价值观的积极性更高，且对周围同学核心价值观践行意愿的评价更高。数据显示，男生愿意参加学校组织的下基层开展核心价值观教育宣讲活动的比例为63.1%，而女生愿意参加的比例为65.5%（$\chi^2=10.132$，$P<0.05$）；男生认为周围同学能（含"基本都能""大部分能"）以核心价值观作为自己的行为准则的比例为58.0%，低于女生的相应比例64.5%（$\chi^2=17.961$，$P<0.001$）。

第二，随着年龄的增长，科技类大学生践行核心价值观的积极性以及对周围同学核心价值观践行意愿的评价不断提高。低、中、高三个年龄段的科技类大学生愿意参加学校组织的下基层开展核心价值观教育宣讲活动的比例分别为61.8%、64.4%、73.6%，呈递增趋势；不愿意参加的比例依次为9.6%、8.7%、7.8%，呈递减趋势（$\chi^2=17.034$，$P<0.05$）；低、中、高三个年龄段的科技类大学生认为周围同学能（含"基本都能""大部分能"）以核心价值观作为自己的行为准则的比例依次为58.4%、61.6%、64.1%（$\chi^2=23.910$，$P<0.001$），呈递增趋势。

（2）基于成长背景的分析

第一，生源地为乡镇及以下地方的科技类大学生践行核心价值观的积极性更高。调研显示，来自乡镇及以下地方的科技类大学生愿意参加学校组织的下基层开展核心价值观教育宣讲活动的比例为68.2%，而来自县城及以上地方的科技类大学生愿意参加的比例为59.9%（$\chi^2=40.554$，$P<0.001$）。

第二，非独生子女科技类大学生践行核心价值观的意愿更强。数据显示，对于学校组织的下基层开展核心价值观教育宣讲活动，愿意参加的独生子女科技类大学生比例为60.9%，低于非独生子女科技类大学生的比例67.2%；不愿意参加的独生子女科技类大学生比例为10.3%，高于非独生子女科技类大学生的比例7.6%（$\chi^2=19.335$，$P<0.001$）。

（3）基于教育因素的分析

第一，党员践行核心价值观的意愿更强烈，且对周围同学核心价值观践行意愿的评价更好。数据显示，74.0%的党员科技类大学生愿意参加学校组织的下基层开展核心价值观教育宣讲活动，而非党员科技类大学生的这一比例为 60.7% ($\chi^2=56.177$, $P<0.001$); 66.0% 的党员科技类大学生认为周围同学能(含"基本都能""大部分能")以核心价值观作为自己的行为准则,而非党员科技类大学生的这一比例为 58.7% ($\chi^2=14.911$, $P<0.01$)。

第二,学校类别不同的科技类大学生践行核心价值观的意愿存在显著差异,普通高校的学生践行意愿最强,211 高校的学生次之,985 高校的学生践行意愿最弱。数据显示,普通高校的科技类大学生愿意参加学校组织的下基层开展核心价值观教育宣讲活动的比例为 67.3%,而 985 高校和 211 高校的科技类大学生愿意参加的比例分别为 61.0%、61.8% ($\chi^2=44.224$, $P<0.001$)。学校等级越高,科技类大学生践行核心价值观的积极性反而越低。

第三,学校所在区域不同的科技类大学生践行核心价值观的积极性以及对周围同学核心价值观践行意愿的评价存在显著差异。如图 6-5 所示,不同学校区域的科技类大学生愿意参加学校组织的下基层开展核心价值观教育宣讲活动的比例由高到低依次为:华南地区(77.2%)、东北地区(72.9%)、西北地区(68.1%)、华东地区(64.4%)、华中地区(63.6%)、华北地区(60.9%)、西南地区(58.4%);不同学校区域的科技类大学生认为周围同学能(含"基本都能""大部分

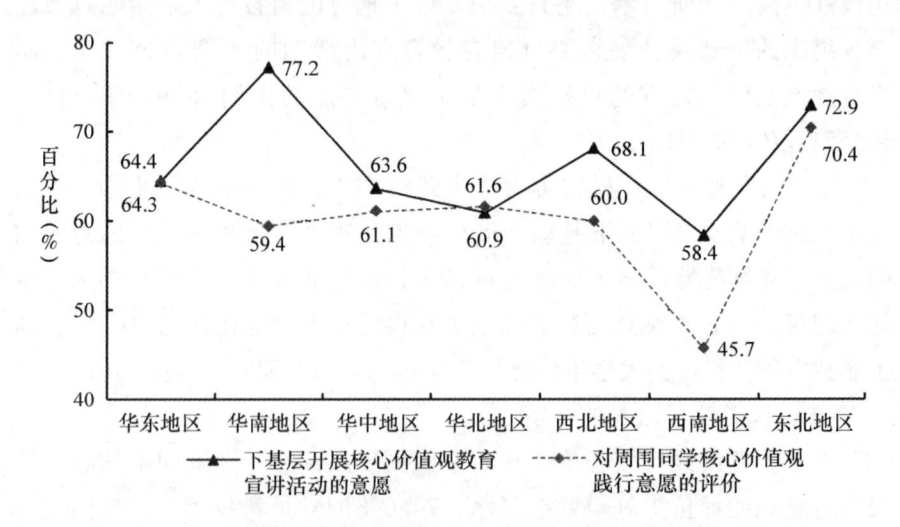

图 6-5 不同学校区域的科技类大学生践行核心价值观的意愿

能"）以核心价值观作为自己的行为准则的比例由高到低依次为：东北地区（70.4%）、华东地区（64.3%）、华北地区（61.6%）、华中地区（61.1%）、西北地区（60.0%）、华南地区（59.4%）、西南地区（45.7%）。东北地区高校的科技类大学生践行核心价值观的积极性以及对周围同学核心价值观践行意愿的评价相对较高，而西南地区高校的科技类大学生践行核心价值观的积极性以及对周围同学核心价值观践行意愿的评价相对较低。

（二）对七项核心价值观的践行情况

总体来看，科技类大学生践行七项核心价值观的积极性较高。调查发现，科技类大学生对七项核心价值观的践行意愿由高到低依次为：诚信（95.6%）、敬业（94.0%）、友善（92.1%）、公正（90.2%）、法治（87.3%）、民主（81.5%）、爱国（78.0%）。进一步比较发现，科技类与非科技类大学生对公正价值观的践行情况存在显著差异，对其他六项核心价值观的践行意愿没有显著差异。

1. 对民主价值观的践行意愿

（1）总体情况

科技类大学生践行民主价值观的意愿较强烈，约八成（81.5%）的学生愿意参与诸如基层人大代表选举、监督听证会等民主政治活动。调查显示，当被问及"您愿意参与诸如基层人大代表选举、监督听证会等民主政治活动吗"，37.3%的科技类大学生表示"非常愿意"，44.2%的科技类大学生表示"比较愿意"，12.5%的科技类大学生表示"说不清楚"，5.1%的科技类大学生表示"不大愿意"，0.9%的科技类大学生表示"很不愿意"。

（2）不同类型科技类大学生对民主价值观的践行意愿

为分析不同类型科技类大学生对民主价值观的践行意愿，将科技类大学生参与诸如基层人大代表选举、监督听证会等民主政治活动的意愿从"很不愿意"到"非常愿意"分别赋值1—5分，并将其与有关人口学变量进行一般线性回归分析，分析结果如表6-3所示。按照0.05的检验水准，回归系数具有统计学意义的自变量有政治面貌、学生干部经历、学校类别、学校所在区域。

表6-3　　不同类型科技类大学生民主价值观践行意愿的一般线性回归分析

变量		非标准化系数 B	SE	标准化系数 Beta	统计量 t	显著性水平 P
常数项		4.020	0.062		65.217	0.000
性别（参照项：女生）		-0.028	0.031	-0.015	-0.892	0.373
年级		-0.008	0.012	-0.013	-0.697	0.486
生源地（参照项：乡镇及以下）		-0.047	0.033	-0.027	-1.406	0.160
独生子女状况（参照项：非独生子女）		-0.002	0.033	0.000	-0.047	0.963
政治面貌（参照项：非党员）		0.304	0.039	0.149	7.889	0.000
学生干部经历（参照项：非学生干部）		0.235	0.039	0.105	6.086	0.000
学校类别（参照项：普通高校）	985高校	-0.176	0.035	-0.095	-5.002	0.000
	211高校	-0.135	0.041	-0.062	-3.250	0.001
学校所在区域（参照项：华东地区）	华南地区	0.086	0.094	0.017	0.913	0.361
	华中地区	-0.019	0.053	-0.007	-0.356	0.722
	华北地区	-0.025	0.042	-0.013	-0.603	0.547
	西北地区	0.013	0.051	0.005	0.257	0.798
	西南地区	-0.197	0.055	-0.073	-3.609	0.000
	东北地区	0.178	0.064	0.052	2.755	0.006

N = 3351　　R^2 = 5.1%　　F = 12.876

从政治面貌来看，党员科技类大学生践行民主价值观的意愿更强烈，其参与民主政治活动的意愿得分比非党员高30.4个百分点；从学生干部经历来看，有学生干部经历的科技类大学生践行民主价值观的意愿更强烈，其参与民主政治活动的意愿得分比没有学生干部经历的科技类大学生高23.5个百分点；从学校类别来看，普通高校的科技类大学生践行民主价值观的积极性最高，211高校的学生次之，985高校学生践行意愿最弱，即学校等级越高，科技类大学生参与民主政治活动的意愿反而越弱；从学校所在区域来看，东北地区高校的科技类大学生践行民主价值观的意愿最强，而西南地区高校科技类大学生践行意愿最弱。

2. 对公正价值观的践行情况

（1）总体情况

科技类大学生自觉践行公正价值观，当遭受不公正待遇时，多数学生（90.2%）能够采取积极行动从而争取公正待遇。调查显示，当遭受不公正待遇时，49.1%的学生表示会"据理力争，争取公平待遇"，41.1%的学生会"向有关部门申诉"，这是值得支持和鼓励的积极行为。但是，约一成（9.8%）的学生尚未掌握应对不公正待遇的有效手段，在遭受不公正待遇时，2.9%的学生选择"忍气吞声"，甚至有1.0%表示会"找机会报复"，还有4.1%"不知道怎么办"，1.8%选择"其他"。

进一步比较发现，科技类与非科技类大学生对公正价值观的践行情况存在显著差异（$\chi^2 = 14.155$，$P < 0.05$）。如图6-6所示，当遭受不公正待遇时，90.1%的科技类大学生能够采取积极行动争取公正待遇，高于非科技类大学生的相应比例88.7%。因此，科技类大学生对公正价值观的践行情况更好。

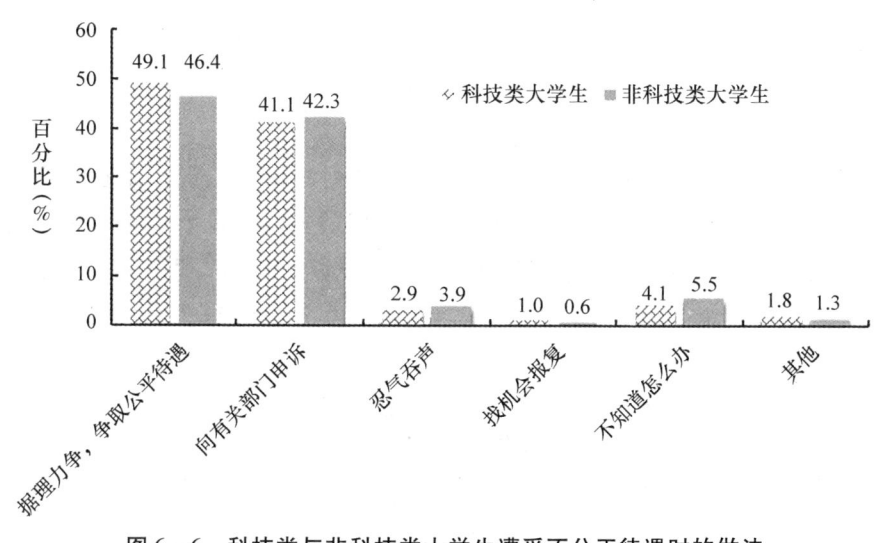

图6-6 科技类与非科技类大学生遭受不公正待遇时的做法

（2）不同类型科技类大学生对公正价值观的践行情况

调查发现，政治面貌、学生干部经历、学校所在区域不同的科技类大学生对公正价值观的践行情况存在显著差异。

第一，党员科技类大学生对公正价值观的践行情况更好。调研显示，在遭受不公正待遇时，党员选择"据理力争，争取公平待遇"和"向有关部门申诉"的累计比例为93.3%，而非党员选择这两项的累计比例为89.0%（$\chi^2=12.240$，$P<0.05$）。

第二，担任过学生干部的科技类大学生对公正价值观的践行情况较好。数据显示，担任过学生干部的科技类大学生在遭受不公正待遇时选择"据理力争，争取公平待遇"和"向有关部门申诉"的累计比例为91.2%，高于没有担任过学生干部的科技类大学生的相应比例85.9%（$\chi^2=30.222$，$P<0.001$）。

第三，学校所在区域不同的科技类大学生对公正价值观的践行情况存在显著差异，大致呈现出东高西低的态势（$\chi^2=51.969$，$P<0.01$）。不同区域高校的科技类大学生在遭受不公正待遇时选择"据理力争，争取公平待遇"和"向有关部门申诉"的累计比例由高到低依次为：东北地区（93.7%）、华南地区（93.2%）、华东地区（90.7%）、华北地区（90.0%）、西北地区（89.8%）、华中地区（89.2%）、西南地区（88.0%）。

3. 对法治价值观的践行情况

（1）总体情况

调查发现，多数科技类大学生能自觉践行法治价值观，在遇到法律纠纷时，敢于用法律武器维护自己的合法权益。数据显示，当作为消费者的合法权益受到侵犯时，87.3%选择"积极寻求法律保护"，另有2.6%选择"采取暴力手段维护"，还有6.8%选择"自认倒霉"，3.3%选择"其他"。

（2）不同类型科技类大学生对法治价值观的践行情况

交互分析发现，性别、政治面貌、学生干部经历、学校所在区域等不同的科技类大学生在法治价值观的践行情况上存在显著差异。

第一，男性科技类大学生对法治价值观的践行情况相对较好。分析结果显示，当科技类大学生作为消费者的合法权益受到侵犯时，男生选择"积极寻求法律保护"的比例为87.4%，高于女生的相应比例87.2%（$\chi^2=9.857$，$P<0.05$）。

第二，政治面貌为党员的科技类大学生对法治价值观的践行情况相对较好。调研显示，当作为消费者的合法权益受到侵犯时，党员科技类大学生选择"积极寻求法律保护""采取暴力手段维护""自认倒霉"以及"其他"的比例依次为91.8%、1.2%、4.7%、2.3%，而非党员科技类大学生选择此四项的比例依次为85.8%、3.1%、7.5%、3.6%（$\chi^2 = 20.341$，$P < 0.001$）。

第三，有学生干部经历的科技类大学生对法治价值观的践行情况更好。数据显示，当作为消费者的合法权益受到侵犯时，有学生干部经历的科技类大学生敢于用法律武器维护自己合法权益的比例为88.8%，明显高于没有学生干部经历的科技类大学生的相应比例80.6%（$\chi^2 = 30.371$，$P < 0.001$）。

第四，学校所在区域不同的科技类大学生对法治价值观的践行情况存在显著差异（$\chi^2 = 44.746$，$P < 0.001$）。华南地区、东北地区高校的科技类大学生对法治价值观的践行情况相对较好，分别有93.9%、92.9%的学生敢于用法律武器维护自己作为消费者的合法权益；华中地区、华北地区高校的科技类大学生对法治价值观的践行情况属于中间档次，当作为消费者的合法权益受到侵犯时，这两个地区高校学生选择"积极寻求法律保护"的比例分别为89.6%、87.2%；而西南地区、华东地区、西北地区高校的科技类大学生对法治价值观的践行情况相对较差，分别有86.6%、85.5%、84.6%敢于用法律武器维护自己作为消费者的合法权益。

4. 对爱国价值观的践行意愿

（1）总体情况

多数科技类大学生对爱国价值观的践行意愿较强。数据显示，当被问及"当国防安全遇到战争威胁时，您愿意参军入伍吗"，41.9%的科技类大学生选择"非常愿意"，36.1%的科技类大学生选择"比较愿意"，15.1%的科技类大学生选择"说不清楚"，5.3%的科技类大学生选择"不大愿意"，1.6%的科技类大学生选择"很不愿意"。综合来看，78.0%的科技类大学生明确表示"当国防安全遇到战争威胁时，愿意参军入伍"，表明多数科技类大学生具有保家卫国的责任担当，能把爱国之情付诸实际行动。

(2) 不同类型科技类大学生对爱国价值观的践行意愿

为分析不同类型科技类大学生对爱国价值观的践行意愿，将科技类大学生对"当国防安全遇到战争威胁时，您愿意参军入伍吗"这一问题的回答从"很不愿意"到"非常愿意"分别赋值1—5分，并将其与人口学变量进行一般线性回归分析，分析结果如表6-4所示。按照0.05的检验水准，回归系数具有统计学意义的自变量有性别、年级、生源地、独生子女状况、政治面貌、学生干部经历、学校类别、学校所在区域。

表6-4　不同类型科技类大学生爱国价值观践行意愿的一般线性回归分析

变量		非标准化系数 B	SE	标准化系数 Beta	统计量 t	显著性水平 P
常数项		2.031	1.274		1.594	0.111
性别（参照项：女生）		0.139	0.034	0.071	4.091	0.000
年龄		0.152	0.113	0.339	1.346	0.178
年龄平方		-0.002	0.002	-0.241	-1.002	0.316
年级		-0.051	0.024	-0.074	-2.114	0.035
生源地（参照项：乡镇及以下）		-0.180	0.036	-0.094	-4.963	0.000
独生子女状况（参照项：非独生子女）		-0.158	0.036	-0.083	-4.389	0.000
政治面貌（参照项：非党员）		0.117	0.042	0.053	2.800	0.005
学生干部经历（参照项：非学生干部）		0.142	0.042	0.053	2.800	0.001
学校类别（参照项：普通高校）	985高校	-0.179	0.039	-0.089	-4.581	0.000
	211高校	-0.116	0.046	-0.049	-2.546	0.011
学校所在区域（参照项：华东地区）	华南地区	0.109	0.101	0.020	1.082	0.279
	华中地区	0.203	0.058	0.072	3.511	0.000
	华北地区	0.162	0.046	0.077	3.534	0.000
	西北地区	0.233	0.056	0.085	4.176	0.000
	西南地区	0.116	0.059	0.040	1.953	0.051
	东北地区	0.349	0.070	0.095	5.011	0.000

N = 3319　R^2 = 6.0%　F = 13.198

①基于自然因素的分析

从性别来看，男性科技类大学生践行爱国价值观的积极性更高。数据显示，当国防安全遇到战争威胁时，男生参军入伍的意愿得分比女生高13.9个百分点。

②基于成长背景的分析

第一，生源地为乡镇及以下地方的科技类大学生践行爱国价值观的意愿更强烈。分析结果显示，当国防安全遇到战争威胁时，来自县城及以上地方的科技类大学生参军入伍的意愿得分比来自乡镇及以下地方的科技类大学生低18.0个百分点。

第二，非独生子女践行爱国价值观的积极性更高。数据显示，当国防安全遇到战争威胁时，独生子女科技类大学生参军入伍的意愿得分比非独生子女低15.8个百分点。

③基于教育因素的分析

第一，随着年级的升高，科技类大学生践行爱国价值观的意愿反而减弱。分析结果显示，按照大一、大二、大三、大四、研究生的顺序，年级每提高一个等级，科技类大学生参军入伍的意愿得分相应降低5.1个百分点。

第二，党员和担任过学生干部的科技类大学生践行爱国价值观的积极性更高。数据显示，当国防安全遇到战争威胁时，党员科技类大学生参军入伍的意愿得分比非党员高11.7个百分点；担任过学生干部的科技类大学生参军入伍的意愿得分比没有担任过学生干部的学生高14.2个百分点。

第三，普通高校的科技类大学生践行爱国价值观的意愿最强，211高校的学生次之，985高校的学生践行意愿最弱。分析结果显示，当国防安全遇到战争威胁时，985高校的科技类大学生参军入伍的意愿得分比普通高校低17.9个百分点，211高校的科技类大学生参军入伍的意愿得分比普通高校低11.6个百分点。

第四，不同学校区域的科技类大学生践行爱国价值观的意愿存在显著差异。数据显示，当国防安全遇到战争威胁时，不同学校区域的科技类大学生参军入伍的意愿由高到低依次为：东北地区、西北地区、华中地区、华北地区、西南地区、华南地区、华东地区。

（3）基于对爱国价值观认同状况的相关分析

科技类大学生对观点"国家兴亡，匹夫有责"的赞同度（"非常赞同"＝5，"比较赞同"＝4，"一般"＝3，"不大赞同"＝2，"很不赞同"＝1）与其"对爱国价值观的践行意愿"之间存在显著正相关关系（$r=0.254$，$P<0.001$）。也就是说，科技类大学生越认同爱国价值观，其践行爱国价值观的意愿就越强烈。对观点"国家兴亡，匹夫有责"表示"非常赞同""比较赞同""一般""不大赞同""很不赞同"的科技类大学生愿意参军入伍的比例依次为81.9%、59.4%、44.8%、25.0%、0.0%。

5. 对敬业价值观的践行情况

（1）总体情况

调查发现，绝大多数科技类大学生能自觉践行敬业价值观。数据显示，94.0%的科技类大学生表示"能尽职尽责地做好本职工作"，另有5.6%的科技类大学生对此表示一般，仅有0.4%的科技类大学生对此持不赞同态度。

（2）不同类型科技类大学生对敬业价值观的践行情况

调查发现，自然因素、成长背景、教育因素不同的科技类大学生对敬业价值观的践行情况存在显著差异。

①基于自然因素的分析

第一，女性科技类大学生对敬业价值观的践行情况较好。分析结果显示，表示"能尽职尽责地做好本职工作"的女生比例为95.8%，高于男生的相应比例92.9%（$\chi^2=18.486$，$P<0.001$）。

第二，随着年龄的增长，科技类大学生对敬业价值观的践行情况越来越好。低年龄段的科技类大学生表示"能尽职尽责地做好本职工作"的比例为91.7%，而中、高年龄段的科技类大学生的这一比例分别为95.7%、95.9%（$\chi^2=29.379$，$P<0.001$）。

②基于成长背景的分析

第一，生源地为县级及以上地方的科技类大学生对敬业价值观的践行情况更佳。数据显示，来自县级及以上地方的科技类大学生表示"能尽职尽责地做好本职工作"的比例为94.5%，高于来自乡镇及以下地方的科技类大学生比例93.4%（$\chi^2=15.476$，$P<0.01$）。

第二,独生子女科技类大学生对敬业价值观的践行情况更好。分析结果显示,表示"能尽职尽责地做好本职工作"的独生子女科技类大学生比例为94.7%,而非独生子女科技类大学生的这一比例为93.3%($\chi^2 = 15.154$,$P < 0.01$)。

③基于教育因素的分析

第一,随着年级的升高,科技类大学生对敬业价值观的践行意愿基本呈递增趋势。大一、大二、大三、大四、研究生表示"能尽职尽责地做好本职工作"的比例依次为92.1%、91.4%、94.9%、96.0%、97.1%($\chi^2 = 41.236$,$P < 0.001$)。

第二,党员和担任过学生干部的科技类大学生对敬业价值观的践行情况更理想。数据显示,表示"能尽职尽责地做好本职工作"的党员科技类大学生比例为97.3%,而非党员科技类大学生的这一比例为92.9%($\chi^2 = 36.425$,$P < 0.001$);担任过学生干部的科技类大学生表示"能尽职尽责地做好本职工作"的比例为95.0%,高于没有担任过学生干部的科技类大学生的比例90.0%($\chi^2 = 26.049$,$P < 0.001$)。

第三,211高校的科技类大学生对敬业价值观的践行情况最好,985高校的科技类大学生次之,普通高校的科技类大学生对敬业价值观的践行情况最差。数据显示,985高校、211高校以及普通高校的科技类大学生表示"能尽职尽责地做好本职工作"的比例依次为94.2%、95.3%、93.4%($\chi^2 = 15.463$,$P < 0.05$)。

第四,学校所在区域不同的科技类大学生对敬业价值观的践行情况存在显著差异($\chi^2 = 55.929$,$P < 0.001$)。华中地区、东北地区、华北地区高校的科技类大学生对敬业价值观的践行情况相对较好,分别有96.6%、96.4%、95.2%的学生表示"能尽职尽责地做好本职工作";华东地区、华南地区、西北地区高校科技类大学生对敬业价值观的践行情况属于中间档次,表示"能尽职尽责地做好本职工作"的学生比例依次为93.1%、93.0%、93.0%;而西南地区高校科技类大学生对敬业价值观的践行情况相对较差,有90.2%的学生表示"能尽职尽责地做好本职工作"。

(3)基于对敬业价值观认同状况的相关分析

分析发现,科技类大学生"对敬业价值观的践行情况"与其对

"'工匠精神'应成为每个人的职业追求"的赞同度("非常赞同"=5,"比较赞同"=4,"一般"=3,"不大赞同"=2,"很不赞同"=1)之间存在显著正相关关系,相关系数为0.356。对观点"'工匠精神'应成为每个人的职业追求"表示赞同、一般和不赞同的科技类大学生表示"能尽职尽责地做好本职工作"的比例依次为95.3%、78.8%、77.5%。

6. 对诚信价值观的践行情况

(1) 总体情况

调查发现,科技类大学生对诚信价值观的践行情况较好,绝大多数学生言而有信,一诺千金,但部分学生学术诚信状况不容乐观,不同程度地存在学术不端行为。数据显示,96.8%的科技类大学生表示"答应别人的事情会尽力做到";94.4%的科技类大学生表示"在科学研究中不弄虚作假、欺诈剽窃、不实署名"。课题组关于大学生学术诚信状况的调查发现,20.2%的科技类大学生认为身边同学抄袭他人科研成果、伪造科研数据等行为普遍存在(含"非常普通"和"比较普遍"),结果表明部分科技类大学生学术诚信状况不容乐观,学术诚信教育还有待进一步加强。

(2) 不同类型科技类大学生对诚信价值观的践行情况

调查发现,政治面貌、学生干部经历不同的科技类大学生对诚信价值观的践行情况存在显著差异。

第一,政治面貌为党员的科技类大学生对诚信价值观的践行情况更好。数据显示,表示"答应别人的事情会尽力做到"的党员和非党员科技类大学生比例分别为97.7%、96.5%($\chi^2=11.401,P<0.05$);表示"在科学研究中不弄虚作假、欺诈剽窃、不实署名"的党员和非党员科技类大学生比例分别为96.1%、93.8%($\chi^2=12.223,P<0.05$)。

第二,担任过学生干部的科技类大学生对诚信价值观的践行情况更好。数据显示,担任过学生干部的科技类大学生表示"答应别人的事情会尽力做到"的比例为97.7%,高于没有担任过学生干部的科技类大学生比例92.9%($\chi^2=45.244,P<0.001$);95.2%的担任过学生干部的科技类大学生表示"在科学研究中不弄虚作假、欺诈剽窃、不实

署名",而没有担任过学生干部的科技类大学生的这一比例为90.9% ($\chi^2 = 26.979$,$P<0.001$)。

7. 对友善价值观的践行意愿

(1) 总体情况

科技类大学生践行友善价值观的意愿较强烈,绝大多数学生在他人有困难时能够解急救难、雪中送炭。调查发现,当被问及"如果在校园里遇到学生会为突发疾病的同学组织募捐,您会主动伸出援手吗",60.1%的科技类大学生意愿坚定,表示"一定会"伸出援手,32.0%的科技类大学生表示"可能会"伸出援手,另有6.6%的科技类大学生表示"不确定",还有1.2%的科技类大学生表示"一般不会",0.1%的科技类大学生表示"绝对不会"。可见,92.1%的科技类大学生表示会(含"一定会"和"可能会")向突发疾病的同学主动伸出援手。

(2) 不同类型科技类大学生对友善价值观的践行意愿

为分析不同类型科技类大学生对友善价值观的践行意愿,将"一定会""可能会""不确定""一般不会""绝对不会"分别赋值5分、4分、3分、2分、1分,结合有关人口学变量进行一般线性回归分析,分析结果如表6-5所示。按照0.05的检验水准,回归系数具有统计学意义的自变量有年级、独生子女状况、政治面貌、学生干部经历、学校类别、学校所在区域。

表6-5 不同类型科技类大学生友善价值观践行意愿的一般线性回归分析

变量	非标准化系数 B	SE	标准化系数 Beta	统计量 t	显著性水平 P
常数项	5.299	0.920		5.762	0.000
性别(参照项:女生)	-0.038	0.025	-0.028	-1.561	0.119
年龄	-0.087	0.082	-0.272	-1.064	0.288
年龄平方	0.002	0.002	0.327	1.338	0.181
年级	-0.042	0.018	-0.085	-2.398	0.017
生源地(参照项:乡镇及以下)	-0.006	0.026	-0.004	-0.220	0.826
独生子女状况(参照项:非独生子女)	-0.056	0.026	-0.042	-2.165	0.030

续表

变量		非标准化系数 B	非标准化系数 SE	标准化系数 Beta	统计量 t	显著性水平 P
政治面貌（参照项：非党员）		0.118	0.030	0.076	3.916	0.000
学生干部经历（参照项：非学生干部）		0.181	0.030	0.105	5.995	0.000
学校类别（参照项：普通高校）	985高校	-0.071	0.028	-0.050	-2.513	0.012
	211高校	-0.033	0.033	-0.019	-0.998	0.319
学校所在区域（参照项：华东地区）	华南地区	0.078	0.073	0.020	1.063	0.288
	华中地区	0.001	0.042	0.000	0.016	0.987
	华北地区	0.011	0.033	0.007	0.322	0.748
	西北地区	-0.015	0.040	-0.008	-0.366	0.715
	西南地区	-0.070	0.043	-0.034	-1.640	0.101
	东北地区	0.125	0.050	0.048	2.485	0.013

$N=3317 \quad R^2=3.0\% \quad F=6.338$

①基于成长背景的分析

非独生子女践行友善价值观的意愿更强烈。数据显示，独生子女科技类大学生向突发疾病的同学伸出援手的意愿得分比非独生子女低5.6个百分点。

②基于教育因素的分析

第一，随着年级的递增，科技类大学生践行友善价值观的意愿不断减弱。数据显示，按照大一、大二、大三、大四、研究生的顺序，年级每提高一个等级，科技类大学生向突发疾病的同学伸出援手的意愿得分相应降低4.2个百分点。

第二，党员和有学生干部经历的科技类大学生践行友善价值观的意愿更强烈。分析结果显示，党员科技类大学生向突发疾病的同学伸出援手的意愿得分比非党员高11.8个百分点；有学生干部经历的科技类大学生向突发疾病的同学伸出援手的意愿得分比没有学生干部经历的学生高18.1个百分点。

第三，从学校类别来看，普通高校的科技类大学生践行友善价值观的意愿更强烈。数据显示，985高校的学生向突发疾病的同学伸出援手的意愿得分比普通高校学生低 7.1 个百分点。

第四，东北地区高校的科技类大学生践行友善价值观的意愿较强烈。分析结果显示，东北地区高校的科技类大学生向突发疾病的同学伸出援手的意愿得分比华东地区高 12.5 个百分点。

(3) 基于对友善价值观认同状况的相关分析

科技类大学生对观点"帮助别人是一种快乐"的赞同度（"非常赞同"=5，"比较赞同"=4，"一般"=3，"不大赞同"=2，"很不赞同"=1）与其"向突发疾病的同学伸出援手的意愿"（"一定会"=5，"可能会"=4，"不确定"=3，"一般不会"=2，"绝对不会"=1）之间存在显著正相关关系（$r=0.260$，$P<0.001$）。进一步通过交互分析发现，对观点"帮助别人是一种快乐"表示赞同、一般和不赞同的科技类大学生表示会（含"一定会"和"可能会"）向突发疾病的同学主动伸出援手的比例分别为 92.9%、72.1%、54.5%。

三 本章小结

关于科技类大学生社会主义核心价值观认知践行状况的调查数据表明，当前科技类大学生社会主义核心价值观认知践行状况良好，绝大多数学生表示认同核心价值观，愿做核心价值观的践行者。但是，调查中反映出来的一些规律性现象和问题需要引起教育者的高度重视，以提升科技类大学生社会主义核心价值观教育的实效性。

(一) 总体状况

调查表明，科技类大学生高度认同社会主义核心价值观，认同度为 94.9%，但对社会主义核心价值观表述方式的认同情况不太乐观，58.0% 的学生认为"目前的概括中内容太多了，需要进一步凝练"。对爱国、敬业、诚信、友善等公民层面核心价值观的认同，科技类大学生的认同度普遍较高，均在 92.0% 以上。调查显示，分别有 98.2%、94.6% 的科技类大学生赞同"国家兴亡，匹夫有责""科学无国界，科学家有祖国"；分别有 92.0%、92.5% 的科技类大学生认同"职业无贵贱之分，要干一行爱一行""'工匠精神'应成为每个人的职业追求"；

96.6%的科技类大学生认为"在市场经济条件下,'无信不立'并没有过时";95.8%的科技类大学生赞同"帮助别人是一种快乐"。

同时,科技类大学生践行核心价值观的积极性较高,64.1%的学生愿意参加学校组织的下基层开展核心价值观教育宣讲活动,60.6%的学生认为周围同学能(含"基本都能""大部分能")以核心价值观作为自己的行为准则。调查还发现,科技类大学生对民主、公正、法治、爱国、敬业、诚信、友善七项核心价值观的践行情况普遍较好。关于民主、公正、法治价值观的践行,81.5%的科技类大学生愿意参与诸如基层人大代表选举、监督听证会等民主政治活动;在遭受不公正待遇时,90.2%的科技类大学生能够采取积极行动从而争取公正待遇;在遇到法律纠纷时,87.3%的科技类大学生敢于采用法律武器来维护自己的合法权益。关于公民层面的核心价值观,78.0%的科技类大学生表示"当国防安全遇到战争威胁时,愿意参军入伍";94.0%的科技类大学生表示"能尽职尽责地做好本职工作";96.8%的科技类大学生表示"答应别人的事情会尽力做到";94.4%的科技类大学生表示"在科学研究中不弄虚作假、欺诈剽窃、不实署名";92.1%的科技类大学生表示会向突发疾病的同学主动伸出援手。

(二)值得关注的现象与问题

通过进一步的数据分析发现,科技类大学生社会主义核心价值观认知践行状况呈现出一些规律性现象:科技类大学生价值观状况群体差异显著;思想政治教育对科技类大学生的价值观与价值选择意义重大;价值认知、价值认同与价值践行呈现良性互动。同时,调查也发现,科技类大学生对社会主义核心价值观表述方式的认同情况不太乐观,践行核心价值观的积极性仍有待提高。

1. 科技类大学生价值观状况群体差异显著

分析发现,自然因素、成长背景、教育因素不同的科技类大学生社会主义核心价值观认知践行状况存在显著差异。自然因素的差异主要体现在年龄上,随着年龄的增长,科技类大学生对社会主义核心价值观的认同度不断提高,践行社会主义核心价值观的积极性越强烈。成长背景的差异体现在生源地和独生子女状况上,来自乡镇及以下地方的科技类大学生、非独生子女科技类大学生践行社会主义核心价值观的积极性更高。教育因素的差异主要体现在年级、政治面貌、学生干部经历、学校类别以及学校所在区域上。就年级而言，随着年级的递增，科技类大学生对社会主义核心价值观的认同度不断提高，但对社会主义核心价值观的践行意愿却不断减弱；就政治面貌和学生干部经历而言，党员和有学生干部经历的科技类大学生更认同核心价值观，践行核心价值观的积极性更高，在学生中起到了模范带头作用；就学校类别而言，与985、211高校的学生相比，普通高校的科技类大学生对社会主义核心价值观的认同、践行状况更好，学校层次越高，科技类大学生对社会主义核心价值观的认同度越低，践行意愿越弱；就学校所在区域而言，东北地区高校的科技类大学生对社会主义核心价值观的认同、践行状况相对较好，而西南地区高校的科技类大学生对社会主义核心价值观的认同、践行状况相对较差。

2. 思想政治教育对科技类大学生的价值观与价值选择意义重大

调查发现，思想政治教育工作在增强科技类大学生对社会主义核心价值观的认同感和践行意愿方面具有重要作用。就教育活动开展状况而言，开展以核心价值观为主题的专题讲座、演讲比赛、读书会等校园文化活动有利于提升科技类大学生对核心价值观的认同度，增强科技类大学生践行核心价值观的主动性；开展党团活动能够增强科技类大学生践行核心价值观的意愿。就教育活动开展效果而言，成效显著的思想政治理论课可以增强科技类大学生对核心价值观的认同度和践行意愿。就教育活动参与情况来看，参加过科技创新活动的科技类大学生对核心价值观的认同度更高，观看舞台剧数目越多的科技类大学生践行核心价值观的积极性越高，浏览思想政治教育类主题网站频率越高的科技类大学生对核心价值观的认同感和践行意愿越强烈。

思想政治教育对价值观与价值选择的重要意义还体现在人生追求、政治认同、道德意愿、文化素养等思想政治素质与价值选择呈现良性互动等方面。第一，人生追求与价值选择存在显著相关关系，科技类大学生越推崇奉献精神，越能正确看待个人价值和社会价值的关系，越不赞同消极人生观，对核心价值观的认同度就越高。第二，政治认同与价值选择也存在相关关系，表现为科技类大学生入党意愿越强烈，道路自信、理论自信、制度自信越坚定，对核心价值观的认同感越强烈。第三，道德意愿与价值选择的相关关系体现为认可雷锋精神、愿意做志愿者以及愿意扶跌倒老人的科技类大学生更认同核心价值观。第四，文化素养与价值选择的相关关系表现为民族自豪感、文化自信心、传承传统文化意愿越强烈的科技类大学生对核心价值观的认同度越高。

3. 价值认知、价值认同与价值践行呈现良性互动

调查发现，价值认知、价值认同与价值践行呈现良性互动。第一，价值认知是价值认同的前提。分析发现，科技类大学生对核心价值观建设意义的认识、对核心价值观基本内容的了解、对核心价值观的理解影响着其对核心价值观的认同。数据显示，科技类大学生对核心价值观建设必要性和重要性的认识每提高一个等级，其对核心价值观的认同得分分别增加9.8、23.0个百分点；科技类大学生对核心价值观基本内容的了解程度每提高一个等级，其对核心价值观的认同得分就会增加3.1个百分点；科技类大学生对核心价值观的理解程度每提高一个等级，其对核心价值观的认同得分相应增加25.3个百分点。第二，价值认知和价值认同影响价值践行。分析显示，科技类大学生践行核心价值观的意愿受到其对核心价值观的认知以及认同状况的影响。数据显示，科技类大学生对核心价值观建设必要性和重要性的认识每提高一个等级，其参加学校组织的下基层开展核心价值观教育宣讲活动的意愿得分分别增加23.7、9.8个百分点；科技类大学生对核心价值观基本内容的了解程度每提高一个等级，其参加学校组织的下基层开展核心价值观教育宣讲活动的意愿得分就会增加6.2个百分点；科技类大学生对核心价值观的认同度每提高一个等级，其参加学校组织的下基层开展核心价值观教育宣讲活动的意愿得分相应增加21.3个百分点。

4. 科技类大学生对核心价值观表述方式的认同情况不太乐观

党的十八大把社会主义核心价值观概括为"富强、民主、文明、和谐；自由、平等、公正、法治；爱国、敬业、诚信、友善"12组词、24个字。此次调查发现，科技类大学生对社会主义核心价值观这种表述方式的认同情况不太理想，58.0%的学生认为"目前的概括中内容太多了，需要进一步凝练"，还有31.3%的学生对这一观点持中立态度，仅有10.7%的学生对这一观点表示不赞同。调查还发现，

由于社会主义核心价值观中的"自由、平等、民主"等概念与西方国家主张的价值观存在字面的重合，一些科技类大学生把二者混为一谈。数据显示，19.4%的科技类大学生认为社会主义核心价值观"与一些西方国家主张的价值观没有什么差别"；24.6%的科技类大学生表示"说不清楚"。

5. 科技类大学生践行核心价值观的积极性仍有待提高

科技类大学生践行核心价值观的意愿比较强烈，但仍有较大提升空间。数据显示，对于学校组织的下基层开展核心价值观教育宣讲活动，35.9%的科技类大学生参加的意愿不强烈；在对周围同学核心价值观践行意愿的评价方面，35.0%的科技类大学生认为周围同学"少部分能"以核心价值观作为自己的行为准则，甚至有4.4%的科技类大学生认为周围同学"几乎都不能"以核心价值观作为自己的行为准则。就七项核心价值观的践行情况而言，科技类大学生对民主、公正、法治、爱国四项核心价值观的践行情况相对较差。数据显示，在参与诸如基层人大代表选举、监督听证会等民主政治活动的意愿方面，12.5%的科技类大学生意愿模糊，6.0%的科技类大学生明确表示不愿意参与；在遭受不公正待遇时，2.9%的科技类大学生选择"忍气吞声"，甚至有1.0%的科技类大学生表示会"找机会报复"，还有4.1%的科技类大学生"不知道怎么办"；当作为消费者的合法权益受到侵犯时，有2.6%的科技类大学生选择"采取暴力手段维护"，还有6.8%的科技类大学生选择"自认倒霉"；高达98.2%的科技类大学生认同"国家兴亡，匹夫有责"，但是当国防安全遇到战争威胁时，只有78.0%的科技类大学生愿意参军入伍，科技类大学生的价值认知与实际的行动选择之间存在一定程度的分离。

（三）"教育引导——核心价值观认知——核心价值观践行"结构方程模型

在了解科技类大学生社会主义核心价值观认知、践行状况的基础上，课题组进一步探究"教育引导""核心价值观认知"和"核心价值观践行"之间的相互影响关系，为加强和改进科技类大学生社会主义核心价值观教育提供参照。由于"教育引导""核心价值观认知"和

"核心价值观践行"这三个研究变量均为抽象概念,由若干观测变量组成,根据研究的需要,课题组采用结构方程模型。图6-7呈现了"教育引导"、"核心价值观认知"和"核心价值观践行"之间的中介作用,所有观测变量与潜变量之间的载荷系数都在0.001水平上显著,"数据—模型"配合优度指标分别为:GFI = 0.959 > 0.900,RMSEA = 0.047 < 0.050,CFI = 0.932 > 0.900,整体模型适配度指标基本达到了适配标准,说明研究提出的假设模型与实际观察数据的拟合情况良好。

根据模型分析,我们发现以下结论:其一,教育引导对科技类大学生社会主义核心价值观认知、践行具有显著的积极影响。其二,教育引导对科技类大学生社会主义核心价值观认同的影响建立在提高科技类大学生社会主义核心价值观认知的基础之上。其三,教育引导通过科技类大学生核心价值观认知、认同的中介作用而最终影响科技类大学生的核心价值观践行。

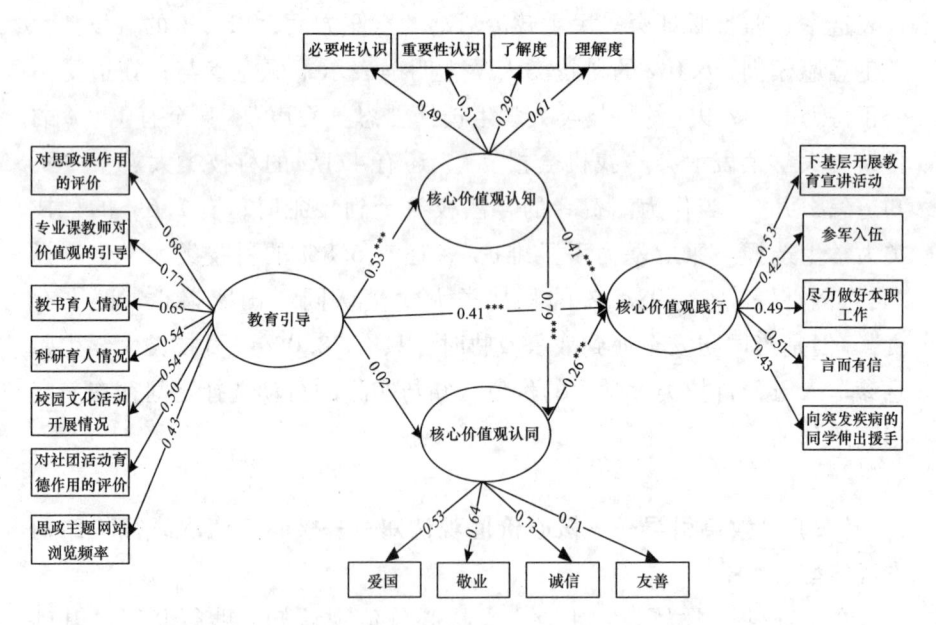

图6-7 "教育引导—核心价值观认知—核心价值观践行"结构方程模型

*** $P < 0.001$。

（四）对策与建议

课题组在把握科技类大学生社会主义核心价值观认知践行总体状况的基础上，针对调查中发现的规律和问题，提出以下建议：

1. 加强理论研究，进一步凝练社会主义核心价值观

党的十八大报告提出"倡导富强、民主、文明、和谐，倡导自由、平等、公正、法治，倡导爱国、敬业、诚信、友善，积极培育和践行社会主义核心价值观。"[1] "三个倡导"实现了社会主义核心价值观从无到有的新发展，明确了社会主义核心价值观培育践行的重要内容。但是，多数学者认为"十八大报告中'二十四个字'的价值理念并不是对社会主义核心价值观具体内容的最终表述，它以'倡导'的方式表明自身是一个动态的开放系统，这为学术界进一步研究讨论，提炼概括留下了空间。"[2] 现实情况是，虽然 12 个词对社会主义核心价值观做了浓缩，但仍然繁多，入脑入心存在一定的难度。调查发现，6.7% 的科技类大学生尚不了解核心价值观的基本内容；58.0% 的科技类大学生认为"目前的概括中内容太多了，需要进一步凝练"；19.4% 的科技类大学生认为社会主义核心价值观"与一些西方国家主张的价值观没有什么差别"。因而，需要在社会实践中进一步凝练和完善社会主义核心价值观。目前，已有部分学者做过再凝练的工作，但关于是需要补充新的价值元素还是进一步简化尚未形成共识。有学者认为，"基于现有的 24 个关键字，建议增加 24 个关键字，一并用四字式整合性表述为'六大核心价值观'：求真务实、以人为本；富强民主、文明和谐；爱国敬业、创新争先；自由平等、公正法治；节约资源、保护环境；诚信友善、团结互助"[3]；还有学者认为，"社会主义核心价值观可以在'三个倡导'12 个基本价值理念的基础上，再凝练为三个词，即'文明''正义''诚信'。"[4] 学术界应加强交流合作，加强对社会主义核心价值观的理

---

[1] 《中国共产党第十八次全国代表大会文件汇编》，人民出版社 2012 年版，第 29 页。
[2] 吴俊：《"三个倡导"体现高度的价值自觉和自信——"培育和践行社会主义核心价值观学术研讨会"综述》，《光明日报》2013 年 1 月 5 日第 011 版。
[3] 贺祥林、叶昊：《关于社会主义核心价值观再凝练的思索》，《探索》2015 年第 6 期。
[4] 曾长秋、向祚群：《试论社会主义核心价值观再凝练》，《理论学刊》2015 年第 10 期。

论研究，并根据社会情况的变化进一步概括、凝练，最终形成成熟、完备的社会主义核心价值观表述。

2. 坚持学生为本，提高社会主义核心价值观教育的实效性

在影响科技类大学生社会主义核心价值观教育成效的诸多因素中，"学生被动接受教育多，学生主体性作用发挥不够"（21.0%）排在第二位。为提升社会主义核心价值观教育的实效性，必须坚持学生为本，充分发挥学生的主动性。第一，坚持学生为本，要尊重学生的差异。分析发现，科技类大学生社会主义核心价值观认知践行状况既呈现出与非科技类大学生的外部差异，也呈现出鲜明的内部差异。因而，我们必须从教育对象实际出发，因材施教。一方面要尊重科技类大学生的思维方式和认知特点，善用大众语言来展现社会主义核心价值观的理论内容，借助影视作品、文学艺术、公益广告等载体把社会主义核心价值观的"大理论"讲述成生动的"小故事"；另一方面应根据学生干部、学生党员和一般学生的差异进行分层次教育，按照不同年级的差异进行分阶段教育。第二，坚持学生为本，要关注学生的思想特点和现实诉求。教育者要加强与学生的交流沟通，了解学生的关注热点，掌握学生思想领域存在的问题，及时开展相应的教育，引导学生的价值观念向社会主义核心价值观靠拢；高度重视和切实解决学生的实际问题，使学生充分感受到社会主义核心价值观的魅力，从而自觉将社会主义核心价值观转化为自己的坚定信念和价值追求。第三，坚持学生为本，要激发学生的自我教育能力。在个体价值观的形成过程中，主观能动性的发挥起着决定性作用。因而，教育者应尊重学生的主体地位，引导学生学习科学理论知识，为树立正确的价值观积淀深厚的知识基础；鼓励学生研读马克思主义经典著作，掌握马克思主义基本原理，学会运用马克思主义立场、观点和方法分析和解决学业、情感、职业选择等方面的问题，做到明辨是非、站稳立场、正确抉择；引导学生从身边小事做起，自觉将社会主义核心价值观的要求体现于日常行为之中，实现知行合一。

3. 注重整体推进，构建全方位立体化育人体系

调查发现，思想政治教育工作在增强科技类大学生对社会主义核心价值观的认同感和践行意愿方面具有重要作用。因而，高校应整体推进课程育人、科研育人、实践育人、文化育人、组织育人、网络育人，形

成全方位立体化育人体系。

首先,要建设好课堂教学平台。思想政治理论课是科技类大学生社会主义核心价值观教育的主渠道,高校理应把社会主义核心价值观贯穿于教学全过程,推进社会主义核心价值观"进教材、进课堂、进学生头脑"。在教学内容上,要重点讲清楚社会主义核心价值观与西方国家价值观的区别,加深科技类大学生对社会主义核心价值观的理解;在教学方法上,要尊重科技类大学生的主体地位,在互动讨论中增强科技类大学生对核心价值观的认同。专业课也要"守好一段渠""种好责任田",在教学中渗透核心价值观的内容,加强对科技类大学生价值观的引导,使专业课与思想政治理论课形成协同效应。

同时,要发挥科研育人、文化育人、组织育人、实践育人、网络育人的作用。参与科学研究是科技类大学生学习的重要内容,也是提高科学素养、培养创新能力的重要途径。在科技类大学生参与科学研究中,要注重进行科学道德、学术规范的教育,引导科技类大学生在学术追求中树立正确的价值观。校园文化是培育社会主义核心价值观的重要平台,此次调查发现,校园文化活动开展状况越好、开展次数越多,科技类大学生对社会主义核心价值观的认同度越高,践行核心价值观的意愿越强烈,因而高校应加强校园文化建设,开展形式多样、健康向上、大学生喜闻乐见的校园文化活动,例如可以编排以爱国将领、革命英雄、科学大师、道德模范为原型的舞台剧,引导科技类大学生在参演、观看中增强对核心价值观的认同。党团组织、社团组织在培育社会主义核心价值观中具有不可或缺的作用,高校不仅应把社会主义核心价值观贯穿到党团组织、社团组织的评优创先活动中去,还应鼓励学生利用节假日开展爱国教育、社区服务、义务劳动等党团社团活动,充分发挥党团组织、社团组织的育人功能。参加社会实践是科技类大学生践行社会主义核心价值观的重要途径,高校要搭好实践育人平台,做好实践育人工作。组织科技类大学生参观革命遗址、烈士陵园和革命历史纪念馆等,让学生在领悟革命先烈的献身精神中增强对核心价值观的践行意愿;组织科技类大学生宣讲团,利用节假日深入基层,向广大群众宣传讲解社会主义核心价值观,促使其成为核心价值观的传播者;组织科技类大学生开展关爱空巢老人、留守儿童、残疾人等困难群体的志愿服务活动，在帮助他们解决实际困难中践行友善价值观。网络已成为科技类大学生获取社会主义核心价值观宣传教育信息的最主要渠道，因而，高校要加强学生互动社区、主题教育网站、专业学术网站和"两微一端"等网络传播平台建设，利用平台优势积极传播核心价值观，同时创新育人方式，开展诸如"培育和践行社会主义核心价值观大家谈""寻找校园身边的感动"等线上线下相结合的活动，增强网络育人的渗透力。

（执笔人：王丹）

第七章　择业观与就业意愿

就业是民生之本，安邦之策，而大学生，尤其是科技类大学生的就业状况则关系到一个国家和民族高精尖产业的兴衰，关系到国家的可持续发展能力。改革开放以来，国家大力推行"人才强国"战略，积极建设创新型国家，作为高科技人才储备军的科技类大学生在其中所扮演的角色至关重要。但随着改革开放以来国家对大学生就业分配政策的逐步取消，以及21世纪初大学扩招现象的出现，再加上近几年来国际国内社会经济情势的波动，科技类大学生就业竞争愈发激烈，也越来越受到社会各界的关注。高校是科技类大学生培育工作能力及确定就业选择方向的关键场所，明确科技类大学生的择业观与就业意愿，并促使其合理有序就业，是高校的一个重要任务，也是思政教育工作者需要重点关注的课题。课题组通过考察科技类大学生在择业和就业方面的具体选择，揭示当前科技类大学生择业观与就业意愿状况，并尝试提出一些措施以解决当前科技类大学生群体在择业就业中存在的问题。

一　择业观

科技类大学生的择业观是科技类大学生关于职业选择的所有观念的总和，是其就业选择主观能动性的体现之一。大学阶段是科技类大学生择业观形成的关键时期，因此对高校在读科技类大学生择业观的分析有利于把握当代科技类大学生的就业倾向，进而促使高校和社会有针对性地开展就业指导工作以对其进行正确的方向引导。

(一) 总体情况

分析表明，科技类大学生职业选择过程中考虑因素的优先顺序从大到小依次为：发展空间（36.3%）＞薪资福利（27.4%）＞兴趣爱好（19.5%）＞工作稳定（8.0%）＞工作环境（4.6%）＞专业对口（2.2%）＞社会地位（1.6%）＞其他（0.4%）（见图7-1）。发展空间、薪资福利以及兴趣爱好三者之和占比超过八成（83.2%），表明当代科技类大学生的就业考虑因素既呈现多样化，包括工作本身、自身发展以及社会影响等，又存在一定的偏向性，重点考虑未来发展潜力、当下待遇以及自身兴趣爱好等。

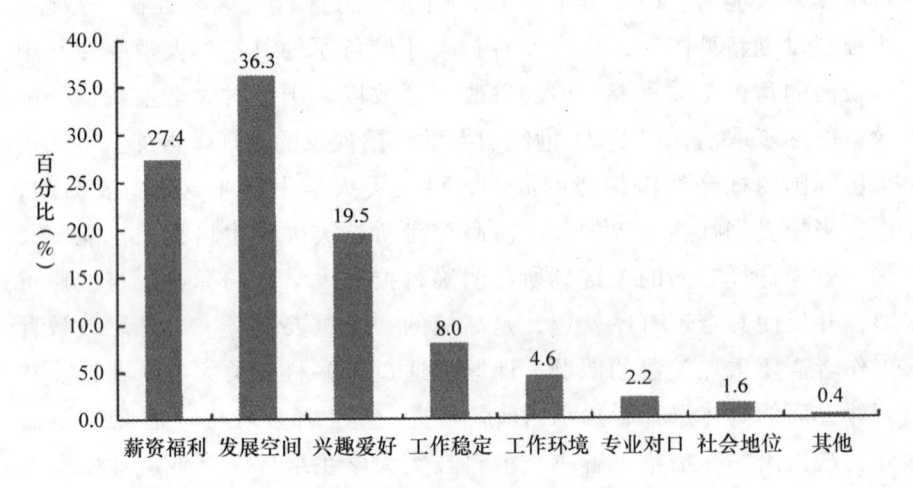

图7-1 科技类大学生择业时最看重的因素比重

(二) 不同特征科技类大学生的择业观状况

为了进一步探究不同特征科技类大学生的择业观现状差异，课题组对调查数据进行了交互分析，并通过卡方检验来验证差异是否具有统计学意义。分析发现，不同自然因素、成长背景和教育背景下的科技类大学生在选择职业时最看重的因素具有一定的差异性。

1. 基于自然因素的分析

在自然因素中，不同性别、不同年龄段的科技类大学生在择业时最看重的因素方面存在显著差异。

从性别来看，在科技类大学生中，男生和女生在择业时最看重的因素方面存在显著性差异（$\chi^2 = 26.040$，$P < 0.001$）。数据显示，在科技类大学生中，男生选择"薪资福利"的比例明显高于女生（高出5.5%），女生选择"工作稳定"的比例高出男生4.3%（见表7-1）。由此可见，男性科技类大学生在择业时更倾向于薪资高、福利待遇好且有发展空间的职业，而女性科技类大学生更注重工作的稳定性。另一方面，非科技类大学生在组内亦存在显著性差异（$\chi^2 = 18.722$，$P < 0.01$），且科技类大学生与非科技类大学生在不同性别内部也存在一定差异（男性：$\chi^2 = 13.489$，$P < 0.1$；女性：$\chi^2 = 13.806$，$P < 0.1$）。具体而言，男生群体中，科技类大学生比非科技类大学生更加看重薪资福利、工作环境等因素，不太重视兴趣爱好因素；而在女生群体中，科技类大学生比非科技类大学生更加看重工作稳定性因素，也不太重视兴趣爱好因素。

表7-1　　　不同性别科技类大学生择业时最看重的因素　　　　　　　　（%）

性别		薪资福利	发展空间	兴趣爱好	工作稳定	工作环境	专业对口	社会地位	其他
男	非科技类	25.4	38.3	23.7	5.6	1.7	2.9	2.1	0.4
	科技类	29.6	36.2	20.1	6.3	3.9	1.5	1.8	0.5
女	非科技类	24.0	35.7	23.6	7.4	6.0	1.7	1.1	0.6
	科技类	24.1	36.6	18.6	10.6	5.6	3.1	1.3	0.1

从年龄段来看，不同年龄段的科技类大学生在择业时最看重的因素呈显著性差异（$\chi^2 = 32.739$，$P < 0.01$）。通过比较不同年龄段科技类大学生择业时优先考虑的因素，发现年龄越大的科技类大学生在择业时越看重"薪资福利"（24.5% < 29.3% < 29.6%）、"发展空间"（33.7% < 38.3% < 38.9%），其中，高年龄段和中间年龄段科技类大学生选择"薪资福利""发展空间"的比例明显高于低年龄段；年龄越小的科技类大学生在择业时越看重"工作稳定"（8.7% > 8.1% > 3.7%）、"专业对口"（2.7% > 2.0% > 0.0%），其中，低年龄段及中间年龄段的科技类大学生选择"工作稳定"的比例明显高于高年龄段

科技类大学生；而低年龄段的科技类大学生较之中间及高年龄段科技类大学生，前者在就业选择时也更倾向于考虑自身兴趣爱好因素（见表7-2）。可见，随着年龄增长，科技类大学生在择业时更在意个人发展空间及工作带来的象征地位，相比之下，年龄小的科技类大学生更在意自身兴趣爱好、工作的稳定性与专业对口性。

表7-2　　　不同年龄段科技类大学生择业时最看重的因素　　　（%）

年龄	薪资福利	发展空间	兴趣爱好	工作稳定	工作环境	专业对口	社会地位	其他
低年龄段	24.5	33.7	23.4	8.7	5.1	2.7	1.3	0.6
中间年龄段	29.3	38.3	16.6	8.1	3.5	2.0	1.9	0.2
高年龄段	29.6	38.9	17.6	3.7	8.3	0.0	1.9	0.0

2. 基于成长背景的分析

在成长背景中，生源地类别不同的科技类大学生在择业时最看重的因素表现出明显差异（$\chi^2=12.766$，$P<0.1$）。通过比较不同生源地类型的科技类大学生择业时优先考虑的因素，发现来自乡镇及以下来源地的科技类大学生选择"薪资福利"（30.2%）和"工作稳定"（9.0%）的比例均高于来自县城及以上地方的科技类大学生，来自县级及以上地方的科技类大学生择业时更加优先考虑"发展空间""兴趣爱好"等，占比分别为38.3%、20.9%（见表7-3）。可见，来自乡镇及以下生源地的科技类大学生更在意薪资高、福利待遇好且稳定的职业。相比之下，来自县城及以上生源地的科技类大学生更看中个人发展空间及前景，这体现出城乡科技类大学生两种不同的职业追求方向。

表7-3　　　不同生源地科技类大学生择业时最看重的因素　　　（%）

生源地	薪资福利	发展空间	兴趣爱好	工作稳定	工作环境	专业对口	社会地位	其他
乡镇及以下	30.2	34.4	18.1	9.0	4.4	2.2	1.4	0.3
县城及以上	24.5	38.3	20.9	6.9	4.8	2.2	1.9	0.4

3. 基于教育因素的分析

统计分析发现，在教育因素中，不同年级、政治面貌、学生干部经历的科技类大学生群体在择业时最看重的因素方面表现出显著性差异。

从年级来看，不同年级的科技类大学生在择业时最看重的因素方面存在显著差异（$\chi^2=64.879$，$P<0.001$），相比之下，非科技类大学生内部在这一方面无显著性差异（$\chi^2=27.771$，$P>0.1$）。分析显示，在科技类大学生中，研究生在择业时更加看重"薪资福利"和"发展空间"，所占比例分别为33.5%、42.9%，明显高于本科生；而本科生则在"兴趣爱好""工作稳定""专业对口"及"社会地位"等方面明显高于研究生（见表7-4）。由于研究生在教育方面的投资成本相对较高，对今后事业发展的预期值也较高，因此较高的薪资福利和发展空间是他们在求职过程中最看重的因素。对于本科生而言，对于事业发展的追求则没有研究生那么高的要求，因此更加注重自身兴趣爱好、工作自由性、稳定性以及对口性等。

表7-4　　　　　不同年级大学生择业时最看重的因素　　　　　（%）

年级		薪资福利	发展空间	兴趣爱好	工作稳定	工作环境	专业对口	社会地位	其他
本科	大一	24.7	30.5	27.1	7.5	4.4	3.9	1.7	0.2
	大二	26.2	33.9	20.8	9.0	5.0	2.3	2.0	0.9
	大三	28.1	39.0	18.5	7.6	3.0	1.6	1.9	0.3
	大四	26.3	38.4	15.3	9.6	6.2	2.3	2.0	0.0
研究生		33.5	42.9	12.7	5.8	4.4	0.4	0.0	0.4

从政治面貌来看，不同政治面貌（$\chi^2=27.614$，$P<0.001$）的科技类大学生在择业时最看重的因素方面存在显著差异，相比之下，非科技类大学生内部在这一方面无显著性差异（$\chi^2=7.453$，$P>0.1$）。分析显示，党员科技类大学生在择业时对"发展空间"和"工作稳定"的重视程度明显高于非党员科技类大学生（42.7%＞34.3%，10.4%＞7.3%），而非党员科技类大学生则对"薪资福利""兴趣爱好"等更加重视（28.4%＞23.8%，20.6%＞16.1%）（见表7-5）。

可见，党员科技类大学生在择业时虽然对薪资福利和职业自由度等的重视程度略低，但对个人发展空间和发展前景以及工作稳定性的考虑多于非党员科技类大学生。

表7-5 不同政治面貌大学生择业时最看重的因素 （%）

政治面貌	薪资福利	发展空间	兴趣爱好	工作稳定	工作环境	专业对口	社会地位	其他
党员	23.8	42.7	16.1	10.4	4.8	1.3	0.2	0.7
非党员	28.4	34.3	20.6	7.3	4.5	2.5	2.1	0.3

从学生干部经历来看，在有学生干部经历的条件下，科技类与非科技类大学生的择业偏好因素存在显著差异（$\chi^2=13.257$，$P<0.1$），而在没有学生干部经历的条件下，这一差异不显著（$\chi^2=8.431$，$P>0.1$）。分析显示，有学生干部经历的科技类大学生在择业时对"薪资福利"和"工作稳定"的重视程度明显高于有学生干部经历的非科技类大学生（26.7%＞24.4%，8.1%＞5.9%），而有学生干部经历的非科技类大学生则对"兴趣爱好"更加重视（23.8%＞19.5%）（见表7-6）。可见，有学生干部经历的科技类大学生在择业时虽然对兴趣爱好、职业自由度等的重视程度略低，但对工作的物质回报以及工作稳定性的考虑多于同类群体中的非科技类大学生。

表7-6 有无学生干部经历在不同类型大学生择业偏好因素中的作用 （%）

学生干部经历		薪资福利	发展空间	兴趣爱好	工作稳定	工作环境	专业对口	社会地位	其他
有	非科技类	24.4	38.2	23.8	5.9	4.3	1.6	1.2	0.6
	科技类	26.7	37.4	19.5	8.1	4.6	2.1	1.3	0.3
无	非科技类	25.4	29.9	22.9	10.4	3.5	5.0	3.0	0.0
	科技类	29.9	32.5	19.8	7.5	4.9	2.0	2.9	0.6

二 就业意愿

我国地区社会经济发展存在较大差异，发展水平呈现出东高西低的格局，无论在就业机会还是就业待遇上都是东部地区占据绝对优势。改革开放以来，我国的就业流向也明显呈现自西向东的状态，造成东部愈强、西部愈弱的马太效应。大学生，尤其是科技类大学生，作为推动社会现代化发展的生力军，其就业流向与意愿关系到地域经济均衡化发展，关系到社会主义和谐社会建设。因此对于当前科技类大学生西部就业意愿状况及人群差异的分析，有利于把握未来就业动向，更有针对性地引导高素质人才就业的地区均衡分布，从而促进社会良性发展。

（一）西部就业意愿

1. 总体情况

分析显示，在科技类大学生群体中，表示"非常愿意"到西部地区就业的学生比例为12.3%，表示"比较愿意"的学生占比为36.2%，表示"一般"的学生占比为30.4%，表示"不太愿意"的学生占比为17.8%，表示"很不愿意"的学生占比为3.3%。也就是说，将近半数的科技类大学生表示愿意在毕业后到西部地区就业（48.5%），约三成科技类大学生对于是否愿意到西部地区就业持中立态度（30.4%），而仍有两成左右的科技类大学生表示不愿意到西部地区就业（21.1%）。可见，随着国家对西部地区发展的重视、西部地区吸引人才力度的增强，以及科技类大学生就业观念的转变，越来越多的科技类大学生开始放下就业选择过程中的地域偏见，积极树立正确的就业观。

2. 不同特征科技类大学生到西部地区就业意愿情况

为使分析结果更加清晰明了，课题组对科技类大学生的西部就业意愿程度分别赋值，将"非常愿意"计5分，"比较愿意"计4分，"一般"计3分，"不太愿意"计2分，"很不愿意"计1分，得分越高意味着科技类大学生到西部地区就业的意愿越强烈。随后，课题组将不同特征科技类大学生到西部地区就业意愿的得分情况与人口学变量进行均值比较分析，分析表明，自然因素、成长背景、教育因素不同，科技类大学生西部就业意愿得分存在显著差异。

表7-7　不同特征科技类大学生到西部地区就业意愿情况的均值比较

变量			到西部地区就业的意愿程度		
			均值	标准差	统计量及显著性水平
自然因素	年龄	低年龄段	3.33	1.01	$F = 7.223^{**}$
		中间年龄段	3.39	1.02	
		高年龄段	3.55	0.99	
成长背景	生源地类别	乡镇及以下	3.45	1.00	$t = 4.869^{***}$
		县城及以上	3.28	1.03	
	独生子女状况	是	3.29	1.04	$t = -4.590^{***}$
		否	3.45	0.98	
教育因素	政治面貌	党员	3.50	0.96	$t = 4.661^{***}$
		非党员	3.32	1.03	
	学校所在区域	华东地区	3.28	1.05	$F = 8.328^{***}$
		华南地区	3.26	0.93	
		华中地区	3.34	0.97	
		华北地区	3.36	0.98	
		西北地区	3.65	0.98	
		西南地区	3.26	1.08	
		东北地区	3.33	1.06	

$^{***} P < 0.001, ^{**} P < 0.01$。

表7-8　不同类型学校中的科技类与非科技类大学生到西部地区就业意愿的差异比较

学校		到西部地区就业的意愿程度		
		均值	标准差	统计量及显著性水平
985高校	非科技类	3.37	1.06	$t = 0.386$
	科技类	3.35	0.99	
211高校	非科技类	3.24	1.08	$t = -1.840^{+}$
	科技类	3.36	1.03	
普通高校	非科技类	3.46	1.02	$t = 2.215^{*}$
	科技类	3.38	1.03	

$^{*} P < 0.05, ^{+} P < 0.1$。

(1) 基于自然因素的分析

从年龄来看，不同年龄段科技类大学生到西部地区的就业意愿具有显著差异（$F=7.223$，$P<0.01$）。低年龄段科技类大学生的西部就业意愿得分均值为 3.33，中间年龄段科技类大学生的西部就业意愿得分均值为 3.39，而高年龄段科技类大学生西部就业意愿得分均值为 3.55，西部地区就业意愿由强到弱依次为：高年龄段＞中间年龄段＞低年龄段，即年龄越大，到西部就业的意愿越强烈（见表 7-7）。

(2) 基于成长背景的分析

从生源地类别来看，生源地不同的科技类大学生到西部地区的就业意愿存在显著差异（$t=4.869$，$P<0.001$）。分析显示，来自乡镇及以下生源地的科技类大学生愿意到西部地区就业的得分均值为 3.45，来自县城及以上生源地的科技类大学生得分均值为 3.28（见表 7-7）。这说明生源地为乡镇及以下地方的科技类大学生到西部地区就业的意愿强度比生源地为县城及以上的科技类大学生要高。

从独生子女状况来看，独生子女和非独生子女科技类大学生到西部地区就业的意愿强度存在显著差异（$t=-4.590$，$P<0.001$）。数据显示，独生子女科技类大学生到西部地区就业的意愿得分均值为 3.29，而非独生子女科技类大学生的得分均值为 3.45（见表 7-7）。非独生子女科技类大学生到西部地区就业的意愿显著高于独生子女科技类大学生。

(3) 基于教育因素的分析

从政治面貌来看，党员科技类大学生和非党员科技类大学生到西部地区就业的意愿存在统计学差异（$t=4.661$，$P<0.001$）。党员科技类大学生到西部地区就业意愿的得分均值为 3.50，非党员科技类大学生得分均值为 3.32（见表 7-7）。这说明，与非党员科技类大学生相比，党员科技类大学生更愿意、更能接受到西部地区就业。

在不同学校类别内部存在着科技类大学生与非科技类大学生之间在到西部地区就业意愿强度上的差异。数据显示，学校等级越低，科技类与非科技类大学生之间的西部就业意愿差异就越大：985 高校中的两类大学生的西部就业意愿无统计学差异，而 211 高校和普通高校中的两类大学生的西部就业意愿存在统计学差异（$t=-1.840$，$P<0.1$；$t=2.215$，$P<0.05$）。在普通高校中，科技类大学生的西部地区就业意愿

得分显著低于非科技类大学生，而在 211 高校中，科技类大学生的西部地区就业意愿得分则显著高于非科技类大学生（见表 7-8）。

从学校所在区域来看，不同区域的科技类大学生在到西部地区就业的意愿方面存在显著差异（$F=8.328$，$P<0.001$）。按照科技类大学生到西部地区就业意愿得分均值由高到低的高校区域排序依次为：西北地区（3.65）、华北地区（3.36）、华中地区（3.34）、东北地区（3.33）、华东地区（3.28）、西南地区（3.26）、华南地区（3.26）。可见，西北地区高校的科技类大学生由于本身处于落后的西北地区，因此具有最高的西部就业意愿，而华东地区和华南等地区高校的科技类大学生由于处于经济发达区域，再加上距离优势因素，因此更倾向于直接在发达地区而不是西部地区就业。

3. 西部就业意愿的影响因素分析

为了进一步分析科技类大学生西部就业意愿的影响因素，课题组利用分层线性模型来探究个体层和学校层上的不同变量如何对科技类大学生的西部就业意愿产生不同的影响。因变量"科技类大学生西部就业意愿"的赋值方式与前文一致，即将"非常愿意"计 5 分，"比较愿意"计 4 分，"一般"计 3 分，"不太愿意"计 2 分，"很不愿意"计 1 分，得分越高意味着大学生到西部地区就业的意愿越强烈。在模型中，组内相关异系数 ICC = 5.13%（$P<0.001$），即学校层面的因素能够解释因变量 5.13% 的变异。随后，课题组在分析中加入自然因素、成长背景、教育因素，以及社会主义核心价值观相关因素，探究当代科技类大学生到西部地区就业意愿的影响因素（见表 7-9）。

表 7-9　科技类大学生西部就业意愿影响因素的分层线性回归分析

变量	非标准化系数 B	SE	统计量 t	显著性水平 P
截距	2.084	0.140	14.84	<0.001
个体层效应				
性别：男性（参照项：女性）	0.010	0.036	0.29	0.773
年龄	0.067	0.018	3.75	<0.001

续表

变量		非标准化系数		统计量	显著性水平
		B	SE	t	P
年龄平方		-0.004	0.003	-1.50	0.133
民族：汉族（参照项：少数民族）		-0.073	0.054	-1.36	0.174
县城及以上（参照项：乡镇及以下）		-0.103	0.038	-2.71	0.007
独生子女（参照项：非独生子女）		-0.104	0.038	-2.74	0.006
年级（参照项：大一）	大二	-0.062	0.057	-1.07	0.285
	大三	-0.150	0.073	-2.07	0.039
	大四	-0.216	0.085	-2.53	0.011
	研究生	-0.338	0.110	-3.08	0.002
学生干部（参照项：非学生干部）		-0.007	0.044	-0.16	0.869
党员（参照项：非党员）		0.056	0.045	1.24	0.215
对核心价值观的了解程度		0.054	0.021	2.50	0.013
周围同学对核心价值观的践行情况		0.123	0.027	4.61	<0.001
思想政治教育类主题网站浏览频率		0.190	0.020	9.70	<0.001
校园文化活动开展频率		0.091	0.022	4.10	<0.001
党团活动开展量		0.038	0.045	0.84	0.402
教书育人		0.072	0.021	3.38	0.001
学校层效应					
高校类别（参照项：普通高校）	211高校	0.021	0.072	0.29	0.770
	985高校	-0.001	0.064	-0.02	0.986
高校所在地区（参照项：华东地区）	华南地区	-0.090	0.157	-0.57	0.566
	华中地区	-0.014	0.096	-0.15	0.884
	华北地区	0.060	0.072	0.82	0.410
	西北地区	0.327	0.092	3.55	<0.001
	西南地区	0.119	0.096	1.23	0.217
	东北地区	-0.024	0.108	-0.22	0.823
学校随机效应—协方差估计					
截距协方差		0.023	0.008	2.67	0.004

N=3211，ICC=2.50%，BIC=8866

（1）基于自然因素、成长背景和教育因素的分析

自然因素、成长背景和教育因素均对科技类大学生西部就业意愿产生一定的影响。自然因素方面，年龄与西部就业意愿呈线性关系，即科

技类大学生西部就业意愿随年龄增加而增加：年龄每增加一岁，西部就业意愿就增加6.7个百分点。

成长背景来看，相比于生源地为乡镇及以下的科技类大学生，生源地为县城及以上的科技类大学生更不愿意到西部地区就业，前者的西部就业意愿比后者要高10.3个百分点。而在独生子女状况方面，非独生子女科技类大学生的西部就业意愿比独生子女科技类大学生整体高出10.4个百分点。

教育因素来看，年级会对科技类大学生西部就业意愿产生很大影响。以大一为参照，则大二生的西部就业意愿低了6.2个百分点，大三生的西部就业意愿低了15.0个百分点，大四生的西部就业意愿低了21.6个百分点，而研究生的西部就业意愿低了33.8个百分点。因此，年级越高，科技类大学生的西部就业意愿就会越弱。

（2）基于社会主义核心价值观因素的分析

由分析可知，社会主义核心价值观相关因素对科技类大学生西部就业意愿产生了十分显著的作用。对核心价值观了解程度越高的科技类大学生，其到西部地区就业的意愿就越高，了解程度每提高一个单位，西部就业意愿就增强5.4个百分点。科技类大学生的思政类教育主题网站浏览程度每增加一个单位，其西部就业意愿就会增强19.0个百分点。

其次，科技类大学生所处的核心价值观氛围也会对其西部就业意愿产生显著影响。周围同学对核心价值观的遵守情况每提高一个单位，科技类大学生西部就业意愿就会增强12.3个百分点。校园文化活动开展量每增加一个单位，科技类大学生西部就业意愿就会增强9.1个百分点。而科技类大学生所接触到的教师的表率作用每增加一个单位，其西部就业意愿就会增强7.2个百分点。

（3）基于学校层面因素的分析

不仅个体层因素会影响科技类大学生西部就业意愿，学校层面的因素也会影响科技类大学生西部就业意愿，其中高校所在区域因素尤为显著。相比于华东地区高校的科技类大学生，西北地区高校的科技类大学生到西部地区就业的意愿最为强烈，其次是西南地区高校的科技类大学生，华南地区高校的科技类大学生西部就业意愿最弱。这很大程度上是由于地域位置因素造成的，西部地区高校的科技类大学生相比于其他地区高校的科技类大学生，前者的西部就业具有就近就业优势。

（二）制约科技类大学生到西部就业意愿的因素分析

数据分析显示，不同特征科技类大学生毕业后去西部就业意愿的平均得分为3.38。这表明科技类大学生到西部就业的整体意愿并不十分强烈。究其原因，待遇、工作环境、发展空间等因素制约着科技类大学生到西部就业的意愿，课题组对自然因素、成长背景、教育因素各不相同的科技类大学生进行了调查研究，并对数据进行了交叉分析，具体情况如下。

1. 基于自然因素的分析

从性别来看，不同性别的科技类大学生在不愿意到西部地区就业的原因方面存在显著差异（$\chi^2 = 25.911$，$P < 0.001$）。男性科技类大学生与女性科技类大学生在不愿意到西部地区就业的原因所占比例的顺序略有差异，即男性为：对西部地区缺乏了解＞发展空间不够＞条件艰苦＞其他＞待遇不好，女性为：对西部地区缺乏了解＞条件艰苦＞发展空间不够＞其他＞待遇不好。但男性科技类大学生选择"待遇不好"（7.4%）、"发展空间不够"（27.1%）的比例均明显高于女性科技类大学生；女性科技类大学生选择"条件艰苦"（22.8%）、"对西部缺乏了解"（45.0%）的比例均高于男性科技类大学生（见表7-10）。可见，男性科技类大学生更注重工作本身待遇以及能够带来的未来价值，而女性科技类大学生则更看重工作环境舒适性与稳定性。

表7-10　自然因素不同的科技类大学生不愿意到西部就业的原因情况　（%）

自然因素		不愿意到西部就业的原因				
		待遇不好	条件艰苦	发展空间不够	对西部地区缺乏了解	其他
性别	男	7.4	20.3	27.1	36.0	9.2
	女	3.6	22.8	18.6	45.0	10.0
年龄	低年龄段	6.1	18.6	24.3	43.7	7.4
	中间年龄段	5.4	24.0	23.2	36.2	11.2
	高年龄段	4.3	18.6	25.7	40.0	11.4

从年龄来看，不同年龄段的科技类大学生在不愿意到西部地区就业的原因方面存在显著差异（$\chi^2=15.067$，$P=0.058$）。低年龄段与高年龄段科技类大学生在不愿意到西部地区就业的原因所占比例的顺序基本一致，即对西部地区缺乏了解＞发展空间不够＞条件艰苦＞其他＞待遇不好，而中间年龄段的顺序则为：对西部地区缺乏了解＞条件艰苦＞发展空间不够＞其他＞待遇不好。进一步分析发现，低年龄段的科技类大学生更注重待遇与了解，中间年龄段的学生则注重工作条件因素，而高年龄段学生更加注重发展空间，其对于待遇和工作条件等因素的重视程度不如中低年龄段的科技类大学生。

2. 基于成长背景的分析

从生源地类别来看，生源地类别不同的科技类大学生在不愿意到西部地区就业的原因方面存在显著差异（$\chi^2=14.297$，$P<0.01$）。来自不同生源地的科技类大学生不愿意到西部地区就业的最主要原因均为"对西部地区缺乏了解"，其次依次为"发展空间不够""条件艰苦""其他""待遇不好"。进一步分析可以发现，来自乡镇及以下生源地的科技类大学生选择"对西部地区缺乏了解"（43.0%）明显高于来自县城及以上生源地的科技类大学生（36.9%）；来自县城及以上生源地的科技类大学生选择"发展空间不够"（26.3%）明显高于来自乡镇及以下生源地的科技类大学生（20.3%）；县城及以上生源地的科技类大学生较之乡镇及以下生源地的科技类大学生，前者更容易由于西部的艰苦条件而不愿意到西部地区就业（22.9%＞19.6%），后者更容易由于待遇不好的原因而不愿意到西部地区就业（7.2%＞4.5%）（见表7-11）。

从独生子女状况来看，独生子女与非独生子女科技类大学生在关于"不愿意到西部地区就业的原因"方面存在一定差异（$\chi^2=10.479$，$P<0.05$）。非独生子女科技类大学生中由于"对西部地区缺乏了解"而不愿意到西部地区就业的比重明显高于独生子女科技类大学生（43.9%＞36.3%），而独生子女科技类大学生中由于"发展空间不够""条件艰苦"而不愿意到西部地区就业的比重明显高于非独生子女科技类大学生（26.2%＞20.6%，22.3%＞19.8%）（见表7-11）。

表7-11　　　成长背景不同的科技类大学生不愿意
到西部就业的原因情况　　　　　　　　（%）

成长背景		不愿意到西部就业的原因				
		待遇不好	条件艰苦	发展空间不够	对西部地区缺乏了解	其他
生源地	乡镇及以下	7.2	19.6	20.3	43.0	9.9
	县城及以上	4.5	22.9	26.3	36.9	9.3
独生子女状况	独生子女	5.9	22.3	26.2	36.3	9.3
	非独生子女	5.5	19.8	20.6	43.9	10.1

三　本章小结

作为国家和民族未来社会发展的主力军，科技类大学生的就业选择问题关系到未来国家的发展方向。对当代科技类大学生择业观和就业意愿的分析，有利于揭示科技类大学生对于就业选择的基本态度和基本看法，从而进行针对性的正确引导。

（一）总体状况

总体来说，当前科技类大学生的择业观和就业意愿状况呈现如下趋势：

第一，从择业观念偏好来看，当代科技类大学生在选择职业时最看重的是发展空间（36.3%）、薪资福利（27.4%）和兴趣爱好（19.5%），而对工作稳定、专业对口、社会地位等因素的重视程度较低。可以看出，当前科技类大学生在择业时最关注的是自身的发展空间及发展前景，其次才是工作待遇与自身兴趣爱好的适应性。

第二，在去西部地区就业的意愿方面，科技类大学生毕业后去西部就业意愿的平均得分为3.36。其中，将近半数（48.5%）科技类大学生表示愿意到西部地区就业，约两成（21.1%）科技类大学生表示不愿意到西部地区就业，另有约三成（30.4%）科技类大学生保持中立态度。

第三，在不愿意到西部地区就业的原因方面，有39.7%的科技类大学生由于对西部地区缺乏了解而不愿意到西部地区就业。另外，分别有23.6%和21.3%的科技类大学生不愿意到西部地区就业的原因是认为西部发展空间不足和条件艰苦。而对于工作待遇不好的问题，科技类大学生则关注较少。

（二）值得关注的现象与问题

在科技类大学生择业观与西部就业意愿的分析中，关于科技类大学生群体差异和影响因素等存在一些值得关注的现象与问题。

1. 个体成长背景对科技类大学生择业观和西部就业意愿的影响显著

个体成长背景对科技类大学生的择业观和西部就业意愿起重要作用，尤其是生源地类型和独生子女状况极大地影响着科技类大学生的择业价值取向。分析结果来看，相比于生源地为乡镇及以下的科技类大学生，生源地为县城及以上的科技类大学生更不愿意到西部地区就业，前者的西部就业意愿比后者要高10.3个百分点。而在独生子女状况方面，非独生子女科技类大学生的西部就业意愿比独生子女科技类大学生整体高出10.4个百分点。来自县城及以上生源地的独生子女科技类大学生更注重个人未来的发展，也更加不愿意到西部地区就业，这与他们的家庭环境密不可分：在当前环境下，城镇独生子女在家庭中大多处于"小皇帝""小公主"的地位，因而所养成的个人主义追求习惯较强，也不愿意承担去往西部地区吃苦的风险。而来自乡镇及以下生源地、非独生子女的科技类大学生到西部地区就业的意愿相对较高，因为其本身也更加能够承受和适应西部地区的就业环境。这表明，家庭环境对科技类大学生的无私奉献和吃苦耐劳精神有着很大的影响。

2. 社会主义核心价值观的引导作用不容忽视

在西部就业意愿的影响因素研究中，我们发现，核心价值观相关因素对科技类大学生去往西部地区就业的意愿能够产生很强的影响。具体而言，科技类大学生自身对于核心价值观的了解程度越高、其周围同学和教师对于核心价值观的践行和遵守程度越高、科技类大学生所在学校和院系开展的核心价值观相关活动越多，其到西部地区就业的意愿就会越强烈。这极大体现出社会主义核心价值观对于科技类大学生正确择业观的引导作用。从分析来看，当代科技类大学生在面临就业选择时，首先考虑的是未来发展空间和发展潜力，其次是薪资水平，再次才是兴趣爱好，而西部地区由于社会经济发展落后，自然环境和社会环境都不如东部地区，因此也就无法提供充足的发展潜力大、薪资水平高的职位，从而在吸引科技类大学生之类的高素质人才方面处于劣势。实际上，这是一种在当前我国社会发展阶段中就业者所普遍持有的就业态度，但却不是一个十分科学合理的就业态度，它本质上体现出就业者轻视社会价值、缺乏社会责任感和奉献精神的态度。社会主义核心价值观能够对当代科技类大学生的择业观和就业意愿产生显著且良好的引导作用，能够有效纠正科技类大学生在就业选择中存在的不正确的态度，因此值得关注和思考。

3. 学校层面的因素在西部就业意愿强度上发挥一定作用

个体层面的因素毫无疑问会对科技类大学生的就业选择产生重要的影响，但科技类大学生所处的学校环境以及所在地区各方面因素的影响，也十分重要。一方面，学校本身所在地区影响着科技类大学生去西部地区的就业意愿。就分析结果而言，西北地区和西南地区高校的科技类大学生，由于其自身处于西部地区，因而具有一定的就业优势。例如，西部地区高校的影响覆盖面往往只能覆盖西部地区本身，而无法辐射到其他地区，因而造成西部地区高校科技类大学生去非西部地区就业时会遭到一定程度上的待遇冷落。另一方面，西部地区高校科技类大学生生源也往往更多地局限于西部地区本身，因而在西部地区就近就业对他们而言也是一种符合自身发展的选择。再者，就学校类别而言，学校等级高的科技类大学生（211 和 985 高校科技类大学生）往往更倾向于去往非西部地区就业，因为他们自身多是来源于非西部地区的学生，且去往经济发达、待遇优厚、发展潜力高的地区也更加符合其教育成本和工作期望。

（三）对策与建议

对于科技类大学生择业观的正确培育，不仅需要科技类大学生个体的努力，更需要从家庭环境、学校教育、社会氛围等方面入手，多管齐下，确保科技类大学生在实现自身价值的同时更能够促进社会价值的实现，为国家和民族的发展复兴贡献力量。

1. 政府从根本上促进西部地区社会发展

当代科技类大学生之所以不愿意到西部地区就业，根本上是因为西部地区的社会经济发展水平较低，职业报酬不能满足预期，职业发展潜力不大，且西部地区自然气候环境状况也不如东部地区宜人。因此要想增强科技类大学生前往西部就业的意愿，根本上还是需要加大力度发展西部经济，为就业者提供更有吸引力的就业岗位和就业环境。当然，这实际上也是一个相互促进的过程，如何引导更多科技类大学生到西部就业，从而促进西部地区更好更快的发展，是政府部门需要着重权衡和考量的问题。在面对西部人才流失造成的不良后果时，政府部门要根据科技类大学生就业选择的特点和偏向，有针对性地制定切实可行的就业引导政策。例如，制定相关倾斜政策刺激科技类大学生去西部地区就业，有针对性地保障科技类大学生工作者的职业发展空间和薪资标准。

2. 创造良好的家庭和社会成长环境

个体成长环境能够对科技类大学生的择业观和就业选择产生一定的影响。一方面，城镇和农村出身的科技类大学生在综合能力和思想观念上具有极大的不同，虽然农村生源地的科技类大学生被认为在很多方面处于弱势，但在择业观和就业意愿的正确性方面却不输于城镇生源地的科技类大学生。另一方面，非独生子女科技类大学生表现出更强的西部就业意愿，而独生子女则更会因为待遇与发展空间不好而不愿意去西部地区就业，因此，独生子女家庭的家长需要有针对性地改变其子女的家庭教育方式，以身作则，树立榜样，培养其子女吃苦耐劳、无私奉献的精神，尤其是城镇地区的独生子女家庭的父母更应该高瞻远瞩，鼓励子女将个人价值与社会价值的实现相结合，不要让良好的物质环境成为子女健康成长的障碍，从而对其择业观的形成起到积极的引导作用。

3. 发挥高校的平台作用，加强教育、宣传和引导工作

学校教育，尤其是高校教育，对于科技类大学生就业的指导作用极其重要。高校作为一个平台，是科技类大学生了解就业信息的关键所在。调查显示，近四成（39.7%）科技类大学生表示不愿意去西部地区就业是因为"对西部地区缺乏了解"。因此，高校相关部门应该及时向大学生普及西部地区的发展状况，宣传党和政府在促进科技类大学生

就业方面的政策，拓展宣传渠道，创新宣传形式，营造健康向上的舆论环境，使科技类大学生树立起科学合理的择业观。具体而言，高校可以利用自身丰富的学生社团组织开展丰富多彩的实习实践活动，并通过各种方式和途径鼓励科技类大学生参与其中，帮助科技类大学生提前适应社会和工作环境，尤其要注意高年级学生西部就业意愿低落的现象，同时更需要注意从低年级开始循循善诱，促使其在实践活动中逐渐树立正确的择业观。

社会主义核心价值观对于科技类大学生就业方向的引导作用极其关键，而高校的宣传教育则是核心价值观发挥作用的最重要的中介平台。无论是自身对核心价值观的了解，还是周围同学和教师关于核心价值观言行举止的耳濡目染，以及党团组织及学校相关活动的开展情况，无论直接影响还是间接影响，核心价值观都会对科技类大学生的职业选择和方向产生极为显著的积极影响，有利于促进科技类大学生端正就业态度，树立正确的就业观念，积极响应国家和社会的发展需要，实现自己的社会价值。因此，在科技类大学生日常校园生活环境中，依托学校社团和课堂教学，以同学们喜闻乐见的形式大力开展核心价值观宣传和爱国主义教育等活动，是引导科技类大学生树立正确择业观的有效手段。

4. 注重个体学习生活小环境和集体大环境的氛围创造

对于科技类大学生而言，无论是其周围的生活小环境，还是其所在高校所处的区域大环境，都对其择业观和就业意愿的形成发挥着重要的作用。具体而言，家庭、学校、社会作为不同行为主体，需要联合创造良好的氛围与环境，从家长和教师的言传身教、以身作则，到周围同学的良好习惯与榜样树立，再到社会就业风气的正确引导，确保环境引导的全面性。在学校和地区层面，尤其需要加强211、985高校以及非西部地区高校的宣传工作，发挥其自身在物力、财力、社会影响力等方面的优势，有针对性地加大对这些高校科技类大学生的物质和精神激励力度，使这些高校的科技类大学生更多地了解西部地区，并积极投身西部岗位，充分发挥东部和中部地区人才优势以支援西部地区的良性发展。

5. 个体自身需要发挥主观能动性，积极树立正确的择业观

家庭成长环境、学校教育引导、政府政策引导等，都是对就业者主体——科技类大学生的外部引导，而内因是事物发展的决定性因素。因

此，科技类大学生自身需要积极主动地树立正确的择业观和就业意愿，找到适合自己的就业岗位，实现自己的人生价值。具体而言，科技类大学生首先需要为就业积累充足的知识和技能，并据此制定科学合理的职业规划，适才适用，不盲目跟风就业。其次，科技类大学生需要积极学习社会主义核心价值观，坚决反对以金钱、物质享受作为衡量自身价值实现的标准，坚决遵循适应社会发展的需要，努力实现个体价值和社会价值的统一。最后，科技类大学生在就业过程中要摆正心态，理智判断，充分考量兴趣爱好、工作价值、社会价值等因素，摒弃地区歧视，做出符合社会发展潮流的就业选择。

（执笔人：姜俊丰）

第八章 创新创业状况

2015年5月，国务院颁布了《关于深化高等学校创新创业教育改革的实施意见》，明确提出"普及创新创业教育"的任务和目标。作为培养高素质人才的高校，将创新创业教育纳入学生培养全过程，是顺应社会发展趋势、深化高校教育改革的必然要求。为掌握当前大学生创新创业现状，进而为各高校加强和改进大学生创新创业教育提供数据参考与方向指导，课题组分别就大学生的自主创业意愿、对创新创业的看法以及各高校创新创业教育的开展状况进行了考察。

一 自主创业意愿

作为一种内在驱动力，创业意愿的有无及其程度对大学生自主创业的选择及其行动具有决定性影响。了解当前大学生的创业意愿对加强和改进高校创业教育状况具有重要意义。

（一）总体情况

调查表明，超过半数的科技类大学生有自主创业的意愿，在有创业意愿的学生中，他们更多地希望获得创业资金、创业平台、创业政策的支持。数据显示，51.1%的科技类大学生表示自己有自主创业的打算，其中分别有79.8%、52.2%、49.7%的学生希望获得创业资金、创业平台、创业政策的支持，还分别有42.8%、33.1%、13.4%、6.6%、1.4%的学生希望获得创业技能培训、创业信息支持、创业场地支持、公共服务支持及其他创业帮助（见图8-1）。

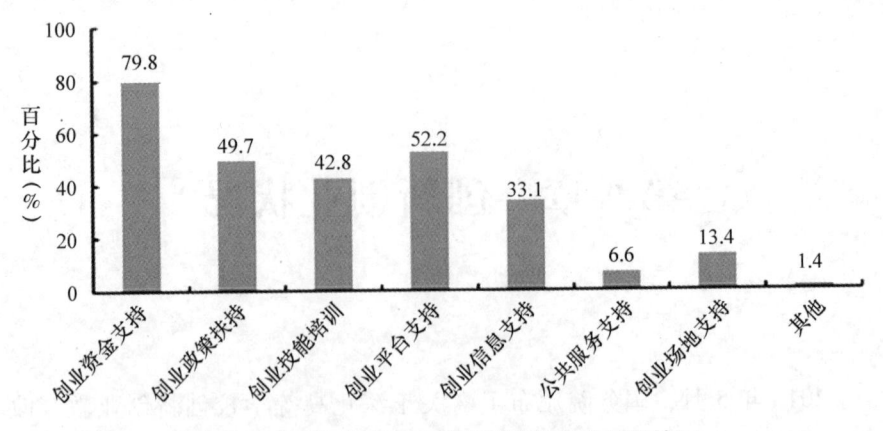

图 8-1　科技类大学生希望得到的创业帮助情况

柱状图数据：创业资金支持 79.8，创业政策扶持 49.7，创业技能培训 42.8，创业平台支持 52.2，创业信息支持 33.1，公共服务支持 6.6，创业场地支持 13.4，其他 1.4

（二）不同类型科技类大学生的创业意愿

为了更好地了解不同群体科技类大学生的创业意愿，我们将科技类大学生创业意愿"有""无"分别赋值为"1分"和"0分"，通过Logistic回归来综合分析不同群体大学生创业意愿之间的差异。分析发现，按照0.05的检验水准，回归系数具有统计学意义的自变量有性别、生源地、是否为独生子女、年级、学生干部经历、学校类别、学校所在区域等，结果如表8-1所示。

表8-1　科技类大学生创业意愿影响因素的Logistic回归分析

变量	非标准化系数 B	非标准化系数 SE	显著性水平 P	发生比 Exp（B）
常数项	3.004	3.768	0.425	20.174
男生（参照项：女生）	0.377	0.083	<0.001	1.458
年龄	-0.344	0.340	0.311	0.709
年龄平方	0.010	0.008	0.181	1.01
汉族（参照项：少数民族）	0.167	0.116	0.151	1.182
县级及以上（参照项：乡镇及以下）	-0.255	0.087	0.003	0.775
独生子女（参照项：非独生子女）	-0.207	0.087	0.017	0.813
家庭收入	0.006	0.005	0.239	1.006

续表

变量		非标准化系数		显著性水平	发生比
		B	SE	P	Exp（B）
年级 （参照项：大一）	大二	-0.330	0.133	0.013	0.719
	大三	-0.771	0.171	<0.001	0.462
	大四	-1.221	0.200	<0.001	0.295
	研究生	-0.928	0.252	<0.001	0.395
党员（参照项：非党员）		0.007	0.100	0.943	1.007
学生干部（参照项：非学生干部）		0.473	0.102	<0.001	1.605
学校类别 （参照项：普通本科）	985高校	-0.414	0.096	<0.001	0.661
	211高校	-0.431	0.110	<0.001	0.650
学校所在区域 （参照项：华东地区）	华南地区	0.458	0.248	0.064	1.582
	华中地区	-0.045	0.138	0.743	0.956
	华北地区	0.144	0.110	0.191	1.154
	西北地区	0.216	0.135	0.109	1.242
	西南地区	-0.505	0.148	0.001	0.603
	东北地区	0.692	0.171	<0.001	1.998

N = 2895   -2Log likelihood = 3769.814   Cox & Snell R Square = 8.0%

1. 基于自然因素的分析

性别是影响科技类大学生创业意愿的重要因素，同女生相比，男生的创业意愿更强，其有创业打算的可能性是女生的1.458倍。

2. 基于教育因素的分析

从年级来看，大一科技类大学生有创业意愿的人数比例最高，创业意愿最强，随着年级的增长，科技类大学生的创业意愿在降低，数据显示，60.2%的大一科技类大学生有自主创业的打算，大二、大三、大四有自主创业打算的发生比分别比大一低30.6、41.6、54.6个百分点。

从学校类别来看，普通本科院校科技类大学生有创业意愿的人数比例最高（χ^2 = 41.043，P < 0.001），与211高校、985高校的大学生相比其自主创业意愿更强。数据显示，在普通本科院校中，有57.2%的科技类大学生表示自己有自主创业的打算，此比例高于211高校47.2%的比例和985高校45.5%的比例。Logistic回归分析也显示，211

院校和 985 院校大学生有创业意愿的发生比分别比普通本科院校大学生低 35.0、33.9 个百分比。

从学校所在区域来看，不同区域高校科技类大学生的创业意愿存在较为明显的差别，东北地区高校科技类大学生的创业积极性较高，明显高于全国其他地区水平，西南地区科技类大学生的创业积极性较低。其中，东北地区高校科技类大学生有创业打算的可能性是华东地区高校科技类大学生的 1.998 倍，西南地区高校科技类大学生有创业打算的可能性是华东地区高校科技类大学生的 0.603 倍。这可能与西南地区高校开展的思想政治教育活动较少有关，对不同区域高校开展的以社会主义核心价值观为主题的校园文化活动进行均值分析，将"非常少""比较少""一般""比较多""非常多"分别赋值为 1 分、2 分、3 分、4 分、5 分，结果发现，不同区域得分差异具有统计学意义（$F=5.436, P<0.001$），西南地区高校得分最低，为 3.38 分，东北地区高校得分最高，为 3.70 分。

从学科类别来看，科技类大学生的创业积极性介于人文科学类和社会科学类大学生之间。交互分析显示，不同学科类别的大学生在创业意愿方面存在着显著差异（$\chi^2=7.825, P<0.05$），分别有 52.7% 的人文科学类和 51.1% 的科技类大学生表示有自主创业的打算，而此比例在社会科学类专业的大学生中仅为 47.3%。

（三）科技类大学生创业意愿的影响因素分析

为进一步探析影响科技类大学生创业意愿的相关因素，课题组重点就科技类大学生对创新创业的认识、学校创业教育活动开展情况等对大学生创业意愿的影响进行分析。

1. 科技类大学生的创业意愿与大学生对创新创业的认识相关

交互分析发现，对创新创业持积极评价、肯定态度的科技类大学生有创业意愿的人数比例相对较高。其一，关于自主创业对自身影响持不同评价的科技类大学生在创业意愿方面存在显著差异（$\chi^2=156.243, P<0.001$）。数据显示，在认为自主创业对自身成长成才"有帮助"[①] 的学生

[①] 我们把大学生关于自主创业对自身影响的评价"有很大帮助""有一点帮助"统称为"有帮助"，把"有一点妨碍""有很大妨碍"统称为"有妨碍"，"说不清楚"不变。

中，55.7%表示自己有自主创业的打算，而此比例在认为自主创业对自身成长成才"有妨碍"的学生中仅为24.6%。这表明，在认为自主创业对自身成长成才有积极影响的科技类大学生中，有创业意愿的人数比例相对较高。其二，对"大学生应成为创新创业的生力军"这一观点看法不同的科技类大学生在创业意愿方面存在显著差异（$\chi^2 = 56.964$，$P<0.001$）。数据显示，在赞同①"大学生应成为创新创业的生力军"的科技类大学生中，有创业意愿的人数比例为53.6%，而在不赞同"大学生应成为创新创业的生力军"这种说法的学生中，此比例仅为25.0%。这表明，对创新创业态度不同的科技类大学生在创业意愿方面会有所不同。

进一步相关分析发现，科技类大学生对创新创业的评价越高、态度越积极，其自主创业的意愿越强烈。相关分析显示，科技类大学生自主创业意愿（"有"=1，"无"=2）与其对自主创业对成长成才影响的评价（"有很大帮助"=1，"有一点帮助"=2，"说不清楚"=3，"有一点妨碍"=4，"有很大妨碍"=5）存在显著正相关关系（$r=0.232$，$P<0.001$），科技类大学生对自主创业的评价越高，其自主创业意愿相对就会越强烈。科技类大学生自主创业意愿（"有"=1，"无"=2）与他们对"大学生应成为创新创业的生力军"的认同度（"非常赞同"=1，"比较赞同"=2，"一般"=3，"不大赞同"=4，"很不赞同"=5）也存在显著正相关关系（$r=0.155$，$P<0.001$），即科技类大学生对"大学生应成为创新创业的生力军"的认同度越高，其产生自主创业意愿的可能性相对就会越大。

2. 科技类大学生自主创业意愿与高校的创新创业教育相关

在大学生创新创业环境中，高校不仅是大学生创新创业观念的引导者，还是创业技能的培训者，高校创业教育活动的开展情况对培养科技类大学生的创业兴趣，形成正确的创业意识有重要作用。

交互分析发现，在创新创业教育状况不同的高校，科技类大学生自主创业意愿存在显著差异。其一，在重视②学生创新创业能力培养的高

---

① 大学生关于"大学生应成为创新创业的生力军"的看法"非常赞同""比较赞同"统称为"赞同"，"不大赞同""很不赞同"统称为"不赞同"，"一般"不变。

② 在本部分，我们把高校对培养学生创新创业能力的重视程度"非常重视""比较重视"统称为"重视"，"不大重视""很不重视"统称为"不重视"，"一般"不变。

校中，有创业意愿的学生人数比例相对较高（$\chi^2 = 16.376$，$P < 0.001$）。数据显示，在重视学生创新创业能力培养的高校，有自主创业意愿的比例为53.4%；在一般和不重视培养学生创新创业能力的高校中，此比例为46.0%。其二，在创业教育活动开展效果好的高校，有创业意愿的科技类大学生人数比例相对较高（$\chi^2 = 19.632$，$P < 0.001$）。数据结果显示，在创业教育活动开展效果好[1]的高校中，有创业意愿的比例为65.7%，此比例明显高于创业教育活动开展效果不好的高校。其三，在参加过创业教育活动的学生中，有创业意愿的比例明显较高，为62.3%（$\chi^2 = 162.690$，$P < 0.001$），而没有参加创业教育活动的学生中仅有36.4%有创业打算。

进一步相关分析发现，科技类大学生的创业意愿与学校对学生创新创业能力培养的重视程度、创业教育活动的开展效果显著相关。相关分析显示，科技类大学生的创业意愿（"有"=1，"无"=2）与高校对培养学生创新能力的重视度（"非常重视"=1，"比较重视"=2，"一般"=3，"不大重视"=4，"很不重视"=5）存在显著正相关关系（$r = 0.087$，$P < 0.001$），也就是说高校越重视学生创新能力的培养，科技类大学生产生创业意愿的可能性就会相对越大。

二 对大学生自主创业的看法

认知是影响行为的重要因素，只有在形成正确认识、积极态度的基础上，才会有正确而积极的行动。科技类大学生对自主创业的认识对其自主创业的选择及其行动具有重要影响。为了解当前科技类大学生对自主创业的看法，课题组主要从大学生对自主创业对成长成才影响的评价和对"大学生应成为创新创业的生力军"的认识这两个角度展开调查。

（一）总体情况

总的来看，大部分科技类大学生对创新创业对大学生成长发展的影

---

[1] 把科技类大学生对高校创业教育效果的评价"效果非常好""效果比较好"统称为"效果好"，将"效果比较差""效果非常差"统称为"效果差"，"一般"不变。

响持肯定性评价，并高度认同大学生应在创新创业中积极发挥自身作用。

其一，大部分科技类大学生认为在校大学生自主创业对其成长成才具有积极意义。调查显示，有85.0%的科技类大学生认为自主创业对大学生成长成才具有积极作用，其中，51.5%的大学生认为"在校大学生自主创业对其成长成才"具有"很大帮助"，33.5%的大学生认为"有一点帮助"，仅有2.0%的科技类大学生认为在校大学生自主创业会对其成长成才"有点妨碍"（1.5%）和"有很大妨碍"（0.5%）（见图8-2）。

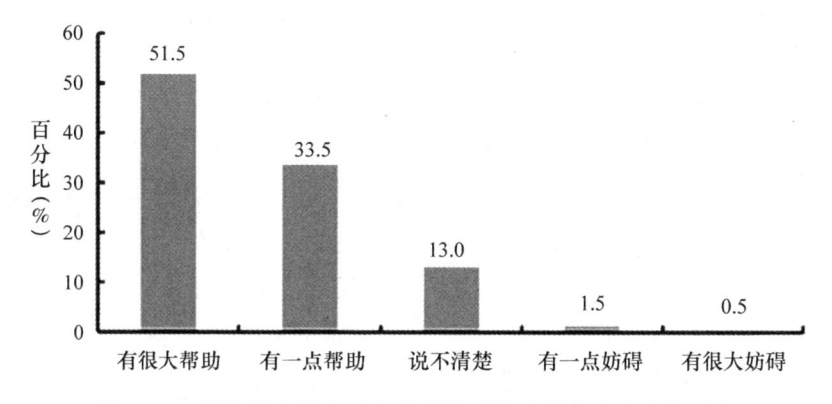

图8-2 科技类大学生对自主创业对其成长成才影响的看法

其二，科技类大学生对"大学生应成为创新创业的生力军"这一看法的认同度较高。数据显示（见图8-3），86.1%的科技类大学生对

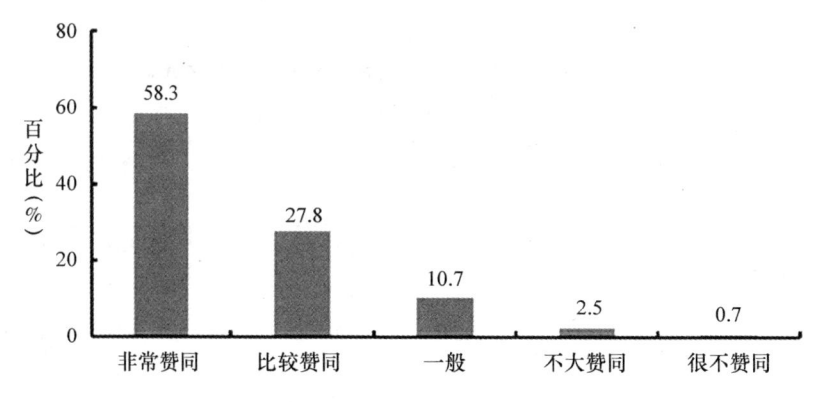

图8-3 科技类大学生对"大学生应成为创新创业的生力军"的认同度

"大学生应成为创新创业的生力军"这一观点表示赞同（"非常赞同"58.3%，"比较赞同"27.8%），10.7%的大学生表示"一般"，仅有3.2%的大学生"不大赞同"和"很不赞同"。这说明，绝大部分科技类大学生认同大学生应在创新创业中积极发挥自身作用。

（二）不同类型科技类大学生对自主创业的看法

大学生群体在对自主创业的看法方面存在显著的内部差异性，为具体了解不同群体大学生对自主创业看法的差异，我们采用以一般线性回归分析为主并结合交互分析的方法来进行综合分析。

将科技类大学生对"在校大学生自主创业对其成长成才影响"的评价"有很大帮助""有一点帮助""说不清楚""有一点妨碍""有很大妨碍"分别赋值为5分、4分、3分、2分、1分，并结合人口学控制变量进行一般线性回归分析。结果显示，按照0.05的检验水准，回归系数具有统计学意义的自变量有性别、民族、独生子女、学生干部经历、年级、学校类别、高校所在区域（见表8-2）。

将科技类大学生对"大学生应成为创新创业的生力军"这一观点的认同情况"非常赞同""比较赞同""一般""不大赞同""很不赞同"分别赋值为5分、4分、3分、2分、1分，并结合人口学控制变量进行一般线性回归分析。结果显示，按照0.05的检验水准，回归系数具有统计学意义的自变量有年级、学校类别。

表8-2　　　　科技类大学生对创新创业对其成长成才影响看法的一般线性回归分析

变量	非标准化系数 B	SE	标准化系数 Beta	统计量 t	显著性水平 P
常数项	3.061	0.262		11.683	<0.001
男生（参照项：女生）	-0.134	0.029	-0.084	-4.627	<0.001
年龄	0.024	0.013	0.066	1.908	0.056
汉族（参照项：少数民族）	0.221	0.041	0.098	5.405	<0.001
县级以上（参照项：乡镇及以下）	-0.023	0.031	-0.015	-0.752	0.452

续表

变量		非标准化系数		标准化系数	统计量	显著性水平
		B	SE	Beta	t	P
独生子女（参照项：非独生子女）		-0.159	0.031	-0.102	-5.164	<0.001
家庭收入		-0.004	0.002	-0.034	-1.946	0.052
党员（参照项：非党员）		-0.014	0.036	-0.008	-0.405	0.686
学生干部（参照项：非学生干部）		0.123	0.036	0.062	3.459	0.001
年级（参照项：大一）	大二	-0.162	0.043	-0.088	-3.756	<0.001
	大三	-0.222	0.052	-0.114	-4.228	<0.001
	大四	-0.283	0.062	-0.143	-4.557	<0.001
	研究生	-0.283	0.086	-0.131	-3.295	0.001
学校类别（参照项：普通本科）	985高校	0.066	0.034	0.04	1.955	0.051
	211高校	0.088	0.039	0.045	2.249	0.025
高校所在区域（参照项：华东地区）	华南地区	0.352	0.082	0.082	4.311	<0.001
	华中地区	0.149	0.049	0.064	3.028	0.002
	华北地区	0.154	0.039	0.089	3.932	<0.001
	西北地区	0.178	0.048	0.079	3.712	<0.001
	西南地区	-0.068	0.051	-0.028	-1.329	0.184
	东北地区	0.266	0.059	0.09	4.554	<0.001
思想政治教育类主题网站浏览频率		0.096	0.016	0.117	6.126	<0.001
校园文化活动开展频率		0.143	0.017	0.162	8.553	<0.001

$N=2918 \quad R^2=0.120 \quad F=17.906$

1. 基于自然因素的分析

从性别来看，女生对自主创业的评价更高，认为自主创业对其成长成才有更大的帮助。交互分析发现，不同性别的科技类大学生对"您认为在校大学生自主创业对其成长成才有什么样的影响"这一问题的回答存在显著差异（$\chi^2=22.227$，$P<0.001$）。具体来说，女生中选择有很大帮助的比例为55.5%，明显高于男生中的对应比例49.1%。而男生认为自主创业对其成长成才有妨碍（包括"有一点妨碍"和"有很大妨碍"）的比例为2.6%，高于女生中的相应比例0.9%。一般线性回归显示，男生对自主创业对其成长成才帮助的评价得分比女生低

13.4个百分点。男女生对"大学生应成为创新创业的生力军"这一看法的认同情况没有显著差别（$P>0.05$）。

从民族来看，汉族科技类大学生对自主创业的评价更高，认为自主创业对其成长成才有更大的帮助。交互分析发现，86.4%的汉族科技类大学生认为自主创业对其成长成才有帮助，少数民族科技类大学生的相应比例为76.6%。而少数民族科技类大学生认为自主创业对其成长成才有妨碍的比例为4.1%，明显高于汉族科技类大学生中的这一比例1.4%（$\chi^2=42.886, P<0.001$）。一般线性回归分析也显示，汉族科技类大学生对自主创业对其成长成才帮助的评价得分比少数民族学生高22.1个百分点。不同民族科技类大学生对"大学生应成为创新创业的生力军"这一看法的认同情况没有显著差别（$P>0.05$）。

2. 基于教育因素的分析

从年级来看，不同年级科技类大学生对自主创业的看法存在不同，低年级科技类大学生对自主创业的评价更高，态度更积极。一般线性回归显示，大一学生对自主创业帮助其成长成才的评价更积极。数据表明，大一学生对自主创业对其成长成才的帮助持肯定性态度的得分分别比大二、大三、大四学生和研究生高16.2、22.2、28.3、28.3个百分点。交互分析显示，不同年级的科技类大学生在对"大学生应成为创新创业的生力军"的认同度上存在显著差异（$\chi^2=28.689, P<0.05$）。数据显示，在大一、大二、大三、大四学生和研究生中分别有87.3%、88.0%、86.7%、83.5%和83.7%的人对"大学生应成为创新创业的生力军"这一观点表示赞同，在大一、大二学生中，认同此观点的人数比例最多，该人数比例随着年级的升高而降低。这说明，低年级科技类大学生对大学生应在创新创业中发挥重要作用的认可度更高。

从学校类别来看，与985高校和211高校相比，普通本科高校的科技类大学生对"大学生应在创新创业中发挥生力军作用"这一观点更为认同，而对创新创业帮助大学生成长成才的评价较低。交互分析发现，不同学校类别的高校大学生对"大学生应成为创新创业的生力军"这一观点的认同度存在显著差异。数据显示，在普通本科院校中，有89.3%的科技类大学生赞同"大学生应成为创新创业的生力军"，人数比例最高，其后依次是211高校（85.5%）、985高校（82.0%）。一般线性回归分析则发现，985 高校和 211 高校科技类大学生对自主创业帮助其成长成才持肯定性态度的得分分别比普通本科高校学生高 6.6 和 8.8 个百分点。

从学校所在区域来看，不同区域高校科技类大学生对大学生在创新创业中发挥作用的认识不同。交互分析显示，不同区域高校的大学生在对"大学生应成为创新创业的生力军"这一观点的认同度上存在显著差异（$\chi^2=53.242$，$P<0.001$）。数据显示，在华南、华中、东北、西北地区的科技类大学生赞同"大学生应成为创新创业的生力军"这一观点的人数比例相对较高，其比例分别为 92.1%、89.1%、88.8%、87.6%，其后依次是华北（84.7%）、华东（84.7%）、西南（83.3%）地区。

一般线性回归显示，华南、华中、华北、西北、东北地区高校科技类大学生对自主创业的评价高于华东地区高校大学生。数据表明，华南、华中、华北、西北、东北地区高校科技类大学生对"自主创业帮助其成长成才"这一看法的评分比华东地区高校科技类大学生高 35.2、14.9、15.4、17.8、26.6 个百分点，西南地区高校科技类大学生对"自主创业帮助其成长成才"这一看法的评分与华东地区高校科技类大学生之间的差别没有统计学意义。

（三）科技类大学生对创新创业看法的影响因素分析

科技类大学生对创新创业的看法与其日常生活中所接受的思想政治教育以及所处的校园文化氛围有很大关系。思想政治教育类主题网站浏览频率高的大学生，对自主创业的评价更高，态度也更积极。数据显示，科技类大学生浏览思想政治教育类主题网站的频率每增加一个单位，他们对"创新创业帮助其成长成才"这一观点的认同得分将会提高 9.6 个百分点，对"大学生应成为创新创业的生力军"这一观点的认同得分将会提高 10.5 个百分点。学校或学院开展的以社会主义核心价值观为主题的校园文化活动越丰富，科技类大学生对自主创业的看法更积极。数据显示，所在学校或学院以社会主义核心价值观为主题的校园文化活动开展情况每增加一个单位，他们对"创新创业帮助其成长成才"这一观点的认同得分将会提高 14.3 个百分点，对"大学生应成为创新创业的生力军"这一观点的认同得分将会提高 15.7 个百分点。

三 学校对大学生创新能力培养的重视程度

开展创新创业教育是缓解大学生就业压力、深化高等教育改革、培养高素质人才的重要举措。高校是培养大学生创新创业能力的主要阵地，高校的重视程度直接关系着创业教育活动的开展与实施效果。为了解各高校创新创业教育的基本情况，课题组就高校对大学生创新能力培养的重视程度进行了调查分析。

（一）总体情况

总的来看，大部分高校比较重视学生创新能力的培养，绝大部分科技类大学生对"高校重视学生创新能力的培养"表示认可。调查显示，69.7%的科技类大学生认为学校重视学生创新能力的培养，其中21.0%的学生表示学校"非常重视"，48.7%的学生认为学校"比较重视"，仅有4.5%的学生认为学校"不太重视"或"很不重视"学生创新能力的培养。

（二）不同高校对学生创新能力培养的重视情况

为了解不同学校对学生创新能力培养的重视程度，我们对不同区域、不同类别高校对学生创新能力培养的重视情况进行了交互分析。

从学校类别来看，985高校科技类大学生就学校对学生创新能力培养的重视程度有更多的肯定性评价。交互分析显示，不同类别高校对学生创新能力培养的重视程度有显著差异（$\chi^2=38.209$，$P<0.001$），其中985高校科技类大学生认为"高校重视学生创新能力培养"的人数比例为75.3%，明显高于211高校和普通本科院校67.4%和66.6%的比例。在985高校，仅有3.0%的科技类大学生认为"学校不重视学生创新能力的培养"，而此比例在211高校和普通本科院校中分别达到了4.9%和5.5%。可见，与211高校与普通本科院校相比，985高校更加重视学生创新能力的培养。

从学校所在区域来看，不同地区高校对学生创新能力培养的重视程度有显著差异（$\chi^2=69.623$，$P<0.001$）。数据显示，在所调查的各地高校中，东北、华南地区高校科技类大学生认为学校重视学生创新能力培养的比例最高，分别为 81.4%、77.2%，其后依次是华北（72.0%）、华中（71.4%）、西北（68.8%）、华东（66.8%）、西南（60.1%）地区高校（见表 8-3）。这说明，不同地区高校的学生对"学校重视培养学生创新能力"的评价存在不同，在东北地区和华南地区的高校学生中，有更多比例的人对"高校重视培养学生创新能力"持肯定性评价。

表 8-3　　　　不同区域高校对学生创新能力培养的重视程度　　　　（%）

区域	非常重视	比较重视	一般	不太重视	很不重视
华东地区	18.5	48.3	27.8	4.1	1.3
华南地区	25.7	51.5	19.8	3.0	0.0
华中地区	19.6	51.8	24.6	3.5	0.5
华北地区	24.7	47.3	23.6	3.8	0.6
西北地区	18.3	50.5	25.1	4.6	1.5
西南地区	16.1	44.0	35.9	3.5	0.5
东北地区	28.2	53.2	16.5	2.1	0.0

$N=3410\quad \chi^2=69.623\quad P<0.001$

四　学校创业教育活动开展情况

开展创业教育是应对当前严峻的就业形势与深化高等教育改革的必然要求，也是对学生职业教育的补充和提升，高校应积极利用多种平台进行创业教育，引导大学生树立正确的创业观，激发大学生创新创业的兴趣，培养大学生创新创业实践能力。为了解目前高校创业教育活动的开展情况，课题组从高校开展创业教育活动种类、大学生参与创业教育活动积极性、创业教育活动开展效果等方面进行了调查分析。

（一）总体情况

总的来看，大部分高校都积极开展了创业教育活动，但活动形式相对单一，活动效果有待进一步提高。

其一，大多数学校都开展了相关的创业教育活动。数据显示，87.9%的科技类大学生表示自己的学校开展过创业教育活动，其中分别有37.9%、46.1%、47.7%的学生表示学校开设了创业教育课程、开展过创新创业大赛、举办过创业教育讲座，仅有1/3的大学生表示自己学校举办过两种及以上形式的创业教育活动，有14.0%的大学生表示"不清楚"，还有4.1%的科技类大学生表示自己学校"没有开展过"创业教育活动。这表明，多数高校意识到大学生创新创业教育的重要性，并尝试开展了创业教育活动，但活动形式相对单一，活动影响力也有待提高。

其二，科技类大学生参加创业教育活动的积极性不高，对创业教育活动效果的评价整体偏低。调查显示，知晓学校开展创业教育活动的情况下，仅63.3%的学生表示参加了此类活动，36.7%的学生表示自己并"没有参加"相关活动，参加创业教育活动的人数比例有待进一步提高。在参加了创业教育活动的科技类大学生中，超过六成的大学生（64.6%）认为创业教育活动的效果较好，但仅有14.6%的大学生认为"效果非常好"，50.0%的大学生只是认为"效果比较好"，另有32.5%的大学生认为"效果一般"，2.9%的大学生认为效果差。

（二）不同群体科技类大学生参与创业教育活动的状况

为深入了解不同群体科技类大学生对创业教育活动的参与状况，我们将大学生"参加过"相关创业教育活动赋值为1分，"没有参加过"赋值为0分，然后将其与相关人口统计学变量进行二分类Logistic回归分析，按照0.05的检验水准，回归系数具有统计学意义的自变量有性别、年级、政治面貌、学生干部经历、学校类别，结果如表8-4所示。

表8-4　科技类大学生参加创业教育活动影响因素的 Logistic 回归分析

变量		非标准化系数		显著性水平	发生比
		B	SE	P	Exp（B）
常数项		-1.144	0.378	0.002	0.319
男生（参照项：女生）		0.299	0.094	0.002	1.348
汉族（参照项：少数民族）		-0.072	0.136	0.599	0.931
县级及以上（参照项：乡镇及以下）		-0.096	0.099	0.336	0.909
独生子女（参照项：非独生子女）		-0.118	0.100	0.238	0.888
家庭收入		0.005	0.006	0.468	1.005
年级（参照项：大一）	大二	0.392	0.136	0.004	1.480
	大三	0.256	0.145	0.077	1.292
	大四	0.231	0.148	0.119	1.260
	研究生	-0.042	0.165	0.800	0.959
党员（参照项：非党员）		0.411	0.116	<0.001	1.508
学生干部（参照项：非学生干部）		0.256	0.116	0.027	1.291
学校类别（参照项：普通本科）	985高校	-0.557	0.108	<0.001	0.573
	211高校	-0.311	0.126	0.014	0.733
学校所在区域（参照项：华东地区）	华南地区	-0.377	0.257	0.142	0.686
	华中地区	-0.413	0.156	0.008	0.662
	华北地区	-0.138	0.130	0.288	0.871
	西北地区	0.045	0.161	0.779	1.046
	西南地区	-0.368	0.169	0.029	0.692
	东北地区	0.273	0.200	0.173	1.313
自主创业对其成长成才的影响		0.187	0.063	0.003	1.206
大学生应成为创新创业的生力军		0.164	0.056	0.003	1.178

N=2285　-2Log likelihood=2893.819　Cox & Snell R Square=5.2%

从性别来看，科技类大学生中男生参加创业教育活动的积极性更高。Logistic 回归分析显示，男生参加创业教育活动的发生比比女生高34.8%。

从年级来看，不同年级科技类大学生创业教育活动的参加情况有所不同，其中大二学生参加相关创业教育活动的积极性最高，研究生的积极性最低。交互分析发现,不同年级科技类大学生在创业教育活动参与方面存在显著差异($\chi^2 = 20.409$,$P < 0.001$)。其中,研究生参加创业教育活动的人数比例低于本科生,在本科生中,大一学生参加创业教育活动的人数比例在各年级中最低,大二学生人数比例最高。各年级科技类大学生参加创业教育活动的人数比例由高到低依次是大二学生66.7%、大三学生66.5%、大四学生65.4%、大一学生59.0%、研究生55.7%。Logistic 回归分析显示,大二学生参加相关创业教育活动的可能性是大一学生的1.48倍,其他年级本科生和研究生参加相关创业教育活动的可能性与大一学生没有统计学差异。

从政治面貌和学生干部经历来看,党员和有学生干部经历的科技类大学生参加创业教育活动的积极性更高。Logistic 回归分析显示,党员科技类大学生参加相关活动的可能性是非党员的1.508倍,有学生干部经历的科技类大学生参加相关创业教育活动的积极性是没有学生干部经历学生的1.291倍。

从学校类别来看,985高校和211高校科技类大学生参加创业教育活动都不如普通本科高校科技类大学生积极。数据显示,985高校、211高校学生参加相关创业教育活动的发生比分别比普通本科高校学生低42.7%、26.7%。

从学校所在区域来看,不同区域高校科技类大学生参加创业教育活动的情况有显著性差异($\chi^2 = 26.546$,$P < 0.001$),东北、西北地区高校科技类大学生参加创业教育活动的积极性相对较高,而西南地区高校科技类大学生参加相关活动的积极性较低。数据显示,各地区高校科技类大学生参加创业教育活动的人数比例由高到低依次是东北地区72.8%、西北地区68.8%、华南地区64.8%、华北地区63.5%、华东地区63.3%、华中地区58.7%、西南地区54.2%。

(三)科技类大学生参加创业教育活动的影响因素分析

为进一步探析影响科技类大学生参加创业教育活动的有关因素,课题组尝试将大学生对创新创业的认识纳入线性回归模型,分析其对科技类大学生参加创业教育活动积极性的影响。研究发现,科技类大学生对自主创业的认识越积极,评价越高,其参加学校开展的创业教育活动的积极性越高。具体来说，科技类大学生对创新创业帮助其成长成才的认识每提高一个单位，其参加创业教育活动的可能性将提高 20.6 个百分点；对"大学生应成为创新创业的生力军"这一看法的认同度每提高一个单位，其参加创业教育活动的可能性将提高 17.8 个百分点。由此可见，科技类大学生对创新创业的认识会对其参加创业教育活动的积极性有重要影响。

（四）创业教育活动开展效果

1. 总体情况

为进一步了解不同高校创业教育活动的开展效果，我们将大学生对学校开展的创业教育效果的评价，"效果非常差""效果比较差""一般""效果比较好""效果非常好"分别赋值 1 分、2 分、3 分、4 分、5 分，然后进行均值统计，均值得分越高，表示大学生对学校开展的创业教育活动的评价越好。均值统计显示，科技类大学生对学校开展的创业教育活动效果评价的均值得分为 3.76，即处于"效果一般"和"效果比较好"之间，科技类大学生对高校创业教育活动效果的评价整体偏低，尚达不到"比较好"水平。这说明高校创业教育活动的影响力和效果仍需进一步提高。

2. 不同高校创业教育活动开展效果的差异

从学校类别来看，不同类别高校科技类大学生对创业教育活动效果的评价存在显著差别。均值统计显示，985 高校开展的创业教育活动效果均值得分较高，为 3.82，211 高校的均值得分较低（3.65），低于 3.76 的平均水平。

从学校所在区域来看，东北地区高校科技类大学生对学校创业教育活动效果的评价较好，均值分析显示，东北地区的均值得分显著高于全国其他地区。各地高校创业教育活动效果均值得分从高到低依次是：东北地区（4.03）、西北地区（3.80）、华东地区（3.79）、华南地区（3.77）、华中地区（3.76）、华北地区（3.70）、西南地区（3.58）。其中，华北地区和西南地区高校的创业教育活动效果得分较低，二者均低于 3.76 的平均水平。

从学校类型来看，综合类高校的学生对学校创业教育活动效果的评价相对较好。均值统计显示，各类型高校创业效果均值得分从高到低依次是：综合类院校（3.91）、艺术类院校（3.86）、民族类院校（3.85）、财经类院校（3.81）、农林类院校（3.79）、政法类院校（3.73）、理工类院校（3.70）、师范类院校（3.50）、语言类、医药类院校（3.40）。其中，政法类、理工类、师范类、医药和语言类院校的学生对学校创业教育活动效果评价的均值得分均低于3.76的平均水平。

五 本章小结

创新创业教育是缓解大学生就业压力、深化高等教育改革、培养高素质人才的重要举措。调查表明，当前各高校创新创业教育开展状况整体较好，但也存在一些问题，仍需进一步改进。

（一）总体情况

总的来看，科技类大学生的创业意愿较强，能正确认识创新创业对自身发展的重要意义，并高度认同大学生应在创新创业中积极发挥自身作用。另外，大部分高校重视对学生创新能力的培养，并开展了各种形式的创业教育活动，近七成的科技类大学生认为学校重视学生创新能力的培养，超过六成的大学生对高校创业教育活动的效果持肯定性评价。

其一，超过半数的科技类大学生有自主创业的意愿。调查显示，51.1%的科技类大学生表示自己有自主创业的打算，63.3%的科技类大学生参加过创业教育活动。其二，绝大部分科技类大学生认为自主创业对其成长成才具有积极意义。调查显示，有85.0%的科技类大学生认为"在校大学生自主创业对其成长成才"具有积极作用，其中，51.5%的学生认为"在校大学生自主创业对其成长成才"具有"很大帮助"，33.5%的学生认为"有一点帮助"，仅有2.0%的人认为在校大学生自主创业会"妨碍"大学生成长与发展。其三，大部分科技类大学生认为大学生应成为创新创业的生力军。调查显示，有86.1%的科技类大学生对"大学生应成为创新创业生力军"这一观点表示赞同（"非常赞同"58.3%，"比较赞同"27.8%），仅有3.2%的人"不大赞同"和"很不赞同"。其四，高校较为重视学生创新能力的培养。调查显示，69.7%的科技类大学生认为学校重视学生创新能力的培养，其中21.0%的学生表示学校"非常重视"，48.7%的学生表示学校"比较重视"，仅有4.5%的学生认为学校"不太重视"和"很不重视"。87.9%的科技类大学生表示自己的学校开展过创业教育活动，其中超过六成的学生（64.6%）认为这些活动的开展效果较好。

（二）值得关注的现象与问题

当前高校的创新创业教育状况总体较好，但调查也反映出了一些值得关注的问题。

第一，大一学生的创业意愿最强烈而其参加创业教育活动的积极性却较差。调查显示，科技类大学生自主创业的意愿随着年级的增加而减弱，Logistic 回归分析显示，大一学生有自主创业打算的发生比分别比大二、大三、大四学生高30.6、41.6、54.6个百分点。大一学生的创业意愿最强，但他们参加创业教育活动的积极性在所有本科生中却是最低的。数据表明，大二、大三、大四学生参加相关创业教育活动的发生比分别是大一学生的1.480倍、1.292倍、1.260倍。这在一定程度上说明，大一学生虽有强烈的自主创业意愿，但却没有积极参与创业实践为自主创业做准备。

第二，虽然多数高校都开展了创业教育活动，但科技类大学生参加这些活动的积极性不高，对相关活动的整体评价也偏低。在知晓学校开展了创业教育活动的前提下，仅有63.3%的学生参加了这些活动。另外，均值分析表明，科技类大学生对学校开展的创业教育活动效果评价的均值得分为3.76，即处于"效果一般"以上"效果比较好"以下，尚达不到"效果较好"的水平，这说明高校创业教育活动的影响力和效果仍需进一步提高。

第三，普通本科院校科技类大学生有创业意愿的人数比例、参加创业教育活动的积极性均高于211、985高校的学生，而普通本科院校对学生创新能力培养的重视程度却不如211、985院校。其一，与211高校、985高校的学生相比，普通本科院校学生有创业意愿的人数比例相对较高，其自主创业意愿相对较强。调查显示，在普通本科院校中，有57.2%的大学生表示有自主创业的打算，此比例高于211高校

（47.2%）和 985 高校（45.5%）的人数比例，211 和 985 高校大学生有创业意愿的发生比分别比普通本科院校大学生低 35.0、33.9 个百分点。与 211、985 高校相比，普通本科院校大学生认同"大学生应成为创新创业生力军"的人数比例也相对较高。数据显示，在普通本科院校中，有 89.3% 的学生赞同"大学生应成为创新创业的生力军"，人数比例最高，其后依次是 211 高校（85.5%）、985 高校（82.0%）。其二，普通本科院校学生参加创业教育活动的积极性高于 211 和 985 高校的学生。数据显示，在普通本科院校中，有 68.6% 的科技类大学生表示自己参加过创业教育活动，而此比例在 211 高校、985 高校则分别为 64.7%、55.6%。211 高校、985 高校科技类大学生参加相关创业教育活动的可能性分别是普通本科院校学生的 0.733、0.573 倍。其三，985 高校科技类大学生就学校对学生创新能力培养的重视程度有更多的肯定性评价。在 985 高校中，认为"学校重视学生创新能力培养"的科技类大学生比例为 75.3%，明显高于 211 高校 67.4% 和普通本科院校 66.6% 的比例。在 985 高校学生中，仅有 3.0% 的人认为"学校不重视学生创新能力的培养"，而此比例在普通本科院校中则达到了 5.5%。

（三）对策与建议

为加强和改进科技类大学生创新创业教育，我们针对此次调查所反映的情况，提出以下几点建议：

第一，重视科技类大学生创新创业能力培养，营造有利于创新创业的良好校园氛围。高校作为大学生学习和能力培养的重要场所，在学生创新创业能力培养中发挥重要作用，调查显示，高校对学生创新能力培养的重视程度与科技类大学生参加创业教育活动的积极性以及其创业意愿存在显著正相关关系。由于创新创业教育在我国开始较晚，尚处于起步阶段，各高校仍在不断探索中。不同层次和地区高校由于办学理念、人才培养目标以及受当地经济文化影响的不同对大学生创新创业的重视程度参差不齐。尤其是西南地区高校以及普通本科高校应加强对大学生创新能力的重视，积极转变传统教育理念，实现从就业教育到创业教育的转变，将创新创业教育提高到与学术教育和职业教育同样重要的位置，切实将创新创业教育纳入学校人才培养全过程。不同层次和类别高校应结合学科特色和学生培养目标,有针对性地开展创新创业教育,加强科技类大学生实验类、技术类创业项目指导;应打破专业界限,重视培养科技类大学生的人文素养,基于多学科、跨专业的角度积极探索创新创业教育有效途径,加强知识理论建设,完善课程体系,优化学生知识结构;优化创新创业教育的师资队伍,加强国际和国内交流,为大学生创新创业实践提供更专业的指导;利用校园网络、广播、宣传栏等公开创新创业项目、学校相关政策,宣传创业成功的案例,形成浓厚的校园氛围,鼓励更多有创业想法但仍持观望态度的大学生加入到创新创业的行列。另外应建立健全激励与保障机制,形成重视创新创业教育的良好环境与氛围。

第二,加强科技类大学生的思想政治教育工作,树立科学正确的创新创业意识。大学生创业教育中的思想政治教育能够引导大学生树立正确的创业观,培养大学生团队合作、敢于创新、勇于承担责任的创业心理品质,调动大学生创业的积极性,使大学生形成正确的创业动机并转化为创业行为,努力奋斗。调查发现,大学生思想政治工作开展情况不容乐观,接近一半的大学生认为学校开展的以社会主义核心价值观为主题的校园文化活动较少,41.6%的科技类大学生几乎不浏览思想政治教育类主题网站。针对低年级大学生创业意愿强烈而参加创业教育活动积极性较差的情况,应加强其思想政治教育,让学生深入思考创新创业的理念,了解创新创业,丰富他们的创新创业知识,帮助其形成积极的创新创业观念,增强其参加创业教育活动的热情,培养科技类大学生的团队合作精神。

第三,丰富创新创业教育活动形式,激发科技类大学生的创业热情。调查显示,大学生参与创业教育活动的积极性不高,活动效果也不容乐观,主要是由于目前高校开展的创业教育活动主要以创业教育讲座、创新创业大赛、创新创业课程为主,偏重理论教学且形式单一,创业实践活动相对较少。一方面,高校可以加强大学生创新创业社团建设,有创业想法的年轻人聚集起来,交流想法,开展活动,让大学生发挥其自主作用。另一方面,高校应将第一课堂与第二课堂有机结合起来,通过加强学校与企业合作,搭建创新创业实习实训平台,整合社会资源,为大学生提供更多的创新创业实践机会,提高科技类大学生创新创业实践能力。创新创业实践为学生获得创新创业知识和真实体验提供了有效平台,是提高学生创新创业能力的切实保障。此外,高校要进一步探索创新创业教育的有效路径,拓宽教育渠道,采用大学生喜闻乐见、易于接受且丰富多样的创新创业教育形式,增强创业教育活动的吸引力和影响力,切实提高活动效果。

第四,完善创新创业资金支持与政策保障机制,扫清创新创业的障碍性因素。调查显示,在科技类大学生希望得到的创业帮助中,排在前三位的分别是创业资金支持、创业平台支持和创业政策扶持。其中,对创业资金有需求的人数比例最高,有79.8%的学生表示自己希望得到创业资金支持;52.2%的学生希望得到创业平台支持;49.7%的学生希望获得创业政策扶持。资金、平台、政策等对创业来说至关重要,尤其是对初涉社会、没有资源积累的大学生来说这更是影响他们创业选择的关键性因素。因此,要想激发大学生创新创业的热情和积极性,就必须为他们提供切实的现实性条件保障,设立大学生创业基金、大学生创业指导中心等部门为大学生创业提供资金支持和技术指导。仅靠学校的力量是不够的,应充分发挥政府、社会的力量,进一步加大政策支持力度,例如无息小额贷款、税费减免、公司注册绿色通道等,完善创新创业保障机制,提供创业平台支持,切实为高校大学生创新创业扫清障碍。此外,要在全社会营造鼓励创新、宽容失败的良好氛围,为选择创业的大学生减轻心理负担。

(执笔人:张晓芳)

第九章　科学精神与科学素养

科学精神是随着人类在探索自然、社会的科学实践活动中逐渐陶冶而形成的一种积极进取的精神状态，是贯穿并深藏于科学研究学习之中的灵魂，是科学素养赖以提升的精神动力。习近平在十九大报告中倡导弘扬科学精神、普及科学知识、抵制腐朽落后文化侵蚀。大学生作为社会发展的主力军，特别是科技类大学生担负着科技强国的民族重任，这一群体是否具有科学精神、科学素养水平的高低直接影响到中华民族在以后世界性科技竞争中的地位。本章基于课题组2017年的调查数据，对当前科技类大学生的科学精神与科学素养的现状进行分析研究，以期对科技类大学生科学教育的加强改进有所助益。

一　对科技作用的看法

现代社会，科学技术已经成为第一生产力，科学技术的影响已经渗透到社会生活的方方面面。课题组从大学生对"科技兴则民族兴，科技强则国家强"这一观点的态度来把握科技类大学生对科技作用的看法。

（一）总体情况

调查发现，当前科技类大学生普遍认识到科技的重要作用。数据显示，总体上有96.2%的科技类大学生赞同科技作用，其中75.2%的科技类大学生对"科技兴则民族兴，科技强则国家强"这一观点表示"非常赞同"，21.0%的科技类大学生表示"比较赞同"。还有3.3%的科技类大学生表示"一般",同时有0.4%和0.1%的科技类大学生分别表示"不大赞同""很不赞同"。这说明当前大部分科技类大学生赞同科技的重要作用。

(二)不同类型科技类大学生对科技作用的看法

为了进一步分析不同群体的科技类大学生对科技作用的看法,课题组将科技类大学生对"科技兴则民族兴,科技强则国家强"的态度从"很不赞同"到"非常赞同"分别赋值1—5分,并将其与相关人口学变量进行均值分析,得分越高表示科技类大学生对科技作用的认识越深刻。

1. 基于成长背景的分析

从生源地类别来看,来自县城及以上的科技类大学生对科技作用的认同度更高($t=-2.237$,$P<0.05$)。数据显示,来自县城及以上的科技类大学生对科技作用表示赞同的均值得分为4.73,而来自乡镇及以下的科技类大学生这一得分为4.69。

2. 基于教育因素的分析

从年级来看,研究生更认同科技作用($F=3.455$,$P<0.01$)。通过均值分析发现,随着年级的增加,科技类大学生对科技作用的认同度呈现波动的状态,从大一到研究生,均值得分分别为4.69、4.73、4.71、4.66、4.77。

从政治面貌来看,党员科技类大学生对科技作用的认同度更高($t=3.631$,$P<0.001$)。均值比较发现,党员科技类大学生对科技作用认同的均值得分是4.77,高于非党员科技类大学生的均值得分4.69。

从学校所在区域来看,华中地区高校的科技类大学生对科技作用的认同度最高($F=5.009$,$P<0.001$)。数据显示,华中地区高校的科技类大学生对科技作用认同度的均值得分为4.79。西南地区高校的科技类大学生对科技作用的赞同程度最低,均值得分为4.62,其他地区高校的科技类大学生对科技认同的均值得分见图9-1。

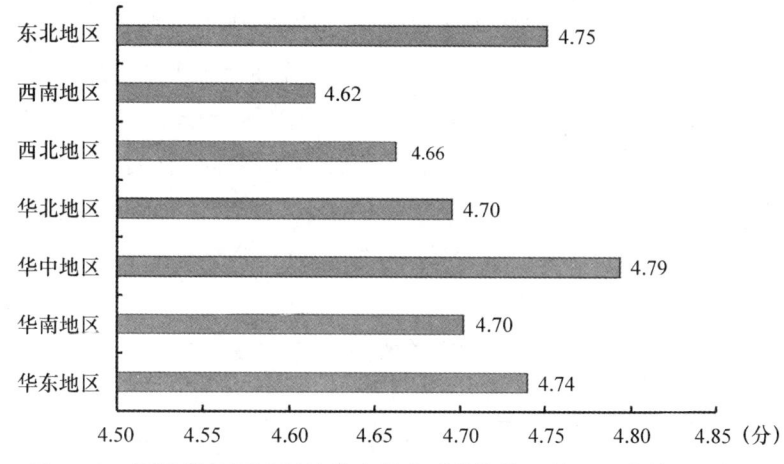

图 9-1　不同学校区域科技类大学生对科技作用赞同程度的均值得分

二　对科学工作者社会担当的认识

2016 年 4 月 26 日，习近平总书记在座谈会上提道："天下为公、担当道义，是广大知识分子应有的情怀"[①]。大学生作为知识分子的一员，作为未来的科学工作者，应该保持职与责的统一，发扬"先天下之忧而忧，后天下之乐而乐"的担当精神，认识到对社会对人民沉甸甸的责任。课题组通过调查科技类大学生对"知识分子应有为人民做学问的理想"的赞同程度来考察其对科学工作者社会担当的认识。

（一）总体情况

调查显示，有 91.8% 的科技类大学生对"知识分子应有为人民做学问的理想"这一观点表示"赞同"，其中 63.4% 的科技类大学生表示"非常赞同"，28.4% 的科技类大学生表示"比较赞同"。还有 7.0% 的科技类大学生表示"一般"，仅有 1.0% 的科技类大学生和 0.2% 的科技类大学生表示"不大赞同"和"很不赞同"。数据表明，绝大多数科技类大学生赞同科学工作者应该有社会担当。

---

① 《习近平在知识分子、劳动模范、青年代表座谈会上的讲话》，中国共产党新闻网，http://cpc.people.com.cn/n1/2016/0430/c64094-28316364.html。

(二) 不同群体科技类大学生对科学工作者社会担当的认识

为分析不同群体科技类大学生对科学工作者社会担当的认识,将科技类大学生对观点"知识分子应有为人民做学问的理想"的态度从"很不赞同"至"非常赞同"分别赋值1—5分,并将其与有关人口学变量进行一般线性回归,分析结果如表9-1所示。按照 $P<0.05$ 的检验水准,回归系数具有统计学意义的自变量有学校类别、学校所在区域等。

表9-1 不同群体科技类大学生对科学工作者社会担当认识的一般线性回归

变量		非标准化系数 B	非标准化系数 SE	标准化系数 Beta	统计量 t	显著性水平 P
常数项		1.549	0.057		27.400	<0.001
男性(参照项:女性)		0.017	0.25	0.012	0.673	0.501
汉族(参照项:少数民族)		0.058	0.036	0.029	1.614	0.107
年级 (参照项:大一)	大二	0.001	0.036	<0.001	0.002	0.998
	大三	0.048	0.038	0.028	1.248	0.212
	大四	-0.027	0.039	-0.016	-0.698	0.485
	研究生	0.050	0.044	0.026	1.138	0.255
生源地(参照项:乡镇及以下)		0.038	0.027	-0.027	-1.402	0.161
独生子女状况(参照项:非独生子女)		-0.018	0.027	-0.013	-0.670	0.503
政治面貌(参照项:非党员)		0.059	0.031	0.037	1.902	0.057
学生干部经历(参照项:非学生干部)		0.051	0.031	0.029	1.655	0.098
学校类别 (参照项:普通本科)	985高校	-0.091	0.029	-0.063	-3.151	0.002
	211高校	-0.038	0.033	-0.022	-1.142	0.253
学校所在区域 (参照项:华东地区)	华南地区	-0.181	0.075	-0.045	-2.404	0.016
	华中地区	0.059	0.043	0.028	1.374	0.169
	华北地区	-0.014	0.034	-0.009	-0.401	0.689
	西北地区	-0.029	0.042	-0.015	-0.697	0.486
	西南地区	-0.125	0.044	-0.059	-2.827	0.005
	东北地区	0.071	0.052	0.026	1.360	0.174

$N=3320$ $R^2=0.016$ $F=2.915$

从学校类别来看,985高校科技类大学生对"知识分子应有为人民做学问的理想"这一观点的赞同度最低。数据显示，985 高校科技类大学生的赞同度得分比普通高校科技类大学生低 9.1 个百分点。

从学校所在区域来看，以华东地区高校为参照项，华南地区和西南地区高校的科技类大学生对"知识分子应有为人民做学问的理想"的赞同度得分要更低，分别比华东地区高校低 18.1 个百分点和 12.5 个百分点。

三 对科学道德建设有关举措的了解

国家最高科学技术奖是国家科学技术奖中最高等级奖项，用以奖励通过评委票选出的在科学技术发展和科学技术创新中有卓越建树，具有良好的科学道德，并仍活跃在当代科学技术前沿的科学工作者。截至 2015 年，共有 25 位杰出科学工作者获得该奖项，包括袁隆平、吴文俊、王选、黄昆等优秀科学工作者。国家最高科学技术奖的创立，能够在全社会形成尊重知识、尊重科学、依靠科学的良好氛围，弘扬追求真理、勇于进取、严谨治学的科学道德。课题组以科技类大学生对获得国家最高科学技术奖的 25 位杰出科学工作者的了解情况为视角，通过调查科技类大学生对科学道德建设有关举措的知晓情况，来评判当前对科学道德建设的实际成效，以及科技类大学生对科学道德建设的关注程度。

（一）总体情况

调查发现，科技类大学生对科学道德建设有关举措的知晓度较高。数据显示，有 81.5% 的科技类大学生知晓获得国家最高科学技术奖的 25 位杰出科学工作者的相关事迹，其中"完全了解"的科技类大学生比例为 4.4%，"大部分了解"的科技类大学生有 21.0%，"只了解其中几位"的科技类大学生有 56.1%，而"完全不了解"和"不知道此事"的科技类大学生比例分别为 9.9% 和 8.6%。可见，科技类大学生对科学道德建设相关举措的了解情况较好。

（二）不同类型科技类大学生对科学道德建设有关举措的了解情况

为了进一步分析不同群体的科技类大学生对科学道德建设有关举措

的了解情况,将"完全了解""大部分了解""只了解其中几位""完全不了解""不知道此事",分别赋值5分、4分、3分、2分、1分,并将其与人口学变量进行均值比较分析,其中分数越高表示了解情况越好。

1. 基于自然因素的分析

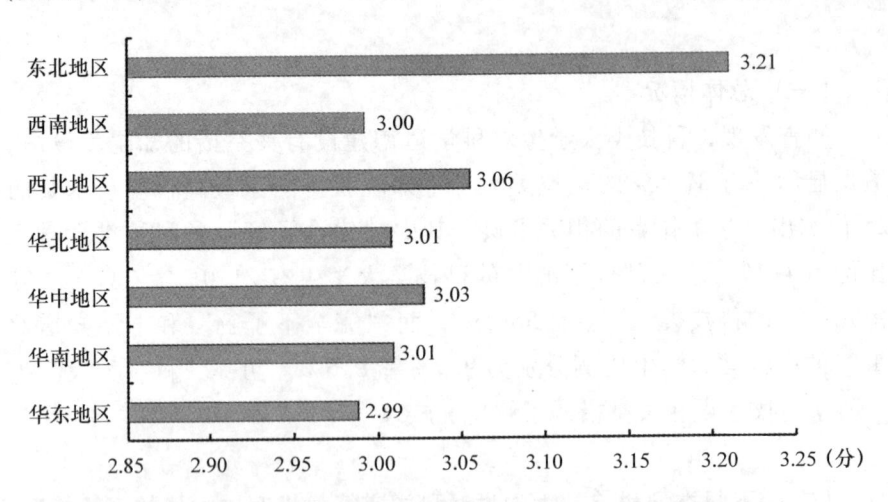

从性别来看,男性科技类大学生对科学道德建设有关举措的了解情况更好($t=3.760$,$P<0.001$)。男生对科学道德建设有关举措的了解情况均值得分为3.07,女生对科学道德建设有关举措的了解情况均值得分为2.95。

从年龄来看,高年龄段的科技类大学生对科学道德建设有关举措的了解情况最好($F=4.802$,$P<0.01$)。高年龄段的科技类大学生对科学道德建设有关举措了解情况的均值得分为3.21,低年龄段的科技类大学生和中间年龄段的科技类大学生均值得分分别为3.01和3.01。

2. 基于教育因素的分析

从学校所在区域来看,对科学道德建设有关举措的了解情况最好的是东北地区高校的科技类大学生,均值得分为3.21($F=2.177$,$P<0.05$),然后依次是西北地区(3.06)、华中地区(3.03)、华南地区(3.01)、华北地区(3.01)、西南地区(3.00)、华东地区(2.99)(见图9-2)。

图9-2 不同学校区域科技类大学生对科学道德建设有关举措的了解情况均值得分

四 对科学家学术历程的了解

老科学家是共和国科技发展史的亲历者和见证者,他们的个人学术历程是新中国科技发展史的重要组成部分,是不可复制和再生的宝贵资源。老一代科学家们求真务实、一丝不苟的科学经历激发了广大科技工作者的创新热情和创造活力。科技类大学生是科学家的后备军,了解老一代科学家的学术历程不仅有助于厘清新中国的学术传统,从而准确把握未来我国科技事业发展的基本方向,还有助于科技类大学生探索科技人才的成长规律,总结和认识科技人才成长所需的社会环境、科研条件、文化氛围和物质基础。为了解科技类大学生对科学家学术历程的了解情况,课题组围绕大学生对钱学森、郭永怀、李四光、邓稼先、王选、竺可桢、茅以升、罗阳、袁隆平、华罗庚10位杰出科学家的了解程度进行了调查分析。

(一)总体情况

调查显示,科技类大学生对钱学森、袁隆平、邓稼先和华罗庚4位科学家学术历程的了解程度较高,分别有23.7%、20.5%、17.9%、13.3%的科技类大学生阅读或观看过反映他们学术历程与学术贡献的传记、报告文学或影视作品;对郭永怀、王选和罗阳三位科学家学术历程的了解程度较低,分别有2.0%、2.3%、3.5%的科技类大学生阅读或观看过反映他们学术历程与学术贡献的传记、报告文学或影视作品(见表9-2)。在这10位科学家中,大部分科技类大学生(74.8%)只了解其中一半以内的科学家的学术历程,对这10位科学家学术历程都了解的科技类大学生比例很低,只有0.4%(见表9-3)。可见,科技类大学生对科学家学术历程的了解程度有待提高。

表9-2 科技类大学生对反映科学家学术历程与学术贡献相关作品的阅读或观看情况

科学家	钱学森	郭永怀	李四光	邓稼先	王选	竺可桢	茅以升	罗阳	袁隆平	华罗庚
占比(%)	23.7	2.0	7.9	17.9	2.3	3.9	5.0	3.5	20.5	13.3

表9-3　科技类大学生了解科学家学术历程与学术贡献的总数

个数	0	1	2	3	4	5	6	7	8	9	10
占比(%)	0.6	11.8	19.3	23.9	19.2	12.4	7.1	3.3	1.5	0.5	0.4

（二）不同类型科技类大学生对科学家学术历程与学术贡献的了解情况

为了探讨身份特征不同的科技类大学生对科学家学术历程与学术贡献的了解情况，课题组以了解科学家学术历程的个数为因变量进行了一般线性回归，发现性别、民族、年级、学校类别和学校区域不同的科技类大学生，在这一问题的认识上存在显著差异（见表9-4）。

表9-4　不同群体科技类大学生对科学家学术历程了解情况的一般线性回归

变量		非标准化系数 B	SE	标准化系数 Beta	统计量 t	显著性水平 P
常数项		3.013	0.146		20.688	<0.001
男性（参照项：女性）		0.169	0.065	0.047	2.609	0.009
汉族（参照项：少数民族）		0.245	0.094	0.047	2.618	0.009
年级（参照项：大一）	大二	-0.223	0.092	-0.054	-2.419	0.016
	大三	-0.059	0.098	-0.013	-0.595	0.552
	大四	-0.239	0.101	-0.053	-2.369	0.018
	研究生	-0.378	0.113	-0.077	-3.341	0.001
生源地（参照项：乡镇及以下）		0.045	0.069	0.013	0.649	0.517
独生子女状况（参照项：非独生子女）		-0.013	0.069	-0.004	-0.194	0.846
政治面貌（参照项：非党员）		0.112	0.080	0.027	1.401	0.161
学生干部经历（参照项：非学生干部）		0.045	0.069	0.013	0.649	0.517
学校类别（参照项：普通本科）	985高校	0.185	0.074	0.050	2.487	0.013
	211高校	0.018	0.086	0.004	0.210	0.833

续表

变量		非标准化系数		标准化系数	统计量	显著性水平
		B	SE	Beta	t	P
学校所在区域（参照项：华东地区）	华南地区	0.127	0.193	0.012	0.657	0.511
	华中地区	0.294	0.110	0.056	2.674	0.008
	华北地区	0.065	0.087	0.017	0.745	0.457
	西北地区	0.240	0.107	0.047	2.234	0.026
	西南地区	-0.174	0.115	-0.032	-1.516	0.130
	东北地区	-0.112	0.135	-0.016	-0.833	0.405

N = 3251　R^2 = 0.020　F = 3.759

1. 基于自然因素的分析

从性别来看，相比女性科技类大学生而言，男性科技类大学生对科学家学术历程与学术贡献的了解情况更好，了解程度比女生高 16.9 个百分点。

从民族来看，汉族科技类大学生对科学家学术历程与学术贡献的了解情况更好，了解程度比少数民族科技类大学生高 24.5 个百分点。

2. 基于教育因素的分析

从年级来看，大一新生对科学家的学术历程与学术贡献的了解程度最好，年级越高，对科学家学术历程与学术贡献的了解情况越差。相比于大一学生而言，大二学生对科学家学术历程与学术贡献了解情况低 22.3 个百分点，大四学生对科学家学术历程与学术贡献了解情况低 23.9 个百分点，而研究生对科学家学术历程与学术贡献的了解情况要低 37.8 个百分点。

从学校类别来看，985 高校的科技类大学生对科学家学术历程的了解情况最好。数据显示，985 高校的科技类大学生比普通本科的科技类大学生对科学家学术历程的了解程度要高 18.5 个百分点，而 211 高校的科技类大学生对科学家学术历程的了解程度跟普通本科的科技类大学生相比没有显著差异。

从学校所在区域来看，华中地区高校的科技类大学生对科学家学术历程的了解程度最高。数据显示，以华东地区高校的科技类大学生为参照项，华中地区高校的科技类大学生对科学家学术历程与学术贡献了解情况比参照项高 29.4 个百分点。西北地区高校的科技类大学生对科学家学术历程与学术贡献了解情况比参照项高 24.0 个百分点。而其他地区高校的科技类大学生跟参照项没有显著差异。

五 成为隐姓埋名为国奉献的科学家的意愿

"一个人的名字早晚是要消失的，留取丹心照汗青，能把自己微薄的力量融进强国的事业之中，也就足以欣慰了。"① 正是这样的信念和情操，使"中国氢弹之父"于敏甘心毕生奉献于国防科研事业。大学生不仅需要学习科学文化知识、掌握先进科学技术，更需要淡泊明志，宁静致远，立为国奉献之志，立为民服务之志。课题组通过调查科技类大学生对"成为于敏那样隐姓埋名为国奉献的科学家"的意愿程度来考察科技类大学生的科学奉献精神。

（一）总体情况

调查显示，当被问到"如果有需要，你愿意成为于敏那样隐姓埋名为国奉献的科学家吗"时，有 70.4% 的科技类大学生表示愿意，其中 31.1% 的科技类大学生表示"非常愿意"，39.3% 的科技类大学生表示"比较愿意"。只有 7.1% 和 1.5% 的科技类大学生表示"不大愿意"和"很不愿意"，另外有 21.0% 的科技类大学生表示"说不清楚"。数据表明，大部分科技类大学生愿意成为隐姓埋名为国奉献的科学家。

（二）不同群体科技类大学生成为隐姓埋名为国奉献的科学家的意愿

为分析不同群体科技类大学生成为隐姓埋名为国奉献的科学家的意愿，将包含自然因素、成长背景、教育因素等在内的多项人口学变量与科技类大学生的为国奉献意愿得分进行交互分析和均值比较。发现性

---

① 参见刘兆福：《"中国氢弹之父"于敏》，《党史纵横》2015 年第 9 期。

别、民族、生源地、政治面貌、学生干部经历、学校类别、学校区域不同的科技类大学生为国奉献的意愿存在显著差异。

1. 基于自然因素的分析

从性别来看，女性科技类大学生为国奉献的意愿更强烈（$\chi^2 = 22.589$，$P<0.001$）。数据显示，男性科技类大学生愿意（包括"非常愿意"和"比较愿意"，下同）"成为于敏那样隐姓埋名为国奉献的科学家"的比例为69.3%，对该行为持中立态度和不愿意态度（包括"不大愿意"和"很不愿意"，下同）的比例分别为20.5%、10.2%；女性科技类大学生对这一行为表示愿意、中立和不愿意态度的比例依次为72.1%、22.0%、5.9%（见表9-5）。

表9-5　　　　　不同性别科技类大学生为国奉献意愿　　　　　（%）

性别	成为于敏那样隐姓埋名为国奉献的科学家				
	非常愿意	比较愿意	说不清楚	不大愿意	很不愿意
男生	31.3	38.0	20.5	8.4	1.8
女生	30.8	41.3	22.0	5.2	0.7

从民族来看，汉族科技类大学生成为隐姓埋名为国奉献的科学家的意愿更强烈（$\chi^2 = 15.707$，$P<0.01$）。有71.4%的汉族科技类大学生愿意"成为于敏那样隐姓埋名为国奉献的科学家"，8.6%的汉族科技类大学生表示不愿意。而在少数民族科技类大学生中，表示愿意"成为于敏那样隐姓埋名为国奉献的科学家"的比例只有64.0%（见表9-6）。

表9-6　　　　　不同民族科技类大学生为国奉献意愿　　　　　（%）

民族	成为于敏那样隐姓埋名为国奉献的科学家				
	非常愿意	比较愿意	说不清楚	不大愿意	很不愿意
汉族	31.7	39.7	20.0	7.2	1.4
少数民族	28.5	35.5	28.1	6.6	1.3

2. 基于成长背景的分析

从生源地来看，来自乡镇及以下的科技类大学生成为隐姓埋名为国奉献的科学家的意愿更强烈（$\chi^2=16.890$，$P<0.01$）。来自乡镇及以下的科技类大学生愿意"成为于敏那样隐姓埋名为国奉献的科学家"的比例为72.8%，表示不愿意的比例为7.6%。而来自县城及以上的科技类大学生中，表示愿意"成为于敏那样隐姓埋名为国奉献的科学家"的比例只有67.9%，表示不愿意的比例为9.5%（见表9-7）。

表9-7　　　　　不同生源地科技类大学生为国奉献意愿　　　　　（%）

生源地	成为于敏那样隐姓埋名为国奉献的科学家				
	非常愿意	比较愿意	说不清楚	不大愿意	很不愿意
乡镇及以下	33.8	39.0	19.6	6.5	1.1
县城及以上	28.2	39.7	22.6	7.8	1.7

3. 基于教育因素的分析

从政治面貌来看，党员科技类大学生成为隐姓埋名为国奉献的科学家的意愿更强烈（$\chi^2=16.973$，$P<0.01$）。有74.6%的党员科技类大学生表示愿意"成为于敏那样隐姓埋名为国奉献的科学家"，表示不愿意的比例仅为5.3%。而在非党员科技类大学生中，表示愿意"成为于敏那样隐姓埋名为国奉献的科学家"的比例只有69.0%，9.6%的非党员科技类大学生表示不愿意（见表9-8）。

表9-8　　　　不同政治面貌科技类大学生为国奉献意愿　　　　（%）

政治面貌	成为于敏那样隐姓埋名为国奉献的科学家				
	非常愿意	比较愿意	说不清楚	不大愿意	很不愿意
党员	32.3	42.3	20.1	4.6	0.7
非党员	30.8	38.2	21.4	8.0	1.6

就是否有学生干部经历而言，有学生干部经历的科技类大学生更愿

意成为隐姓埋名为国奉献的科学家（$\chi^2 = 10.828$，$P < 0.05$）。有学生干部经历的科技类大学生愿意成为隐姓埋名为国奉献的科学家的比例为71.6%，不愿意的比例为8.0%。而没有学生干部经历的科技类大学生愿意为国奉献的比例为65.3%，不愿意的比例为10.5%（见表9-9）。

表9-9　　　　是否有学生干部经历的科技类大学生为国奉献意愿　　　　（%）

学生干部经历	成为于敏那样隐姓埋名为国奉献的科学家				
	非常愿意	比较愿意	说不清楚	不大愿意	很不愿意
有	31.2	40.4	20.4	6.7	1.3
没有	30.1	35.2	24.2	8.8	1.7

就学校类别而言，普通本科的科技类大学生成为隐姓埋名为国奉献的科学家意愿最强烈（$F = 6.913$，$P < 0.01$）。均值分析发现，普通本科的科技类大学生的为国奉献意愿均值得分最高，为3.98；其次为211高校的科技类大学生，均值得分为3.89，985高校的科技类大学生的意愿均值得分最低，为3.85。

从学校所在区域来看，华南地区高校的科技类大学生成为隐姓埋名为国奉献的科学家意愿最强烈（$F = 2.146$，$P < 0.05$）。均值分析发现，不同高校区域的科技类大学生按照成为隐姓埋名为国奉献的意愿均值得分排名，依次为华南地区（4.08）、华中地区（3.96）、华北地区（3.95）、东北地区（3.92）、华东地区（3.91）、西北地区（3.90）、西南地区（3.79）。

六　对科学家献身精神的评价

科学献身精神，不仅表现为关键时刻无所畏惧、不怕牺牲，还表现为数十年如一日孜孜以求、不屈不挠、坚韧不拔的艰苦奋斗精神。愿意为科学献身是科学家最重要的职业精神，培养大学生的献身精神对其今后科学事业的发展不可或缺。课题组通过调查科技类大学生对"科学家为追求真理牺牲了自己的幸福，甚至献出了生命"的评价来考察科技类大学生对科学家献身精神的认可程度。

(一) 总体情况

科技类大学生高度评价科学家的献身精神。调查显示，当被问及"在历史上，很多科学家为追求真理牺牲了自己的幸福，甚至献出了生命，您如何评价他们的行为"，87.7%的科技类大学生选择"可歌可泣，值得钦佩"；仅有6.9%的科技类大学生选择"生命可贵，得不偿失"；另有5.4%的科技类大学生选择"说不清楚"。

(二) 不同类型科技类大学生对科学家献身精神的评价

交互分析发现，自然因素、成长背景、教育因素不同的科技类大学生对科学家献身精神的评价有所不同。

1. 基于自然因素的分析

分析发现，性别和民族不同的科技类大学生对科学家献身精神的评价存在显著差异（见表9-10）。

表9-10 科技类大学生对科学家献身精神的评价与自然因素的交互分析

变量		对科学家献身精神的评价（%）			卡方检验	
		可歌可泣，值得钦佩	生命可贵，得不偿失	说不清楚	χ^2	P
性别	男	86.9	7.8	5.3	6.856	0.032
	女	88.9	5.5	5.6		
民族	汉族	88.3	6.3	5.4	8.327	0.016
	少数民族	84.2	9.9	5.9		
年龄	低年龄段	87.2	6.4	6.4	3.950	0.413
	中间年龄段	88.1	7.1	4.8		
	高年龄段	88.6	6.4	5.0		

从性别来看，女性科技类大学生更认可科学家的献身精神。数据显示，88.9%的女性科技类大学生认为那些为追求真理牺牲自己幸福甚至献出生命的科学家"可歌可泣，值得钦佩"，而男性科技类大学生的这

一比例为86.9%（$\chi^2=6.856$，$P<0.05$）。

从民族来看，汉族科技类大学生比少数民族科技类大学生更认可科学家的献身精神。数据显示，88.3%的汉族科技类大学生认为那些为追求真理牺牲自己幸福甚至献出生命的科学家"可歌可泣，值得钦佩"，而少数民族科技类大学生的这一比例为84.2%（$\chi^2=8.327$，$P<0.05$）。

2. 基于成长背景的分析

从生源地来看，来自乡镇及以下的科技类大学生更认可科学家的献身精神。数据显示，88.9%的来自乡镇及以下的科技类大学生认为那些为追求真理牺牲自己幸福甚至献出生命的科学家"可歌可泣，值得钦佩"，而来自县城及以上的科技类大学生的这一比例为86.5%（$\chi^2=15.222$，$P<0.001$）（见表9-11）。

表9-11　　　　不同生源地科技类大学生对科学家献身精神的评价

生源地	对科学家献身精神的评价（%）			卡方检验	
	可歌可泣，值得钦佩	生命可贵，得不偿失	说不清楚	χ^2	P
乡镇及以下	88.9	7.1	3.9	15.222	<0.001
县城及以上	86.5	6.6	7.0		

七　参加科普活动情况

大学生科学精神和科学素养的形成和培育是一个循序渐进的过程，离不开学校科普活动的有效开展。围绕科普活动的开展，课题组主要考察了科技类大学生参加科普活动的意愿以及实际参加情况。

（一）参加科普活动的意愿

1. 总体情况

调查发现，当前科技类大学生参加科普活动的意愿强烈。数据显示，86.8%的科技类大学生表示在不影响正常学习生活的情况下，愿意参加科普活动，其中39.8%的科技类大学生表示"非常愿意"参加科普活动，47.0%的科技类大学生"比较愿意"参加科普活动。另有11.5%的科技类大学生参加科普活动的意愿"一般"。只有1.7%的科技类大学生表示不愿意参加科普活动，其中1.4%的科技类大学生表示"不大愿意"，0.3%的科技类大学生表示"很不愿意"参加科普活动。

2. 不同类型科技类大学生参加科普活动的意愿

交互分析发现，自然因素、成长背景、教育因素不同的科技类大学生，参加科普活动的意愿有所不同（见表9-12）。

表9-12　　　　　不同类型科技类大学生参加科普活动意愿

变量		参加科普活动意愿（%）					卡方检验	
		非常愿意	比较愿意	一般	不大愿意	很不愿意	χ^2	P
性别	男	39.5	47.7	11.1	1.3	0.4	2.018	0.732
	女	40.5	45.6	12.1	1.5	0.3		
民族	汉族	41.4	46.3	10.7	1.4	0.2	21.973	<0.001
	少数民族	31.3	50.7	16.0	1.8	0.2		
年龄	低年龄段	39.9	47.7	10.8	1.3	0.3	—	0.422
	中间年龄段	39.8	45.8	12.7	1.5	0.2		
	高年龄段	42.5	48.4	8.2	0.9	0.0		
生源地	乡镇及以下	40.3	47.1	11.0	1.4	0.2	1.961	0.743
	县城及以上	39.4	46.8	12.0	1.4	0.4		
是否独生子女	是	39.3	46.5	12.0	1.8	0.3	6.210	0.184
	否	40.6	47.1	11.1	1.0	0.2		
年级	大一	43.1	47.5	7.7	1.7	0.0	36.384	0.003
	大二	37.5	47.8	12.5	1.4	0.8		
	大三	39.3	45.0	14.6	1.0	0.1		
	大四	37.5	49.0	11.8	1.7	0.0		
	研究生	42.5	45.4	10.7	1.0	0.4		
政治面貌	党员	43.4	46.9	9.1	0.6	0.0	—	0.002
	非党员	38.7	47.0	12.3	1.6	0.4		
干部经历	有	41.4	46.6	10.8	1.0	0.2	30.119	<0.001
	没有	34.0	47.6	15.0	2.9	0.5		

续表

变量		参加科普活动意愿（%）					卡方检验	
		非常愿意	比较愿意	一般	不大愿意	很不愿意	χ^2	P
学校类别	985高校	40.2	46.5	12.2	0.8	0.3	11.514	0.174
	211高校	40.1	47.5	9.8	2.0	0.6		
	普通本科	39.6	47.0	11.8	1.5	0.1		
学校区域	华东地区	38.7	47.8	11.9	1.6	0.0	—	0.017
	华南地区	51.5	39.6	7.9	1.0	0.0		
	华中地区	40.8	49.1	9.4	0.5	0.2		
	华北地区	43.0	43.3	11.6	1.6	0.5		
	西北地区	37.8	49.3	11.0	1.7	0.2		
	西南地区	32.1	51.3	15.4	1.2	0.0		
	东北地区	41.2	46.8	10.0	1.2	0.8		

（1）基于自然因素的分析

从民族来看，汉族科技类大学生更愿意参加科普活动。调查显示，87.7%的汉族科技类大学生表示"非常愿意"和"比较愿意"参加科普活动。少数民族科技类大学生这一比例为82.0%。在"不大愿意"和"很不愿意"的累计比例中，汉族为1.6%，少数民族为2.0%（$\chi^2 = 21.973$，$P < 0.001$）。

（2）基于教育因素的分析

通过分析发现，年级、政治面貌、有无学生干部经历、学校所在区域不同的科技类大学生参加科普活动的意愿存在显著性差异。

从年级来看，大一科技类大学生更愿意参加科普活动。有90.6%的大一科技类大学生表示"非常愿意"和"比较愿意"参加科普活动。大二、大三、大四和研究生分别有85.3%、84.3%、86.5%、87.9%的比例表示"非常愿意"和"比较愿意"参加科普活动（$\chi^2 = 36.384$，$P < 0.01$）。

从政治面貌来看，党员科技类大学生参加科普活动的意愿最强烈。数据显示，党员科技类大学生"非常愿意"和"比较愿意"参加科普活动的累计比例为90.3%，高于非党员科技类大学生的比例85.7%

($P<0.01$)。

从学生干部经历来看，有学生干部经历的科技类大学生参加科普活动的意愿程度更高，"非常愿意"和"比较愿意"参加科普活动的累计比例为88.0%，没有学生干部经历的科技类大学生相应的累计比例为81.6%（$P<0.001$）。

从学校区域来看，华南地区高校的科技类大学生参加科普活动的意愿程度最高，"非常愿意"和"比较愿意"参加科普活动的累计比例为91.1%，华中、东北、西北、华东、华北、西南地区高校的科技类大学生相应的累计比例为89.9%、88.0%、87.1%、86.5%、86.3%、83.4%。华南地区高校的科技类大学生"不大愿意"和"很不愿意"参加科普活动的累计比例为1.0%，华东、华中、华北、西北、西南、东北地区大学生相应的累计比例1.6%、0.7%、2.1%、1.9%、1.2%、2.0%。

（二）参加科普活动实际情况

科普活动是以科普为主题开展的一种有组织、有目的的群体性活动。参加科普活动，有助于向大学生普及科学技术知识、倡导科学方法、传播科学思想、弘扬科学精神，是促进大学生理解科学的重要渠道。

1. 总体情况

科技类大学生参加科普活动的实际情况不容乐观。调查显示，有58.7%的科技类大学生参加过科普活动，还有41.3%的科技类学生没有参加过科普活动。

在对问题"参加过哪些科普活动"的回答中，调查显示，参加过科普讲座的科技类大学生最多，占比33.2%。其次是参加科技展览的科技类大学生，占比27.5%，参加科技周、科技节、科普日的科技类大学生，占比24.6%，还有7.5%的科技类大学生参加过科技培训，6.6%的科技类大学生参加过科技咨询，剩余0.6%的科技类大学生参加了其他形式的科普活动。

统计参加过上述科普活动的频数，发现大多数科技类大学生只参加了其中一种科普活动，占比54.3%。有32.7%的科技类大学生参加了其中两种科普活动，10.6%的科技类大学生参加了三种科普活动，2.1%的科技类大学生参加了四种科普活动，还有0.6%的科技类大学生参加了五种上述的科普活动。

2. 不同类型科技类大学生参加科普活动情况

为了探讨身份特征不同的大学生参加科普活动的情况，课题组进行了交互分析，发现性别、民族、生源地、政治面貌和学校类别不同的科技类大学生参加科普活动的情况存在显著差异（见表9-13）。

表9-13　不同类型的科技类大学生参加过科普活动的Logistic回归分析

变量		非标准化系数		显著性水平	发生比
		B	SE	P	Exp（B）
常数项		-0.600	0.264	0.023	0.549
男性（参照项：女性）		0.190	0.076	0.012	1.209
汉族（参照项：少数民族）		0.306	0.106	0.004	1.358
年级（参照项：大一）	大二	0.223	0.112	0.047	1.250
	大三	0.055	0.147	0.706	1.057
	大四	0.014	0.162	0.929	1.015
	研究生	-0.198	0.189	0.294	0.820
县城及以上（参照项：乡镇及以下）		-0.044	0.081	0.585	0.957
独生子女状况（参照项：非独生子女）		0.215	0.080	0.007	1.240
政治面貌（参照项：非党员）		0.198	0.095	0.037	1.219
学生干部经历（参照项：非学生干部）		0.455	0.093	<0.001	1.576
学校类别（参照项：普通本科）	985高校	0.474	0.087	<0.001	1.607
	211高校	0.264	0.099	0.008	1.302

N = 3271　-2 Log likelihood = 4321.61　Cox & Snell R Square = 3.4%

（1）基于自然因素的分析

从性别来看，男性科技类大学生参加科普活动的比例更高。回归分析发现，男性科技类大学生比女性科技类大学生参加科普活动的可能性高20.9个百分点。具体来说，男性科技类大学生参加过科普活动的比例有60.7%，而女性科技类大学生参加科普活动的比例只有55.6%（χ^2 = 8.716，P < 0.01）。

从民族来看，汉族科技类大学生参加过科普活动的比例更高，比少数民族科技类大学生参加科普活动的可能性高 35.8 个百分点。汉族科技类大学生参加过科普活动的比例为 60.2%，比少数民族多 10.9 个百分点（$\chi^2=19.125$，$P<0.001$）。

（2）基于成长背景的分析

从生源地来看，来自县城及以上的科技类大学生参加科普活动的比例更高。来自乡镇及以下的科技类大学生参加科普活动的可能性是来自县城及以上科技类大学生的 95.7%。有 61.1% 的来自县城及以上的科技类大学生参加过科普活动，来自乡镇及以下的科技类大学生的这一比例为 56.4%（$\chi^2=7.702$，$P<0.01$）。

从独生子女情况来看，独生子女科技类大学生参加科普活动的比例更好，回归分析显示，独生子女科技类大学生参加科普活动的可能性是非独生子女科技类大学生的 1.24 倍。独生子女科技类大学生参加过科普活动的比例为 62.0%，非独生子女科技类大学生的这一比例为 55.1%（$\chi^2=16.571$，$P<0.001$）。

（3）基于教育因素的分析

从政治面貌来看，党员科技类大学生参加科普活动的比例更高。回归分析发现，党员科技类大学生参加科普活动的可能性是非党员的 1.219 倍。党员中有 62.9% 的科技类大学生参加过科普活动，而非党员中只有 57.4% 的科技类大学生参加过科普活动（$\chi^2=7.808$，$P<0.01$）。

从学生干部经历来看，有学生干部经历的科技类大学生参加科普活动的比例更高。有学生干部经历的科技类大学生参加科普活动的可能性是没有学生干部经历的 1.576 倍。有学生干部经历的科技类大学生参加科普活动的实际比例为 61.1%，而没有学生干部经历的科技类大学生参加科普活动的比例为 48.8%（$\chi^2=31.961$，$P<0.001$）。

从学校类别来看，985 高校的科技类大学生参加过科普活动的比例最高，其次是 211 高校，最后是普通本科学校。以普通本科高校的科技类大学生为参照项，985 高校的科技类大学生参加科普活动的可能性是参照项的 1.607 倍，211 高校的科技类大学生参加科普活动的可能性是参照项的 1.302 倍。985 高校中有 64.9% 的科技类大学生参加过科普活动，211 高校中有 61.0% 的科技类大学生参加过科普活动，而普通本科中有 53.0% 的科技类大学生参加过科普活动（$\chi^2 = 40.20$，$P < 0.001$）。

从学校所在区域来看，华中地区高校的科技类大学生参加科普活动的比例最高，有 61.4% 参加过科普活动。其他地区包括西北地区、华北地区、东北地区、华东地区、华南地区、西南地区高校的科技类大学生参加过科普活动的比例分别为 60.8%、60.0%、59.3%、58.8%、54.5%、50.4%（$\chi^2 = 14.569$，$P < 0.05$）。

八　本章小结

总体上看，当代科技类大学生的科学精神与科学素养状况值得肯定。科技类大学生高度认同科技作用，具有科学工作者的社会担当，普遍了解国家对道德建设的有关举措，成为隐姓埋名为国奉献的科学家的意愿强烈，并且高度评价科学家的献身精神，普遍愿意参加科普活动。但调查也发现，科技类大学生对科学家学术历程的了解程度还不够高，并且实际参与科普活动的比例还有待提升。

（一）科技类大学生科学精神与科学素养的总体态势

第一，高度肯定科学的价值，普遍能认识到科学工作者的社会担当。总体上有 96.2% 的科技类大学生赞同"科技兴则民族兴，科技强则国家强"这一观点，其中 75.2% 的科技类大学生表示"非常赞同"，21.0% 的科技类大学生表示"比较赞同"。此外，数据显示 91.8% 的科技类大学生对"知识分子应有为人民做学问的理想"这一观点表示赞同，其中 63.4% 的科技类大学生表示"非常赞同"，28.4% 的科技类大学生表示"比较赞同"。可以看出，当前大部分科技类大学生肯定了科学价值，赞同科学工作者应该有社会担当。

第二，对科学道德建设举措的知晓度较高，但对科学家学术历程的了解不够全面。科技类大学生对"获得国家最高科学技术奖的 25 位杰出科学工作者"的知晓度为 81.5%，其中 4.4% 的科技类大学生"完全了解"，21.0% 的科技类大学生"大部分了解"，56.1% 的科技类大学生"只了解其中几位"。可以看出科技类大学生对"获得国家最高科学技术奖的25位杰出科学工作者"的总体知晓度较高，国家科学道德建设相关举措在大学生群体中得到了较好的宣传。但科技类大学生对科学家学术历程的了解还不够深入，数据显示，在列出来的10位科学家中①，只有25.2%的科技类大学生了解其中一半以上科学家的学术历程，对这10位科学家学术历程都了解的大学生比例很低，只有0.4%。说明学校和社会层面对科学家的宣传力度还不够，老一辈科学家的示范引领作用还尚未在科技类大学生群体中得到充分发挥。

第三，隐姓埋名为国奉献的意愿强烈，高度评价科学家的献身精神。调查显示，当被问到"如果有需要，你愿意成为于敏那样隐姓埋名为国奉献的科学家吗"时，有70.4%的科技类大学生表示愿意，其中31.1%的科技类大学生表示"非常愿意"，39.3%的科技类大学生表示"比较愿意"。只有7.1%和1.5%的科技类大学生表示"不大愿意"和"很不愿意"。当被问及"在历史上，很多科学家为追求真理牺牲了自己的幸福，甚至献出了生命，您如何评价他们的行为"，有87.7%的科技类大学生选择"可歌可泣，值得钦佩"，仅有6.9%的科技类大学生选择"生命可贵，得不偿失"，另有5.4%的科技类大学生选择"说不清楚"。表明了科技类大学生为国奉献的意愿强烈，对科学家献身精神及其所承载的价值观念的高度认可和充分肯定，在一定程度上反映了当代科技类大学生崇高的科学精神。

第四，参加科普活动的意愿强烈，实际参与率却不高。调查发现，86.8%的科技类大学生表示在不影响正常学习生活的情况下，愿意参加科普活动，其中39.8%的科技类大学生"非常愿意"参加科普活动，47.0%的受访科技类大学生"比较愿意"，只有1.7%的科技类大学生表示不愿意参加科普活动。而在实际情况中，只有58.7%的科技类大学生参加过科普活动，还有41.3%的科技类学生没有参加过科普活动。在参加过科普活动的科技类大学生中，有54.3%的科技类大学生只参加过一种形式的科普活动，32.2%的科技

---

① 10位科学家分别是：钱学森、郭永怀、李四光、邓稼先、王选、竺可桢、茅以升、罗阳、袁隆平、华罗庚。

类大学生参加过两种形式的科普活动。结果表明,科技类大学生对科普活动有着较为强烈的参与意愿,然而由于与正常学习生活有冲突、学校科普活动形式不新颖等各方面的原因导致科技类大学生科普活动的实际参与率并不高,并且参与形式太过单一。说明科技类大学生科普活动的参与度还有较大的提升空间。

(二)科技类大学生科学精神与科学素养的群体差异

第一,从性别来看,男性科技类大学生更愿意参加科普活动并且参加科普活动的比例更高,而女性科技类大学生表现出更强烈的为国奉献意愿并且更认可科学家的献身精神。

第二,从生源地来看,来自县城及以上的科技类大学生更认可科学工作者的社会担当并且参加科普活动的比例更高,而来自乡镇及以下的科技类大学生奉献意愿更强。

第三,大一新生的科学精神和科学素养表现最好。随着年级的升高,科技类大学生参与科普活动的意愿下降,对科学家学术历程的了解情况变差。科学教育和科普活动的普及在高年级的缺失,可能是导致高年级科技类大学生科学精神和科学素养水平弱化的原因之一。

第四,从高校类别来看,985高校的科技类大学生对科学家学术历程的了解情况最好,并且实际参加科普活动的比例最高,然而,为国奉献的意愿相比于其他高校的科技类大学生更低,对科学家献身精神的评价也更悲观。

第五,华南地区和华中地区高校的科技类大学生的科学精神和科学素养表现最好。华中地区高校的科技类大学生最认可科技作用,对科学家学术历程的了解情况最好,并且实际参加科普活动的比例最高。华南地区高校的科技类大学生成为隐姓埋名为国奉献的科学家的意愿最强烈,最认可科学家的献身精神,并且参加科普活动的意愿最强烈。

(三)科技类大学生和非科技类大学生的对比

科技类大学生和非科技类大学生在科学精神与科学素养方面各有优势。科技类大学生在科普活动方面更有优势,而非科技类大学生在对科学家学术历程了解方面更有优势。具体来说,科技类大学生参与科普活动的意愿更强烈，比非科技类大学生高 4 个百分点（$\chi^2 = 21.659$，$P < 0.001$），并且实际参与科普活动的比例更高，比非科技类大学生高 10.3 个百分点（$\chi^2 = 51.573$，$P < 0.001$）。而非科技类大学生对科学家学术历程与学术贡献的了解更全面，均值得分为 3.64，比科技类大学生高 16.9 个百分点（$t = 6.301$，$P < 0.01$）。非科技类大学生对自然科学的轻视，缺乏对自然科学知识的普及，可能造就了他们对科普活动不感兴趣。而科技类大学生虽然乐意参与科普活动，然而人文素养的缺失导致他们对科学家学术历程与学术贡献的传记、报告文学或影视作品的了解程度不够。

（四）影响科技类大学生科学精神与科学素养的其他因素

第一，科技类大学生的科学精神与科学素养相互关联，相互影响。通过相关分析发现，科技类大学生的科学精神与科学素养的水平高度一致。一方面，对科学家学术历程的了解程度越高，更认可科学工作者的社会担当（$r = 0.097$，$P < 0.01$），为国奉献的意愿更强烈（$r = 0.143$，$P < 0.01$）；另一方面，参与科普活动的意愿越强烈，对科技作用越认同（$r = 0.266$，$P < 0.01$），对科学道德建设举措的知晓度越高（$r = 0.166$，$P < 0.01$），对科学家学术历程的了解程度也越高（$r = 0.135$，$P < 0.01$）。说明科技类大学生的科学精神与科学素养互为依托，良好的科学素养有利于科学精神的锻造，而对科学的求知精神构成了科学素养得以提升的发展前提。

第二，校园学术环境对科技类大学生的科学道德与科学素养意义重大。通过回归分析和交互分析发现，校园的学术环境对科技类大学生的学术道德与学术素养意义重大。首先，科技类大学生周围学术诚信情况越好，大学生的科学素养水平越高。具体表现为科技类大学生周边抄袭他人科研成果、伪造科研数据等行为的存在程度每提升一个单位，其对科学工作者社会担当的认同感就降低 2.5 个百分点（$P < 0.01$），隐姓埋名为国奉献的意愿降低 5.7 个百分点（$P < 0.001$），科普活动的参与意愿降低 42.1 个百分点（$P < 0.001$）。其次，校园内学术道德和学风建设活动有利于科技类大学生科学道德与科学素养的培养。表现为开展过科学道德和学风建设宣讲教育活动的学校的科技类大学生相比于没有

开展活动的学校的科技类大学生而言，其参加科普活动的意愿增加 11.2 个百分点（$P<0.001$），对科技的认同度增加 11.0 个百分点（$P<0.001$），对科学献身精神的赞同度高 25.6 个百分点（$P<0.001$），参加科普活动的比例高 17.4 个百分点（$P<0.001$）。说明校园的学术环境对于科技类大学生科学精神与科学素养的培养影响深远。

第三，"科学大师名校宣传工程"有利于科技类大学生的科学道德与科学素养的培养。"科学大师名校宣传工程"是指以"校友演校友、学弟演学长"的方式，编排《王选之歌》《马兰花开》《钱学森》《求是魂》《大地之光》《爱在天际》《茅以升》《罗阳》《哥德巴赫猜想》9 部舞台剧，并在各地高校进行巡演。以观看舞台剧的数量为自变量，以科技类大学生的科学精神与科学素养状况为因变量。可以得到观看舞台剧的数量每增加一个单位，对科学工作者的社会担当的认同度增加 1.5 个百分点，对科学道德建设举措的知晓度增加 16.1 个百分点，对科学家学术历程的了解程度增加 13.3 个百分点，成为为国奉献的科学家的意愿增加 6.4 个百分点，并且科普活动的参与意愿也增加 3.4 个百分点。说明"科学大师名校宣传工程"对科技类大学生的科学道德与科学素养的培养有促进作用。

（五）对策与建议

针对课题组在分析数据时发现的一些问题和现象，在此尝试提出以下对策与建议。

1. 营造良好的校园学术环境

课题研究发现，校园内积极健康的学术环境有利于科技类大学生的科学精神与科学素养的培养，基于这一客观事实，我们应该加强校园的学术道德与学风建设，培养健康的学术环境。第一，净化学术研究氛围，杜绝学术界的抄袭、伪造、弄虚作假。数据显示，科技类大学生周围的学术情况直接影响其科学素养的水平，因此首先需要建立相应的高校学术道德的自律和管理机制，杜绝学术界的弄虚作假、贪污腐败等不良风气。其次要重视高素质教师队伍的建设，强化教师的科学精神与科学素养。第二，加强校园科学道德教育活动，发挥老一辈科学家的示范引领作用。数据显示，校园科学道德和学风建设教育活动对科技类大学生的科学精神与科学素养有促进作用，并且科技类大学生对科学家的学术历程与学术贡献的了解程度与科学素养水平呈正相关关系，然而科技类大学生对科学家学术历程的了解程度较低，因此可以通过播放科学家学术历程与学术贡献的影视作品，组织阅读与科学家学术历程与学术贡献相关的传记、报告文学，支持并发起科技类大学生科学研究社团的建立等来开展校园的科学道德和学风教育活动，增加科技类大学生对科学家的了解，发挥老一辈科学家的示范引领作用。

2. 加强科学通识教育

调查显示不同群体的科技类大学生在科学精神和科学素养方面还存在较大的差异，例如，针对不同区域学校的科技类大学生，他们对科学道德建设建设举措的知晓度区间在79.1%—85.3%，科普活动的实际参与比例区间在50.4%—61.4%，表明不同区域内的科技类大学生的科学精神与科学素养状况仍然参差不齐，并且不同性别和生源地的科技类大学生的科学素养水平也存在较大的差异。因此要提高大学生科学精神和科学素养的整体水平，排除学校地域、性别、生源地等的影响，高校可以采用具有广泛性、专业性、非功利性的通识教育。目前我国高校公共课教育，主要是英语、计算机、体育、政治理论等，科学通识教育相对匮乏。因此通过开展科学通识教育教学，建立相关保障机制，可以让大学生对科学知识有综合、全面的了解，掌握科学的方法论，培养对科学的兴趣与热情，养成严谨求实的学风。首先，科学通识教育针对全体大学生不能同一而论。第一，科技类大学生的通识教育，应注重科学史、科学哲学、科学与社会方面的教育，非科技类大学生应注重自然科学类的教育；第二，根据学段设定不同的科学通识教育计划，数据显示随着学段的升高，科技类大学生的科学素养水平反而下降，因此要着重注意高年级大学生的科学精神与科学素养状况。其次，发展科学通识教育，大学必须建立完善的机制和体系。在现阶段情况下，各高校应从行政机构入手，加大对通识教育的支持力度，从软硬件两方面来满足发展需求，包括科学教育中的实验设备、实验基地以及能够胜任科学教育课程的优秀教师等。最后，要注重通识教育以多样化的方式开展，进行多元化的考核评定，不能单从选课人数中衡定，还需要采取更多的行之有效的方法。

3. 科普活动多元化，吸引更多学生参与

虽然科技类大学生参与科普活动的意愿强烈（86.8%），然而只有58.7%的科技类大学生实际参与了科普活动，可见科普活动的参与比例还有较大的提升空间。而在实际参与科普活动的科技类大学生中，有超过一半的大学生只参加了一种形式的科普活动，说明科普活动的举办形式目前还过于单一。因此要提高科技类大学生参与科普活动的比例，首先要弄清楚阻碍科普活动参与的因素，如果是由于和正常学习课程相冲突，则需要统筹协调课内课程教育和课外科普活动的设置。其次需要开展一些丰富多彩，切合科技类大学生实际生活的科普活动，积极调动其参加科研实践活动的主观能动性。可以通过各种各样的实习、科技竞争、科技展览、创业大赛来激发科技类大学生的兴趣，给学生提供更多的实践机会。还可以聘请学术造诣高、品德高尚的杰出科学工作者作为指导教师，成为学生精神上的益友。

4. 发挥新媒体公众平台作用

微信、微博等新媒体公众平台已成为大学生日常学习生活的一部分，利用高校的新媒体公众平台来普及科学知识，既能起到事半功倍的作用，又符合大学生的生活习惯及思维方式。数据显示，目前有94.3%的科技类大学生所在的学校有微信、微博等新媒体公众平台，并且有97.2%的科技类大学生会浏览这些公众平台的信息。因此大学生的科学教育应该充分利用微博、微信等新媒体公众平台，提升网络空间科学教育的能力和水平。通过网络、微博、微信等新型教育平台来加大对科技事业、科技工作者、科学精神等的宣传，激发科技类大学生的科研兴趣，引导科技类大学生积极健康的科学精神，提升科技类大学生的科学素养。充分发挥新媒体公众平台的作用，提高大学生的积极性，为进一步促进科技类大学生的科学精神与科学素养增添新助力。

（执笔人：何甜田）

第十章 学术道德

学术道德规范是研究者在科学探索过程中所必须遵守的价值准则。不同于学术法律法规及学术纪律，学术道德规范没有正式的强制性，其主要依靠外在的社会舆论监督和学术研究者自身的自觉性。近年来国际国内学术领域学术不端事件频发，学术道德危机日益显露。尤其是在当今市场化发展的情境下，高校学术道德规范备受考验。为了深入了解目前国内高校科技类大学生学术道德的现状，课题组从科技类大学生对学校学术诚信文件的知晓情况、对周围同学学术诚信情况的评判、对待课程论文的态度以及对学校开展的科学道德和学风建设宣传教育活动的知晓及参与情况等方面进行了考察。针对调查中发现的现象和问题，课题组尝试为提升科技类大学生的学术道德素养提出一些建议。

一 对学校学术诚信文件的知晓情况

对相关学术诚信文件的知晓是遵守学术道德规范的必要前提。国外高校对大学生学术道德教育十分重视，对学术规范和学术诚信文件的制定和宣传等也十分重视，且十分注重实践性。目前，国内高校基本都颁布了学术诚信、学术道德相关文件，但由于宣传力度不够等原因，大学生对这些文件的了解渠道尚不完全通畅，从而导致了学校已经颁布但大学生不知情现象的发生。课题组针对国内高校科技类大学生对学校颁布的学术诚信文件的知晓情况进行了全面系统的调查和分析，以期把握当前国内科技类大学生对于学术诚信的关注情况。

(一) 总体情况

调查表明,仅有 58.0% 的科技类大学生知道学校已经颁布学术诚信文件,相比而言,非科技类大学生中知晓程度更低,为 54.0% (χ^2 = 11.591,$P<0.05$);不知道学校是否颁布了学术诚信文件的科技类大学生占比将近四成 (37.3%),另外还有 4.8% 的科技类大学生认为学校并没有颁布学术诚信文件。实际上,基本每所高校都有自己的学术诚信文件,那些认为没有颁布学术诚信文件的大学生事实上也可以属于不知晓颁布与否的范畴。上述结果表明,目前科技类大学生对于学校颁布学术道德文件的知晓率总体上依然不高,学术诚信相关政策的宣传教育还有待加强。

(二) 不同类型科技类大学生对学校学术诚信文件的知晓情况

为详细了解不同类型科技类大学生群体对其所在学校诚信文件的知晓情况,我们对所得数据进行了交叉分析,并利用卡方检验来确定这一认知的人群差异是否显著。分析表明,自然因素、成长背景、教育背景不同的科技类大学生对其所在高校是否颁布学术诚信文件的知晓情况存在显著差异。详细结果见表 10-1。

表 10-1　科技类大学生对学校学术诚信文件知晓情况的人群差异分析

变量			对学校学术诚信文件的知晓情况 (%)			卡方检验	
			已颁布	未颁布	不知道	χ^2	P
自然因素	年龄	低年龄段	51.8	5.1	43.1	71.562	<0.001
		中间年龄段	60.8	4.4	35.0		
		高年龄段	79.5	4.1	16.4		
	民族	汉族	59.5	4.3	36.2	25.949	<0.001
		少数民族	47.7	7.4	44.9		
成长背景	生源地	乡镇及以下	57.1	5.5	37.4	4.666	0.097
		县城及以上	59.0	4.0	37.0		
	是否独生子女	是	61.1	4.2	34.7	14.070	0.001
		否	54.8	5.2	40.0		

续表

变量		对学校学术诚信文件的知晓情况（%）			卡方检验	
		已颁布	未颁布	不知道	χ^2	P
教育因素	年级 大一	52.8	5.2	42.0	94.317	<0.001
	大二	50.8	5.0	44.2		
	大三	55.0	5.4	39.6		
	大四	62.2	4.3	33.5		
	研究生	74.8	3.4	21.8		
	学生干部经历 有	59.5	4.0	36.5	26.036	<0.001
	无	51.7	8.0	40.3		
	政治面貌 党员	65.5	3.8	30.7	26.559	<0.001
	非党员	55.5	5.1	39.4		
	学校类型 985高校	60.7	4.3	35.0	8.560	0.073
	211高校	59.2	4.3	36.5		
	普通高校	55.4	5.3	39.3		
	学校所在区域 华东地区	64.6	3.6	31.8	57.315	<0.001
	华南地区	51.0	3.1	45.9		
	华中地区	57.8	2.3	39.9		
	华北地区	60.6	4.7	34.7		
	西北地区	49.2	8.1	42.7		
	西南地区	51.6	4.9	43.5		
	东北地区	57.4	6.8	35.8		

1. 基于自然因素的分析

从年龄来看，科技类大学生对于其所在学校是否颁布学术诚信文件存在显著的年龄差异（$\chi^2 =71.562$，$P<0.001$）。知道学校已经颁布学术诚信文件的科技类大学生在低年龄段、中间年龄段和高年龄段中的比例分别为51.8%、60.8%、79.5%，而不知道的比例则分别为43.1%、35.0%、16.4%（见图10-1）。因此可知，科技类大学生年龄越大，其对学校是否颁布学术诚信文件的了解程度就越高。

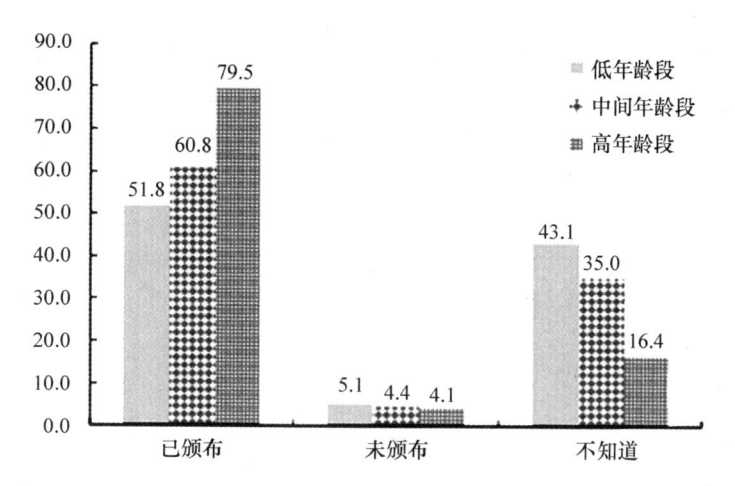

图 10-1 不同年龄段科技类大学生对学校学术
诚信文件的知晓情况（%）

从民族来看，汉族与少数民族科技类大学生对于学校学术诚信文件的颁布与否的了解程度不尽相同（$\chi^2 = 25.949$，$P < 0.001$）。汉族科技类大学生中有59.5%的人知道学校颁布了学术诚信文件，而少数民族科技类大学生中则仅有47.7%的人知道。汉族科技类大学生对学校颁布学术诚信文件的知晓情况远好于少数民族科技类大学生。

2. 基于成长背景的分析

从生源地来看，生源地不同的科技类大学生对学校学术诚信文件的知晓情况略有不同（$\chi^2 = 4.666$，$P = 0.097$）。生源地为乡镇及以下地方的科技类大学生中有57.1%的人知道所在学校已经颁布学术诚信文件，而生源地为县城及以上地方的大学生中则有59.0%知道学校已经颁布学术诚信文件。即来自城市地区的科技类大学生对学校学术诚信文件的知晓情况略好于来自农村地区的科技类大学生。

从是否独生子女来看，独生子女科技类大学生与非独生子女科技类大学生对学校学术诚信文件的知晓情况也存在一定的差异（$\chi^2 = 14.070$，$P < 0.01$）。独生子女科技类大学生中有61.1%的人知道所在学校颁布了学术诚信文件，而非独生子女科技类大学生中这一比例仅为54.8%。即独生子女科技类大学生对学校相关学术诚信文件颁布情况的了解程度更高。

3. 基于教育因素的分析

从年级来看，不同年级的科技类大学生对学校学术诚信文件的知晓情况具有显著差异（$\chi^2=94.317$，$P<0.001$）。科技类大学生对学校学术诚信文件知晓程度由低到高的排序依次为：大二（50.8%）＜大一（52.8%）＜大三（55.0%）＜大四（62.2%）＜研究生（74.8%），可以发现，科技类大学生在本科前三年期间对学术诚信文件的知晓程度差异很小，大四阶段才出现较为明显的差异，而研究生与本科生之间的差异性则更加显著（见图10-2）。总体而言，在校时间越长，随着对科研地逐渐接触，科技类大学生对学术诚信文件的知晓程度也就会越来越高。

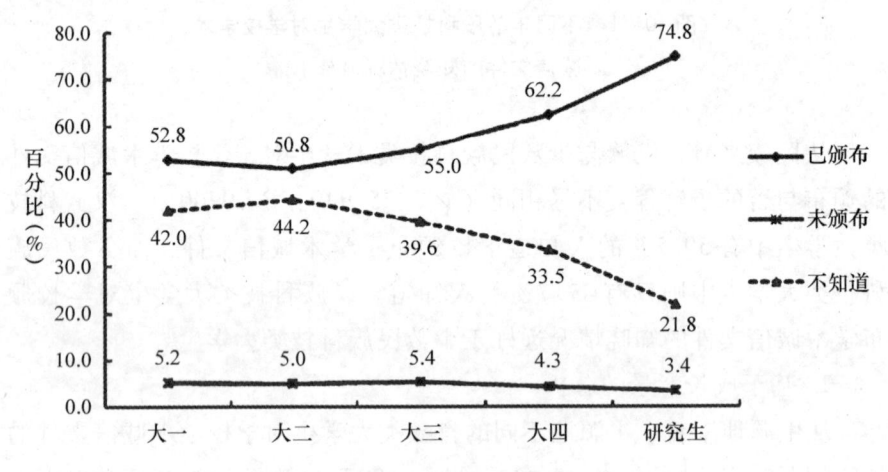

图 10-2 不同年级科技类大学生对学校学术
诚信文件的知晓情况

从学生干部经历来看，学生干部经历不同的科技类大学生对学校学术诚信文件的知晓程度存在显著差异（$\chi^2=26.036$，$P<0.001$）。由于有学生干部经历的科技类大学生对学生和学校事务有更多的了解，因此，与没有学生干部经历的科技类大学生相比，他们对学校学术诚信文件的了解程度要更高。数据显示，在有学生干部经历的科技类大学生中有约六成（59.5%）的人知道学校颁布了学术诚信文件，而没有学生干部经历的科技类大学生中这一比例仅为五成（51.7%）。

从政治面貌来看，与有无学生干部经历类似，是否党员这一因素也影响着科技类大学生对学校学术诚信文件的知晓程度（$\chi^2 = 26.559$，$P < 0.001$）。党员一般会更多地参与社会实践活动并做出一定的表率作用，因此其了解程度相应地就高于非党员。数据显示，党员科技类大学生对所在学校颁布学术诚信文件的知晓程度为65.5%，而非党员科技类大学生则仅有55.5%。

从学校类别来看，不同学校类别科技类大学生对学校颁布的学术诚信文件知晓程度由高到低依次为：985高校（60.7%）＞211高校（59.2%）＞普通高校（55.4%）。由此可知，学校等级越高，科技类大学生对诚信文件的知晓程度就越高；与普通高校相比，211、985高校中的科技类大学生对于学校学术诚信文件的知晓程度显得更高。

从学校所在区域来看，学校所在区域不同的科技类大学生对学校学术诚信文件的知晓情况也有一定的差异（$\chi^2 = 57.315$，$P < 0.001$）。不同区域高校科技类大学生对学校学术诚信文件的知晓程度由高到低依次为：华东地区（64.6%）＞华北地区（60.6%）＞华中地区（57.8%）＞东北地区（57.4%）＞西南地区（51.6%）＞华南地区（51.0%）＞西北地区（49.2%），大致呈现出东高西低的格局（见图10-3）。考虑到我国高校的地域分布类型，这一规律也与不同学校类型的差异分布相契合。

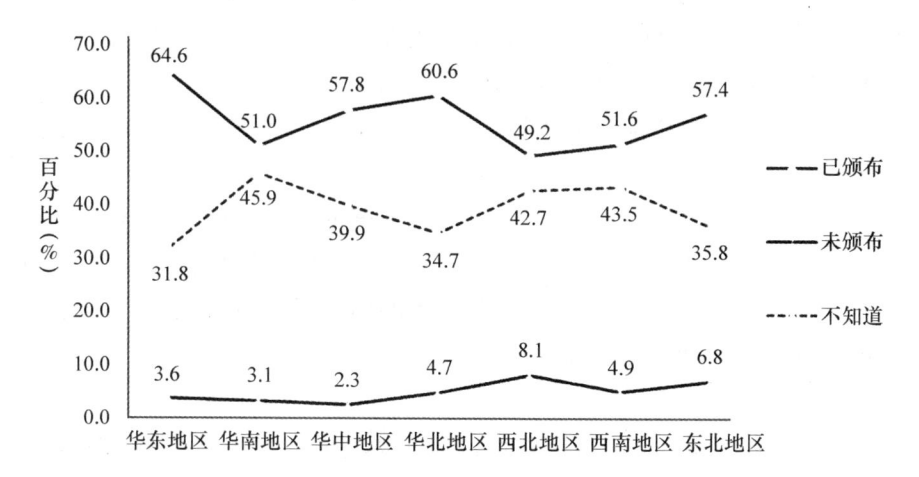

图10-3 不同区域高校科技类大学生对学校学术诚信文件的知晓情况

二 对周围同学学术诚信情况的评判

学生学术诚信情况的自我评价以及内部评价能够很好地反映目前大学生的学术诚信情况。在大学生校园生活圈中,对某一个体最为了解的人莫过于其周围朝夕相处的同学群体,因此,来自周围同学的评价十分具有参考价值,反之亦然。另一方面,学校内部的学术道德氛围也是影响个体大学生学术诚信行为的重要环节,对学校层次上的影响因素进行分析也至关重要。课题组通过多种分析方法来探究受访者周围同学的学术诚信情况,并以此反映当代科技类大学生整体的学术诚信情况。

(一) 总体情况

为方便分析,我们首先将受访者周围同学抄袭他人科研成果、伪造科研数据等行为的存在程度重新赋值为"不存在=1""个别现象=2""一般=3""比较普遍=4""非常普遍=5"。调查表明,仅有18.3%的科技类大学生认为自己身边的同学不存在抄袭他人科研成果、伪造科研数据等行为;有38.1%的科技类大学认为身边同学的这种学术不端行为只是个别现象,并不常见;认为自己身边同学抄袭科研成果、伪造科研数据等不端行为比较普遍和非常普遍的科技类大学生超过了两成(20.2%),这说明目前科技类大学生的学术诚信意识尚不足,学术不端行为略显普遍,学术诚信教育还有待加强。

进一步进行学科类别的比较,发现不同学科类别的大学生对大学生学术诚信情况的评判存在显著差异($t=4.358$,$P<0.001$)。非科技类大学生认为周围同学学术不端行为普遍程度的均值得分为2.64,而科技类大学生认为周围同学学术不端行为普遍程度的均值得分则只有2.51。因此,非科技类大学生周围的学术道德环境优良程度明显低于科技类大学生周围的学术道德环境。

(二) 不同群体科技类大学生认为身边同学学术不端行为存在程度的差异分析

为了进一步考察不同群体科技类大学生认为身边同学学术不端行为

的存在程度,我们将受访者周围同学抄袭他人科研成果、伪造科研数据等行为的存在程度按照不同人口学背景变量分组进行均值比较分析,得分越高意味着其周围同学学术不端程度越严重。分析表明,不同的自然因素、成长背景、教育背景下,科技类大学生周围同学的学术不端行为的存在程度具有显著的差异性。

1. 基于自然因素的分析

从性别来看,性别不同的科技类大学生对身边同学学术不端行为普遍程度的看法存在显著性差异($t=4.429$,$P<0.001$)。分析发现,男性科技类大学生认为身边同学学术不端行为的普遍程度得分均值为2.58,女性科技类大学生认为身边同学学术不端行为的普遍程度得分均值为2.41,男生所感知或经历的身边同学学术不端行为的普遍和严重程度显著高于女生。

从年龄来看,不同年龄段的科技类大学生对身边同学学术不端行为普遍程度的看法亦存在显著差异($F=12.605$,$P<0.001$)。认为身边同学学术不端行为普遍程度由高到低的排名依次为:中间年龄段(2.58)>低年龄段(2.46)>高年龄段(2.21)。

从民族来看,汉族科技类大学生所感知或经历的身边同学学术不端行为的普遍和严重程度显著低于少数民族科技类大学生($t=-3.797$,$P<0.001$)。分析显示,汉族科技类大学生认为身边同学学术不端行为的普遍程度得分均值为2.48,少数民族科技类大学生认为身边同学学术不端行为的普遍程度得分均值为2.69。

2. 基于成长背景的分析

从是否独生子女来看,独生子女科技类大学生和非独生子女科技类大学生对身边同学学术不端行为普遍程度的看法存在一定的差异($t=2.458$,$P=0.014$)。独生子女科技类大学生认为身边同学学术不端行为普遍程度的均值为2.56,而非独生子女科技类大学生认为身边同学学术不端行为普遍程度的均值则只有2.47,非独生子女科技类大学生对大学生学术诚信情况的评判较好。

3. 基于教育因素的分析

从年级来看,不同年级的科技类大学生对大学生学术诚信情况的评判具有较大的差异性($F=14.192$,$P<0.001$)。认为身边同学学术不端

行为存在程度由高到低的科技类大学生比例依次为：大四（2.67）＝大三（2.67）＞大二（2.52）＞大一（2.38）＞研究生（2.30）。本科阶段随着年级的增长，学术不端行为的普遍程度也越来越高，但从本科阶段进入研究生阶段后，学术不端行为的严重程度反而出现了很大的下降。由于变量之间的关联性，这一变化规律与自然因素中的年龄因素有异曲同工之处。

从学生干部经历来看，学生干部经历不同的科技类大学生对身边同学学术不端行为存在程度的看法有显著差异（$t = -4.068$, $P < 0.001$）。担任过学生干部的科技类大学生认为其周围同学学术不端行为存在程度的均值仅为2.48，而没有担任过学生干部的科技类大学生认为其周围同学学术不端行为存在程度的均值则为2.69。因此，有学生干部经历的科技类大学生对周围同学学术诚信情况的评判相对较好，其周围同学的学术道德素养总体而言要好于那些没有担任过学生干部的科技类大学生。

从学校类别来看，不同学校类别的科技类大学生，其周围的学术道德氛围有显著的差异（$F = 15.746$, $P < 0.001$）。学术不端行为普遍程度由低到高的排序依次为：985高校（2.37）＜211高校（2.57）＜普通高校（2.60），也就是说，学校等级越高，其内部学术道德氛围也就越好。

最后，从学校所在地理区域上来看，不同区域内的高校，其科技类大学生周围的学术道德氛围也不尽相同（$F = 6.109$, $P < 0.001$）。学术不端行为普遍程度由低到高的排序依次为：华南地区（2.34）＜华东地区（2.42）＜华中地区（2.42）＜东北地区（2.48）＜华北地区（2.53）＝西北地区（2.53）＜西南地区（2.79）。事实上，由于我国高校具有东部优于西部的地域分布差异，再考虑到学术道德氛围在不同学校类型之间的分异规律，因此这一变化规律在一定程度上反映出了我国高等教育水平的地区差异性。

（三）科技类大学生学术不端行为影响因素分析

为了分析科技类大学生学术不端行为的影响因素，我们将个体特征作为一层自变量，将学校层次的特征作为二层自变量，并利用混合效应模型进行分析。模型建构分为四个步骤：模型 1 为空模型，所在学校随机系数的方差成分为 0.123（$P<0.001$），组内相关系数 ICC 为 9.74%，这表示学校之间的差异具有统计学意义，且这一校级层面的差异能够解释因变量 9.74% 的变异程度。模型 2 为加入个体固定效应的随机截距模型，模型 3 为加入校级固定效应的随机截距模型，模型 4 为全模型，包括了所有需要考察的变量。在变量逐步纳入的过程中，校级差异始终显著，且学校层面因素对学术不端行为的影响力度保持在 7%—10% 左右。这里需要进行一些基本前提的澄清。由于该问题询问的是受访者周围同学，因此我们假设受访者周围同学与受访者基本同属相似年级、相似年龄，以及相似的学习环境，包括接触到的课堂及课余活动等，虽然我们不能够将所有受访者的基本特征变量用于受访者周围同学行为的分析，但年级、年龄、学历层次、学科类型等共享型特征依然可以纳入分析。在学校层次上，受访者与其周围同学本来就属于相同的学校，故此处学校层次变量的使用不需要考虑因变量具体的考察对象。

表 10-2　科技类大学生周围同学学术不端行为的混合效应模型分析

	模型 1	模型 2	模型 3	模型 4
截距	2.532***	3.008***	2.511***	2.959***
个体固定效应				
自然因素				
年龄		0.025		0.023
年龄平方		−0.007*		−0.006*
教育因素				
年级：以本科低年级为参照				
本科高年级		0.113+		0.116*
研究生		−0.153+		−0.140+
核心价值观的引导作用				
周围同学自觉遵守程度		−0.003		0.001
党团核心价值观活动		−0.085+		−0.085+
教书育人		−0.106***		−0.106***

续表

	模型1	模型2	模型3	模型4
校级固定效应				
高校类别：以普通高校为参照				
211 高校			0.007	0.024
985 高校			-0.226*	-0.184+
高校属地：以华东地区为参照				
华南地区			-0.191	-0.160
华中地区			-0.025	-0.008
华北地区			0.084	0.068
西北地区			0.131	0.121
西南地区			0.348*	0.324*
东北地区			0.100	0.157
学校随机效应—方差成分				
所在学校	0.123***	0.098***	0.115***	0.094***
组内相关系数 ICC	9.74%	8.06%	9.19%	7.80%
拟合指数 BIC	10255	9957	10261	9964
样本量 N	3414	3327	3414	3327

*** $P<0.001$，* $P<0.05$，+ $P<0.1$。

从表10-2模型2来看，若显著性水平以0.1为界，则个体固定效应中显著的变量有年龄平方、年级、党团核心价值观活动、教师表率程度4个变量。年龄每增加一个单位，学术不端行为普遍程度平均增加2.5个百分点，但年龄的平方每增加一个单位，学术不端普遍程度就会下降0.7个百分点（$P<0.05$），结合二者可知，科技类大学生学术不端行为与年龄呈二次项曲线关系，年龄拐点为23岁（21.17+0.023÷(2×0.006)≈23，由于纳入分析的年龄和年龄平方经过中心化预处理，因此这里的拐点计算需要加上平均年龄），在23岁之前，学术不端行为普遍程度随年龄增加而增加，而在23岁之后，学术不端行为普遍程度则随年龄增加而减少，这与差异检验结果类似。

年级方面，将本科低年级组（本科一年级和本科二年级）作为参照项，将本科高年级组（本科三年级、本科四/五年级）和研究生组作为虚拟变量进行考察,发现与本科低年级组相比,本科高年级组的学术不端行为普遍程度平均高出了 11.3 个百分点（$P<0.1$）,即本科高年级组的学术不端行为更加严重。与本科低年级组相比,研究生组的学术不端行为普遍程度平均降低了 15.3 个百分点（$P<0.1$）,即研究生组的学术不端行为少了很多。随着年级层次的提升,科技类大学生的学术不端行为经历了一个先增后降的过程,本科高年级组的学术不端行为最为普遍,其次是本科低年级组,最后是研究生组。鉴于年龄和年级层次的相依性关联,这一变化规律其实和年龄的变化趋势基本一致,相互印证。

针对核心价值观的引导作用,使用三个变量进行因素分析:周围同学自觉遵守程度、党团核心价值观活动、教师表率程度。周围同学自觉遵守程度虽然能够减少学术不端行为,但这一影响并不显著（$B=-0.003$,$P>0.1$）;党团核心价值观活动开展程度平均每增加一个单位,学生学术不端行为的普遍程度平均就会降低 8.5 个百分点（$P<0.1$）,党团核心价值观活动的开展能够显著抑制科技类大学生的学术不端行为;教师的教书育人作用同样能够显著抑制科技类大学生的学术不端行为:教师的表率力度每增加一个单位,学生学术不端行为的普遍程度平均下降 10.6 个百分点（$P<0.001$）。

模型 3 单独考察了校级固定效应的影响,这里考察了高校类别和高校属地的影响。从高校类别来看,以普通高校为参照项,211 高校科技类大学生周围同学学术不端行为的普遍程度略高于普通高校但不显著（$B=0.007$,$P>0.1$）,985 高校科技类大学生周围同学学术不端行为的普遍程度显著低于普通高校（$B=-0.226$,$P<0.05$）。因此,985 高校在学生学术道德规范程度上具有一定的优势。

从高校所在地区来看,这里将高校属地划分为 7 类:华东地区、华南地区、华中地区、华北地区、西北地区、西南地区和东北地区,以华东地区为参照项,其他 6 个地区作为虚拟变量。结果发现,华南地区高校科技类大学生周围同学学术不端行为普遍程度最低,其按照普遍程度由低到高的顺序依次为:华南地区（$B=-0.191$）<华中地区（$B=-0.025$）<华东地区（$B=0.000$）<华北地区（$B=0.084$）<东北地区（$B=0.100$）<西北地区（$B=0.131$）<西南地区（$B=0.348$）,

但只有西南地区高校学生的学术不端行为严重程度显著高于华东地区（$P<0.05$），其他地区与参照项的差异均无统计学意义。这里的高校所在地区学术道德氛围排序与均值差异检验中的排序不完全一致，主要是因为这里的分析考虑并控制了其他一些变量的混杂影响。

模型4是全模型，包括了个体层固定效应变量和学校层固定效应变量，结果发现，个体层变量的显著性和系数值变动极其微小，并没有发生较为显著的变化，说明模型2中的结果具有较好的稳定性。学校层变量的显著性也没有发生根本性的变化，但可以看到，高校类别的影响程度出现了显著的降低，985高校的系数由模型3的-0.226变为模型4的-0.184，且显著性水平也由$P<0.05$变为$P<0.1$，也就是说，在加入个体层协变量后，相比于普通高校，985高校对于学术诚信行为的积极影响效力出现了一定的下降。

高校所在地区变量方面，模型4与模型3相比，地区因素对于科技类大学生周围同学学术诚信行为的影响顺序改变不大（只有西北地区和东北地区位置对调了），但在与华东地区高校的比较中，华南地区、华中地区对学术不端行为的抑制作用减小了，华北地区、西北地区因素对于大学生学术不端行为的促进作用减小了，东北地区因素对学术不端行为的促进作用增强了，但结果依然没有统计学意义；只有西南地区因素对于科技类大学生学术不端行为的促进性略微降低后依然具有统计学意义：与华中地区相比，其增加科技类大学生学术不端行为的程度由原来的0.348降低为现在的0.324。

三 对待课程论文的态度和做法

课程论文是大学生都会面对的一个课程考核环节，对待课程论文的态度和做法也可以反映出大学生的学术道德素养水平。由于大学生的课程论文一般不纳入网上查重等审查程序，因此认真对待课程论文更要依靠大学生自身的学术自觉性。课题组利用描述分析、交叉分析以及混合效应模型分析，对科技类大学生对待课程论文的态度与行为的总体情况、人群差异以及影响因素进行全面把握，以全面了解目前我国科技类大学生的学术道德自觉性。

（一）总体情况

调查结果显示，超过八成（80.8%）的科技类大学生都能对教师布置的课程论文"认真对待、精益求精"，而仍然有17.0%的科技类大学生抱着"简单拼凑、应付了事"的态度去完成自己的课程论文，仅有0.1%的科技类大学生在完成课程论文的过程中"找人代写"，其他处理态度和方式的科技类大学生占比为2.0%。总体而言，大部分科技类大学生（80.8%）能认真对待课程论文，将其作为自己分内的任务认真完成，但依然有少数科技类大学生（19.2%）不能认真对待和完成自己的课程论文，甚至通过学术不端行为应付教师所布置的任务。因此，仍然需要进一步加强科技类大学生的学术道德素养培育。

（二）不同群体科技类大学生对待课程论文的态度和做法

为进一步分析不同群体科技类大学生对待课程论文态度和做法的差异，课题组将"简单拼凑、应付了事""找人代写""其他"合并为"不能认真对待"，再使用交叉分析，并使用卡方检验来验证人群差异是否显著。分析表明，不同的自然因素和教育背景下，科技类大学生对待课程论文的态度和做法差异具有显著性。

1. 基于自然因素的分析

从性别来看，不同性别科技类大学生对待课程论文的态度和做法存在一定的差异（$\chi^2 = 8.467$，$P < 0.01$）。男性科技类大学生对课程论文"认真对待、精益求精"的比重为83.3%，而女性科技类大学则略低，仅为79.3%，因此，男性科技类大学生比女性科技类大学生更倾向于认真对待自己的课程论文。

从年龄来看，科技类大学生能否认真对待自己的课程论文也存在年龄的差异（$\chi^2 = 12.124$，$P < 0.01$）。高年龄段能够认真对待自己的课程论文的比重最大（89.1%），其次是中间年龄段（81.3%），最低的则是低年龄段（79.3%）。因此，年龄越大，科技类大学生更能够认真对待自己的课程论文，高年龄段的认真程度相比而言体现得尤为明显。

从民族来看，科技类大学生的民族身份也影响着其对待自己课程论文的态度（$\chi^2 = 7.140$，$P < 0.01$）。汉族科技类大学生中能够做到认真

对待自己课程论文的人占比超过八成（81.6%），而少数民族科技类大学生中能够做到认真对待自己课程论文的人占比不足八成（76.4%）。汉族科技类大学生对待课程论文的态度和行为较之少数民族更加认真。

2. 基于教育因素的分析

从年级来看，年级不同的科技类大学生对待课程论文的态度具有一定的差异性（$\chi^2 = 19.611$，$P<0.01$）。不同年级科技类大学生对待课程论文的认真程度由高到低排序依次为：研究生（87.1%）＞大一（81.5%）＞大四（80.3%）＞大三（79.8%）＞大二（77.6%），可以看出，本科生对待课程论文态度的差异并不大，研究生对待课程论文的认真程度显著高于本科生。由于研究生基本都属于高年龄段，本科生基本属于中低年龄段，因此这一结果与之前的年龄差异相对一致。

从学生干部经历来看，学生干部经历不同的科技类大学生对待课程论文的态度存在显著差异（$\chi^2 = 42.486$，$P<0.001$）。担任过学生干部的科技类大学生中有82.9%的人表示能够认真对待自己的课程论文，而在没有担任过学生干部的科技类大学生中，这一比例仅为71.7%。担任过学生干部的科技类大学生一般更具有责任感，倾向于更加认真地对待课程论文。

从政治面貌来看，党员与非党员科技类大学生在对待课程论文的态度上也具有很大差异（$\chi^2 = 32.806$，$P<0.001$）。党员科技类大学生能够认真对待自己课程论文的人占比高达87.6%，而非党员科技类大学生群体中能够认真对待和完成课程论文的人占比仅为78.6%。党员在很多方面都需要发挥模范与表率作用，因而能更认真地完成课程论文。

从学校类别来看，学校类别不同的科技类大学生对待课程论文的态度具有一定的差异性（$\chi^2 = 7.129$，$P<0.05$）。985高校科技类大学生中能够认真对待自己的课程论文的比例为83.3%，211高校科技类大学生中能够认真对待课程论文的比例为80.4%，而普通高校中这一比例仅为79.2%。学校等级越高，学习氛围和学习环境就可能越好，从而促使更多的学生认真对待自己的课程论文。

从学校所在区域来看，不同学校区域的科技类大学生对待课程论文的认真程度从高到低排序依次为：东北地区（84.9%）＞华中地区（82.8%）＞华南地区（82.2%）＞华东地区（81.9%）＞华北地区（80.9%）＞西北地区（79.3%）＞西南地区（75.9%）。西部地区尤其是西南地区的科技类大学生对待课程论文的认真程度远远低于东部和中部地区的科技类大学生。

（三）核心价值观对科技类大学生对待课程论文态度及做法的影响

为了分析社会主义核心价值观如何影响科技类大学生对待课程论文的态度和做法，我们将科技类大学生对待课程论文的态度重新赋值："认真对待＝1""不能认真对待＝0"，其中"不能认真对待"包括"简单拼凑，应付了事""找人代写"和"其他"3 项，运用分层二项 Logistic 回归进行分析。从空模型来看，组内相关系数 ICC＝7.84%（$P<0.001$），说明不同学校之间科技类大学生对待课程论文的态度及做法存在显著的差异性，有必要使用分层模型来进行分析。表10-3 给出了分层分析的全模型，可得 ICC＝4.48%（$P=0.011$），表示纳入固定效应变量后依然存在校际差异。

表10-3 科技类大学生对待课程论文态度和做法的分层 Logistic 回归分析

变量		非标准化系数		统计量	显著性水平
		B	SE	t	P
截距		-2.295	0.396	-5.79	<0.001
个体层效应		-2.295	0.396	-5.79	<0.001
性别：男性		-0.199	0.106	-1.89	0.060
年龄		-0.014	0.052	-0.27	0.784
年龄平方		0.010	0.011	0.90	0.366
民族：汉族		0.027	0.148	0.18	0.857
生源地：县城及以上		-0.133	0.111	-1.20	0.229
独生子女		0.064	0.111	0.57	0.566
年级（参照项：大一）	大二	-0.277	0.166	-1.67	0.096
	大三	-0.115	0.212	-0.54	0.587
	大四	-0.213	0.250	-0.85	0.394
	研究生	0.128	0.328	0.39	0.696
有学生干部经历		0.445	0.118	3.77	<0.001
政治面貌：党员		0.175	0.141	1.25	0.213

续表

变量		非标准化系数		统计量	显著性水平
		B	SE	t	P
对核心价值观的了解程度		0.134	0.061	2.20	0.028
周围同学对核心价值观的践行情况		0.239	0.077	3.11	0.002
对学校学术诚信文件的知晓情况		0.603	0.105	5.75	<0.001
思想政治教育类主题网站浏览频率		0.232	0.060	3.86	<0.001
校园文化活动开展频率		0.126	0.063	2.01	0.044
党团活动开展量		0.416	0.116	3.60	<0.001
教书育人		0.257	0.059	4.38	<0.001
学校层效应					
学校类别（参照项：普通高校）	211 高校	-0.012	0.199	-0.06	0.951
	985 高校	0.180	0.177	1.02	0.312
学校所在区域（参照项：华东地区）	华南地区	0.268	0.434	0.62	0.539
	华中地区	-0.003	0.265	-0.01	0.992
	华北地区	-0.005	0.199	-0.03	0.979
	西北地区	0.056	0.252	0.22	0.823
	西南地区	0.017	0.260	0.06	0.949
	东北地区	0.164	0.308	0.53	0.596
学校随机效应—协方差估计					
截距协方差		0.154	0.060		0.011

ICC = 4.48%, -2 Log likelihood = 15926, χ^2/df = 0.93, N = 3211

1. 控制因素的分析

我们将自然因素、成长背景及教育因素中的数个变量纳入模型中作为控制变量，考察在控制这些因素的情况下，社会主义核心价值观能否对科技类大学生对待课程论文的态度产生影响以及产生何种影响。结果显示，以 $P=0.1$ 为显著性界限，则仅有性别、年级、学生干部经历3个因素的影响具有统计学意义。

与女性科技类大学生相比，男性科技类大学生认真对待课程论文的可能性降低了 18.0%（$P<0.1$），即男生对待课程论文的态度更加不认真，这与前面的卡方检验结果恰好相反，可能是由于在回归分析中对其

他变量进行了控制的缘故。

从年级来看,不同年级的科技类大学生对待课程论文的态度和做法略有差异($P_{\min}=0.096$)。以大一学生为参照项,大二学生对待课程论文的认真程度下降了24.2%,大三学生下降了10.9%,大四学生则下降了19.2%,而研究生反而上升了13.7%。总体而言,科技类大学生在从低年级向高年级进阶的过程中,一般会经历认真程度先下降后上升的过程,在本科期间,科技类大学生对待课程论文的认真程度会随年级上升而下降,而到了研究生阶段则会出现较大程度的上升。

从学生干部经历来看,是否担任过学生干部会显著影响科技类大学生对待课程论文的认真程度($P<0.001$)。分析显示,相比于那些没有学生干部经历的科技类大学生,曾经有过学生干部经历的科技类大学生能够认真对待和完成自己的课程论文的可能性会增加56.0%。学生干部经历赋予了科技类大学生更多的责任感,因此其更倾向于认真对待和完成课程论文。

2. 基于社会主义核心价值观效果的分析

分析结果表明,社会主义核心价值观对于科技类大学生对待课程论文的态度和行为有着极其显著的影响。选取七个直接或间接涉及社会主义核心价值观的自变量,包括受访者对核心价值观的了解程度、周围同学对核心价值观的遵守程度、受访者对于学校学术诚信文件的知晓程度、受访者对思政教育网站的浏览频率、受访者所在党团是否开展了关于核心价值观的活动、教师对于践行核心价值观的表率程度(教书育人)。

对社会主义核心价值观本身的了解程度越高,科技类大学生认真对待和完成自己的课程论文的可能性也就越高($P<0.05$)。由分析结果可知,对核心价值观的了解程度每增加一个单位,科技类大学生能够认真对待和完成课程论文的可能性就会上升14.3%,因此加强社会主义核心价值观在科技类大学生群体中的宣传力度、提升其对核心价值观的了解,能够有力促进科技类大学生在平时的学习生活中自觉遵守学术道德规范。

科技类大学生对待课程论文的态度也会受到周围同学和教师言行举止的影响。分析显示,科技类大学生周围同学对于社会主义核心价值观的遵守程度,以及周围教师对于遵守核心价值观的表率作用,会显著影响其自身对待课程论文的态度（$P<0.001$）。具体而言，周围同学对于核心价值观的遵守程度每增加一个单位，科技类大学生能够认真对待和完成课程论文的可能性就会提升27.0%；而周围教师对遵守核心价值观所做出的表率程度每增加一个单位，科技类大学生能够认真完成课程论文的可能性则会提升29.3%。因此加强日常生活中良好环境的保持和维护，以及周围人群体现出的良好榜样作用，对于科技类大学生的学术道德素养也十分关键。

对学校学术诚信文件颁布知晓与否也会显著影响科技类大学生对待课程论文的认真程度（$P<0.001$）。结果显示，与不知晓学校颁布了学术诚信文件的科技类大学生相比，那些知晓学校颁布了学术诚信文件的科技类大学生认真对待和完成课程论文的可能性提高了82.8%。知晓学校颁布了学术诚信文件后，科技类大学生便有了学术规范参照依据，从而促使其在学术道德规范的边界内认真完成课程论文。

对思想政治教育知识的主动学习也是促进科技类大学生认真对待和完成课程论文的因素之一。分析结果显示，科技类大学生对于思政教育主题类网站的浏览频度显著影响其对课程论文的态度和行为（$P<0.001$）。科技类大学生对思政教育主题类网站的浏览频度每提高一个等级，其认真对待和完成课程论文的可能性就会提高26.1%。对于思政教育网站的浏览增加了科技类大学生的思想道德学习，因此对于认真完成学术创作、提升学术道德素养具有较大帮助。

社会主义核心价值观宣传活动的开展能够有效促进科技类大学生认真对待课程论文。分析指出，学校或学院对于核心价值观活动的开展程度，以及科技类大学生所在党团对核心价值观活动的开展，均会显著影响科技类大学生对待课程论文的态度和行为（$P<0.001$）。学校或学院核心价值观活动的开展量每提高一个等级，科技类大学生认真对待和完成其课程论文的可能性就会提高13.4%；与不开展任何核心价值观活动相比，科技类大学生所在党团组织开展此类活动后会使得其认真对待和完成课程论文的可能性增加51.6%。因此，社会主义核心价值观活动的开展能够促进科技类大学生摆正学习心态，降低学术不端行为发生的可能性。

四 学校科学道德和学风建设宣讲教育活动

学术道德素养既是个人自身主动学习的结果,更是个体周围中观或宏观环境熏陶的结果。科技类大学生个体所具有的自觉性尚不充分,需要学校相关组织机构及时开展教育工作,引导学生的学术道德发展方向,避免学术不端行为的发生,因此,学校科学道德和学风建设宣讲教育活动对学生学术道德素养的培育十分关键。课题组对学校科学道德和学风建设宣讲活动的开展及知晓情况、科技类大学生的参与情况以及开展效果进行了调查分析,为进一步探索有效的活动开展方式作铺垫。

(一)科技类大学生对活动开展的总体知晓情况

分析结果显示,逾七成(74.1%)科技类大学生知道自己所在学校开展过科学道德和学风建设宣讲教育活动,认为学校并没有开展此类活动的受访者不到一成(6.4%),另外还有约两成(19.5%)受访者对学校是否开展过此类活动表示不知情。总体而言,大部分受访者对学校科学道德和学风建设宣讲教育活动的知晓情况较好,但依然有相当一部分科技类大学生对此类活动知之甚少,故仍需要加大相关活动的宣传力度,增强其在科技类大学生群体中的影响力。

(二)科技类大学生参与科学道德宣讲教育活动情况

1. 总体情况

对于那些对是否开展此类活动给出肯定回答的受访者,进一步分析其实际参与情况。结果显示,大部分知道有科学道德、学风建设宣讲教育活动开展的受访者均表示自己参加了此类活动,比重约占全部肯定回答的86.1%,仅有13.9%的受访者在知道有此类活动开展的前提下没有进行实际的参与,学校相关部门应该努力调动这部分学生参与的积极性,同时改进活动形式,增强活动本身对于学生群体的吸引力,以期达到更好的宣传效果。

2. 参与科学道德宣讲教育活动的影响因素分析

为进一步分析科学道德宣讲教育活动的参与情况在不同群体中有何

差异，或哪些因素影响着科技类大学生对此类活动的参与情况，我们针对回答了"开展过"的科技类大学生在此类活动中的参与情况进行了二项 Logistic 回归分析，其较交叉分析更能够对混杂变量加以控制从而得出较为准确的净差异和影响。在分层二项 Logistic 回归的空模型中，ICC = 8.65%（$P<0.05$），表示大学生参与情况存在显著的校际差异。表 10-4 给出了全模型，其中 ICC = 8.22%（$P<0.05$），表明纳入固定效应变量后，校际差异依然很大。

表 10-4　　科技类大学生科学道德宣讲活动参与情况的分层二项 Logistic 回归

变量		非标准化系数 B	非标准化系数 SE	统计量 t	显著性水平 P
截距		0.347	0.563	0.62	0.539
个体层效应					
性别：男性		-0.176	0.141	-1.25	0.212
年龄		0.045	0.070	0.65	0.516
年龄平方		0.010	0.015	0.66	0.511
民族：汉族		0.083	0.202	0.41	0.680
生源地：县城及以上		-0.245	0.147	-1.66	0.096
独生子女		-0.096	0.147	-0.66	0.512
年级（参照项：大一）	大二	0.125	0.221	0.56	0.573
	大三	0.102	0.287	0.36	0.723
	大四	-0.256	0.326	-0.79	0.431
	研究生	0.291	0.434	0.67	0.502
有学生干部经历		0.658	0.159	4.13	<0.001
政治面貌：党员		0.569	0.191	2.97	0.003
核心价值观了解程度		0.014	0.084	0.16	0.872
周围同学践行情况		0.024	0.103	0.24	0.814
学校学术诚信文件知晓程度		0.328	0.141	2.32	0.020
思政教育网站浏览频率		0.292	0.081	3.62	<0.001
核心价值观活动开展量		-0.093	0.088	-1.05	0.294
党团活动开展量		0.473	0.174	2.71	0.007
教书育人		0.072	0.084	0.86	0.391

续表

变量		非标准化系数		统计量	显著性水平
		B	SE	t	P
学校层效应					
高校类别 （参照项：普通高校）	211 高校	-0.102	0.276	-0.37	0.714
	985 高校	-0.419	0.239	-1.75	0.085
高校所在区域 （参照项：华东地区）	华南地区	-0.138	0.585	-0.24	0.815
	华中地区	-0.251	0.356	-0.71	0.483
	华北地区	0.025	0.275	0.09	0.927
	西北地区	-0.057	0.347	-0.16	0.870
	西南地区	-0.433	0.366	-1.18	0.241
	东北地区	0.266	0.419	0.64	0.528
学校随机效应—协方差估计					
截距协方差		0.296	0.109		0.005
ICC = 8.22%, -2 Log likelihood = 11364, $\chi^2/df = 0.97$, N = 2189					

（1）基于个体自然因素、成长背景、教育因素的分析

在自然因素、成长背景、教育因素等方面，具有显著影响的有生源地因素、学生干部经历因素以及政治面貌因素。

从生源地因素来看，县城及以上生源地的科技类大学生参与此类活动的可能性较之乡镇及以下生源地的科技类大学生平均要低 21.7%（$P<0.1$）。因此应该重点激发城镇科技类大学生对于此类宣传教育活动的参与热情。

年级因素虽然没有达到显著要求，但其呈现的特征值得关注。从年级上来看，以大一本科生为参照，大四本科生参与程度最低（参与可能性降低 22.6%），研究生的参与程度最高（参与可能性增加 33.8%）。这与实际情况也比较符合：大四本科生由于处于毕业时段，其多数忙于找工作或者备战考研，因而对于这些活动的参与相应就会减少；研究生多数有科研任务，因而更有必要参与此类教育活动。

担任或曾经担任过学生干部的以及党员身份，均会提高科技类大学生参与此类活动的积极性。与没有任何学生干部经历的科技类大学生相比，曾有过学生干部经历的科技类大学生参与此类活动的可能性会提高 93.1%（$P<0.001$）；与非党员相比，拥有党员身份的科技类大学生参

与此类活动的可能性会提高76.6%（$P<0.01$）。

（2）基于社会主义核心价值观影响效果的分析

社会主义核心价值观从很多方面影响着大学生对于科学道德宣传教育活动的参与积极性。这里选取了七个直接或间接涉及社会主义核心价值观的自变量，包括受访者对核心价值观的了解程度、周围同学对于核心价值观的遵守程度、受访者对于学校学术诚信文件的知晓程度、受访者对思政教育网站的浏览频率、受访者所在党团是否开展了关于核心价值观的活动、教师对于践行核心价值观的表率程度，但其中仅有3项因素的影响是显著的。

对学校学术诚信文件颁布的知晓与否会显著影响科技类大学生对此类活动的参与程度（$P<0.05$）。结果显示，与不知晓学校颁布了学术诚信文件的科技类大学生相比，那些知晓学校颁布了学术诚信文件的科技类大学生参与活动的可能性提高了38.8%。知晓学校颁布了学术诚信文件后，科技类大学生可能更能够感受到此类活动参与的必要性。

对思想政治教育知识的主动学习也是促进科技类大学生积极参与活动的因素之一。分析结果显示，科技类大学生对于思政教育主题类网站的浏览频度显著影响其活动参与积极性（$P<0.001$）。科技类大学生对思政教育主题类网站的浏览频度每提高一个等级，其参与活动的可能性就会提高33.9%。对于思政教育网站的浏览增加了科技类大学生的参与热情，因此对于其提升学术道德素养具有较大的帮助。

社会主义核心价值观宣传活动的开展能够有效激发科技类大学生的活动参与热情。分析指出，科技类大学生所在党团对核心价值观活动的开展能增加其参与活动的可能性（$P<0.01$）。与不开展任何核心价值观活动相比，科技类大学生所在党团组织开展此类活动后会使得科技类大学生参与宣传活动的可能性增加60.5%。因此，党团内社会主义核心价值观活动的开展能够有效提高科技类大学生科学道德素养教育活动的参与热情。

（3）基于学校层次变量的分析

学校层次的特征变量包括学校类别和学校所在地区，但仅有学校类别上的差异具有统计学意义（$P_{min}=0.085$）。与普通高校相比，211高校的科技类大学生参与此类活动的可能性下降了9.7%，而985高校的科技类大学生参与此类活动的可能性则更是降低了 34.2%。学校等级越高,科技类大学生参与此类活动的可能性反而会有所下降。

(三) 高校科学道德素质教育活动效果

1. 总体情况

在那些参与了科学道德、学风建设宣传教育活动的受访学生中,进一步分析其参与满意度以评估活动开展的实际效果。逾八成 (82.2%) 受访者认为其所参与的宣传活动效果"比较好"或"非常好",认为效果"一般"的受访者仅有 17.1%,而认为效果"比较差"或"非常差"的受访者仅占 0.7%。总的来说,目前高校中所开展的科学道德、学风建设宣传教育活动对科技类大学生的教育效果显著,不过依然有进步空间。

2. 不同类型科技类大学生对活动效果的评价

为了进一步分析科学道德和学风建设宣讲教育活动在不同大学生群体、不同种类和地区大学中所起到的效果,我们利用分层线性模型对这些科学道德和学风建设宣讲教育活动的影响因素进行了回归分析。由于选择"比较差"和"非常差"选项的受访者比重很小 (不到 1%),为使回归分析效果更好,我们将其二者合并,并进行重新赋值:"非常好 = 4""比较好 = 3""一般 = 2""差 = 1"。针对空模型,得出 ICC = 2.27% ($P<0.05$),因此分层分析十分必要,因变量在学校层面上的变异占其总变异的 2.27% 左右。表 10 - 5 给出了分层线性模型分析的全模型,其中 ICC = 1.77% ($P<0.1$)。

表 10 - 5 **不同科技类大学生对科学道德和学风建设宣讲教育活动效果评价的分层线性模型分析**

变量	非标准化系数 B	非标准化系数 SE	统计量 t	显著性水平 P
截距	3.017	0.092	32.69	<0.001
个体层效应				
性别:男性	0.026	0.033	0.77	0.443
年龄	-0.004	0.017	-0.21	0.833

续表

变量		非标准化系数		统计量	显著性水平
		B	SE	t	P
年龄平方		0.006	0.002	2.26	0.024
民族：汉族		0.042	0.051	0.83	0.409
生源地：县城及以上		0.004	0.035	0.12	0.903
独生子女		0.097	0.035	2.78	0.006
年级（参照项：大一）	大二	-0.153	0.054	-2.83	0.005
	大三	-0.056	0.069	-0.81	0.420
	大四	-0.061	0.080	-0.76	0.447
	研究生	0.001	0.101	0.01	0.989
有学生干部经历		-0.035	0.044	-0.79	0.429
政治面貌：党员		-0.048	0.040	-1.23	0.220
学校层效应					
高校类别（参照项：普通高校）	211 高校	-0.037	0.056	-0.67	0.505
	985 高校	0.074	0.049	1.51	0.132
高校所在地区（参照项：华东地区）	华南地区	0.044	0.119	0.37	0.710
	华中地区	0.010	0.073	0.14	0.887
	华北地区	0.135	0.057	2.38	0.017
	西北地区	0.078	0.071	1.10	0.271
	西南地区	-0.103	0.077	-1.34	0.181
	东北地区	0.108	0.083	1.31	0.191
学校随机效应—协方差估计					
截距协方差		0.008	0.006	1.53	0.063

ICC = 1.77%, BIC = 4165, N = 1947

(1) 基于个体自然因素的分析

纳入分析的个体自然因素包括性别、年龄、年龄平方以及民族，但仅有年龄平方项在边际显著范围内（$P<0.05$），结合年龄项可知，年龄与活动效果之间呈曲线相关，转折点为 22 岁（21.17 + 0.004/(0.006×2) ≈21.5），22 岁之前，年龄越大越倾向于认为活动效果较差，而 22 岁之后，年龄越大越倾向于认为活动效果越好。

(2) 基于个体成长背景的分析

独生子女科技类大学生对于相关活动效果的评价显得更为积极。相比于非独生子女科技类大学生，独生子女科技类大学生对于活动效果的积极评价平均会高出 0.097 分（$P<0.01$）。

(3) 基于个体教育因素的分析

纳入分析的个体教育因素包括年级、有无学生干部经历、政治面貌，其中仅有年级因素对活动效果评价的影响具有统计学意义。从年级来看，对于活动效果正向评价由高到低排序依次为：研究生＞大一＞大三＞大四＞大二。以大一为参照项可知：大二比大一低 0.153 分（$P<0.01$），大三比大一低 0.056 分，大四比大一低 0.061 分，研究生比大一高 0.001 分。虽然学生干部经历及政治面貌因素的影响不显著，但依然可以看到，有学生干部经历及党员身份的科技类大学生对相关活动的评价会更低。

(4) 基于学校层次因素的分析

除了个体层次因素会影响活动效果评价外，学校层次的宏观因素也会对活动效果评价产生影响。在选取的两个宏观因素中，高校类别的影响不显著，而高校所在地区的影响具有一定的显著性。以华东地区高校为参照项，则华南地区高校的科技类大学生对相关活动效果的积极评价会高 0.044 分，华中地区则会高 0.010 分，华北地区会高 0.135 分（$P<0.05$），西北地区会高 0.078 分，西南地区会低 0.103 分，东北地区会高 0.108 分。其中只有华北地区相对于华东地区，其影响差异是具有统计学意义的。

五　本章小结

学术道德是一种内在约束，同时它也表现为对于良好学术研究的预警和引导作用，保障学术研究使命的完成。大学作为学术研究的主要阵地，最应加强学术道德素养的培育，而前不久报道出的中国 107 篇 SCI 论文涉嫌造假的新闻也更加敲响了大学生学术道德培养的警钟。学术道德本身也是道德观念在学术研究中的集中表现，根本上还需要从研究者本身的道德素养培育上入手，才能较为彻底地遏制学术道德不规范问题。党的社会主义核心价值观是引导当代中国人思想和行为的一面旗帜，其中的"诚信"思想也是当代大学生学术道德培育最有力的依据和标杆。因此，如何从实际入手，揭示学术道德在不同特征科技类大学生中的分布差异以及社会主义核心价值观在其中的引导作用的大小，正是本章内容的主要目的。

（一）总体情况

总体而言，尽管大部分科技类大学生都具有一定的学术道德素养，但仍然有部分科技类大学生存在文件不了解、规范不遵守、活动不参与的情况。分析表明，约四成（37.3%）科技类大学生对于自己学校的学术诚信文件颁布情况缺乏了解；逾八成（81.7%）科技类大学生认为自己周围的同学存在学术不端行为，且有20.2%认为这一现象比较普遍；将近两成（19.2%）受访者不能认真对待、认真完成自己的课程论文；将近两成（19.5%）受访者对于学校内的科学道德宣传教育活动也不知晓。我国对于高校科技类大学生的学术道德素养培育还有很大的努力空间。

不同社会特征的科技类大学生群体，其学术道德素养水平具有极为显著的差异。课题组采用卡方检验或分层回归的方法，分别比较分析了不同科技类大学生群体在关于学术道德文件及活动的知晓、参与、态度与行为等方面的情况。

基于自然因素，女性在周围同学学术行为良好程度以及对待课程论文的认真程度上高于男性。高年龄段、汉族学生在学校学术诚信文件颁布的知晓程度、周围同学的学术行为良好程度、对待课程论文的认真程度上均高于中等及低年龄组、少数民族学生。相对而言，中低年龄段和少数民族学生在诚信文件知晓情况、学术行为良好程度、对待课程论文认真程度等方面处于劣势。

基于成长因素，与乡镇及以下生源地相比，来自县城及以上的科技类大学生在对学校学术诚信文件颁布的知晓程度上更高，但科学道德和学风建设宣讲教育活动的参与性更低。而与非独生子女科技类大学生相比，独生子女科技类大学生在对学校学术诚信文件颁布的知晓程度、对科学道德学风建设宣讲活动的评价的正向程度上更高，但其周围同学的学术不端行为显得更加普遍。

基于教育因素，研究生较之本科生，在对学校学术诚信文件的知晓程度、周围同学学术行为良好程度、对待课程论文的认真程度上均高于本科生。有学生干部经历、党员身份的科技类大学生，在学术诚信文件知晓程度、周围同学学术行为良好程度、对待课程论文的认真程度以及科学道德学风建设宣传教育活动参与程度上均高于无学生干部任职经历、非党员科技类大学生。另外，与非科技类大学生相比，科技类大学生在对学校学术诚信文件颁布的知晓程度、周围同学学术行为良好程度上相对更高，但在对待课程论文的态度上显得更不认真，也更少参与学风建设宣传教育活动。

（二）值得注意的现象和问题

1. 社会主义核心价值观的引导作用至关重要

诚信是社会主义核心价值观的重要组成部分，因此社会主义核心价值观必然会对科技类大学生的学术道德观念及行为产生一定的影响。在前面的影响因素分析中，除了群体特征变量外，额外加入的核心价值观变量对各因变量产生了极其显著的影响。无论是受访者自身对于核心价值观的了解程度，还是周围同学对于核心价值观的遵守程度，抑或是学校、学院及党团组织所开展的核心价值观宣传活动，均表明核心价值观能够显著促进科技类大学生学术道德素养的培育。但另一方面，由于很多科技类大学生对社会主义核心价值观以及学术道德建设的宣传活动并不是完全知晓，且这部分科技类大学生在很多方面都是处于学术道德培育的死角位置，例如少数民族群体、非党员群体、无学生干部经历群体、农村生源地群体等，因此通过相关举措促进信息传达并调动这部分科技类大学生的活动参与性就显得尤为重要。

2. 环境因素不容忽视

从小群体环境出发，我们考察了受访科技类大学生同辈群体及长辈群体的行为举止对于科技类大学生本身的影响，即受访者的同学及教师如何影响受访者的学术道德观念与行为。例如，教师对于核心价值观的践行和表率程度能够显著减少周围科技类大学生学术不端行为的发生率，并增加其认真对待和完成课程论文的可能性。周围同学的影响在某些方面也是显著的，例如，周围同学对核心价值观的遵守能够有效促进科技类大学生认真对待课程论文。显然，对科技类大学生良好学习和生活环境的建设不容忽视。

考虑到数据结构的层次性，分析时利用分层线性或分层二项 Logistic 回归模型来分析科技类大学生学术道德行为的影响因素。结果发现，在个体层因素之上的学校层次因素，包括高校类别和高校所在地区，也会对科技类大学生的学术道德态度及行为产生极为显著的影响。当然，这一因素背后包含着更加丰富的信息，例如 985、211 高校较之普通高校，其在生源质量、教育投入、学习氛围等各个方面都具有优势，因而更加体现出其对科技类大学生学术道德较强的引导与掌控。同样，高校属地背后则夹杂着地区发展水平、地区扶持力度等方面的因素，也是影响科技类大学生学术道德素养培育的结构性因素。

（三）对策与建议

1. 加强对特定社会特征科技类大学生的学术道德宣传教育

由上述人群差异分析可知，在学术诚信、学术道德方面关注度、参与度、践行度中或多或少会存在所谓的"弱势群体"现象，也就是说具有某一特征的科技类大学生群体通常在很多方面都处于低水平，从而导致其无法有效提升学术道德素养，进而影响科技类大学生整体学术道德水平的提升。少数民族、非党员、无学生干部经历的科技类大学生往往属于这样的"弱势群体"，因此，加强这些科技类大学生群体的学术道德教育，鼓励其积极参与到科学道德宣传教育活动中，必然有利于提升其学术道德知晓程度及践行程度，从而有利于科技类大学生整体学术素养的提升。

此外，"临近毕业"这一因素也是激发科技类大学生学术道德素养滑坡的因素之一。例如，大四年级学生处于毕业季，那些希望往上升学的学生中有部分往往迫于升学压力，选择通过学术不端行为发表论文以达到顺利进入好的学校、好的专业的目的；而找工作者则无心认真对待自己的学业，也会很容易造成学术不端行为的发生。针对这些特殊时期的科技类大学生，高校也应当采取相应的措施，例如通过师生课题合作的方式以减少这种现象的发生。

2. 发挥学生干部和党员科技类大学生的模范带头作用

学生干部或曾担任过学生干部以及党员科技类大学生，由于其在大学生社会网络中社会位置的特殊性，一般都会有更高的诚信文件知晓程度、更认真的作业态度以及更积极的学术道德教育活动参与性，发挥这部分人在科技类学生群体中的模范带头作用非常必要。社会主义核心价值观活动、科学道德学风建设宣传教育活动等的开展，一般需要依托于学校的社团组织、党团组织、班级组织等，这些组织中的核心成员，包括班级与社团学生干部、党团干部等，需要承担组织相关活动的角色，其在对社会主义核心价值观的活动了解及参与、学风建设宣传活动的知晓及参与等方面具有先天的优势，而分析又表明，核心价值观的了解、相关活动的参与等均会极大地促进科技类大学生的学术道德提升，因此这就需要这部分"优势群体"发挥带头和表率作用，以带动和引导更多其他科技类大学生参与到相关活动中去。

3. 加强社会主义核心价值观的宣传和践行

科技类大学生群体作为社会的重要组成部分，其对社会主义核心价值观的认识和践行状况关系到国家的团结稳定和中国特色社会主义事业的兴旺发达，同时，社会主义核心价值观在科技类大学生的生活和学习中亦发挥着关键性的指导作用。在针对学术诚信、学术道德、相关活动参与等变量的分层回归中，社会主义核心价值观的了解程度、遵守程度等均对当代科技类大学生的学术道德提升有很大的积极影响。从社会主义核心价值观入手，发挥班级与社团、党团组织的优势，以科技类大学生喜闻乐见的形式多开展培育和践行核心价值观的活动，首先提升科技类大学生的核心价值观念，这样在进行学术道德提升时就会有事半功倍的效果。

4. 注重科技类大学生周围良好学术道德环境的营造

科技类大学生周围的道德环境，包括学习与生活圈小环境，以及学校背景上的大环境，均显著影响着科技类大学生的学术道德发展。从情境理论出发，生活环境对个体客观状态与主观认知等均会产生根本性的影响。由于不同个体的生活环境是有差异的，例如城市与农村、独生家庭与非独生家庭、参与社团与不参与社团等，因此导致其一系列价值观与行为方式等也存在着细微的差异。所谓"近朱者赤，近墨者黑"，周围同学对于社会主义核心价值观的遵守程度以及所接触的教师对于社会主义核心价值观的践行与表率程度,深深影响着科技类大学生对于学术道德的了解、科学道德宣传教育活动的参与、对待课程论文的态度行为等,对科技类大学生的学术道德素养影响深远。因此,创建良好的学习生活环境对于科技类大学生的学术道德提升至关重要。具体而言,积极打破科技类大学生中的城乡壁垒、学校社团活动壁垒等,促进不同学生群体的融合,发挥优势群体的示范效应,发挥教师群体教书育人的表率作用,积极营造良好的学术道德环境,才能更好提升科技类大学生的学术道德素养。

另一方面,学校层面上的宏观因素也影响着科技类大学生的学术道德素养培育。好的大学一般都会有更多的资源投入,包括学习设备、活动场地、党团及学生社团建设、教师水平等,这些都直接或间接影响到学生的学习与日常生活。反之,普通高校由于没有经济资源、生源资源、教育资源等优势,在这些方面总会有更多的欠缺。提示普通高校更应该注重对这些方面的投入,保障科技类大学生学术道德提升的良好主客观环境,发挥环境育人的作用。

(执笔人:姜俊丰)

第十一章 课程教学

党的十八大以来，各地各高校全面贯彻落实习近平总书记系列重要讲话精神，紧紧围绕编好教材、建好队伍、讲好课程的总要求，努力把思政课办好，思政课受到的重视程度、建设力度也越来越大。尤其是2015年《普通高校思想政治理论课建设体系创新计划》颁布实施以来，在实现全覆盖的基础上，不少高校积极推动思政课教学创新，"积极探索课堂教学、实践教学和网络教学相结合的新路子，推进教案、课件、课堂等'精彩'系列建设，教学水平和教学效果整体上有了明显提升，思政课对大学生思想教育和价值引领的正效应逐步显现。"[①] 调查显示，大学生对思想政治理论课在学习掌握核心价值观中的作用、专业课教师对大学生价值观引导、对中西文化的了解等方面呈现良好态势。由此看来，思想政治理论课正朝着使大学生"真心喜爱、终身受益"的建设目标有力迈进。

一　对思想政治理论课在学习掌握核心价值观中作用的评价

思想政治理论课是进行社会主义核心价值观教育，帮助大学生树立正确世界观、人生观、价值观的核心课程。大学生作为思想政治理论课、社会主义核心价值观教育的重要参与者和受教育对象，他们对思想政治理论课教育成效的评价，较为客观和真实地反映着当前大学生思想

[①] 《高扬信仰的风帆——党的十八大以来高校思想政治工作综述》，《中国教育报》2016年12月7日。

政治教育开展及其现实成效状况。大学生对思想政治理论课在学习掌握核心价值观中的作用评价,成为有效把握和科学分析当前思想政治理论课教学成效的重要维度。

(一) 总体评价

大学生对思想政治理论课在学习掌握社会主义核心价值观中的作用评价较好。91.8%的科技类大学生对思想政治理论课在学习掌握社会主义核心价值观中的作用持肯定性评价[①],科技类大学生对思想政治理论课在学习掌握社会主义核心价值观中的作用的整体满意度为63.4%,这两个比例均大于非科技类大学生。对思想政治理论课在学习掌握社会主义核心价值观中的作用持负面评价的大学生也占有一定比例,科技类大学生中,认为效果"比较小"或"非常小"的大学生比例为8.2%,而非科技类大学生的负面评价为10.0%,明显高于科技类大学生。从数据的对比分析来看,科技类大学生对思想政治理论课在学习掌握社会主义核心价值观的作用的肯定性评价和整体满意度高于非科技类大学生,持负面评价的比例低于非科技类大学生。负面评价的存在,表明思想政治理论课在学习掌握社会主义核心价值观中的作用有待进一步发挥,思想政治理论课教育教学的针对性和实效性还需要持续增强。

(二) 不同类型大学生对思政课作用的评价

不同成长背景、教育背景的大学生对思想政治理论课在大学生学习掌握社会主义核心价值观的作用的评价有显著差异。总体来看,教育因素在其中发挥的影响更大,因此发挥思想政治理论课在大学生学习掌握社会主义核心价值观的作用应重点从教育因素着手。

---

① 需要说明和强调的是,对思想政治理论课在学习掌握核心价值观中作用的"一般"评价中,其中虽然含有一定的不满意成分,但是与"比较小"或"非常小"这样明确的否定性评价有着本质的区别。考虑到思想政治理论课的特殊性以及所面临的诸多复杂因素,可认为"一般"是一种相对较为积极的评价,亦即其中包含的肯定性因素多于否定性因素。就此而言,"一般"也是一种好评,可与"非常大"和"比较大"这样明确的好评合并计算。考虑到行文方便,本章所述的"肯定性评价"包括"非常大""比较大"和"一般";"否定性评价"包含"比较小""非常小"。

1. 基于自然因素的分析

为了考察不同学生群体对思想政治理论课在学习掌握社会主义核心价值观的作用评价情况，课题组对李克特 5 点评分量表进行了量化处理，按照学生评价的强弱程度，从"非常小"到"非常大"分别赋值 1—5 分。均值分析后发现，在科技类大学生中，民族、生源地和独生子女状况不同的学生，对思想政治理论课在学习掌握社会主义核心价值观的作用评价情况存在显著差异。

分析结果显示，在科技类大学生中，汉族大学生对思想政治理论课在学习掌握社会主义核心价值观的作用评价得分（3.76）高于少数民族学生（3.58）；生源地为乡镇以下的大学生对思想政治理论课在学习掌握社会主义核心价值观的作用评价得分（3.78）高于生源地为县级以上的大学生（3.69）；非独生子女大学生对思想政治理论课在学习掌握社会主义核心价值观的作用评价得分（3.77）高于独生子女大学生（3.70）。同时发现，性别、年龄段不同的大学生对思想政治理论课在学习掌握社会主义核心价值观的作用评价得分情况并未存在显著差异。

2. 基于不同省份的分析

均值分析发现，不同省份（自治区、直辖市）大学生对思想政治理论课在学习掌握社会主义核心价值观的作用评价得分存在显著差异（$F=8.759$，$P<0.001$），分析结果如表 11-1 所示。

表 11-1　　　不同省份大学生对思想政治理论课在学习掌握社会
主义核心价值观的作用评价得分

省份（自治区、直辖市）	均值比较 均值	均值比较 标准差	肯定性评价（%）	构成比（%）非常小	构成比（%）比较小	构成比（%）一般	构成比（%）比较大	构成比（%）非常大
北京	3.64	0.98	89.4	3.6	7.0	30.0	41.0	18.4
安徽	3.74	0.98	89.7	3.3	7.0	24.3	43.8	21.6
天津	3.68	0.97	88.6	2.0	9.4	28.2	39.6	20.8
吉林	3.79	0.95	91.0	2.0	6.8	24.2	43.8	23.0
上海	3.58	1.01	89.5	4.5	6.0	36.3	33.8	19.4
江苏	3.64	0.95	90.9	3.2	5.9	32.5	40.2	18.2

续表

省份（自治区、直辖市）	均值比较 均值	均值比较 标准差	肯定性评价（%）	构成比（%）非常小	构成比（%）比较小	构成比（%）一般	构成比（%）比较大	构成比（%）非常大
福建	3.52	0.85	91.4	2.5	6.1	38.1	43.7	9.6
山东	3.74	0.99	91.3	2.3	6.4	31.5	34.7	25.1
湖北	3.72	0.91	92.2	2.3	5.5	28.9	44.2	19.1
重庆	3.68	0.91	91.9	2.3	5.8	31.1	42.9	17.9
四川	3.10	0.97	77.6	5.6	16.8	48.3	20.7	8.6
陕西	3.83	0.90	93.3	2.3	4.4	23.6	47.3	22.3
甘肃	3.76	0.96	91.7	2.9	5.4	27.2	42.2	22.3
宁夏	3.78	0.85	93.9	0.7	5.4	29.5	44.3	20.1
河北	3.97	1.00	92.0	1.6	6.4	23.0	31.6	37.4
广东	4.13	1.07	90.0	3.3	6.7	10.0	33.3	46.7
广西	3.84	0.90	94.8	2.2	3.0	27.1	43.6	24.1
河南	4.05	0.75	98.8	0.6	0.6	19.9	51.2	27.7
黑龙江	4.01	0.90	93.5	0.0	6.5	20.4	38.7	34.4
江西	3.78	0.97	91.5	3.1	5.4	25.4	42.3	23.8
内蒙古	3.88	0.82	95.8	1.4	2.8	23.6	51.4	20.8
山西	3.87	0.87	94.0	1.6	4.4	22.0	49.5	22.5
西藏	4.15	0.72	100.0	0.0	0.0	18.5	48.2	33.3
浙江	3.51	0.97	90.2	5.9	3.9	35.9	41.7	12.6
总计	3.71	0.95	91.1	2.7	6.2	29.0	41.3	20.8

均值分析结果显示，不同省份（自治区、直辖市）大学生对思想政治理论课在学习掌握社会主义核心价值观作用评价的得分存在显著差异，其中西藏（4.15）、广东（4.13）、河南（4.05）、黑龙江（4.01）、河北（3.97）、内蒙古（3.88）、山西（3.87）、广西（3.84）、陕西（3.83）、吉林（3.79）、江西（3.78）、宁夏（3.78）、甘肃（3.76）、山东（3.74）、安徽（3.74）、湖北（3.72）16个省份（自治区、直辖市）的大学生对思想政治理论课在学习掌握社会主义核心价值观的作用评价的均值得分高于平均水平（3.71），而重庆

(3.68)、天津（3.68）、江苏（3.64）、北京（3.64）、上海（3.58）、福建（3.52）、浙江（3.51）、四川（3.10）8个省份（自治区、直辖市）的大学生对思想政治理论课在学习掌握社会主义核心价值观的作用评价的均值得分低于平均水平。

本次调查所涉及的24个省份（自治区、直辖市）大学生对思想政治理论课在学习掌握社会主义核心价值观的作用持肯定性评价由高到低依次为：西藏（100.0%）、河南（98.8%）、内蒙古（95.8%）、广西（94.8%）、山西（94.0%）、宁夏（93.9%）、黑龙江（93.5%）、陕西（93.3%）、湖北（92.2%）、河北（92.0%）、重庆（91.9%）、甘肃（91.7%）、江西（91.5%）、福建（91.4%）、山东（91.3%）、吉林（91.0%）、江苏（90.9%）、浙江（90.2%）、广东（90.0%）、安徽（89.7%）、上海（89.5%）、北京（89.4%）、天津（88.6%）、四川（77.6%）。其中西藏至重庆等11个省份（自治区、直辖市）大学生对思想政治理论课在学习掌握社会主义核心价值观的作用持肯定性评价得分高于全国平均分；甘肃等13个省份（自治区、直辖市）大学生对思想政治理论课在学习掌握社会主义核心价值观的作用持肯定性评价得分低于全国平均分。

3. 基于教育因素的分析

均值分析发现，在科技类大学生中，年级、学校类别、学校所在区域、学校类型不同的学生，对思想政治理论课在学习掌握社会主义核心价值观的作用评价情况存在显著差异。政治面貌、学生干部经历不同的学生，对思想政治理论课在学习掌握社会主义核心价值观的作用评价情况并未存在显著差异。

从年级上看，大二学生对思想政治理论课在学习掌握社会主义核心价值观的作用评价得分（3.80）高于其他年级的学生。相比来说，研究生对思想政治理论课在学习掌握社会主义核心价值观的作用评价得分（3.63）最低。从学校类别来看，对思想政治理论课在学习掌握社会主义核心价值观的作用评价得分依次为985高校（3.68）、211高校（3.73）、普通本科高校（3.77），这说明学校层级越高的学生对思想政治理论课在学习掌握社会主义核心价值观的作用评价越低。从学校所在区域来看，东北地区的学生对思想政治理论课在学习掌握社会主义核心价值观的作用评价得分（3.94）最高，西南地区的学生对思想政治理论课在学习掌握社会主义核心价值观的作用评价得分（3.54）最低。从学校类型来看，军事类、农林类、艺术类院校的学生对思想政治理论课在学习掌握社会主义核心价值观的作用评价得分相对较高，分别为5.00、3.94、3.91，而民族类、语言类、政法类院校的学生对思想政治理论课在学习掌握社会主义核心价值观的作用评价得分相对较低，分别是3.29、3.50、3.50。

（三）科技类大学生对思想政治理论课作用评价的影响因素

为更好地了解不同类型科技类大学生对思想政治理论课在学习掌握社会主义核心价值观的作用评价状况，课题组通过一般线性回归分析并结合均值比较来综合分析科技类大学生群体对思想政治理论课在学习掌握社会主义核心价值观的作用评价状况的影响因素。

课题组将科技类大学生对思想政治理论课在学习掌握社会主义核心价值观的作用评价情况"非常小""比较小""一般""比较大""非常大"分别赋值为1分、2分、3分、4分、5分，进行一般线性回归分析。一般线性回归分析发现，按照0.05的检验水准，回归系数具有统计学意义的自变量有学生干部经历、独生子女状况、学校类别等（见表11-2）。

表11-2　　大学生对思想政治理论课在学习掌握社会主义核心
价值观中作用评价的一般线性回归①

变量	非标准化系数 B	非标准化系数 SE	标准系数 Beta	统计量 t	显著性水平 P
常数项	0.379	0.106		3.575	0.000
男性（参照项：女性）	0.023	0.028	0.012	0.822	0.411

---

① 因变量"大学生对思想政治理论课在学习掌握社会主义核心价值观中作用评价"是从"非常小"到"非常大"五个等级，当自变量为分类变量（含有参照项）时，回归系数如大于零，则表明分析变量比参照项的评价更高。其余自变量为定序变量，与"大学生对思想政治理论课在学习掌握社会主义核心价值观中作用评价"的等级方向一致，回归系数解释方向也一致。

续表

变量		非标准化系数		标准系数	统计量	显著性水平
		B	SE	Beta	t	P
汉族（参照项：少数民族）		0.041	0.040	0.015	1.028	0.304
年级（参照项：大一）	大二	0.042	0.040	0.019	1.070	0.285
	大三	-0.033	0.042	-0.014	-0.770	0.442
	大四	0.029	0.043	0.012	0.661	0.509
	研究生	-0.094	0.048	-0.036	-1.934	0.053
党员（参照项：非党员）		0.025	0.035	0.011	0.717	0.474
县级以上（参照：乡镇以下）		-0.041	0.029	-0.022	-1.400	0.162
有学生干部经历（参照项：无学生干部经历）		-0.068	0.034	-0.029	-1.986	0.047
独生子女（参照项：非独生子女）		-0.066	0.029	-0.035	-2.235	0.025
学校类别（参照项：普通高校）	985高校	-0.111	0.032	-0.056	-3.470	0.001
	211高校	-0.016	0.037	-0.007	-0.437	0.662
学校所在区域（参照项：华东地区）	华南地区	-0.008	0.083	-0.001	-0.093	0.926
	华中地区	0.102	0.047	0.037	2.164	0.031
	华北地区	-0.002	0.037	-0.001	-0.049	0.961
	西北地区	0.062	0.046	0.023	1.342	0.180
	西南地区	0.033	0.049	0.011	0.671	0.502
	东北地区	0.091	0.059	0.024	1.542	0.123
大学生对弘扬和培育社会主义核心价值观必要性的看法		0.175	0.019	0.142	9.311	0.000
大学生对专业课教师开展价值观引导的评价		0.428	0.020	0.377	21.727	0.000
学校开展以社会主义核心价值观为主题的校园文化活动频率		0.134	0.017	0.127	7.986	0.000
大学生对教师践行核心价值观方面的表率作用评价		0.138	0.017	0.139	8.098	0.000

N = 3251　R^2 = 0.366　F = 84.821

本部分重点分析在科技类大学生中，对思想政治理论课在学习掌握社会主义核心价值观的作用评价状况因不同学生干部经历、不同独生子女状况、不同学校类别产生的差异。结果显示，有学生干部经历的学生对思想理论政治课在学习掌握社会主义核心价值观的作用评价比无学生干部经历的学生低 6.8 个百分点；独生子女对思想理论政治课在学习掌握社会主义核心价值观的作用评价比非独生子女低 6.6 个百分点；985 高校的学生对思想政治理论课在学习掌握社会主义核心价值观的作用评价比普通高校学生低 11.1 个百分点。

从表 11-2 来看，在 0.05 的检验水准下，回归系数具有统计学意义的自变量还有大学生对弘扬和培育社会主义核心价值观必要性的看法、大学生对专业课教师开展价值观引导的评价、学校开展以社会主义核心价值观为主题的校园文化活动的频率、大学生对教师践行核心价值观方面的表率作用的评价等。从回归模型来看，对弘扬和培育社会主义核心价值观必要性的看法从"很没必要"到"非常必要"，每升高一个等级，科技类大学生对思想政治理论课在学习掌握社会主义核心价值观中作用评价就升高 17.5 个百分点；对专业课教师开展价值观引导的评价从"很不重视"到"非常重视"，每升高一个等级，科技类大学生对思想政治理论课在学习掌握社会主义核心价值观中作用评价就升高 42.8 个百分点；学校开展以社会主义核心价值观为主题的校园文化活动频率从"非常少"到"非常多"五个等级，每升高一个等级，科技类大学生对思想政治理论课在学习掌握社会主义核心价值观中作用评价就升高 13.4 个百分点；对教师践行核心价值观方面的表率作用评价从"绝少部分"到"绝大部分"五个等级，每升高一个等级，科技类大学生对思想政治理论课在学习掌握社会主义核心价值观中作用评价就升高 13.8 个百分点。从上述回归分析的结果来看，大学生对专业课教师开展价值观引导的评价，相较于其他因素而言，会对思想政治理论课在学习掌握社会主义核心价值观的作用的评价产生更大影响。

二 对专业课教师对大学生价值观引导状况的评价

所有课程都有育人功能，在大学生价值观引导工作中，专业课教师也要守好一段渠、种好责任田。大学生作为专业课的重要参与者和受教育对象，他们对专业课教师开展价值观引导成效的评价，反映着教师明道、信道、传道的现实状况。大学生对专业课教师开展价值观引导状况的评价，成为课题组分析把握专业课教师开展价值观引导成效的重要维度。

（一）总体评价

大学生对专业课教师对大学生价值观引导状况的评价较好。95.7%的科技类大学生对专业课教师对大学生价值观引导状况持肯定性评价[1]，这一比例高于非科技类大学生；专业课教师对科技类大学生价值观引导状况的整体重视度为70.6%，这一比例低于非科技类大学生。对专业课教师在科技类大学生价值观引导状况持负面评价的大学生也占有一定比例，认为"不太重视"和"很不重视"的科技类大学生比例为4.3%，而非科技类大学生的负面评价为5.1%。从数据的总体对比分析来看，大学生对专业课教师对大学生价值观引导状况的肯定性评价和整体重视度较高，但持负面评价的现象仍然存在，这表明专业课教师对大学生价值观引导的重视程度有待进一步提高。

（二）不同类型大学生对专业课教师价值观引导状况的评价

不同成长背景、教育背景的大学生对专业课教师价值观引导状况的

---

[1] 需要说明和强调的是，专业课教师对大学生价值观引导状况的"一般"评价中，其中虽然含有一定的不满意成分，但是与"不太重视"或"很不重视"这样明确的否定性评价有着本质的区别。考虑到价值观引导的特殊性以及所面临的诸多复杂因素，可认为"一般"是一种相对较为积极的评价，亦即其中包含的肯定性因素多于否定性因素。就此而言，"一般"也是一种好评，可与"非常重视"和"比较重视"这样明确的好评合并计算。考虑到行文方便，本章所述的"肯定性评价"包括"非常重视""比较重视"和"一般"；"否定性评价"包含"不太重视""很不重视"。

评价有显著差异。

1. 基于自然因素的分析

为了考察在科技类大学生中，不同学生类别对专业课教师对大学生价值观引导状况的评价情况，课题组对李克特 5 点评分量表进行了量化处理，按照学生评价的强弱程度，从"很不重视"到"非常重视"分别赋值 1—5 分。均值分析后发现，仅有民族类别对专业课教师对大学生价值观引导状况的评价情况存在显著差异。

分析结果显示，汉族科技类大学生对专业课教师对大学生价值观引导状况的评价得分（3.93）高于少数民族学生（3.73），而性别、年龄段、生源地不同、独生子女状况不同的科技类大学生对专业课教师对大学生价值观引导状况的评价得分情况差异无显著性。

2. 基于不同省份的分析

均值分析发现，不同省份（自治区、直辖市）大学生对专业课教师对大学生价值观引导状况的评价得分存在显著差异（$F=13.749$，$P<0.001$），分析结果如表 11-3 所示。

表 11-3　不同省份大学生对专业课教师对大学生价值观引导状况的评价得分

省份（自治区、直辖市）	均值比较 均值	均值比较 标准差	肯定性评价（%）	构成比（%） 很不重视	构成比（%） 不太重视	构成比（%） 一般	构成比（%） 比较重视	构成比（%） 非常重视
北京	3.97	0.82	96.0	0.4	3.6	22.0	46.2	27.8
安徽	3.90	0.86	94.7	1.5	3.8	21.5	49.5	23.7
天津	4.01	0.72	99.0	0.0	1.0	22.8	51.0	25.2
吉林	4.09	0.79	96.3	0.0	3.7	15.8	48.6	31.9
上海	3.93	0.80	97.0	0.5	2.5	25.7	46.5	24.8
江苏	3.85	0.79	96.9	1.0	2.1	26.8	50.7	19.4
福建	3.75	0.80	95.0	0.5	4.5	31.3	47.0	16.7
山东	3.96	0.93	92.6	0.4	7.0	20.9	39.6	32.1
湖北	3.86	0.82	95.6	0.3	4.1	27.6	45.1	22.9
重庆	3.94	0.77	95.7	0.3	4.0	19.5	54.1	22.1
四川	3.15	0.96	77.1	2.6	20.3	48.1	17.7	11.3

续表

省份（自治区、直辖市）	均值比较		肯定性评价（%）	构成比（%）				
	均值	标准差		很不重视	不太重视	一般	比较重视	非常重视
陕西	3.96	0.83	95.8	1.1	3.1	21.2	48.2	26.4
甘肃	3.96	0.82	96.5	1.1	2.4	22.3	48.5	25.7
宁夏	3.86	0.76	94.4	0.0	5.6	20.5	56.8	17.1
河北	4.21	0.81	97.8	0.0	2.2	18.3	36.0	43.5
广东	4.23	0.82	96.6	0.0	3.4	13.3	40.0	43.3
广西	4.05	0.73	97.7	0.0	2.3	17.4	53.8	26.5
河南	4.21	0.77	98.9	0.0	1.1	17.5	40.4	41.0
黑龙江	4.16	0.73	99.9	0.0	0.0	19.5	45.1	35.4
江西	4.06	0.78	96.9	0.8	2.3	15.5	52.7	28.7
内蒙古	4.00	0.86	97.3	1.3	1.4	23.6	43.1	30.6
山西	3.99	0.77	98.4	0.5	1.1	23.6	48.4	26.4
西藏	4.12	0.65	99.9	0.0	0.0	15.4	57.7	26.9
浙江	3.79	0.79	96.1	1.0	2.9	29.1	50.5	16.5
总计	3.93	0.84	96.0	0.6	4.0	23.1	46.2	26.1

均值分析结果显示，不同省份（自治区、直辖市）大学生对专业课教师对大学生价值观引导状况的评价得分存在显著差异，其中广东（4.23）、河南（4.21）、河北（4.21）、黑龙江（4.16）、西藏（4.12）、吉林（4.09）、江西（4.06）、广西（4.05）、天津（4.01）、内蒙古（4.00）、山西（3.99）、北京（3.97）、陕西（3.96）、山东（3.96）、甘肃（3.96）、重庆（3.94）、上海（3.93）17个省份（自治区、直辖市）的大学生对专业课教师对大学生价值观引导状况评价的均值得分高于平均水平（3.93）；而安徽（3.90）、湖北（3.86）、宁夏（3.86）、江苏（3.85）、浙江（3.79）、福建（3.75）、四川（3.15）7个省份（自治区、直辖市）的大学生对专业课教师对大学生价值观引导状况的评价的均值得分低于平均水平。

本次调查所涉及的24个省份（自治区、直辖市）大学生对专业课教师对大学生价值观引导状况持肯定性评价的比例由高到低依次为：黑龙江（100.0%）、西藏（100.0%）、天津（99.0%）、河南（98.9%）、山西（98.4%）、河北（97.8%）、广西（97.7%）、内蒙古（97.3%）、上海（97.0%）、江苏（96.9%）、江西（96.9%）、广东（96.6%）、甘肃（96.5%）、吉林（96.3%）、浙江（96.1%）、北京（96.0%）、陕西（95.8%）、重庆（95.7%）、湖北（95.6%）、福建（95.0%）、安徽（94.7%）、宁夏（94.4%）、山东（92.6%）、四川（77.1%）。其中黑龙江等16个省份（自治区、直辖市）大学生对专业课教师对大学生价值观引导状况持肯定性评价得分高于或等于全国平均分（96.0%）；陕西至四川等8个省份（自治区、直辖市）大学生对专业课教师对大学生价值观引导状况持肯定性评价得分低于全国平均分。

3. 基于教育因素的分析

均值分析后发现，在科技类大学生中，年级、学生干部经历、学校所在区域、学校类型不同的学生，对专业课教师对大学生价值观引导状况评价情况存在显著差异。政治面貌不同、学校类别不同的科技类大学生，对专业课教师对大学生价值观引导状况的评价情况无显著差异。

从年级上看，大一学生在专业课教师对大学生价值观引导状况的评价得分（3.96）高于其他年级的学生。从学生干部经历来看，有学生干部经历的学生在专业课教师对大学生价值观引导状况的评价得分（3.92）高于无学生干部经历学生（3.82）。从学校所在区域来看，东北区域的学生在专业课教师对大学生价值观引导状况的评价得分（4.08）最高，西南区域的学生在专业课教师对大学生价值观引导状况的评价得分（3.70）最低。从学校类型来看，军事类、政法类、财经类、艺术类、农林类院校的学生在专业课教师对大学生价值观引导状况的评价得分相对较高，分别为5.00、4.50、4.14、4.09、4.07，而民族类、语言类、医药类院校的学生在专业课教师对大学生价值观引导状况的评价得分相对较低，分别是3.39、3.83、3.88。

（三）科技类大学生对专业课教师价值观引导评价的影响因素

为更好地了解在科技类大学生中，不同类型大学生群体对专业课教师开展价值观引导的评价状况，课题组通过一般线性回归分析并结合均值比较来综合分析造成对专业课教师开展价值观引导评价状况的内部差异的因素。

课题组将科技类大学生对专业课教师开展价值观引导的评价情况"很不重视""不太重视""一般""比较重视""非常重视"分别赋值为1分、2分、3分、4分、5分，进行一般线性回归分析。一般线性回归分析发现，按照0.05的检验水准，回归系数具有统计学意义的自变量有年级、学校类别、学校所在区域等（参见表11-4）。

表11-4　关于对专业课教师开展价值观引导评价的一般线性回归①

变量		非标准化系数 B	SE	标准系数 Beta	统计量 t	显著性水平 P
常数项		1.134	0.093		12.242	0.000
男性（参照项：女性）		-0.014	0.025	-0.008	-0.553	0.580
汉族（参照项：少数民族）		0.057	0.036	0.024	1.600	0.110
年级（参照项：大一）	大二	-0.037	0.035	-0.019	-1.054	0.292
	大三	-0.041	0.038	-0.020	-1.087	0.277
	大四	-0.092	0.039	-0.044	-2.397	0.017
	研究生	0.007	0.043	0.003	0.156	0.876
党员（参照项：非党员）		-0.037	0.031	-0.019	-1.203	0.229
县级以上（参照：乡镇以下）		-0.024	0.026	-0.015	-0.914	0.361
有学生干部经历（参照项：无学生干部经历）		-0.019	0.031	-0.009	-0.611	0.541
独生子女（参照项：非独生子女）		-0.024	0.026	-0.014	-0.895	0.371
学校类别（参照项：普通高校）	985高校	-0.006	0.029	-0.004	-0.226	0.821
	211高校	-0.069	0.033	-0.034	-2.115	0.035
学校所在区域（参照项：华东地区）	华南地区	0.116	0.074	0.024	1.562	0.118
	华中地区	0.011	0.042	0.004	0.251	0.802
	华北地区	0.073	0.033	0.040	2.172	0.030
	西北地区	0.113	0.041	0.048	2.747	0.006
	西南地区	0.032	0.044	0.013	0.731	0.465
	东北地区	0.111	0.053	0.033	2.102	0.036

① 因变量"对专业课教师开展价值观引导的评价"是从"很不重视"到"非常重视"五个等级，当自变量为分类变量（含有参照项）时，回归系数如大于零，则表明分析变量比参照项的评价要高。其余自变量为定序变量，与"对专业课教师开展价值观引导"的等级方向一致，回归系数解释方向也一致。

续表

变量	非标准化系数		标准系数	统计量	显著性水平
	B	SE	Beta	t	P
大学生对弘扬和培育社会主义核心价值观必要性的看法	0.169	0.012	0.158	13.658	0.000
学校开展以社会主义核心价值观为主题的校园文化活动频率	0.219	0.011	0.252	20.986	0.000
大学生对教师践行核心价值观方面的表率作用评价	0.333	0.011	0.367	29.777	0.000

$N = 3257 \quad R^2 = 0.348 \quad F = 82.345$

本部分重点分析对专业课教师开展价值观引导的评价状况因不同年级、不同学校类别而产生的差异。结果显示，大四学生对专业课教师开展价值观引导的评价比大一学生低 9.2 个百分点，211 高校大学生对专业课教师开展价值观引导的评价比普通高校学生低 6.9 个百分点。

从表 11-4 来看，在 0.05 的检验水准下，回归系数具有统计学意义的自变量有大学生对弘扬和培育社会主义核心价值观必要性的看法、学校开展以社会主义核心价值观为主题的校园文化活动频率、大学生对教师践行核心价值观方面的表率作用评价三项。

从回归模型来看，大学生对弘扬和培育社会主义核心价值观必要性的看法从"很没必要"到"非常必要"五个等级，每升高一个等级，大学生对专业课教师开展价值观引导的评价就升高 16.9 个百分点。学校开展以社会主义核心价值观为主题的校园文化活动频率从"非常少"到"非常多"五个等级，每升高一个等级，大学生对专业课教师开展价值观引导的评价就升高 21.9 个百分点。大学生对教师践行核心价值观方面的表率作用评价从"绝少部分"到"绝大部分"五个等级，每升高一个等级，大学生对专业课教师开展价值观引导的评价就升高 33.3 个百分点。

从上述回归分析的结果来看，大学生对教师践行核心价值观方面的表率作用的评价，相较于其他因素而言，会对大学生对专业课教师开展价值观引导的评价产生更大影响。

三 本章小结

科技类大学生是传播、践行社会主义核心价值观的重要主体，而主动传播、积极践行需要课程教学的正确引导。从高校层面来说，应认真贯彻落实全国高校思想政治工作会议精神，全力推进思想政治理论课教学改革，切实提高思政课教学质量，并充分发挥教学、科研、管理、服务、实践合力育人作用。就教师而言，专业课教师应当坚持把立德树人作为根本任务，引导广大学生做社会主义核心价值观的坚定信仰者、积极传播者、模范践行者；充分挖掘各专业课程蕴含的"德育元素"和所承载的德育功能，使各类课程与思政课同向同行，实现全员育人、全程育人、全方位育人。同时，培养和践行社会主义核心价值观必须立足弘扬中华优秀传统文化，立足文化自信，建设优秀传统文化传承体系，弘扬中华民族的传统文化，批判吸收西方优秀文化。

（一）基本结论

1. 思想政治理论课对科技类大学生核心价值观的引导作用凸显

其一，大部分科技类大学生对思想政治理论课在学习掌握社会主义核心价值观的作用持肯定性评价且整体满意度较高。调查显示，91.8%的科技类大学生对思想政治理论课在学习掌握社会主义核心价值观中的作用持肯定性评价，满意度为63.4%。但是，仍然存在对思政课的负面评价，这表明思想政治理论课在引导大学生学习掌握社会主义核心价值观中的作用有待进一步发挥，思想政治理论课教育教学的针对性和实效性还需要持续增强。

其二，自然因素对思想政治理论课在学习掌握社会主义核心价值观的作用评价中具有重要意义。汉族科技类大学生对思想政治理论课在学习掌握社会主义核心价值观的作用评价总体来说高于少数民族；生源地为乡镇以下的科技类大学生对思想政治理论课在学习掌握社会主义核心价值观的作用评价高于生源地为县级以上的学生；独生子女科技类大学生对思想政治理论课在学习掌握社会主义核心价值观的作用评价低于非独生子女学生。

其三，地域因素对思想政治理论课在学习掌握社会主义核心价值观的作用评价具有重要影响。其中，西藏、河南、内蒙古、广西、山西、宁夏、陕西、湖北、河北9个省份的大学生对思想政治理论课在学习掌握社会主义核心价值观的作用持肯定性评价高于全国平均值，而福建、江苏、浙江、上海、北京、天津、四川7个省份低于全国平均值。

最后，均值比较与回归分析显示，在科技类大学生中，年级、学校类别、学校所在区域、学校类型对思政课在学习掌握社会主义核心价值观的作用评价具有重要意义。科技类大学生中，研究生对思想政治理论课在学习掌握社会主义核心价值观的作用评价最低，大二学生的评价最高，因此，思政课对研究生的作用弱于大二学生。从学校类别来看，学校层级越高的科技类学生对思想政治理论课在学习掌握社会主义核心价值观的作用评价越低。

2. 专业课教师对科技类大学生价值观引导作用

其一，大部分科技类大学生对专业课教师对大学生价值观引导状况的肯定性评价以及重视度较高。调查显示，95.7%的科技类大学生对专业课教师对大学生价值观引导状况持肯定性评价。但是，负面评价仍然存在，这表明专业课教师在科技类学生学习掌握社会主义核心价值观中的作用有待进一步发挥，对大学生价值观引导的重视度有待持续提高。

其二，自然因素在大学生对专业课教师对科技类大学生价值观引导状况的评价中具有重要意义。科技类大学生中，汉族大学生对专业课教师对大学生价值观引导状况的评价总体来说高于少数民族学生。

其三，地域因素在大学生对专业课教师对科技类大学生价值观引导状况的评价中具有重要作用。其中，广东、河南、河北、黑龙江、西藏、江西、广西、天津、内蒙古、山西、北京、甘肃、上海13个省份的大学生对专业课教师对大学生价值观引导状况的评价以及肯定性评价均高于全国平均值，而安徽、湖北、宁夏、福建、四川5个省份均低于全国平均值。

最后，均值比较与回归分析显示，在科技类大学生中，年级、学生干部经历、学校所在区域、学校类型在对专业课教师对大学生价值观引导状况的评价中具有重要意义。科技类大学生中，大四学生对专业课教师对大学生价值观引导状况评价最低。由于大四学生自身的知识储备和积累高于大一学生，价值观已经相对成熟，因此，专业课教师对价值观的重视程度低于大一学生。从有无学生干部经历来看，有学生干部经历的科技类大学生对专业课教师对大学生价值观引导状况评价明显高于没有学生干部经历的学生。此外，东北地区的科技类大学生在专业课教师对大学生价值观引导状况的评价最高，西南地区的科技类大学生在专业课教师对大学生价值观引导状况的评价最低。

（二）主要问题和对策建议

1. 主要问题

一是科技类大学生对思想政治理论课在学习掌握社会主义核心价值观的作用持负面评价的比例仍不小。调查结果显示，科技类大学生认为思想政治理论课在学习掌握社会主义核心价值观中的作用"比较小"或"非常小"的比例为8.3%，这表明思想政治理论课在学习掌握社会主义核心价值观中的作用有待进一步加强，思想政治理论课教育教学的针对性和实效性还需要持续增强。

二是专业课教师在大学生价值观教育引导中的作用发挥还不充分。科技类大学生对专业课教师在大学生价值观引导状况持负面评价占有一定比例，认为"不太重视"和"很不重视"的比例为4.3%，而非科技类大学生的负面评价为5.1%。这表明教师在教授专业课过程中对价值观引导的重视程度有待进一步提高。

2. 对策建议

一是下大力气建设科技类大学生真心喜爱、终身受益的思想政治理论课。全面推进实施高校思想政治理论课建设体系创新计划，不断深化课程建设综合改革，及时更新教学内容，不断丰富教学手段，不断改善课堂教学状况；积极创新思想政治理论课实践教学模式，有效促进理论与实践相结合，切实提高学生实践创新能力；坚持与时俱进，切实把马克思主义理论同中国特色社会主义实践有机结合起来，把思想品德教育同中国特色社会主义理论、中华优秀传统文化教育结合起来，通过理论联系实际的教学实践创新，让学生真正领会科学理论在指导自身成长成才中的重要作用；大力推进教学方法改革，建设好、发展好、利用好思政课平台；采取大学生喜闻乐见、乐于接受的方式方法，提升高校思想政治理论课的抬头率、吸引力、认同度，让学生学而信、信而行、行而用。

　　二是充分发挥教师尤其是专业课教师在科技类大学生价值观教育引导中的重要作用。落实习近平总书记关于高校师资队伍建设"四个统一"的要求，让广大教师成为先进文化的传播者、党执政的坚定支持者，更好地担起学生健康成长指导者和引领人的职责；传道者首先要明道、信道，广大教师要以德立身、以德立学、以德施教；要着力加强专业课教师队伍培养培训，扎实推进师德师风建设，严把教师的聘用考核政治关；专业课教师要把知识教育同价值观教育、能力教育结合起来，把思想引导和价值观塑造融入每一门专业课的教育教学中；充分发挥研究生导师在研究生党建工作的示范引领作用，党员导师要切实担负起研究生健康成长指导者和引路人的职责；高度重视青年教师思想政治工作，推进实施"青年教师成长工程"，打造专业平台、跨学科平台、能力素质平台、健康生活平台，服务青年教师健康成长。

　　三是着力推动科技类大学生学习中华优秀传统文化。要用中华优秀传统文化滋养核心价值观，用核心价值观引领传统文化传承发展，使二者正向结合、相辅相成；创新推动中华优秀传统文化融入教育教学，鼓励高校开设中华优秀传统文化必修课，结合专业课程特点增加中华优秀传统文化内容。组织开展经典诵读、书写、讲解文化实践活动；扎实推进中华经典诵写讲行动，继续开展中华经典资源库建设项目，继续组织办好诗词大会、汉字听写大会、成语大会、全国大学生朗诵大会等，举办中华经典诵读、规范汉字书写等活动；开展诵读、书法名家进校园和诗词吟诵研究相关活动；通过大力推进实施中华经典诵读工程的实施，服务于优秀传统文化、革命文化和社会主义先进文化的传承弘扬。积极开展马列主义著作经典诵读和读书分享活动，积极开发经典诵读、文学名著鉴赏等特色阅读课程，加强对学生课外阅读的引导，增强育人效果。

（执笔人：司文超）

第十二章　日常思想政治教育(上)

作为强基固本、凝魂聚气的基础工程,社会主义核心价值观的培育和践行是高校育人工作的重大责任和使命,是高校贯彻落实立德树人根本任务的基本要求,是贯穿大学生日常思想政治教育全过程的一根主线。《关于加强和改进新形势下高校思想政治工作的意见》指出,"坚持全员全过程全方位育人。把思想价值引领贯穿教育教学全过程和各环节,形成教书育人、科研育人、实践育人、管理育人、服务育人、文化育人、组织育人长效机制。"[①] 这不仅为大学生日常思想政治教育指明了着力点,也为高校社会主义核心价值观的培育与践行提供了路径指导。为进一步明晰当前科技类大学生日常思想政治教育开展的现实状况,本章围绕社会主义核心价值观的培育和践行,以科技类大学生群体为重点分析对象,对高校党团活动、校园文化活动、社团活动等相关方面的开展状况进行了重点考察。

一　党团活动

党团活动作为日常思想政治教育的重要方式,对引导大学生群体形成积极向上的价值观念发挥着重要作用。党团活动的开展情况如何、影响力如何,科技类大学生对其关注度、知晓度、参与度如何,对进一步发挥好党团活动在科技类大学生群体中的价值引领作用具有重要参考意义。本次调查中,课题组着重考察了党团组织开展学习和践行社会主义核心价值观活动的有关情况,以了解和掌握高校党团组织对培育和弘扬

[①] 《中共中央国务院印发〈关于加强和改进新形势下高校思想政治工作的意见〉》,《光明日报》2017年2月28日。

社会主义核心价值观的重视程度、党团活动在科技类大学生群体中的覆盖面以及科技类大学生对党团相关活动的关注与知晓情况。

(一) 总体情况

科技类大学生对社会主义核心价值观的学习和践行受到高校党团组织的高度重视,培育社会主义核心价值观的活动开展情况良好,覆盖面较广,科技类大学生的参与度与知晓度均较高。具体来看,在回答"您所在的党团组织是否开展了学习和践行社会主义核心价值观的活动"时,近八成(78.6%)科技类大学生持肯定回答;仅5.4%表示其所在党团组织没有开展相关活动;另有16.0%表示"不清楚"。党团活动在科技类与非科技类大学生群体中的开展状况不存在显著差异。

(二) 不同群体、不同高校科技类大学生对党团活动开展情况的知晓情况差异

为进一步考察不同群体以及不同高校科技类大学生对党团培育核心价值观活动的组织情况的知晓度,课题组对有关调查数据进行了交互分析。经分析发现,党团活动在不同政治面貌、不同学生干部经历的科技类大学生群体中的知晓度存在显著差异;不同区域以及不同省份高校的科技类大学生对党团组织"开展学习和践行社会主义核心价值观活动"的知晓情况存在显著差异。

1. 党团活动在不同政治面貌科技类大学生中的开展知晓情况

就政治面貌而言,与非党员科技类大学生相比,党员科技类大学生对培育社会主义核心价值观有关党团活动的知晓情况更佳,有关党团活动在党员科技类大学生群体中的覆盖面更广($\chi^2 = 122.102$,$P < 0.001$)。数据显示,九成以上(91.9%)的党员科技类大学生表示其所在党团组织"开展了"(非党员比例为74.1%)学习和践行社会主义核心价值观的活动,仅有5.1%的党员科技类大学生表示"不清楚"(非党员比例为19.7%)。培育和践行社会主义核心价值观已成为党员活动的一项常规内容,因而党员科技类大学生群体对党团活动的知晓度远远高于非党员。

2. 党团活动在学生干部经历不同科技类大学生中的开展知晓情况

就有无学生干部经历而言,培育社会主义核心价值观有关党团活动在有学生干部经历的科技类大学生群体中覆盖面更广，有学生干部经历的科技类大学生对相关活动的知晓度更高（$\chi^2=77.978$，$P<0.001$）。在有学生干部经历的科技类大学生群体中，81.5%表示其所在党团组织"开展了"学习和践行社会主义核心价值观的活动，13.9%表示"不清楚"；在无学生干部经历的科技类大学生群体中，65.6%表示其所在党团组织"开展了"学习和践行社会主义核心价值观的活动，25.3%表示"不清楚"。

3. 不同区域高校科技类大学生对党团组织开展培育核心价值观活动的知晓状况

从学校所在区域差异来看，华中、东北地区高校党团组织开展学习和践行社会主义核心价值观相关活动知晓情况最好、覆盖面最广，华东、西南地区高校科技类大学生对党团活动开展的知晓状况相对较差（$\chi^2=31.166$，$P<0.001$）。数据显示，不同区域高校科技类大学生表示党团组织"开展了"学习和践行社会主义核心价值观活动的人数比例由高到低依次为：华中（85.6%）、东北（84.4%）、华南（78.2%）、西南（77.5%）、西北（77.4%）、华北（76.9%）、华东（76.2%）；表示"不清楚"的学生人数比例由高到低依次为：华东（18.9%）、西南（18.1%）、华北（16.7%）、华南（15.8%）、西北（15.1%）、东北（12.3%）、华中（11.0%）。

4. 不同省份（自治区、直辖市）科技类大学生对高校党团组织开展培育核心价值观活动的知晓状况

从不同省份（自治区、直辖市）来看，河南、安徽、吉林、湖北等地高校开展情况相对良好、知晓度较高，内蒙古高校开展和知晓状况不如人意，上海、山东等地高校科技类大学生知晓情况较差（$\chi^2=79.387$，$P<0.01$）。就不同省份（自治区、直辖市）而言，科技类大学生认为"开展了"的比例在64.7%—96.3%之间。河南（96.3%）、安徽（85.6%）、吉林（85.3%）、湖北（84.8%）等省份高校党团组织开展"学习和践行社会主义核心价值观活动"的知晓情况较好，在科技类大学生群体中的覆盖面较广；内蒙古（64.7%）、上海（71.4%）、山东（72.7%）等省份（自治区、直辖市）科技类大学生表示党团组织"开展了"相关活动的比例相对较低，还有待改进（见图12-1）。

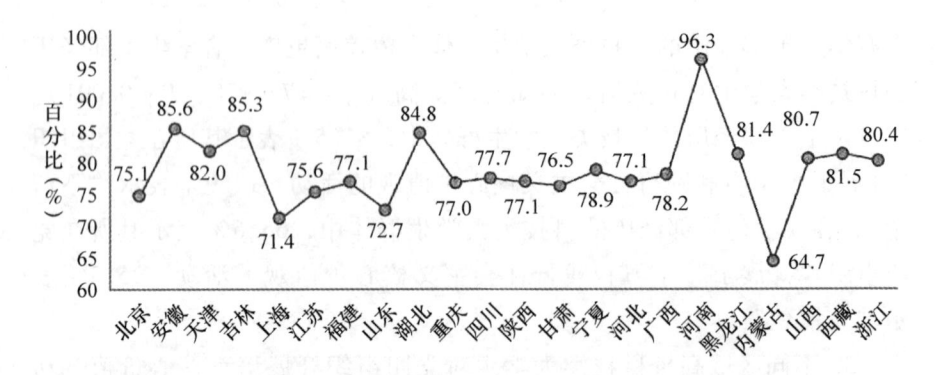

图 12-1 不同省份（直辖市、自治区）高校党团培育社会主义核心价值观活动的开展知晓状况

注：剔除样本量较少的省份（江西省），下同。

二 校园文化

校园文化蕴含着一所大学的精神和底蕴，展现着大学生群体的精神风貌。校园文化的构建、积淀又反过来对大学生的思想、行为产生潜移默化的作用，校园文化成为高校文化育人的一种强大力量。课题组在此次调查中对校园文化相关活动的开展状况作了考察，重点包括：校园主题活动开展状况、校园先进事迹宣讲活动开展状况以及科技类大学生对反映科学大师崇高精神的舞台剧观看情况。

（一）校园主题活动开展状况

校园主题活动是校园文化建设的基本形式，是高校日常思想政治教育的重要抓手。校园主题活动以其明确的主题、丰富多样的内容和形式，吸引大学生的广泛参与，成为大学生课外生活的重要组成部分。随着培育和践行社会主义核心价值观在全社会的大力推进，高校以社会主义核心价值观为主题的专题讲座、演讲比赛、读书会等高校校园文化活动不断活跃起来，为较多科技类大学生所知晓。

1. 总体情况

调查显示，高校培育和弘扬社会主义核心价值观的主题活动扎实推进，呈现良好态势，科技类大学生对其知晓度普遍较高，绝大多数科技类大学生表示其所在学校或学院开展了较多以社会主义核心价值观为主题的校园文化活动。具体来看，当问及"您所在的学校或学院是否开展了以社会主义核心价值观为主题的专题讲座、演讲比赛、读书会等校园文化活动"时，54.5%的科技类大学生表示此类活动开展得多（13.6%表示"非常多"，40.9%表示"比较多"）；36.0%的大学生表示一般；仅不足一成（9.5%）认为此类活动开展得少。科技类大学生对校园相关主题活动的知晓情况较佳，从侧面反映出高校开展以社会主义核心价值观为主题的校园文化活动普及度较高。

2. 不同群体、不同高校科技类大学生对校园主题活动开展状况知晓情况的差异

经交互分析和均值分析发现，以社会主义核心价值观为主题的校园文化活动在不同政治面貌、不同学生干部经历的科技类大学生群体中开展状况存在显著差异；不同区域、不同省份以及不同类型高校的开展状况也存在显著差异。

（1）政治面貌不同的科技类大学生对校园主题活动的反映情况

就政治面貌而言，科技类大学生党员群体认为以社会主义核心价值观为主题的校园文化活动开展得更多（$\chi^2 = 37.785, P < 0.001$）。62.8%的科技类大学生党员表示其所在学校或学院开展的以社会主义核心价值观为主题的校园文化活动"多"[①]，31.6%表示"一般"，5.6%表示"少"；科技类大学生非党员群体中，认为校园主题活动"多"的比例占51.9%，认为"一般"的占37.4%，认为"少"的占10.7%。相较而言，校园主题活动在科技类大学生党员群体中开展更多，这可能与学生党员对校园主题活动有更高的关注度、知晓度以及参与度有关。

（2）不同干部经历的科技类大学生对校园主题活动的反映情况

就有无干部经历而言，有学生干部经历的科技类大学生群体认为以社会主义核心价值观为主题的校园文化活动开展得更多（$\chi^2 = 20.066$，$P < 0.001$），55.9%表示其所在学校或学院开展的以社会主义核心价值

---

① 注："多"表示选择"非常多""比较多"的人数比例之和；"少"表示选择"比较少""非常少"的人数比例之和，下同。

观为主题的校园文化活动"多",35.5%的大学生表示"一般",8.6%的大学生表示"少";在无学生干部经历的科技类大学生群体中,认为校园主题活动"多"的比例占47.6%,认为"一般"的占39.2%,认为"少"的占13.2%。校园主题活动在有学生干部经历的学生群体中开展得更多,这可能是因为学生干部作为很多校园主题活动的主要组织者,他们对校园主题活动有更高的知晓度以及参与度。

(3) 不同区域高校校园主题活动的开展状况

从学校所在区域差异来看($\chi^2 = 31.113$,$P < 0.01$),东北、华中等地区高校开展的以社会主义核心价值观为主题的校园文化活动相对较多,西南、华南等地区高校开展的相关校园文化活动较少。不同区域高校科技类大学生认为其所在学校或学院以社会主义核心价值观为主题的校园文化活动开展得"多"的人数比例由高到低依次为:东北(62.2%)、华中(56.7%)、华北(56.2%)、西北(54.5%)、华东(54.1%)、华南(51.5%)、西南(44.8%);认为开展得"少"的学生人数比例由高到低分别为:华南(13.8%)、西南(12.9%)、东北(10.0%)、西北(9.9%)、华东(9.4%)、华中(8.0%)、华北(7.9%)(见图12-2)。

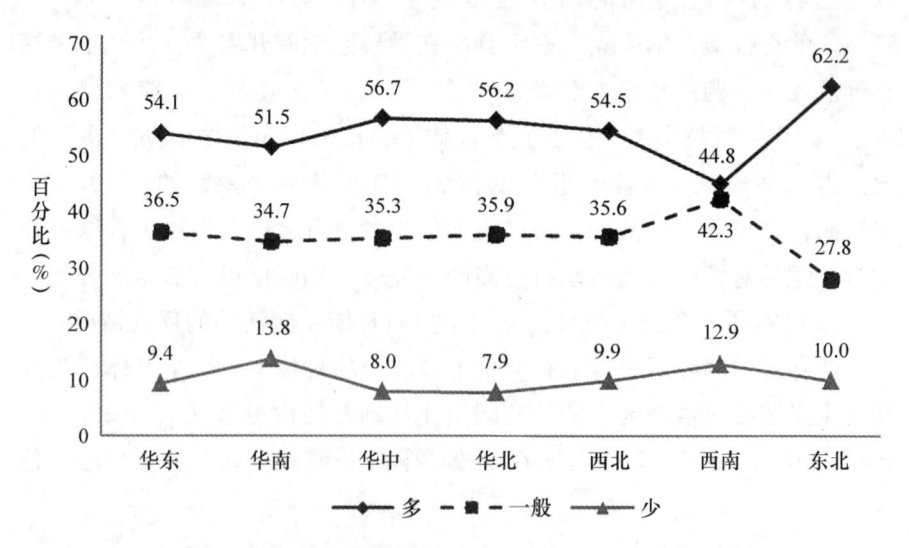

图12-2 不同区域高校校园主题活动的开展状况

（4）不同省份（自治区、直辖市）高校校园主题活动的开展状况

从不同省份（自治区、直辖市）差异来看，河南、浙江、安徽等地高校开展的以社会主义核心价值观为主题的校园文化活动较多，四川、上海、广西等地高校开展的相关校园文化活动较少。在均值分析中，课题组将"非常多""比较多""一般""比较少""非常少"分别赋值为5分、4分、3分、2分、1分，得分越高表示相关校园主题活动开展得越多。如图12-3所示，不同省份（自治区、直辖市）均值得分在3.08—4.11之间，河南（4.11）、浙江（4.00）、安徽（3.80）、西藏（3.74）、河北（3.72）、吉林和内蒙古（3.69）、黑龙江（3.66）、天津（3.65）、江苏（3.62）、北京和湖北（3.59）等省份（自治区、直辖市）高校开展的以社会主义核心价值观为主题的校园文化活动较多，高于全国平均值（3.57）；四川（3.08）、上海（3.31）、广西（3.44）、甘肃（3.47）、山东（3.49）、宁夏（3.50）、重庆（3.51）、福建和陕西（3.53）、山西（3.54）等省份（自治区、直辖市）高校开展相关活动较少，低于全国平均值。

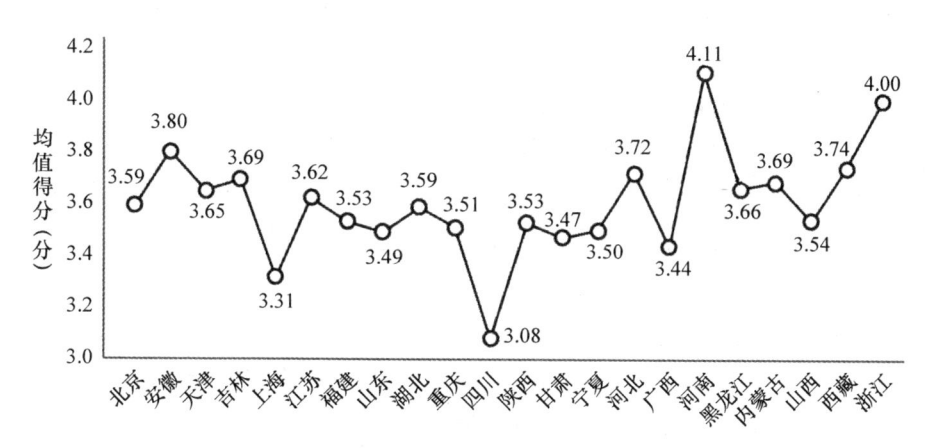

图12-3 不同省份（自治区、直辖市）高校校园主题活动开展状况的均值得分

（5）不同类型高校校园主题活动的开展状况

从高校类型差异来看，农林类、综合类高校开展的以社会主义核心价值观为主题的校园文化活动较多，民族类高校开展的相关校园文化活

动较少（χ^2 =48.342，$P<0.001$）。选择"多"的人数比例由高到低依次为：农林类（62.1%）、综合类（56.6%）、财经类（54.8%）、理工类（54.3%）、医药类（54.1%）、师范类（53.2%）、艺术类（52.2%）、语言类（50.0%）、民族类（36.9%）（见图12-4）。

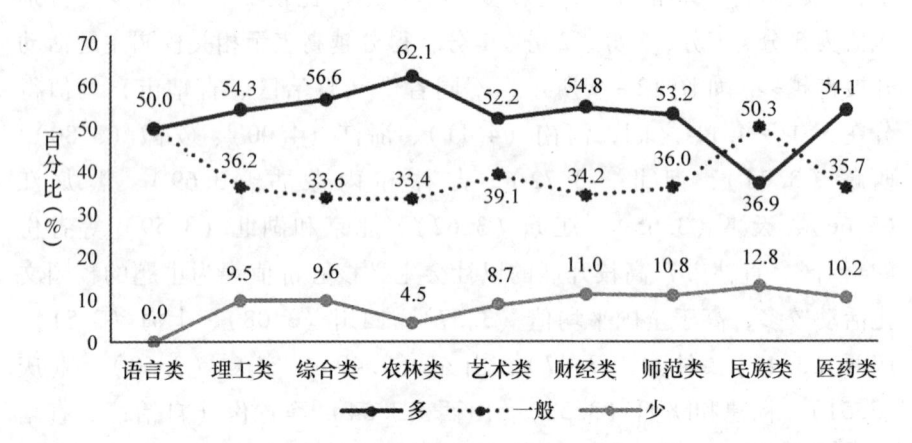

图12-4 不同类型高校校园主题活动的开展状况

注：剔除样本量较少的学校类型（政法类和军事类），下同。

（二）校园先进事迹宣讲活动开展状况

大力宣传和学习先进典型，充分发挥模范人物的榜样示范作用，对于推进大学生社会主义核心价值观的培育和践行，具有十分重要的意义。时代楷模、道德模范、感动中国人物、最美人物、优秀大学生、年度学生人物、十佳标兵等人物的先进事迹彰显着主流价值的强大感召力。为增强先进事迹对大学生的影响力，全国很多高校开展了形式多样的先进典型巡讲活动，通过现身说法、巡讲、宣传或现场交流等形式，宣传模范人物先进事迹，用先进事迹感染人、启发人、鼓舞人，以鲜明的价值导向增进大学生对先进人物事迹的意义感知和价值认同。此次课题组对高校校园先进事迹宣讲活动的开展情况进行了考察。

1. 总体情况

调查显示，大多数高校开展过先进事迹宣讲活动，但在科技类大学生群体中的宣传成效及影响力还有待提高。65.2%的科技类大学生表示学校"开展过"先进事迹宣讲活动；7.4%表示学校"没有开展过"；

27.4%表示"不知道"。校园先进事迹宣讲活动作为高校育人的基本形式,仍有超过1/4的科技类大学生"不知道"所在学校是否展过先进事迹宣讲活动,值得引起我们的关注。

2. 不同群体、不同高校科技类大学生对先进事迹宣讲活动开展知晓情况的差异

为进一步探究不同群体科技类大学生对校园先进事迹宣讲活动的知晓情况以及不同高校先进事迹宣讲活动的开展状况,我们进行了交互分析。分析发现,校园先进事迹宣讲活动在政治面貌、干部经历、年级不同的学生群体中的覆盖情况存在显著差异,不同省份(直辖市、自治区)、不同类型高校科技类大学生对先进事迹宣讲活动开展状况的知晓程度存在显著差异。

(1) 在不同政治面貌科技类大学生中的开展和知晓情况

从政治面貌差异来看,先进事迹宣讲活动在党员科技类大学生群体中的覆盖面更广,党员对校园先进事迹宣讲活动的知晓情况更佳($\chi^2 = 70.792, P < 0.001$)。数据显示,77.3%的党员科技类大学生表示其所在学校"开展过"先进事迹宣讲活动,非党员此项占比61.1%,两者相差16.2个百分点。30.8%的非党员科技类大学生表示"不知道"学校是否开展过先进事迹宣讲活动,党员此项占比17.5%。

(2) 在干部经历不同的科技类大学生群体中的开展和知晓情况

从有无学生干部经历来看,先进事迹宣讲活动在有学生干部经历的科技类大学生中的覆盖面更广,有学生干部经历的科技类大学生对校园先进事迹宣讲活动的知晓情况更佳($\chi^2 = 26.254, P < 0.001$)。调查显示,在有学生干部经历群体中,67.2%表示其所在学校"开展过"先进事迹宣讲活动,6.8%表示"没开展过",26.0%表示"不知道";在无学生干部经历群体中,56.4%的学生表示其所在学校"开展过"先进事迹宣讲活动,10.0%表示"没开展过",33.6%表示"不知道"。

(3) 在不同年级学生群体中的开展知晓情况

从不同年级差异来看($\chi^2 = 48.087, P < 0.001$)。从大一到研究生阶段,先进事迹宣讲活动在不同年级科技类大学生群体中的覆盖面总体上呈现出上升趋势,科技类大学生对先进事迹宣讲活动的知晓度经历了先升后降的过程。就开展与否而言,从大一到研究生阶段,表示"开

展过"先进事迹宣讲活动的比例分别为 58.2%、64.2%、65.1%、70.7%、70.3%，总体呈上升趋势。先进事迹宣讲活动在大四年级中的覆盖面最广，在大一年级覆盖程度最低。就对先进事迹宣讲活动开展的知晓情况而言，从大一到大四，表示"不知道"的比例分别为 34.7%、27.2%、28.5%、20.1%，随年级升高知晓度逐渐升高；研究生的知晓度较之大四则有所下降，25.2%的研究生表示"不知道"学校先进事迹宣讲活动开展与否。以上趋势基本符合我们的常识推断，这充分表明了我们所获取调查数据的准确性和客观性。

（4）在不同省份（自治区、直辖市）高校开展和知晓状况

就不同省份（自治区、直辖市）高校而言（χ^2 = 130.370，$P <$ 0.001），河南、吉林、天津、安徽、江苏等地高校先进事迹宣讲活动覆盖面更广，知晓度较高，上海、四川等地相对较差，大学生知晓情况不佳。从总体来看，"开展过"的人数比例在 49.0%—96.3%之间，极值之间相差 47.3%。河南（96.3%）、吉林（79.8%）、天津（75.8%）、安徽（75.0%）、江苏（74.4%）等地高校开展先进事迹宣讲活动的覆盖比例均超过七成，远高于全国平均水平（65.2%）。而上海（49.0%）、四川（50.7%）、内蒙古（53.2%）等省份（自治区、直辖市）远远低于全国平均水平。值得关注的是，上海、四川两地高校科技类大学生对活动开展的知晓情况较差，超四成（分别为 45.1%、41.9%）表示"不知道"其所在学校是否开展过先进事迹宣讲活动，这一现象可能是由于上海、四川两地高校对先进事迹宣讲活动重视程度不够或是其宣传成效不足所致。

（5）在不同类型高校开展和知晓状况

就不同类型高校而言（χ^2 = 47.517，$P <$ 0.001），农林类、综合类高校先进事迹宣讲活动开展状况覆盖面最广，艺术类、医药类、民族类高校开展状况较差。数据显示，农林类（73.2%）高校超过七成科技类大学生表示"开展过"先进事迹宣讲活动，综合类高校受访科技类大学生 67.8%表示"开展过"，大大领先于全国平均值（65.2%）。艺术类（43.5%）、医药类（51.7%）、民族类（54.0%）高校表示"开展过"先进事迹宣讲活动的人数比例较低，并且，艺术类（47.8%）、医药类（37.7%）、民族类（34.6%）高校四成左右的科技类大学生表

示"不知道"其所在学校是否开展过先进事迹宣讲活动（见图12－5）。这三类高校对先进事迹宣讲活动的重视程度或宣传成效有待进一步提高。

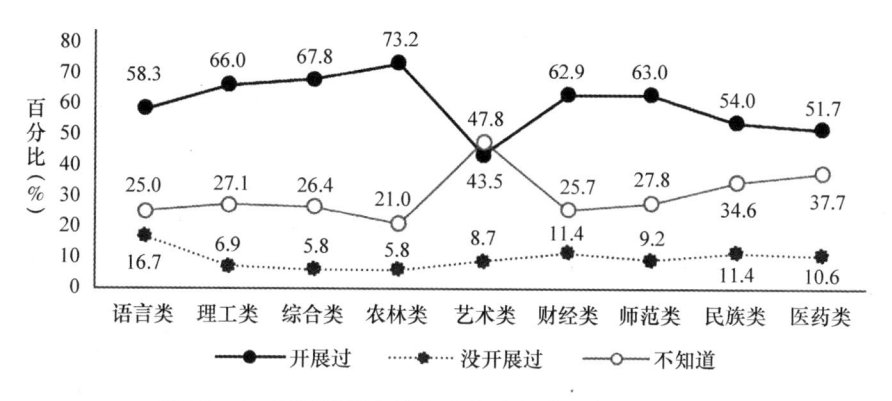

图12－5 不同类型高校先进事迹宣讲活动的开展情况

（三）舞台剧观看情况

话剧、音乐剧等舞台剧是活跃在大学校园里的艺术形式，是校园文化的重要展现。为进一步在大学生群体中培育和弘扬社会主义核心价值观，以宣传科学家为主题的"共和国的脊梁——科学大师名校宣传工程"（由中国科学技术协会、国家教育部和团中央共同主办）已连续5年举办剧目集中汇演活动，先后在北京、武汉、西安等地高校进行了公演。以话剧、音乐剧等舞台艺术形式展现老一辈科学大师的动人事迹和崇高精神，对于培育校园文化、树立大师楷模、弘扬科学精神意义重大，对广大青年学生尤其是科技类大学生具有重要的价值引领作用。该工程的影响力如何，科技类大学生观看此类舞台剧现实状况如何，课题组在本次调查中对此进行了考察。

目前，"科学大师名校宣传工程"主要编排了以钱学森（《钱学森》）、李四光（《大地之光》）、陈景润（《哥德巴赫猜想》）、邓稼先（《马兰花开》）、郭永怀（《爱在天际》）、竺可桢（《求是魂》）、茅以升（《茅以升》）、王选（《王选之歌》）、罗阳（《罗阳》）九位科学大师为主题的话剧或歌剧。调查显示，全国范围内仅有少部分科技类大学生观看了相关舞台剧，观看率在8.0%—24.8%之间。九部舞台剧中，科技类大学生对其观看率由高到低依次为：《钱学森》（24.8%）、《茅以升》（17.1%）、《马兰花开》（16.0%）、《哥德巴赫猜想》（15.6%）、《大地之光》（13.0%）、《罗阳》（11.7%）、《爱在天际》（10.5%）、《王选之歌》（9.7%）、《求是魂》（8.0%）。可见，全国科技类大学生对"科学大师名校宣传工程"舞台剧的观看情况不甚理想。

这九部舞台剧分别由九所高校大学生负责排演，此次调查中，选取的样本抽中了其中五所高校［分别是中国地质大学（武汉）——《大地之光》；厦门大学——《哥德巴赫猜想》；清华大学——《马兰花开》；中国科学技术大学——《爱在天际》；北京航空航天大学——《罗阳》］。调查发现，这五所高校大学生对各自负责排演的舞台剧观看率较高，远远高于全国总体观看率：中国地质大学（武汉）85.2%的受访学生表示看过本校编排的《大地之光》，厦门大学61.4%的受访学生表示看过本校编排的《哥德巴赫猜想》，清华大学71.0%的受访学生表示看过本校编排的《马兰花开》，北京航空航天大学78.9%的受访学生表示看过本校编排的《罗阳》。但是，中国科学技术大学仅有16.0%的受访学生表示看过本校编排的《爱在天际》。总的来看，科技类大学生对各自学校负责编排的舞台剧观看情况较好。

综合来看，全国范围内高校科技类大学生对以科学大师为主题的舞台剧观看率不高。这可能是由于"科学大师名校宣传工程"目前仅在全国少数城市以及少数高校组织巡演，因此在全国各高校的覆盖面还不够广。这一工程在全国高校科技类大学生群体中的影响力还有待进一步提升。

三　社团活动

灵活多样、开放包容的社团活动丰富了大学生的课余生活，极大满足了大学生拓展交际、锻炼能力、服务社会等兴趣爱好和全面发展的需求，为持续推进大学生日常思想政治教育提供了有力抓手。下面将重点考察科技类大学生参与社团活动的情况以及科技类大学生对社团活动育德作用的评价情况。

(一) 社团活动的参与情况

1. 总体情况

数据显示，科技类大学生参与学生社团的积极性较高，超过七成的大学生加入了社团；大部分学生参加了一个或两个社团，少部分同学参加了三个及以上的社团；非科技类大学生参与的社团数比科技类大学生更多。具体来看，75.7%的科技类大学生表示参加了学生社团，表示参加了"一个"社团的学生比例占35.6%，参加了"两个"社团的学生比例占30.4%，参加了"三个及以上"社团的学生比例占9.7%。科技类大学生与非科技类大学生参与的社团数目存在显著差异（χ^2 = 34.288，$P<0.001$），与科技类大学生相比，非科技类大学生参与"两个""三个及以上"的社团人数比例明显高于科技类大学生。均值比较发现，科技类大学生参与的社团数均值得分为1.26，非科技类大学生均值得分为1.38。总的来看，非科技类大学生更加热衷于参加多个学生社团。

就科技类大学生对社团类型的偏好来看，文体活动类、公益服务类社团是最受欢迎的社团类型；与非科技类大学生相比，科技类大学生更偏爱学术科技类社团。如图12-6所示，科技类大学生中参加"文体活动类"（58.3%）、"公益服务类"（38.9%）社团的比例最高。由于专

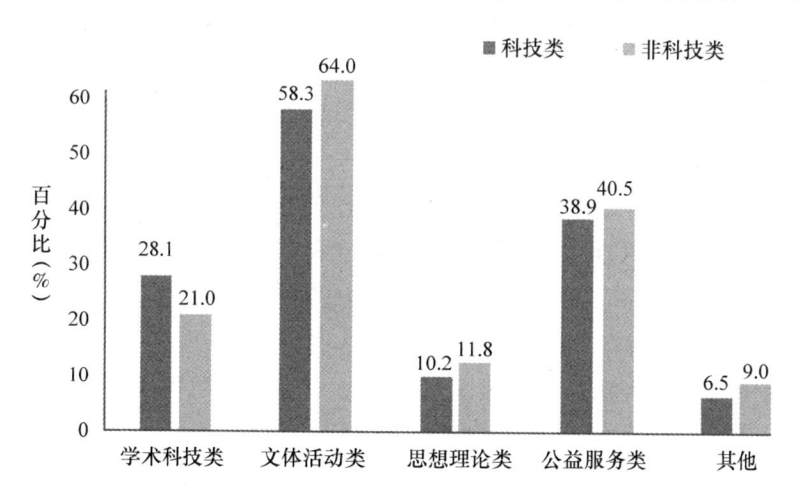

图12-6 科技类与非科技类大学生参与不同类型社团的情况

业背景以及研究旨趣的差异，科技类大学生参加"学术科技类"社团的比例（28.1%）比非科技类大学生（21.0%）高。另外，非科技类大学生比科技类大学生更加喜爱参加文体活动类社团。

2. 不同群体科技类大学生参与学生社团情况的差异

交互分析与均值比较发现，学历、政治面貌、学生干部经历、学校区域、学校类型不同的科技类大学生参与社团情况存在显著差异。

（1）不同学历科技类大学生的社团参与情况

就学历而言，本科生参与学生社团的积极性高于研究生，并且参与的社团数目更多（$\chi^2=35.400$，$P<0.001$）。表示参加了学生社团的本科生人数比例为77.8%，而研究生为64.7%，两者相差13.1个百分点；本科生参加社团的数目为"一个""两个""三个及以上"的人数比例分别为36.3%、31.5%、10.0%，研究生这三项的人数比例分别为31.7%、24.5%、8.5%。研究生群体对社团的参与率相对较低，参与的社团较少，可能是由于研究生阶段大学生更倾向于将自己的主要精力和时间用于学业和科学研究，因而，学生社团对于研究生来说吸引力并没有那么大。

此外，不同学历科技类大学生参加"学术科技类"社团情况存在显著差异（$\chi^2=9.438$，$P<0.01$），研究生参加"学术科技类"社团的积极性和热情远远高于本科生。27.0%的本科生表示参加了"学术科技类"社团，研究生为34.9%。研究生在参加社团时更有可能根据自己的专业或研究方向来选择社团类型。

（2）不同政治面貌科技类大学生的社团参与情况

不同政治面貌学生群体在社团类型选择上存在显著差异，这种差异主要体现在对学术科技类、思想理论类和公益服务类社团的选择上。党员科技类大学生选择参加这三类的人数比例（分别为31.3%、13.2%、43.5%）均高于非党员（分别为27.2%、9.3%、37.4%）。

（3）不同干部经历科技类大学生的社团参与情况

有学生干部经历的科技类大学生参加学生社团的积极性更高，所参加的社团数目也明显高于无学生干部经历的学生（$\chi^2=87.065$，$P<0.001$）。近八成（79.3%）有学生干部经历的科技类大学生表示参加了社团，而无学生干部经历的仅有61.6%参加了社团，两者相差17.7

个百分点。前者参加社团的数目为"一个""两个""三个及以上"的人数比例分别为36.1%、32.4%、10.9%，均高于后者（分别为34.0%、22.3%、5.3%）。

（4）不同区域科技类大学生的社团参与情况

不同区域高校科技类大学生参加社团的积极性、参与数目以及对不同社团类型的参与情况均存在显著差异。华南、华北等地区大学生参与社团积极性最高，东北地区大学生参与的社团数最多，华东地区大学生参与社团积极性最低、参与数最少。数据显示，不同区域高校科技类大学生的社团参与率在72.2%—82.4%之间，华南、华北分别有82.4%、77.5%的科技类大学生表示参加了学生社团，而华东地区人数比例只有72.2%。均值比较分析显示，东北（1.355）、华北（1.331）地区科技类大学生参与的社团数目高于其他区域。

不同区域高校科技类大学生参加的社团类型存在显著差异，华南地区科技类大学生偏爱学术科技类社团，而对公益服务类社团热情不高；相反，西北地区科技类大学生偏爱公益服务类社团，对学术科技类社团并不感兴趣。就"学术科技类"而言，华南（43.7%）地区大学生的参与率最高，西北（19.1%）地区最低；就"公益服务类"而言，华南（26.4%）地区科技类大学生的参与率最低，西北（44.3%）、华中（44.0%）地区最高（见图12-7）。

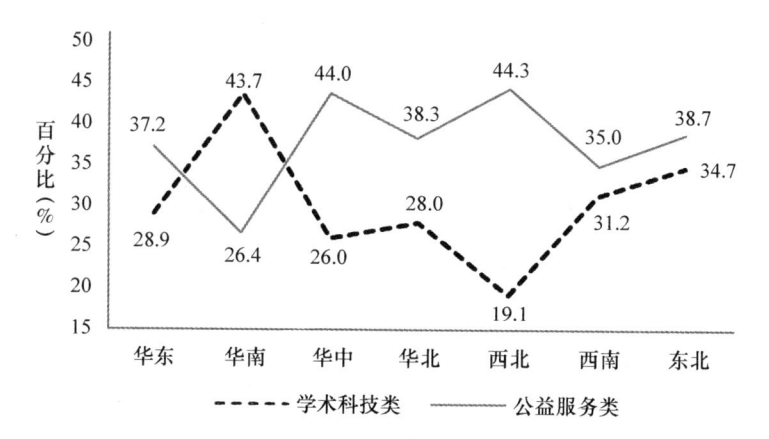

图12-7 不同区域大学生选择社团类型的情况

(5) 不同类型高校科技类大学生的社团参与情况

就不同类型高校科技类大学生社团参与率而言，语言类、艺术类、财经类高校科技类大学生参与积极性最高，民族类参与率较低。数据显示，不同类型高校科技类大学生对学生社团的参与率在59.8%—88.9%之间。语言类（88.9%）、艺术类（85.7%）、财经类（84.7%）参与学生社团的人数比例最高，民族类（59.8%）则最低，远远低于全国平均值（75.7%）（见图12-8）。

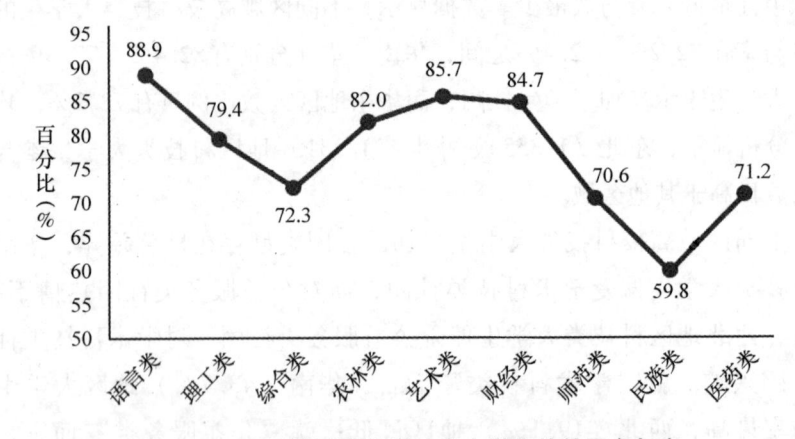

图12-8 不同类型高校科技类大学生的社团参与率

不同类型高校科技类大学生参与公益服务类社团的情况存在显著差异，语言类、农林类高校科技类大学生对公益服务类社团的参与热情最

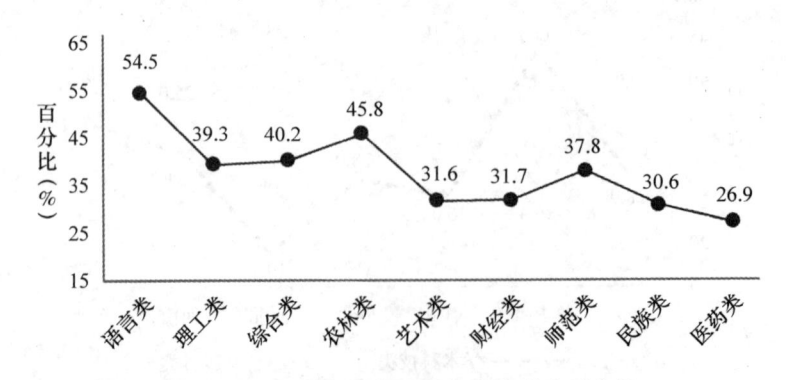

图12-9 不同类型高校科技类大学生对公益
服务类社团的参与率

高（$\chi^2 = 20.029$，$P < 0.05$）。不同类型高校科技类大学生对公益服务类社团的参与比例在26.9%—54.5%之间，语言类（54.5%）、农林类（45.8%）高校参与比例最高，医药类（26.9%）、民族类（30.6%）高校参与比例最低（见图12-9）。

（二）对社团活动作用的评价

社团活动是集趣味性、思想性、公益性、知识性、创新性等于一体的大学生自我教育形式，其在朋辈教育方面的优势是其他校园活动无法比拟的。社团活动的开展不仅对于培养大学生兴趣爱好、增强大学生团队意识和集体观念、提升大学生综合素质等方面作用显著，而且在引导大学生崇德向善方面发挥突出积极作用。此次调查我们专门设计了相关指标以考察科技类大学生对学生社团育德作用的评价。

1. 总体情况

科技类大学生对社团活动的育德作用总体上持肯定性评价。调查显示，当问及对"社团活动在引导大学生崇德向善方面的积极作用"的评价时，65.9%的科技类大学生给出了"好评"[①]（其中认为"非常大"的占16.6%，认为"比较大"的占49.3%）；28.8%的科技类大学生认为"一般"；持否定性评价的比例极低（5.3%）。虽然科技类大学生对社团活动的育德作用总体上持肯定性评价（94.7%），但"好评"仅占65.9%，在提升社团活动育德作用方面我们还有努力的空间。科技类与非科技类大学生对社团育德作用的评价不存在显著性差异。

2. 不同群体科技类大学生对社团活动育德作用评价的差异

经交互分析发现，学生干部经历不同的科技类大学生对社团活动育德作用评价存在显著差异，不同区域、不同省份（自治区、直辖市）科技类大学生对社团活动育德作用评价存在显著差异。

（1）学生干部经历不同的科技类大学生对社团活动育德作用的评价

有学生干部经历的科技类大学生对社团活动育德作用的好评率高于无学生干部经历的。有学生干部经历的科技类大学生中对社团活动育德

[①] 注："好评"是指认为社团活动育德作用"非常大""比较大"的人数比例之和，下同。

作用持好评的占 67.2%，无学生干部经历的比例为 59.2%（χ^2 = 10.607，$P<0.05$）。

(2) 不同区域科技类大学生对社团活动育德作用的评价

不同区域科技类大学生对社团活动育德作用的评价存在显著差异（$\chi^2=54.245$，$P<0.001$）。东北、华中地区学生对社团活动育德作用的评价较高，西北地区学生对社团活动育德作用的评价较低。不同区域科技类大学生对社团活动育德作用的好评率由高到低依次为东北（75.2%）、华中（71.2%）、华北和华东（66.0%）、华南（65.4%）、西南（63.7%）、西北（58.4%）。

(3) 不同省份（自治区、直辖市）科技类大学生对社团活动育德作用的评价

不同省份（自治区、直辖市）科技类大学生对社团活动育德作用的评价存在显著差异（$\chi^2=140.428$，$P<0.001$）。从好评率来看，不同省份（自治区、直辖市）科技类大学生对社团活动育德作用的好评率在 53.6%—95.4% 之间，河南（95.4%）、西藏（86.9%）、浙江（81.2%）等省份好评率最高，远远高于全国平均值（65.9%）；陕西（53.6%）、上海（54.5%）、山东（58.1%）等省份（自治区、直辖市）好评率最低，具体情况见图 12-10。

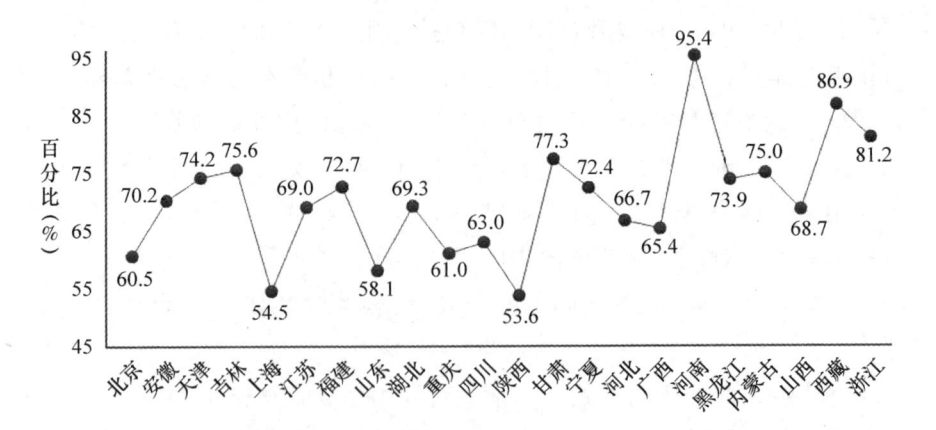

图 12-10 不同省份（自治区、直辖市）高校大学生对社团活动育德作用的好评率

四 本章小结

日常思想政治教育对科技类大学生的影响是全方位、多层面的，不仅渗透到其日常学习和生活中，更是深入影响大学生的精神生活，在潜移默化中改变科技类大学生的人生观、价值观、道德观和政治观等思想观念。本章围绕社会主义核心价值观的培育和践行，重点考察了高校党团活动、校园文化活动、社团活动等日常思想政治教育活动的开展状况。基于对不同学生群体、不同高校的比较分析，我们对科技类大学生日常思想政治教育的相关活动开展情况有了大致的把握：培育和践行社会主义核心价值观成为当前大学生日常思想政治教育的重点工作，以社会主义核心价值观为主题的党团活动和校园文化活动普及率较高；校园先进事迹宣讲活动开展状况良好，但科技类大学生对其知晓情况有待改善；以科技大师为原型的舞台剧在全国范围内的影响力有限；科技类大学生对种类繁多的学生社团有较高的参与积极性，并对社团活动育德作用总体持肯定性评价。

（一）主要结论

调查表明，日常思想政治教育深刻影响科技类大学生思想观念和行为选择。就科技类大学生日常思想政治教育开展状况而言，其总体情况良好，不同群体对日常思想政治教育相关活动的关注情况以及知晓状况差异明显，党员、学生干部等学生群体表现突出；不同高校间开展情况差异显著。主要结论展开如下。

1. 大学生日常思想政治教育凸显重要影响

大学生日常思想政治教育因其内容的丰富性、形式的多样性，在贴近学生实际、贴近学生生活、贴近学生需求等方面具有得天独厚的优势，其育人成效较为显著。调查结果显示，日常思想政治教育对科技类大学生人生观、政治认同、道德意愿、价值认知和践行等方面影响显著。以校园文化活动开展情况为例，将"以社会主义核心价值观为主题的校园文化活动开展情况"分别与科技类大学生对消极人生观的认同度、对"四个自信"的认同情况、做志愿者和扶跌倒老人的意愿、对社会主义核心价值观的认同和践行情况进行相关分析，发现它们相互之间在 0.01 的显著性水平上呈显著相关关系。分析结果表明，校园文化活动开展状况越好、开展次数越多，科技类大学生越能抵抗消极人生观的不良影响（对消极人生观的认同度越低），越具有中国特色社会主义"四个自信"，道德践行意愿越强烈，对社会主义核心价值观的认同度越高，践行社会主义核心价值观的情况愈佳。

此外，日常思想政治教育对塑造科技类大学生科学精神和科学素养具有积极影响。将"以社会主义核心价值观为主题的校园文化活动开展情况"分别与大学生对"知识分子应有为人民做学问的理想"的认同度、成为隐姓埋名为国奉献的科学家的意愿、参加科普活动的意愿进行相关分析，发现它们相互之间呈显著正相关关系。在 0.01 的显著性水平上，相关系数分别为 0.184、0.251、0.244。结果表明，以社会主义核心价值观为主题的校园文化活动开展状况越好、开展次数越多，科技类大学生对"为人民做学问"的社会担当意识越强、成为为国奉献科学家的意愿越强、参加科普活动的积极性越高。这也反映出，以社会主义核心价值观为主题的校园文化活动对于培育和弘扬科技类大学生科学精神和科学素养正向作用突出。

2. 以社会主义核心价值观为引领的相关活动扎实推进，在科技类与非科技类大学生中的开展状况差异无显著性

调查表明，大学生日常思想政治教育开展总体情况良好，科技类与非科技类大学生群体无显著差异；以社会主义核心价值观为主题的相关活动高度普及，呈现覆盖面广、知晓度高的特点。数据显示，78.6%的科技类大学生表示其所在党团组织开展了学习和践行社会主义核心价值观的活动，90.5%的科技类大学生表示其所在学校或学院开展了一定频度的以社会主义核心价值观为主题的校园文化活动（"非常多"占13.6%、"比较多"占40.9%、"一般"占36.0%）。在校园先进事迹宣讲活动开展方面，65.2%的科技类大学生表示"开展过"，27.4%的科技类大学生表示"不清楚"。在社团建设方面，科技类大学生参加社团的积极性较高，75.7%的科技类大学生参加了不同数目的学生社团；其中，文体活动类（58.3%）、公益服务类（38.9%）是最受科技类大学生欢迎的社团类型；此外，科技类大学生对社团活动育德作用的评价积极，94.7%的科技类大学生对其持肯定性评价，65.9%的科技类大学

生对社团活动育德作用做出好评。调查所呈现出来的良好状况为我们持续做好科技类大学生日常思想政治教育增强了信心。

3. 党员、学生干部等科技类大学生综合表现尤其突出

从所考察的几项指标来看，党团活动、校园主题活动、先进事迹宣讲活动、学生社团等活动在党员、学生干部科技类大学生中的覆盖面更广，党员、学生干部科技类大学生对这些活动所表现出的关注度及知晓情况明显优于非党员和无干部经历的学生。就党团活动而言，其在党员、非党员中的覆盖率分别为91.9%、74.1%，在有学生干部经历、无学生干部经历中的覆盖率分别为81.5%、65.6%，分别相差了17.8和15.9个百分点；就先进事迹宣讲活动来说，其在党员、非党员中的覆盖率分别为77.3%、61.1%，在有学生干部经历、无学生干部经历中的覆盖率分别为67.2%、56.4%；就社团参与情况来看，有学生干部经历的科技类大学生参加学生社团的积极性更高，79.3%有学生干部经历的学生表示参加了社团，远远高于无学生干部经历的参与率（61.6%）；有学生干部经历的学生群体对社团活动育德作用的好评率为67.2%，无学生干部经历的学生群体相应比例为59.2%。以上这些数据都反复印证了党员、学生干部科技类大学生在对日常思想政治教育活动的关注度、知晓度、参与度以及评价等方面的突出表现。

4. 不同高校开展状况差异显著

为考察不同高校日常思想政治教育开展状况，我们对不同类别、不同区域、不同省份（直辖市、自治区）、不同类型高校的开展实态进行了细致区分和比较分析，发现呈现出显著差异。调查结果显示，不同区域、不同省份（直辖市、自治区）、不同类型高校日常思想政治教育活动开展状况各有千秋。综合来看，东北、华中地区整体开展状况最好，河南省高校优势凸显，农林类、综合类高校总体较好。

从学校所在区域来看，东北、华中地区高校开展状况与开展效果最佳，无论是党团活动、校园主题活动还是社团活动，其覆盖面都不同程度地高于全国其他地区高校。从学校所在省份来看，河南省高校关于科技类大学生的日常思想政治教育活动开展特色鲜明、成效突出。就党团活动而言，河南省高校党团活动覆盖面最广，科技类大学生知晓情况最佳，96.3%的学生表示其所在党团组织"开展了"学习和践行社会主

义核心价值观的活动，远远高于全国平均值（78.6%）；就校园主题活动开展情况而言，河南省高校开展的以社会主义核心价值观为主题的校园文化活动最多，85.2%（全国平均值为54.5）的学生认为其学校开展的以社会主义核心价值观为主题的校园文化活动"多"（"非常多"占25.9%，"比较多"占59.3%）；就校园先进事迹宣讲活动开展状况而言，河南省高校开展状况最佳，96.3%（全国平均值为65.2%）的受访学生表示"开展过"先进事迹宣讲活动；就对社团育德作用评价而言，河南省大学生好评率最高（95.4%），远高于全国平均值（65.9%）。以上这些数据均遥遥领先于其他省份高校。从学校类型来看，农林类、综合类高校日常思想政治教育开展情况相对较好。

（二）值得关注的现象或问题

科技类大学生日常思想政治教育总体上呈现良好状况，展现着大学生积极、健康、向上的精神气质。但调查中也发现一些值得引起重视的现象或问题：

第一，个别地区或省份（直辖市、自治区）高校日常思想政治教育开展状况不尽如人意。综观所考察各类活动的开展状况，上海、四川等地高校日常思想政治教育开展的总体情况稍显劣势，须进一步加强和改进。就党团活动而言，上海（71.4%）高校党团活动覆盖面排名倒数第二，远低于全国平均水平（78.6%）。就校园主题活动而言，四川、上海高校开展的以社会主义核心价值观为主题的校园文化活动最少，两者均值得分分别为3.08、3.31，远低于全国均值得分（3.57）。就先进事迹宣讲活动而言，上海（49.0%）、四川（50.7%）高校开展活动的覆盖面最低，大大低于全国平均值（65.2%），且两地高校大学生对活动开展的知晓情况较差，近半数（分别为45.1%、41.9%）大学生表示"不清楚"其所在学校是否开展过先进事迹宣讲活动。就对社团活动育德作用的评价而言，上海（54.5%）高校大学生对其社团活动育德作用的好评率排名倒数第二。这一现象同样出现于非科技类大学生群体中，这可能是由于上海、四川两地高校对高校日常思想政治教育重视程度不够或是其开展成效不足所致。

第二，科技类大学生对校园先进事迹宣讲活动知晓情况待改善。调查显示，有34.8%的大学生表示学校"没有开展过"（7.4%）或者"不清楚"（27.4%）是否开展过先进事迹宣讲活动。表明高校类似先进事迹宣讲活动在大学生群体中的覆盖面还不够广，影响力还不够大，其改进空间较大。

第三，"思想理论类"学生社团门庭冷落。数据显示，参加学生社团的科技类大学生群体中，仅有10.2%的学生表示参加了"思想理论类"社团。相比之下，"文体活动类"社团受到高度欢迎，58.3%的科技类大学生表示参与了此类社团。

第四，作为价值引领的"科技大师宣传工程"在全国范围内的影响力有限。数据显示，科技类大学生对以九位科学大师为主题的话剧或歌剧的总体观看率偏低，在8.0%—24.8%之间。其中，中国地质大学（武汉）、厦门大学、清华大学、北京航空航天大学这四所高校科技类大学生对本校负责排演的舞台剧观看率较高：中国地质大学（武汉）85.2%的受访学生表示看过《大地之光》，厦门大学61.4%的受访学生表示看过《哥德巴赫猜想》，清华大学71.0%的受访学生表示看过《马兰花开》，北京航空航天大学78.9%的受访学生表示看过《罗阳》。

（三）对策建议

为进一步强化或改进大学生日常思想政治教育育人成效，课题组基于对科技类大学生日常思想政治教育相关活动开展状况的总体把握和深入分析，拟提出以下对策建议：

1. 持续推进高校社会主义核心价值观建设

在大学生群体中大力培育和弘扬社会主义核心价值观，是当前高校思想政治工作的重要着力点，需持续加强推进。就目前高校组织和开展社会主义核心价值观教育活动的现实状况来看，高校围绕培育社会主义核心价值观开展的有关活动（比如，以"学习和践行社会主义核心价值观"为主题的党团活动以及专题讲座、演讲比赛、读书会等校园文化活动）在大学生中的普及率较高，已成为高校大学生日常思想政治教育的一道靓丽风景线；此外，以培育社会主义核心价值观为主题的党团活动和校园文化活动的开展，与大学生对社会主义核心价值观的认同与践行情况之间呈现显著正相关关系，也就是说，与培育社会主义核心价值观相关的党团活动和校园文化活动，对大学生弘扬和践行社会主义核心价值观积极作用显著。进一步加强大学生社会主义核心价值观的培育和弘扬，要高度重视日常思想政治教育中各类校园文化活动和党团活动的育人作用，积极开展形式更加丰富多样、符合大学生个性特征的社会主义核心价值观主题活动；针对科技类大学生的特点，可以将科技下乡、科普宣传、科技创新等活动与社会主义核心价值观教育结合起来，努力为他们创造走出校园、服务社会、深入基层践行社会主义核心价值观的实践机会，在培育科技类大学生创新实践能力的同时进一步提升科技类大学生培育和践行社会主义核心价值观的实效。

2. 重视思想理论类社团在引导大学生树立正确价值观方面的积极作用

思想理论类社团是大学生自主开展思想理论学习、加强自我思想教育的基层学生组织，对引导大学生形成积极的价值观念、做出正确的价值判断、养成正确的行为习惯具有不容忽视的重要作用。调查发现，虽然当前大学生参与学生社团的人数比例较高（75.7%），但其中仅10.2%加入了"思想理论类"社团，这部分大学生占科技类大学生总体的7.7%，大学生参与思想理论类社团的比例较低。充分发挥思想理论社团"第二课堂"的作用，需要进一步加强思想理论社团建设。其一，各高校及有关单位要进一步明确思想理论社团在大学生日常思想政治教育工作中的特殊地位，要在增加大学生思想理论社团数量和提升大学生思想理论社团质量方面"双管齐下"。其二，积极推动形成校级与院级大学生思想理论社团互促共建格局，重视各个学院的思想理论社团建设，提升思想理论社团在大学生群体中的覆盖面和深入程度，大力引导和鼓励大学生加入思想理论社团。其三，充分搞"活"思想理论社团，积极组织开展大学生乐于参与、形式灵活多样的社团活动，将思想理论社团真正打造成鲜活的青年大学生思想交流平台，让思想理论社团在大学生群体中"火"起来。

3. 进一步加强先进人物事迹宣传以及"科技大师宣传工程"建设

先进人物是看得见的价值观，学习和宣传先进人物事迹是高校育人工作行之有效的重要途径之一。先进人物事迹宣讲活动对大学生具有价值引领、精神感染作用，应高度重视发挥有关模范人物及其先进事迹在科技类大学生群体中的宣传教育作用，增强对科技类大学生价值观及其行为选择的引领力和导向力。就目前现实情况来看，高校内有关先进事迹宣讲活动的开展情况仍有较大提升空间，超过1/3（34.8%）的科技类大学生表示自己所在学校"没有开展过"或"不知道"是否开展过先进事迹宣讲活动；此外，"科技大师宣传工程"组织策划的舞台剧作为宣传先进人物事迹的重要形式，绝大部分科技类大学生表示"没看过"有关舞台剧——在考察涉及的九台舞台剧中，大学生"没看过"的比例在75.2%—92.0%之间。综合来看，对大学生进行先进人物事迹的宣传教育工作需持续着力。其一，各高校及有关部门应进一步提升对先进人物事迹宣讲工作的重视程度，积极推动该项工作的常态化和制度化。其二，以"科技大师宣传工程"建设为有力抓手，做好先进人物事迹的宣传。通过搜集相关资料发现，2015年"科技大师宣传工程"在陕西汇演活动期间，相关剧目共演出27场，近4万名观众观看了演出，获得了社会各界广泛赞誉和一致好评，舞台剧的育人效果值得高度肯定。但当前"科技大师宣传工程"舞台剧仅在少数高校中开展，在全国大学生群体中的覆盖面较窄，鉴于此，需进一步加强"科技大师宣传工程"的全国性推广，使更广大的大学生接受艺术的精神洗礼。其三，积极拓展先进人物事迹宣传释讲的形式，可采用邀请先进人物做报告、组织编排宣传剧目、开展学习先进人物的志愿服务活动等丰富形式，增强先进人物对大学生的榜样教育，强化先进人物及其事迹对大学生的思想引领与行为示范作用。

（执笔人：王晓霞）

第十三章 日常思想政治教育(下)

大学生日常思想政治教育涵盖面较广,为更全面把握当前科技类大学生日常思想政治教育开展的现实情况,本章继续关注其开展现状。课题组通过设计"高校新媒体公众平台建设情况及大学生浏览频率""大学生浏览思想政治教育类主题网站的频率""高校组织参观红色教育基地情况""大学生参与社会实践情况""高校教师践行社会主义核心价值观的表率作用""高校教师对学术道德引导的重视情况""大学生参加科技创新活动情况""大学生对'老院士站着讲,大学生趴着睡'事件的评价"等调查指标,对高校网络育人、实践育人、全员育人以及科技活动等相关方面的内容进行深入考察。基于对调查结果呈现出的突出现象和问题的综合把握,课题组尝试提出进一步改进和加强大学生日常思想政治教育的针对性建议和对策。

一 网络育人

互联网的迅猛发展,深刻改变着大学生的精神世界和行为模式,深刻影响着当前高校育人生态。在网络空间中培育和弘扬社会主义核心价值观成为当前高校育人工作的重要任务。习近平在主持召开网络安全和信息化工作座谈会时强调:"网络空间是亿万民众共同的精神家园",我们要"做强网上正面宣传,培育积极健康、向上向善的网络文化,用社会主义核心价值观和人类优秀文明成果滋养人心、滋养社会,做到正能量充沛、主旋律高昂,为广大网民特别是青少年营造一个风清气正的网络空间。"① 建立一个风清气正的网络空间，需要我们借力网络平台和阵地建好网、用好网，本研究将对高校新媒体公众平台建设情况及科技类大学生对其浏览频率、对思想政治教育类主题网站的浏览情况进行重点考察。

（一）高校新媒体公众平台建设和学生浏览情况

网络育人并非仅仅"借助网络平台开展育人工作"，但网络公众平台建设是高校网络育人工作的基础和前提。微博、微信如今在大学生群体中已基本实现全覆盖，在此现实背景下，高校微信、微博等新媒体公众平台建设现状如何，科技类大学生对其知晓情况以及浏览频率如何是此部分关注的重点内容。

1. 总体情况

调查表明，高校微博、微信等新媒体公众平台建设情况良好，大学生对这些公众平台的关注度和浏览频率均较高，科技类大学生与非科技类大学生无显著差异。94.1%的科技类大学生表示其所在学校开设了微信、微博等新媒体公众平台；89.9%的科技类大学生表示会"经常浏览"（48.7%）或"偶尔浏览"（41.2%）这些公众平台，7.3%表示"很少浏览"，"基本不看"的人数比例仅占2.8%。这些数据表明，高校微博、微信等新媒体公众平台在大学生群体中的覆盖面较广，受到科技类大学生的关注和欢迎，这为我们借此做好育人工作提供了前提条件。

2. 不同高校微信、微博等新媒体公众平台建设的差异

交互分析（分析对象既包括科技类大学生也包括非科技类大学生）发现，不同区域、不同省份、不同类型高校新媒体公众平台建设情况存在显著差异。

（1）不同区域高校的新媒体公众平台建设情况

从高校所在区域来看，华中、东北、华东地区高校微信、微博等新媒体公众平台建设情况相对较好，高于全国平均水平（$\chi^2 = 36.186$,

---

① 《习近平主持召开网络安全和信息化工作座谈会强调 在践行新发展理念上先行一步 让互联网更好造福国家和人民》，《人民日报》2016年4月20日。

$P<0.001$)。不同区域高校大学生表示其所在高校开设有微信、微博等新媒体公众平台的人数比例总体较高,在92.5%—95.5%之间,由高到低依次为:华中(95.5%)、东北(94.9%)、华东(94.7%)、华北(93.6%)、西北(93.4%)、华南(92.6%)、西南(92.5%)。

(2) 不同省份(自治区、直辖市)高校的新媒体公众平台建设情况

就不同省份(自治区、直辖市)高校而言,西藏、天津、上海等地高校微信、微博等新媒体公众平台的建设情况较佳,广东、四川建设情况则相对较差($\chi^2=184.255$,$P<0.001$)。具体来看,西藏(100.0%)、天津(98.5%)、上海(98.0%)、山西(97.2%)、安徽(96.8%)、江苏(96.5%)、江西(96.2%)、宁夏(96.0%)、重庆(95.9%)、湖北(95.6%)、山东(95.5%)、广西(95.5%)、吉林(95.4%)、河南(95.3%)高校新媒体公众平台的建设情况高于全国平均水平(94.1%);广东(79.3%)、四川(85.8%)、浙江(88.5%)、内蒙古(88.9%)、福建(89.6%)、甘肃(90.9%)、河北(90.9%)、北京(92.1%)、黑龙江(92.7%)、陕西(93.8%)高校新媒体公众平台的建设情况低于全国平均水平(见图13-1)。其中,广东省较为突出,仅有79.3%的大学生表示其所在学校开设有微信、微博等新媒体公众平台;13.8%的学生表示"不知道";6.9%的大学生表示没有开设相关公众平台。

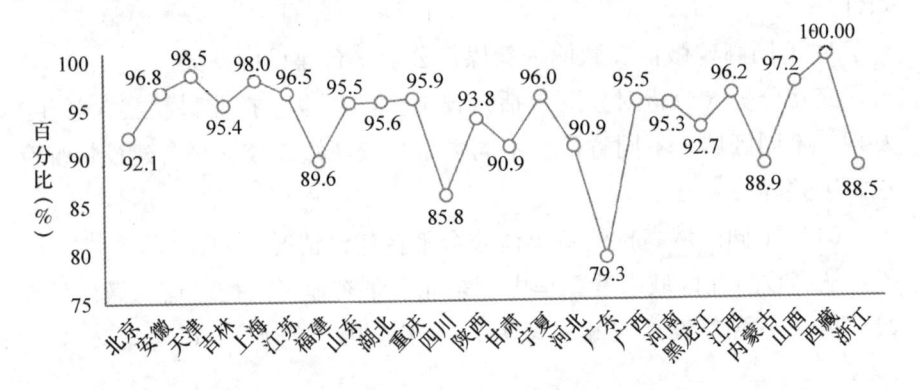

图13-1 不同省份(直辖市、自治区)高校微信、微博等新媒体公众平台的建设情况

(3) 不同类型高校的新媒体公众平台建设情况

从不同类型高校来看，军事类、农林类高校新媒体公众平台建设情况良好，体育类高校新媒体公众平台建设情况不太理想。调查显示，不同类型高校大学生表示其所在高校开设有微信、微博等新媒体公众平台的人数比例由高到低依次为：军事类（100.0%）、农林类（97.1%）、语言类（96.6%）、政法类（95.9%）、财经类（95.4%）、综合类（94.3%）、理工类（94.2%）、师范类（93.8%）、医药类（91.8%）、艺术类（90.9%）、民族类（89.6%）、体育类（79.3%）（$\chi^2 = 62.963$，$P < 0.001$）（见图13-2）。

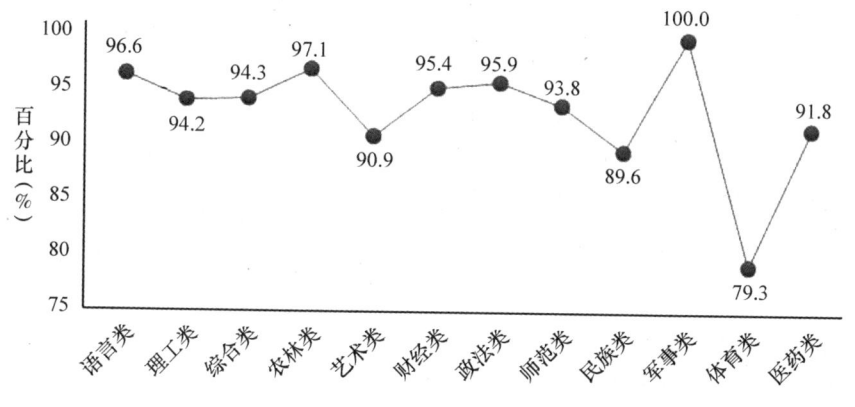

图13-2 不同类型高校微信、微博等新媒体公众平台的建设情况

3. 不同群体科技类大学生浏览学校公众平台的频率差异

为考察不同群体科技类大学生浏览学校微信、微博等新媒体公众平台频率的差异，我们结合自然因素、成长背景、教育因素等有关人口学变量进行一般线性回归分析。其中，将大学生浏览频率中"基本不看"赋值为1分，"很少浏览"赋值为2分，"偶尔浏览"赋值为3分，"经常浏览"赋值为4分，得分越高表示浏览频率越高。按照0.05的检验水准，不同群体科技类大学生浏览学校微信、微博等新媒体公众平台的频率存在显著差异，具体如表13-1所示。

表 13 - 1　　　　不同群体科技类大学生浏览学校新媒体公众
平台频率的一般线性回归

变量		非标准化系数 B	SE	标准化系数 Beta	统计量 t	显著性水平 P
常数项		3.119	0.063		49.880	0.000
男生（参照项：女生）		-0.049	0.028	-0.032	-1.774	0.076
汉族（参照项：少数民族）		0.134	0.040	0.062	3.355	0.001
年级（参照项：大一）	大二	-0.037	0.039	-0.022	-0.949	0.342
	大三	-0.132	0.042	-0.072	-3.136	0.002
	大四	-0.064	0.043	-0.034	-1.474	0.141
	研究生	-0.131	0.048	-0.064	-2.702	0.007
学校类别（参照项：普通本科）	985 高校	0.093	0.032	0.060	2.924	0.003
	211 高校	0.115	0.037	0.063	3.131	0.002
县级以上（参照项：乡镇以下）		-0.029	0.027	-0.020	-1.088	0.277
学校所在区域（参照项：华东地区）	华南地区	-0.172	0.082	-0.040	-2.099	0.036
	华中地区	0.103	0.046	0.048	2.231	0.026
	华北地区	0.054	0.037	0.033	1.445	0.149
	西北地区	0.075	0.046	0.035	1.637	0.102
	西南地区	-0.301	0.049	-0.133	-6.152	0.000
	东北地区	0.028	0.058	0.010	0.480	0.631
党员（参照项：非党员）		0.117	0.034	0.069	3.437	0.001
有学生干部经历（参照项：无学生干部经历）		0.184	0.034	0.097	5.356	0.000

$N = 2980$　　$R^2 = 6.2\%$　　$F = 11.557$

分析发现，民族、年级、学校类别、学校所在区域、政治面貌、学生干部经历不同的科技类大学生浏览学校新媒体公众平台的频率存在显著差异。就民族而言，与少数民族科技类大学生相比，汉族科技类大学生浏览学校新媒体公众平台频率更高。数据显示，汉族科技类大学生浏览学校新媒体公众平台频率的得分比少数民族科技类大学生高 13.4 个百分点。从年级来看，大一学生浏览频率最高，与大一学生相比，大三学生、研究生浏览学校新媒体公众平台的频率更低，两者浏览频率的得分分别比大一低 13.2、13.1 个百分点。从学校类别来看，985、211 高校科技类大学生浏览学校新媒体公众平台的频率高于普通本科高校。

985、211高校学生浏览学校新媒体公众平台的频率的得分分别比普通本科高9.3、11.5个百分点。从学校所在区域来看，西南地区高校科技类大学生浏览学校新媒体公众平台的频率最低，与华东地区相比，西南地区高校大学生浏览学校新媒体公众平台频率的得分低30.1个百分点。就政治面貌来看，党员科技类大学生浏览学校新媒体公众平台的频率更高，其浏览频率得分比非党员学生高11.7个百分点。就学生干部经历来看，有学生干部经历的科技类大学生浏览学校新媒体公众平台的频率更高，其浏览频率得分比无学生干部经历学生高18.4个百分点。

（二）科技类大学生浏览思想政治教育类主题网站的情况

大学生思想政治教育主题网站是网络育人的重要载体。大学生对思想政治教育类主题网站的浏览情况既反映了高校此类网站的建设情况，也从侧面折射出当代大学生使用网络的偏好和特点，为改善育人工作提供了现实考量依据。下面我们主要就科技类大学生对思想政治教育主题网站的"浏览量"进行考察。

1. 总体情况

科技类大学生对思想政治教育主题网站的浏览情况不甚理想，相较于浏览高校微信、微博公众平台的热情，科技类大学生对思想政治教育主题网站则"态度冷淡"。数据显示，四成以上（41.6%）的大学生表示"几乎不浏览"思想政治教育类主题网站；28.5%的大学生表示"每月浏览3—4次"；22.7%的大学生表示"每周浏览2—3次"；仅有7.2%的大学生表示"几乎每天都浏览"。相比较而言，非科技类大学生浏览状况更差（$\chi^2 = 15.951$，$P < 0.01$），46.0%的非科技类大学生表示"几乎不浏览"思想政治教育类主题网站。高校思想政治教育主题网站仍需持续着力改进，以切实发挥其育人功效。

2. 不同群体科技类大学生浏览主题网站的情况

不同群体科技类大学生浏览思想政治教育类主题网站的频率存在差异，将大学生浏览频率中"几乎不浏览"赋值为1分，"每月浏览3—4次"赋值为2分，"每周浏览2—3次"赋值为3分，"几乎每天都浏览"赋值为4分（得分越高表示浏览频率越高），并将其与有关人口学变量进行一般线性回归分析。分析发现，民族、生源地、学校所在区域、学生干部经历等对科技类大学生浏览思想政治教育类主题网站的频率无显著影响；性别、学校类别、政治面貌、浏览学校新媒体公众平台频率等因素对科技类大学生浏览思想政治教育类主题网站的频率有显著影响，结果如表13-2所示。

表13-2　　　不同群体科技类大学生浏览思想政治教育类主题网站频率的一般线性回归

变量		非标准化系数 B	非标准化系数 SE	标准化系数 Beta	统计量 t	显著性水平 P
常数项		0.871	0.101		8.637	0.000
男生（参照项：女生）		0.139	0.035	0.071	4.003	0.000
汉族（参照项：少数民族）		0.065	0.050	0.023	1.292	0.196
学校类别（参照项：普通本科）	985高校	-0.331	0.039	-0.165	-8.426	0.000
	211高校	-0.263	0.046	-0.113	-5.739	0.000
县级以上（参照项：乡镇以下）		-0.050	0.034	-0.026	-1.476	0.140
学校所在区域（参照项：华东地区）	华南地区	0.152	0.103	0.028	1.476	0.140
	华中地区	0.059	0.059	0.021	1.003	0.316
	华北地区	-0.011	0.047	-0.005	-0.224	0.823
	西北地区	0.095	0.057	0.035	1.657	0.098
	西南地区	-0.064	0.062	-0.022	-1.025	0.305
	东北地区	0.101	0.072	0.027	1.397	0.163
党员（参照项：非党员）		0.295	0.039	0.135	7.599	0.000
有学生干部经历（参照项：无学生干部经历）		-0.020	0.043	-0.008	-0.469	0.639
浏览学校新媒体公众平台频率		0.308	0.023	0.238	13.309	0.000

$N=2976$　$R^2=10.5\%$　$F=24.893$

就性别而言，与女生相比，男性科技类大学生浏览思想政治教育类主题网站的频率更高，其浏览思想政治教育类主题网站频率的得分比女生高13.9个百分点。

从学校类别来看，普通本科高校科技类大学生浏览思想政治教育类主题网站的频率最高，其次是211高校，985高校次之。211高校科技类大学生浏览思想政治教育类主题网站频率的得分比普通本科高校大学生低26.3个百分点，985高校科技类大学生浏览思想政治教育类主网站频率的得分比普通本科高校大学生低 33.1 个百分点。

就政治面貌而言,党员科技类大学生浏览思想政治教育类主题网站的频率更高,其浏览频率得分比非党员学生高 29.5 个百分点。

从科技类大学生浏览高校新媒体公众平台的频率来看,对高校新媒体公众平台浏览频率越高的学生浏览思想政治教育类主题网站的频率越高。我们将浏览高校公众平台的频率划分为"基本不看""很少浏览""偶尔浏览""经常浏览"四个等级,科技类大学生浏览学校新媒体公众平台频率每升高一个等级,其浏览思想政治教育类主题网站的频率得分相应提高 30.8 个百分点。

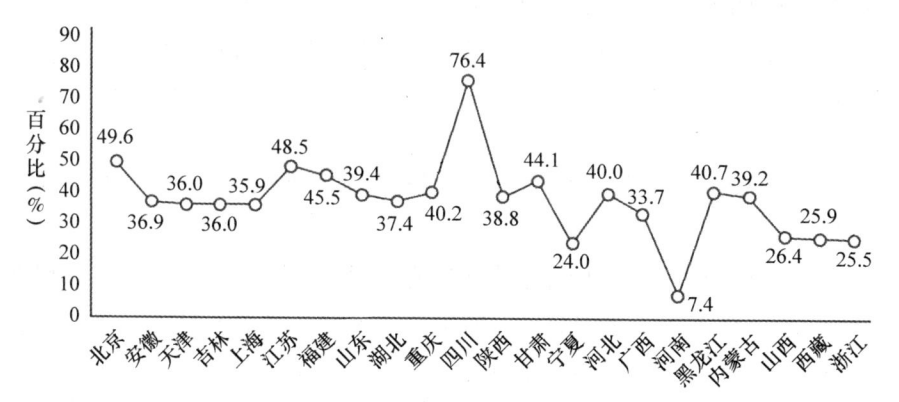

为进一步探究不同省份(自治区、直辖市)高校科技类大学生浏览思想政治教育类主题网站频率的差异,我们运用了交互分析方法。分析结果显示,不同省份(自治区、直辖市)高校科技类大学生"几乎不浏览"思想政治教育类主题网站的比例在 7.4%—76.4% 之间,除河南(7.4%)和四川(76.4%)外,其他大多数省份比例在 24.0%—49.6% 之间。江苏、北京等地高校科技类大学生浏览思想政治教育类主题网站的频率较低。四川、北京、江苏等地高校科技类大学生"几乎不浏览"思想政治教育类主题网站的人数比例分别为 76.4%、49.6%、48.5%,远远高于全国平均值(41.6%)。相较而言,河南(7.4%)、宁夏(24.0%)、浙江(25.5%)、西藏(25.9%)等地高校科技类大学生浏览情况较好($\chi^2 = 240.904$,$P < 0.001$)(见图 13-3)。

图 13-3 不同省份(自治区、直辖市)高校科技类大学生浏览思想政治教育类主题网站的情况

二 实践育人

在社会实践中锻炼成才，符合大学生健康成长成才基本规律。确立实践育人理念，通过实践体验的方式引导大学生加强对社会主义核心价值内涵的理解、认同和自觉践行，是目前各高校普遍认同并施行的育人方式，有的高校甚至将其作为大学生的一门必修课。高校实践育人形式多样，本次调查主要就科技类大学生参加社会实践的总体情况以及高校组织参观红色教育基地的情况进行考察。

（一）参观红色教育基地的组织情况

红色教育基地是弘扬红色文化并对大学生进行爱国主义教育、革命传统教育的宝贵资源，对大学生思想政治教育具有特殊的重要价值。组织大学生参观革命圣地、纪念馆等红色教育基地，大学生以比教科书更直观、鲜活、贴近的形式感知革命史实以及革命人士的崇高精神，是大学生接受心灵洗礼、实现精神升华、加强自我教育的重要途径。

1. 总体情况

参观红色教育基地等活动的组织情况总体较好，但有相当一部分的大学生表示对相关活动并不知情，科技类与非科技类大学生无显著差异。调查显示，62.8%的科技类大学生表示其所在学校或学院"组织过学生参观革命圣地、纪念馆等红色教育基地"；19.6%的学生则表示"没组织过"；另有17.6%的学生表示"不知道"。红色教育基地作为大学生思想政治教育的重要资源，其相关活动的覆盖面有待进一步扩大。

2. 参观红色教育基地活动在不同科技类大学生群体中的组织情况差异

交互分析发现，参观红色教育基地活动在不同年级、政治面貌和学生干部经历科技类大学生群体中的组织情况存在显著差异。

（1）在不同年级的组织情况

从不同年级来看，组织参观红色教育基地的活动在低年级中的覆盖面较低。从大一（53.6%）、大二（56.1%）、大三（67.1%）、大四

(70.8%)到研究生(71.0%),随着年级的不断升高,组织参观红色教育基地活动的覆盖面逐渐扩大。大一、大二年级分别有25.1%、19.1%的学生表示并不知道是否组织过相关活动(χ^2 = 94.803,P < 0.001)。

(2)在不同政治面貌科技类大学生群体中的组织情况

从政治面貌来看,参观红色教育基地活动在党员科技类大学生中的覆盖面远高于非党员学生,党员对此活动的关注度和知晓情况优于非党员学生。78.5%的党员科技类大学生表示"组织过"参观红色教育基地活动,非党员相应比例为57.5%,两者相差21.0个百分点;表示"不知道"的党员科技类大学生比例为9.7%,非党员比例为20.2%,两者相差10.5个百分点(χ^2 = 118.860,P < 0.001)。参观红色教育基地活动虽然是高校实践育人的基本活动形式,但更是党员教育活动的重要形式,这可能是不同政治面貌学生群体呈现如此显著差异的原因所在。

(3)在不同学生干部经历科技类大学生群体中的组织情况

从学生干部经历来看,参观红色教育基地活动在有学生干部经历科技类大学生中的覆盖面远高于无学生干部经历学生,有学生干部经历科技类大学生对此活动的知晓度高于无学生干部经历学生。有、无学生干部经历学生表示其所在学校或学院"组织过"参观红色教育基地活动的比例分别为64.7%、54.0%,两者相差10.7个百分点;表示"不知道"的比例分别为16.6%、21.8%,两者相差5.2个百分点(χ^2 = 25.515,P < 0.001)。

3. 不同高校组织参观红色教育基地活动情况的差异

交互分析发现,不同类别、不同区域、不同省份和不同类型高校对参观红色教育基地活动的组织情况存在显著差异。

(1)不同类别高校的组织情况

从学校类别来看,985、211高校组织参观红色教育基地活动的情况较好,普通本科高校组织情况有待改进(χ^2 = 14.470,P < 0.01)。985、211高校大学生表示其所在学校或学院"组织过"参观红色教育基地活动的人数比例分别为65.6%、64.9%,而普通本科相应学生人数比例为59.8%。

(2) 不同区域高校的组织情况

从学校所在区域来看,东北、华中地区高校组织参观红色教育基地活动的情况较好,华南地区高校组织情况不佳。数据显示,不同区域高校科技类大学生表示其所在学校或学院"组织过"参观红色教育基地活动的人数比例在 38.6%—71.4% 之间,由高到低依次为:东北 (71.4%)、华中 (65.9%)、华东 (63.9%)、华北 (63.7%)、西南 (61.9%)、西北 (58.0%)、华南 (38.6%),极值之间相差 32.8 个百分点(见图 13-4)。华南地区高校仅有 1/3 (38.6%) 的受访学生表示"组织过"参观红色教育基地的活动;28.7% 的学生表示"不知道";32.7% 的大学生表示学校或学院"没组织过"相关活动 (χ^2 = 43.886, $P < 0.001$),这一现象值得关注。

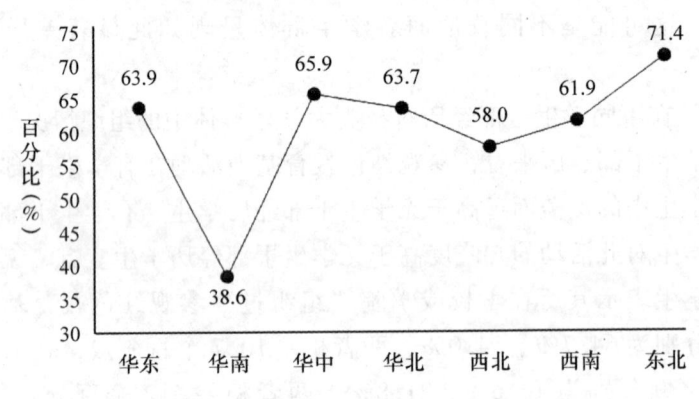

图 13-4 不同区域高校组织过参观红色教育
基地活动的情况

(3) 不同省份(自治区、直辖市)高校的组织情况

就不同省份(自治区、直辖市)而言(χ^2 = 172.349, $P < 0.001$),河南、安徽、浙江等地高校组织参观红色教育基地活动的情况较佳,广西、山西等地高校组织情况有待改进。调查显示,不同省份(自治区、直辖市)高校科技类大学生表示其所在学校或学院"组织过"参观红色教育基地活动的人数比例在 38.6%—92.6% 之间,极值之间相差 54.0 个百分点。组织情况较好的省份(直辖市、自治区)分

别有：河南（92.6%）、安徽（82.2%）、浙江（80.4%）、吉林（76.7%）；组织情况较差的省份（直辖市、自治区）分别有：广西（38.6%）、山西（43.5%）、河北（47.1%）、西藏（48.1%）、内蒙古（51.0%）、山东（51.2%）（见图13-5）。

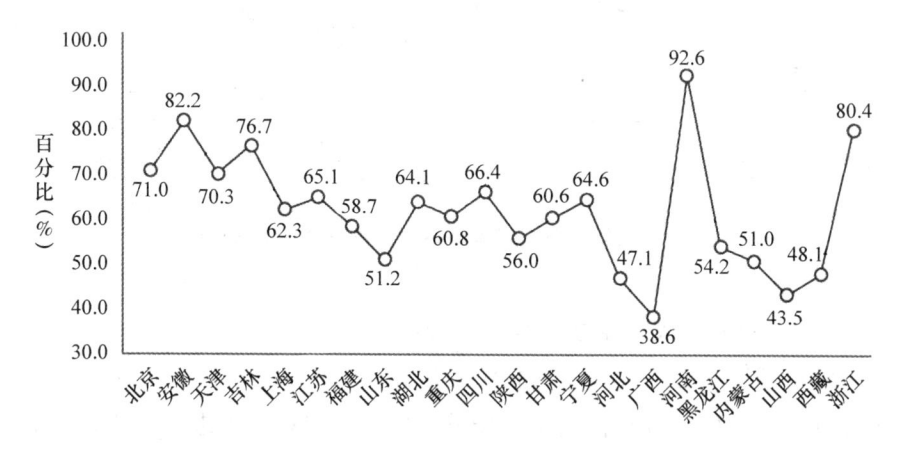

图13-5 不同省份（自治区、直辖市）高校组织过参观红色教育基地活动的情况

（4）不同类型高校的组织情况

就不同类型高校而言（$\chi^2 = 60.646$，$P < 0.001$），语言类高校组织参观红色教育基地活动的情况最好；医药类高校最差，其学生知晓情况最差。调查显示，不同高校类型科技类大学生表示其所在学校或学院"组织过"参观红色教育基地活动的人数比例在47.7%—100.0%之间，极值之间相差52.3个百分点。数据显示，不同类型高校大学生表示"组织过"参观红色教育基地活动的人数比例由高到低依次为：语言类（100.0%）、艺术类（73.9%）、民族类（72.8%）、综合类（67.5%）、师范类（62.0%）、理工类（61.7%）、农林类（57.8%）、财经类（50.7%）、医药类（47.7%）（见图13-6）。其中，近三成（29.5%）的医药类高校学生表示"不知道"相关活动的组织情况。

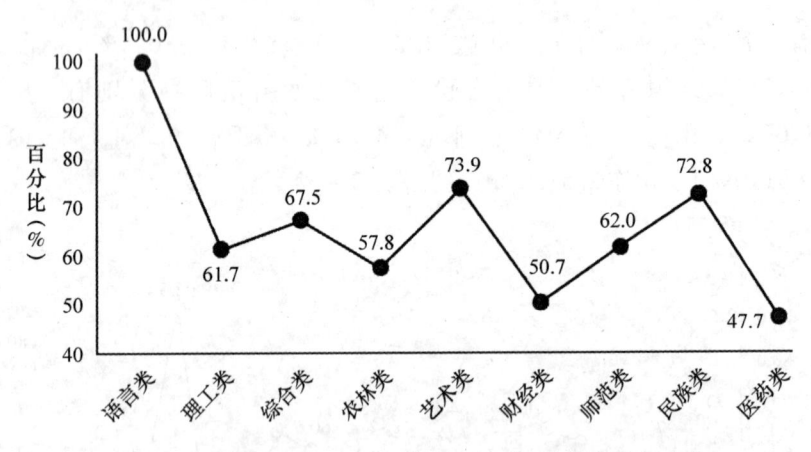

图 13-6　不同类型高校组织过参观红色教育基地活动的情况

（二）科技类大学生参加社会实践情况

坚持理论学习与社会实践相统一是高校人才培养的基本要求。大学生在社会实践的历练和体悟中，能够对所学知识和经验进行检验，能够感知理想与现实，能够了解社会、服务社会，在培养实践能力的同时增强社会责任感，这是大学生实现自由全面发展的必经路径。

1. 总体情况

社会实践活动育人状况良好，绝大部分大学生参加过社会实践活动，展现出积极有为、富有社会担当的精神风貌，科技类与非科技类大学生无显著差异。调查显示，83.8%的科技类大学生表示有参加社会实践的经历，进一步考察其参加社会实践的原因时发现，绝大多数大学生是出于"锻炼实践能力"（24.0%）、"了解社会"（20.6%）、"服务社会"（17.3%）、"增长见识"（16.8%）、"提高人际交往能力"（15.6%）等目的而参加社会实践，展现了强烈的社会担当意识和昂扬向上的精神气质。极少部分学生为"获得荣誉或学分"（4.0%）以及"升学、出国、就业"（1.4%）等其他功利目的而参加社会实践。多重响应分析结果如下。

2. 不同群体、不同高校科技类大学生参加社会实践经历的差异

为进一步探究不同群体、不同高校科技类大学生参加社会实践经历的差异，交互分析发现，民族、年级、政治面貌、学生干部经历不同的科技类大学生参加社会实践的经历存在显著差异,不同省份、不同类型高校科技类大学生参加社会实践的经历也存在显著差异。

(1) 不同民族科技类大学生参加社会实践经历的差异

就民族而言,汉族科技类大学生参加过社会实践的比例高于少数民族科技类大学生。84.8%的汉族学生表示参加过社会实践,77.8%的少数民族学生参加过社会实践($\chi^2=13.900$,$P<0.001$)。

(2) 不同年级科技类大学生参加社会实践经历的差异

从不同年级来看,随着年级的升高,有社会实践经历的科技类大学生比例总体呈现上升趋势。具体来看,大一、大二、大三、大四、研究生表示有社会实践经历的学生人数比例分别为77.4%、83.9%、85.1%、87.4%、86.8%,大一至大四呈显著上升趋势,到研究生阶段有所下降($\chi^2=32.403$,$P<0.001$)。调查表明,从大一到大四,大学生不断融入校园生活,社会实践作为大学生的必修课,参加社会实践的比例不断增加。

(3) 不同政治面貌科技类大学生参加社会实践经历的差异

就政治面貌而言,党员科技类大学生有社会实践经历的比例更高。数据显示,91.1%的党员科技类大学生表示参加过社会实践,非党员科技类大学生中有社会实践经历的比例为81.4%($\chi^2=43.530$,$P<0.001$)。

(4) 学生干部经历不同的科技类大学生参加社会实践经历的差异

从学生干部经历来看,有学生干部经历的科技类大学生"参加过"社会实践的人数比例更高。有学生干部经历的学生群体中有86.6%表示"参加过"社会实践,13.4%的表示"没有参加过";在无学生干部经历的学生群体中,71.7%表示"参加过"社会实践,28.3%表示"没有参加过"($\chi^2=85.232$,$P<0.001$)。表明学生干部对社会实践的参与度高于非学生干部。

(5) 不同省份(自治区、直辖市)高校科技类大学生参加社会实践经历的差异

从不同省份(自治区、直辖市)来看($\chi^2=70.133$,$P<0.001$),河南、西藏、浙江等地高校科技类大学生有社会实践经历的人数比例最高;甘肃、内蒙古、宁夏等地高校社会实践开展状况欠佳。调查显示,

不同省份（自治区、直辖市）高校大学生表示"参加过"社会实践的人数比例在 67.6%—96.4% 之间，极值之间相差 28.8 个百分点。参加人数比例较高的省份主要有：河南（96.4%）、西藏（96.3%）、浙江（94.1%）、陕西（88.5%）、天津（88.2%）、广西（88.0%）、湖北和上海（87.4%）；参加人数比例较低的省份（自治区、直辖市）主要有：甘肃（67.6%）、内蒙古（69.4%）、宁夏（71.6%）、四川和黑龙江（74.6%）（见图 13-7）。

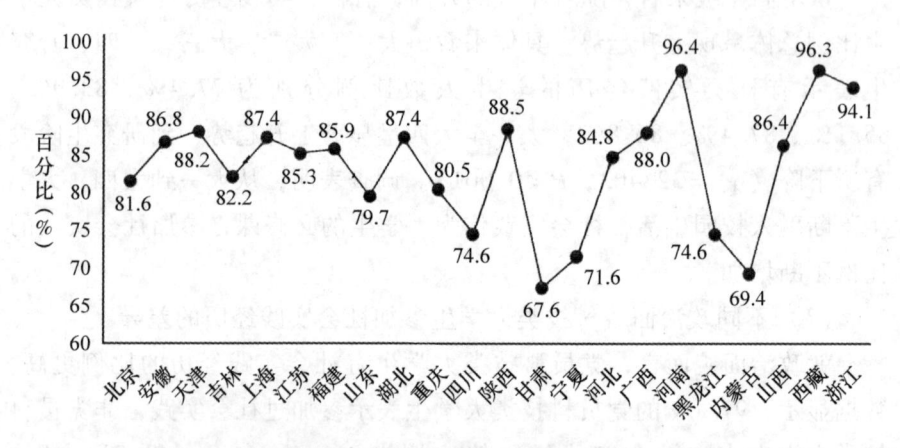

图 13-7 不同省份（自治区、直辖市）科技类大学生参加过社会实践的情况

（6）不同类型高校科技类大学生参加社会实践经历的差异

从不同类型高校来看（$\chi^2 = 38.776$，$P < 0.001$），农林类、艺术类等高校大学生参加过社会实践的人数比例较高；语言类、民族类高校大学生参加过社会实践的人数比例较低。调查显示，不同类型高校科技类大学生"参加过"社会实践的人数比例在 66.7%—89.8% 之间，极值之间相差 23.1 个百分点。数据显示，不同类型高校大学生表示"参加过"社会实践的人数比例由高到低依次为：农林类（89.8%）、艺术类（87.0%）、理工类（85.5%）、综合类（83.5%）、医药类（81.4%）、师范类（81.2%）、财经类（79.5%）、民族类（71.8%）、语言类（66.7%）（见图 13-8）。

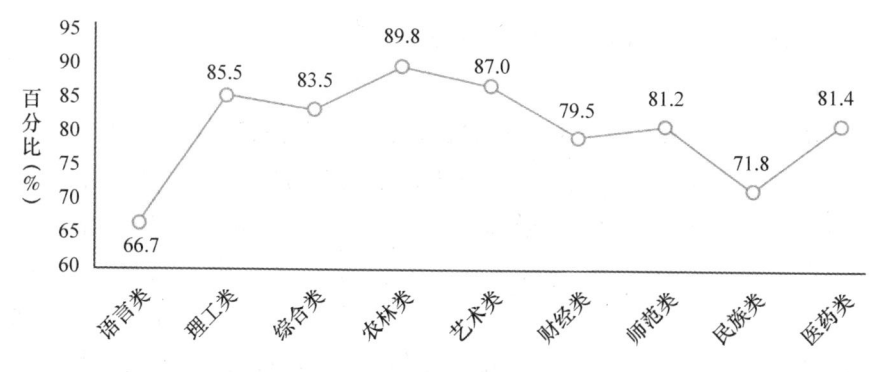

图 13-8 不同类型高校科技类大学生参加过社会实践的情况

三 全员育人

"全员育人"作为老生常谈的议题,高校也不断因事、因时、因势进行探索和实践。人人都是育人之人,这对高校教育工作者尤其是教师群体提出了高要求。习近平在全国高校思想政治工作会议上的讲话强调,"教师是人类灵魂的工程师,承担着神圣使命。……要加强师德师风建设,坚持教书和育人相统一,坚持言传和身教相统一,坚持潜心问道和关注社会相统一,坚持学术自由和学术规范相统一,引导广大教师以德立身、以德立学、以德施教。"[①] 这一讲话进一步强化了高校教师群体的荣誉感、责任感和使命感。此次调查中,我们着重考察了当前科技类大学生对教师队伍教书育人以及科研育人的评价情况。

(一) 教书育人

教育者"传道授业解惑",对大学生世界观、人生观、价值观的形成发挥着举足轻重的作用。正人先正己,以身作则、以德施教、行为世范、言传与身教相统一是教师教书育人的基本原则。高校的每一位教师,不论是思想政治理论课教师还是专业课教师,都应该自觉成为培育

---

① 《习近平在全国高校思想政治工作会议上强调 把思想政治工作贯穿教育教学全过程 开创我国高等教育事业发展新局面》,《光明日报》2016 年 12 月 9 日。

和践行社会主义核心价值观的示范者。

1. 总体情况

调查显示，教师教书育人情况良好，大多数高校教师在教授专业知识的同时，注重行为世范、言传身教，带头践行社会主义核心价值观；科技类与非科技类大学生对教师教书育人情况的评价不存在显著差异。70.8%的科技类大学生表示在学习专业课的过程中，教师"重视"（"非常重视"占24.2%，"比较重视"占46.4%）对学生进行价值观方面的引导。此外，当问及"您所接触的教师中，有多少人在践行社会主义核心价值观方面起到了良好表率作用"时，22.4%的科技类大学生选择了"绝大部分"，45.0%选择了"大部分"，选择"绝少部分"（1.6%）和"少部分"（8.5%）的人数比例占一成，另有22.5%的科技类大学生表示"说不清楚"。高校教师较好地做到了教书与育人的统一，但改进空间仍较大，需要高校教师增强教书育人的使命感和责任感。

2. 不同群体科技类大学生对教师教书育人的评价情况

不同群体科技类大学生对教师教书育人情况的评价存在差异，我们将大学生对教师表率作用的评价"绝少部分""少部分""说不清楚""大部分""绝大部分"分别赋值为1分、2分、3分、4分、5分（得分越高表示评价越高），并将其与有关人口学变量进行一般线性回归分析。分析发现，按照0.05的检验水准，回归系数具有统计学意义的变量有性别、民族、年级、学校所在区域、学生干部经历等，结果如表13-3所示。

表13-3 科技类大学生对教师教书育人评价情况影响因素的一般线性回归

变量	非标准化系数 B	非标准化系数 SE	标准化系数 Beta	统计量 t	显著性水平 P
常数项	3.518	0.076		46.493	0.000
男生（参照项：女生）	-0.087	0.034	-0.045	-2.576	0.010
汉族（参照项：少数民族）	0.264	0.049	0.095	5.425	0.000
县级以上（参照项：乡镇以下）	0.023	0.033	0.012	0.693	0.488

续表

变量		非标准化系数		标准化系数	统计量	显著性水平
		B	SE	Beta	t	P
年级（参照项：大一）	大二	-0.037	0.048	-0.017	-0.773	0.440
	大三	-0.135	0.051	-0.057	-2.623	0.009
	大四	-0.124	0.053	-0.052	-2.365	0.018
	研究生	-0.211	0.059	-0.081	-3.578	0.000
学校类别（参照项：普通本科）	985高校	0.062	0.039	0.031	1.605	0.109
	211高校	0.006	0.045	0.003	0.133	0.894
学校所在区域（参照项：华东地区）	华南地区	0.120	0.101	0.022	1.190	0.234
	华中地区	0.046	0.057	0.016	0.802	0.423
	华北地区	0.128	0.046	0.062	2.804	0.005
	西北地区	-0.007	0.056	-0.002	-0.120	0.905
	西南地区	-0.236	0.060	-0.082	-3.953	0.000
	东北地区	0.296	0.070	0.080	4.205	0.000
党员（参照项：非党员）		0.053	0.042	0.024	1.261	0.207
有学生干部经历（参照项：无学生干部经历）		0.114	0.042	0.048	2.731	0.006
N=3320　R^2=4.1%　F=8.341						

就性别而言，男性科技类大学生对教师教书育人的评价比女性科技类大学生低。

就民族而言，汉族大学生比少数民族大学生认为有更多的教师做到了教书育人，汉族科技类大学生对教师教书育人情况的评价得分比少数民族高26.4个百分点。

从年级来看，随着年级的升高，科技类大学生对教师教书育人的评价呈降低趋势。与大一学生相比，大三、大四以及研究生群体认为有更少的教师做到了教书育人。具体来看，大三、大四以及研究生群体对教师教书育人情况的评价得分比大一分别低13.5、12.4、21.1个百分点。表明，科技类大学生对教师教书育人情况的评价随年级升高而递减。为进一步呈现此差异情况，我们进行了交互分析，发现：大一、大二、大三、大四、研究生群体认为大多数（"绝大部分""大部分"）教师做到了行为世范（践行社会主义核心价值观的表率作用）的人数比例分别为69.5%、70.7%、64.4%、67.8%、63.4%，总体呈现递减趋势，印证了回归分析的结果。

从学生干部经历来看，有学生干部经历的科技类大学生对教师教书育人的评价更高，其得分比无学生干部经历的高11.4个百分点。

从学校所在区域来看，与华东地区相比，华北、东北等地区高校科技类大学生认为有更多的教师做到了教书育人，西南地区高校科技类大学生则认为有更少的教师做到了教书育人。华北、东北地区高校科技类大学生对教师教书育人情况的评价得分比华东地区分别高12.8、29.6个百分点。西南地区科技类大学生对教师教书育人情况的评价较差，评价得分比华东地区低23.6个百分点。为更直观表现不同区域高校科技类大学生对教师教书育人情况的评价，我们进行了交互分析。数据显示，东北地区高校大学生对教师教书育人情况的好评率（选择"绝大部分"和"大部分"人数比例之和）最高，为81.9%，西南地区最低（53.4%）。

（二）科研育人

学术道德与学术规范是每一位从事学术活动、科学研究的人必须遵守的基本道德规范。屡见不鲜的大学生学术不端行为制约了大学生健康成长成才，影响了高校校风、学风建设，造成了不良的社会影响。高校教师作为大学生从事科学研究的指导者、引路人，有责任和义务对其进行学术规范和学术道德教育和引导。

1. 总体情况

调查显示，高校科研育人状况良好，绝大多数教师不同程度重视在学习或科研过程中对学生进行学术规范或学术道德方面的引导，科技类与非科技类大学生对教师科研育人的评价情况不存在显著差异。数据显示，41.9%的科技类大学生认为教师"非常重视"学术规范或学术道德方面的引导，51.2%的学生认为教师"比较重视"学术规范或学术道德方面的引导，仅有不到一成（6.9%）的学生表示教师"没有这方面的引导"。

2. 不同群体、不同高校科研育人情况的差异

经交互分析发现，教师对科研育人的重视程度在不同学历学生群体中存在显著差异，不同类别、不同区域、不同省份高校教师对科研育人

的重视程度存在显著差异。

(1) 科研育人在不同学历群体中的重视程度

就学历而言，教师对研究生群体学术规范和学术道德的重视程度更高。60.5%的研究生表示，在学习和科研过程中其教师"非常重视"学术规范和学术道德方面的引导，而本科生此项比例占38.5%，两者相差22.0个百分点。大部分本科生（54.1%）认为其教师"比较重视"学术规范和学术道德方面的引导，研究生此项比例为35.5%（χ^2 = 88.283，$P<0.001$）。相较于本科阶段，研究生阶段更加强调对学生学术能力和研究能力的培养。因此在研究生学习和参加科研项目过程中，教师会有意识地加强对研究生群体的学术规范和学术道德引导。

(2) 不同类别高校对科研育人的重视程度

从不同类别高校来看（χ^2 = 21.316，$P<0.001$），985高校和211高校教师更加重视对学生学术规范和学术道德的引导。不同类别高校选择"非常重视"的人数比例由高到低依次为：985高校（45.2%）、211高校（43.3%）、普通本科高校（38.8%）；985高校、211高校、普通本科高校分别有4.8%、7.0%、8.4%的学生表示其教师"没有"对自己进行学术规范和学术道德方面的引导。

(3) 不同区域高校对科研育人的重视程度

从不同区域高校来看（χ^2 = 114.283，$P<0.001$），南北差异明显，华北、东北地区高校教师更加重视科研育人，西南、华南地区的重视程度相对较低。不同区域高校科技类大学生认为其教师"非常重视"对自己进行学术规范和学术道德引导的人数比例在26.7%—47.4%之间，"没有这方面的引导"的人数比例在4.2%—17.2%之间。华北地区高校47.4%的大学生认为其教师"非常重视"对自己进行学术规范和学术道德方面的引导，仅有4.5%的学生表示其教师"没有这方面的引导"；西南地区高校有17.2%的学生表示其教师没有学术规范和学术道德方面的引导。可见，西南地区高校教师对科研育人的重视程度相对不足，低于全国平均水平。

(4) 不同省份（自治区、直辖市）高校对科研育人的重视程度

从不同省份（自治区、直辖市）高校来看，河北、河南、北京、山东等地的高校教师对科研育人的重视程度较高，四川、广西等地高校的重视程度较低，四川省尤为突出（χ^2 = 336.612，$P<0.001$）。如图

13-9 所示，大学生选择"非常重视"的人数比例在 22.3%—53.8% 之间。河北、河南、北京、山东等地分别有 53.8%、53.6%、51.5%、49.0% 的大学生明确表示其教师"非常重视"对自己进行学术规范和学术道德方面的引导，远远高于全国平均水平（41.9%）；四川、广西高校此项比例分别为 22.3%、26.7%，远远低于全国平均水平。值得特别注意的是，四川省高校有高达 41.0% 的大学生表示其教师"没有"对其进行学术规范和学术道德方面的引导（见图 13-10）。

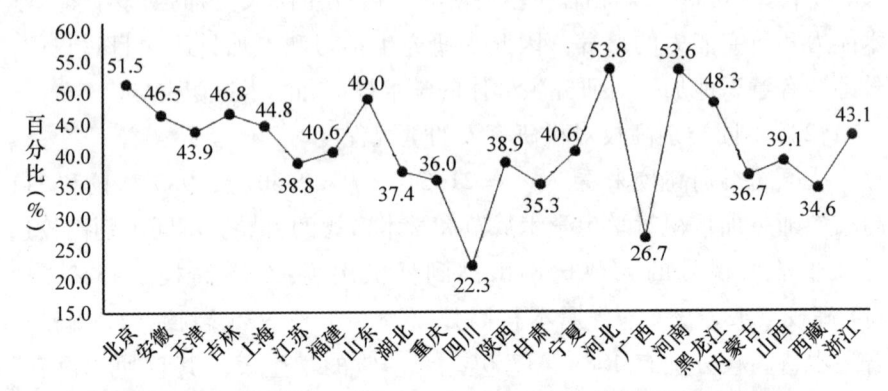

图 13-9 不同省份（自治区、直辖市）高校教师对学术规范或学术道德引导非常重视的程度

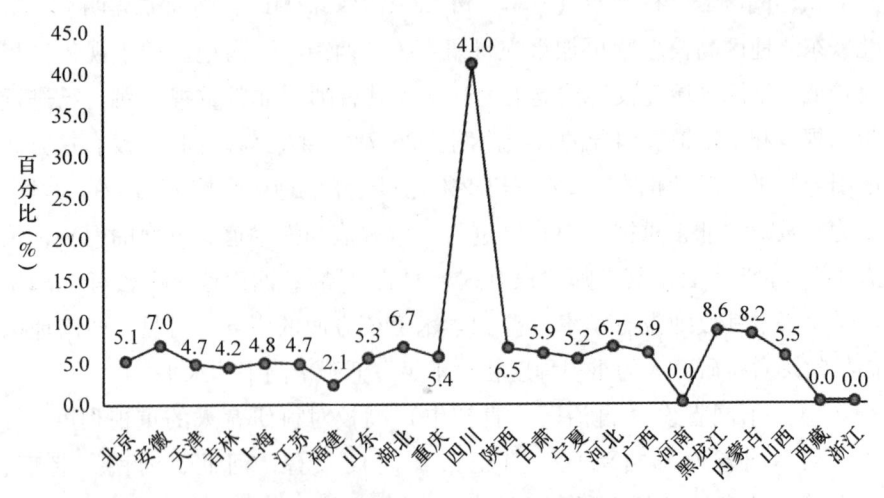

图 13-10 不同省份（自治区、直辖市）高校教师对学术规范或学术道德没有引导的百分比

四 科技活动

处处皆是育人之地，科技活动也是育人的重要形式。自2001年起，每年5月的第3周为"全国科技活动周"，在全国开展群众性科学技术活动，"2016年全国科技活动周暨北京科技周主场拉开帷幕。科技活动周迄今已成功举办了15届，先后超过12亿人次参与"[①]。很多高校也举办有"科技活动节"、"科技活动周"、"科技活动月"等类似活动，这为增进大学生尤其是科技类大学生科学知识，增强学生创造性思维和创新性能力，培育大学生的科学精神以及科学素养发挥了重要作用。此部分我们设置了"大学生对科技创新活动的参与情况"以及"大学生对'老院士站着讲，大学生趴着睡'事件的评价情况"等指标，以考察高校科技活动开展状况以及科技类大学生对科学、对科学家的态度。

（一）科技创新活动

科技创新活动是培养大学生科学素养和创新精神，营造良好的大学创新环境的重要途径。科技创新活动开展情况如何——有多少科技类大学生参与其中，他们参与的科技创新活动类型主要是什么，正是此部分我们要考察的主要内容。

1. 总体情况

调查显示，科技创新活动在科技类大学生群体中覆盖面并不广。科技类大学生对科技创新活动的参与度不高，不到半数（41.4%）表示在校期间"参加过"科技创新活动，58.6%表示"没有参加过"；科技类大学生与非科技类大学生对科技创新活动的参与情况存在显著差异（$\chi^2 = 58.799$，$P < 0.001$），比较而言，非科技类大学生的参与度较低，仅有31.3%表示参加过科技创新活动。进一步考察科技类大学生参加的科技创新活动类型发现，"挑战杯"课外科技作品竞赛以及校级大学生科技创新大赛较受欢迎，参与率分别为43.5%、42.9%；另外，

[①] 《创新之光点燃五月天——2016年全国科技活动周暨北京科技周开幕侧记》，《光明日报》2016年5月15日。

33.2%表示参加过院系级大学生科技创新大赛，20.2%参加过省级大学生科技创新大赛。

2. 不同群体参加科技创新活动情况的差异

为进一步考察不同群体、不同高校科技类大学生参加科技创新活动的差异情况，我们进行了交互分析。分析发现，学生干部经历、政治面貌、年级、学校区域、学校类型不同的学生群体参加科技创新活动的情况存在显著差异。

（1）学生干部经历不同的科技类大学生参加科技创新活动的情况

从学生干部经历来看，有学生干部经历的科技类大学生参加科技创新活动的人数比例更高。有学生干部经历的科技类大学生中43.1%表示参加过科技创新活动，无学生干部经历的科技类大学生相应比例为33.9%，两者相差9.2个百分点（$\chi^2=17.955$，$P<0.001$）。

（2）不同政治面貌科技类大学生参加科技创新活动的情况

就政治面貌来说，党员科技类大学生参加科技创新活动的积极性显著，起到了良好的带头、表率作用。超过半数（55.7%）的党员科技类大学生表示参加过科技创新活动，远远高于非党员科技类大学生（36.6%），两者相差19.1个百分点（$\chi^2=94.493$，$P<0.001$）。

（3）不同年级科技类大学生参加科技创新活动的情况

从不同年级来看，随着年级的升高，参加过科技创新活动的科技类大学生人数比例总体呈现上升趋势。具体来看，大一、大二、大三、大四、研究生表示参加过科技创新活动的学生人数比例分别为26.0%、39.6%、46.7%、52.7%、45.1%，大一至大四呈显著上升趋势，到研究生阶段有所下降（$\chi^2=117.390$，$P<0.001$）。这一结论符合常识推断，表明了我们调查数据的准确可靠性。

（4）不同区域高校科技类大学生参加科技创新活动的情况

就不同区域高校而言（$\chi^2=43.758$，$P<0.001$），呈现明显的南北差异。东北（56.6%）、华北（43.7%）、西北（42.9%）等北方地区高校大学生对科技创新活动的参与度较高，西南（32.1%）、华南（38.0%）、华东（38.9%）等南方地区高校大学生对科技创新活动的参与度较低。此外，华中地区高校大学生对科技创新活动的参与度为40.9%，略低于全国平均水平（41.4%）。

(5) 不同省份高校大学生参加科技创新活动的情况

就不同省份而言（$\chi^2 = 72.813$，$P < 0.001$），不同省份高校对科技创新活动的参与度总体不高，在23.6%—58.4%之间，由高到低分别为：吉林（58.4%）、河南（57.1%）、内蒙古（55.1%）、浙江（52.9%）、黑龙江（50.8%）、江西（50.0%）、天津（47.0%）、陕西（44.0%）、山东（43.0%）、北京（41.8%）、山西（41.3%）、甘肃（41.2%）、江苏（40.2%）、河北（40.0%）、湖北（39.8%）、安徽（39.7%）、宁夏（39.4%）、西藏（38.5%）、广西（38.0%）、福建（36.6%）、重庆（36.6%）、上海（24.3%）、四川（23.6%）（见图13-11）。值得关注的是，四川、上海等地高校大学生对科技创新活动的参与度远远低于全国平均水平，其原因有待进一步探究。

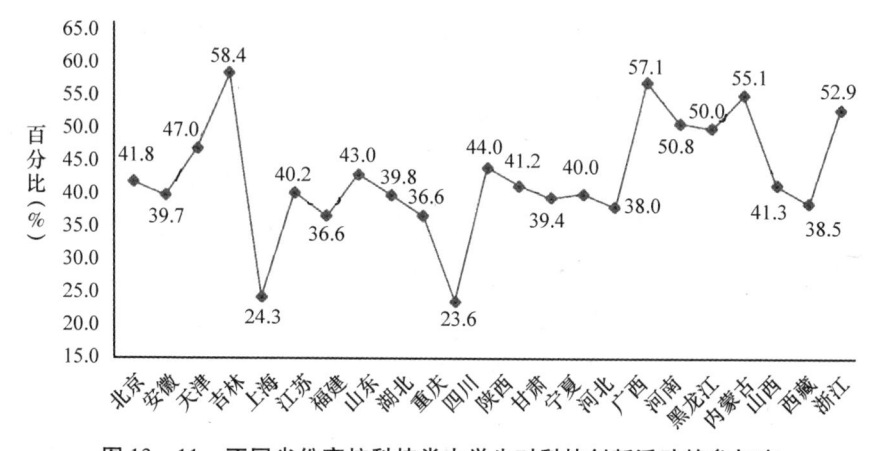

图13-11 不同省份高校科技类大学生对科技创新活动的参与度

(6) 不同类型高校科技类大学生参加科技创新活动的情况

就不同类型高校而言（$\chi^2 = 28.098$，$P < 0.01$），不同类型高校科技类大学生对科技创新活动的参与度在25.0%—50.7%之间，财经类、政法类高校的参与度较高。不同类型高校科技类大学生的参与度由高到低依次为：财经类（50.7%）、政法类（50.0%）、医药类（44.2%）、理工类（44.2%）、综合类（42.0%）、艺术类（39.1%）、师范类（37.5%）、农林类（35.9%）、民族类（29.4%）、语言类（25.0%）（见图13-12）。

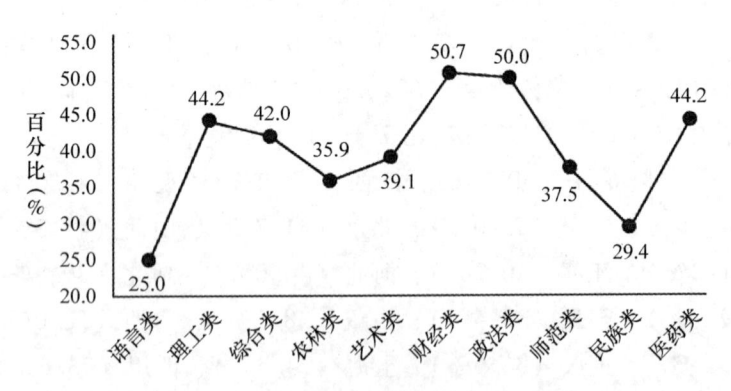

图 13-12　不同类型高校科技类大学生对科技创新活动的参与度

（二）对"老院士站着讲，大学生趴着睡"事件的评价情况

2014年9月16日，"中青在线"一篇题为《九旬院士站着做报告"九零后"学生趴着打瞌睡》的图文报道称，92岁高龄的国家科技最高奖获得者吴良镛院士在人民大会堂2014年首都高校科学道德和学风建设宣讲教育报告会上，用35分钟做了以"志存高远，身体力行"为题的报告。但在吴老做报告的过程中，大批后排的学生一片片"倒"下，趴在桌上睡去。① 此新闻报道后很快引发了全民热议。课题组考察了科技类大学生对此事的态度和评价情况。

1. 总体情况

大学生群体对此事件的评价状况，展现出了对科学家的尊重以及对科学和知识的崇敬之情，科技类与非科技类大学生对此事件的评价无显著差异。调查显示，绝大部分科技类大学生从学生群体自身寻求原因，仅少部分群体将此现象归因于报告内容以及报告组织工作问题。69.4%的学生认为"学生打瞌睡是对老人、对科学的不尊重"；13.7%的学生则表示"老院士的报告难以引起学生的心理共鸣，学生打瞌睡是难免的"；7.9%的学生认为"学生打瞌睡反映了报告组织工作中的问题"；

---

① 《九旬院士站着做报告"九零后"学生趴着打瞌睡》，中青在线（http：//news.cyol.com/content/2014-09/16/content_ 10659111_ 2. htm）。

另有9.1%的学生表示"说不清楚"。表明科技类大学生有较强的责任担当意识,对科学家富有崇敬之情。

2. 不同群体评价情况的差异

(1) 民族、学生干部经历、政治面貌不同的大学生评价情况的差异

如图13-13所示,汉族、学生干部、党员学生群体对此事件的评价更为积极、正确。从民族来看,汉族科技类大学生更能正确评价该事件,认为"学生打瞌睡是对老人、对科学的不尊重"的比例为70.3%,高于少数民族大学生(63.7%)($\chi^2 = 15.506$, $P < 0.01$)。从学生干部经历来看,有学生干部经历的科技类大学生更能从自身群体找原因,70.6%认为"学生打瞌睡是对老人、对科学的不尊重";无学生干部经历的科技类大学生此项比例为64.5%($\chi^2 = 10.108$, $P < 0.05$)。从政治面貌来看,73.9%的党员科技类大学生认为"学生打瞌睡是对老人、对科学的不尊重",高于非党员学生(67.9%)($\chi^2 = 11.375$, $P < 0.05$)。

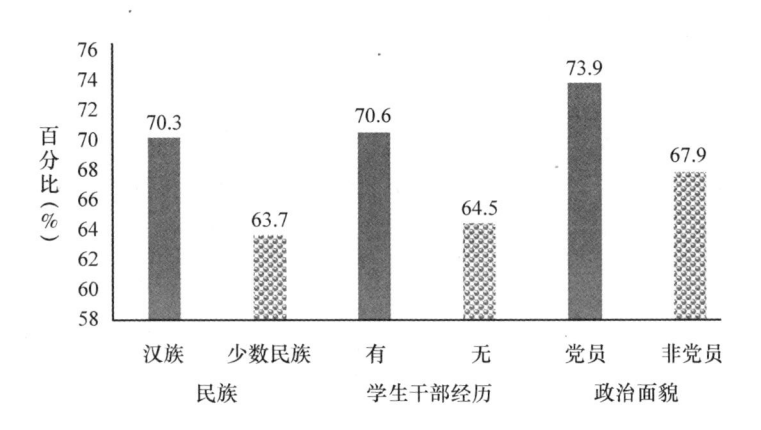

图13-13 不同群体科技类大学生对"学生打瞌睡是对老人、对科学的不尊重"事件的评价情况

(2) 不同区域高校科技类大学生评价情况的差异

从不同区域来看,西南地区高校科技类大学生对此事的认识存在偏差($\chi^2 = 65.821$, $P < 0.001$)。不同区域高校认为"学生打瞌睡是对

老人、对科学的不尊重"的人数比例在58.5%—82.5%之间，人数比例由高到低依次为华南（82.5%）、西北（74.0%）、华中（73.4%）、华北（69.4%）、华东（68.7%）、东北（67.9%）、西南（58.5%）（见图13-14）。此外，西南地区有超过两成（24.3%）的大学生认为"老院士的报告难以引起学生的心理共鸣，学生打瞌睡是难免的"。

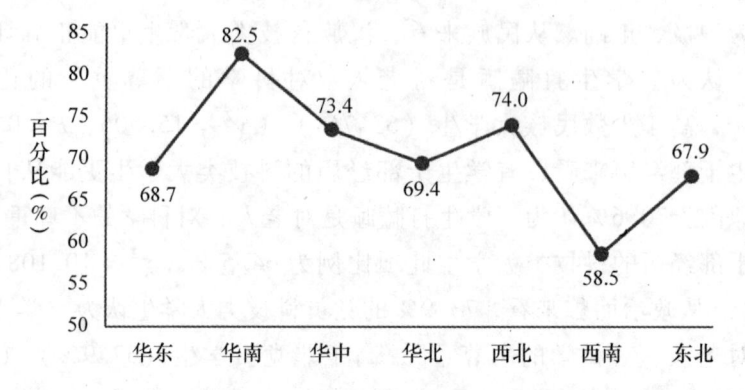

图13-14 不同区域高校大学生对"学生打瞌睡是对老人、对科学的不尊重"事件的评价情况

（3）不同省份（自治区、直辖市）高校大学生评价情况的差异

不同省份高校大学生对此事件的看法不一（$\chi^2 = 242.737$，$P < 0.001$），认为"学生打瞌睡是对老人、对科学的不尊重"的人数比例在33.8%—100.0%之间，极值间相差66.2个百分点；除了浙江省和四川省以外，大部分省份高校大学生的人数比例在58.8%—85.2%之间波动。如图13-15所示，浙江（100.0%）、河南（85.2%）、河北（84.5%）、广西（82.5%）、西藏（80.8%）等地高校大学生对此事件的看法较为积极正向，远远高于全国平均水平（69.4%）。此外，值得特别关注的是，四川省高校大学生对此事件认识偏差较大，仅有33.8%的大学生认为"学生打瞌睡是对老人、对科学的不尊重"；高达41.9%的大学生则表示"老院士的报告难以引起学生的心理共鸣，学生打瞌睡是难免的"；5.9%的大学生认为"学生打瞌睡反映了报告组织工作中的问题"；另有18.4%的大学生表示"说不清楚"。

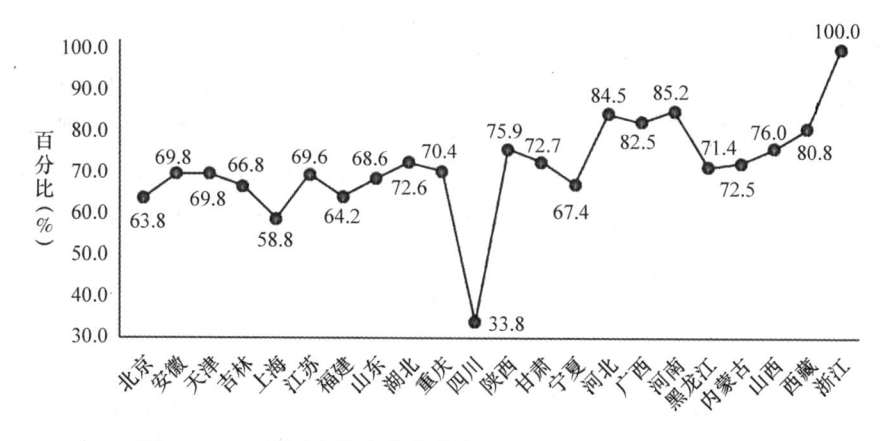

图 13-15 不同省份高校大学生对"学生打瞌睡是对老人、对科学的不尊重"事件的评价情况

(4) 科学精神、科学素养不同的科技类大学生评价情况的差异

分析发现,科学精神、科学素养不同的科技类大学生对此事件的看法存在显著差异,认同"学生打瞌睡是对老人、对科学的不尊重"的人数比例差异明显。其一,大学生成为隐姓埋名为国贡献的科学家的意愿越强,则对此事越能做出正确评价,认同"学生打瞌睡是对老人、对科学的不尊重"的人数比例越高。成为隐姓埋名为国贡献的科学家的意愿由"很不愿意"到"非常愿意"的大学生群体对"学生打瞌睡是对老人、对科学的不尊重"的认同度由41.9%逐步攀升至78.9%。

其二,对科学家献身精神评价越高的科技类大学生对此事件的看法越正向、明确,对"学生打瞌睡是对老人、对科学的不尊重"的认同度越高。从对"科学家为追求真理牺牲了自己的幸福,甚至献出了生命"行为的评价来看,分别持"生命可贵,得不偿失""说不清楚""可歌可泣,值得敬佩"态度的大学生对"学生打瞌睡是对老人、对科学的不尊重"的认同度分别为44.6%、45.0%、72.8%。

其三,对科技作用、科学工作者社会担当认识越正向、明确的科技类大学生对此事件的看法越正确,对"学生打瞌睡是对老人、对科学的不尊重"的认同度越高。对"科技兴则民族兴,科技强则国家强""知识分子应有为人民做学问的理想"观点的认同度越高,其对"学生打瞌睡是对老人、对科学的不尊重"的认同度越高。对"科技兴则民族兴，科技强则国家强"观点由"很不赞同"到"非常赞同"的科技类大学生对"学生打瞌睡是对老人、对科学的不尊重"的认同度由50.0%逐步攀升至73.6%；对"知识分子应有为人民做学问的理想"观点由"很不赞同"到"非常赞同"的科技类大学生对"学生打瞌睡是对老人、对科学的不尊重"的认同度由33.3%逐步攀升至74.8%。

五　本章小结

深入了解日常思想政治教育开展的现实状况，是我们把脉学生需求、聚焦育人着力方向的现实基础。本章一方面着重考察了高校网络育人、实践育人、教书育人、科研育人等相关方面开展的基本状况；另一方面，针对本次调查的主要对象——科技类大学生群体，考察了大学生对科技创新活动的参与情况以及大学生对"老院士站着讲，大学生趴着睡"这一事件的评价情况。在对相关调研数据进行认真分析和研判的基础上，我们发现：高校微信、微博等新媒体公众平台建设情况良好，相关社会实践活动组织情况良好；高校教师切实肩负起了教书育人、科研育人的责任和担当；科技类大学生在正确的目标导向下积极参加社会实践活动，对社会热议事件持有正向的评判标准，展现出积极有为、勇于担当的精神气质以及较高的科学素养。

（一）主要结论

分析结果发现，日常思想政治教育作为大学生思想政治教育的主阵地，对大学生观念和行为的深刻影响再次凸显。从科技类大学生日常思想政治教育开展情况来看，高校网络育人、实践育人、教书育人、科研育人开展状况良好，不同群体、不同高校开展状况存在显著差异。本章呈现出的主要结论展开如下。

1. 日常思想政治教育凸显重要影响

分析发现，大学生日常思想政治教育对大学生抵抗消极人生观、增强"四个自信"、提升道德意愿、促进价值认知和践行、培育科学素养和科学精神、增强学术道德意识等方面影响显著。这里主要从网络育人、教书育人、科研育人等角度进行分析，具体如下：

其一，网络育人状况对科技类大学生人生观、政治认同、道德意愿、价值观认知和践行以及科学素养、科学精神等相关方面产生重要影响。以科技类大学生对学校公众平台信息以及思想政治教育类主题网站的浏览情况为例，将科技类大学生"对学校公众平台信息的浏览情况""对思想政治教育类主题网站的浏览情况"分别与科技类大学生对消极人生观的认同度、对"四个自信"的认同情况、扶跌倒老人的意愿、对社会主义核心价值观的认同和践行情况、对"知识分子应有为人民做学问的理想"的认同度、成为隐姓埋名为国奉献的科学家的意愿、参加科普活动的意愿进行相关分析，发现它们相互之间在0.01的显著性水平上呈显著相关关系（见图13-16）。分析结果表明，科技类大学生对学校公众平台信息以及思想政治教育类主题网站的浏览频率越高，越能抵抗消极人生观的不良影响（对消极人生观的认同度越低），政治认同感越强，道德践行意愿越强烈，对社会主义核心价值观的认同度越高，践行社会主义核心价值观的情况愈佳，对"为人民做学问"的社会担当意识越强，成为为国奉献科学家的意愿度越高，参加科普活动的积极性越高。

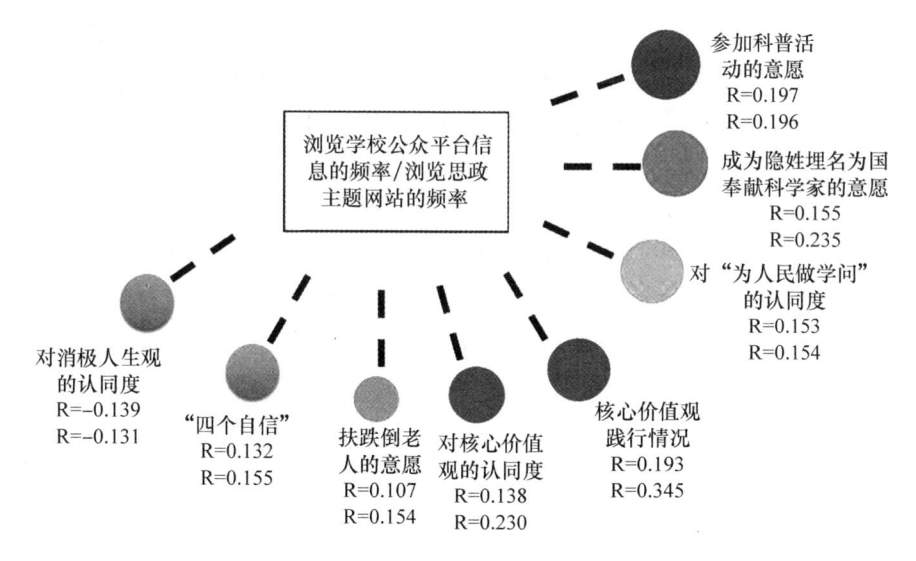

图13-16 网络育人情况与科技类大学生相关观念、行为的关系

其二，教师教书育人状况对科技类大学生践行社会主义核心价值观产生深刻影响。将"高校教师教书育人情况"分别与科技类大学生"以社会主义核心价值观为行为准则的情况""下基层开展社会主义核心价值观教育宣讲活动的意愿"进行相关分析，发现它们相互之间呈显著正相关关系。在0.01的显著性水平上，相关系数分别为0.385、0.306。分析结果表明，高校教师教书育人情况越好，大学生越能自觉以社会主义核心价值观作为自己的行为准则，践行意愿越强烈。

其三，教师科研育人状况对科技类大学生学术诚信状况以及对待课程论文的态度产生显著影响。将"高校教师科研育人状况"分别与科技类大学生"学术诚信情况""对待课程论文的态度"进行相关分析，发现它们相互之间呈显著正相关关系。在0.01的显著性水平上，相关系数分别为0.121、0.242。结果表明：高校教师越重视对学生学术规范和学术道德的引导，科技类大学生的学术诚信状况越好，越能认真、精益求精对待课程论文。

2. 网络育人情况良好，高校新媒体公众平台建设基本实现全覆盖，大学生网络使用的偏好明显

调查显示，高校微信、微博等新媒体公众平台覆盖面广、影响力较大。94.1%的科技类大学生表示其所在学校开设了微信、微博等新媒体公众平台；89.9%的科技类大学生表示会"经常浏览"（48.7%）或"偶尔浏览"（41.2%）这些公众平台。相比浏览公众平台的高频次，思想政治教育类主题网站则"经营惨淡"，陷入了"少有问津"的尴尬境地。41.6%的科技类大学生表示"几乎不浏览"大学生思想政治教育类主题网站，仅29.9%左右浏览频率较高，表示"几乎每天都浏览"（7.2%）或"每周浏览2—3次"（22.7%）。这一对比也反映出大学生网络运用的偏好。学校微博、微信平台信息由于更新快、内容丰富、互动性强、贴近大学生日常学习和生活，极大满足了大学生的现实需要和心理需求，因此受到大学生普遍青睐；而思想政治教育主题网站短板明显——形式和内容单一、更新不快、特色不明、缺乏互动性和吸引力等问题突出，一直为人们所诟病。如何发挥好思想政治教育主题网站的育人功能，让大学生主动、自觉地去浏览其相关内容，需要思想政治工作者加强研究和不断改进。

3. 实践育人效果明显，科技类大学生社会实践参与度很高，展现出积极向上、富有社会担当的精神风貌

高校形式多样、主题丰富的社会实践活动得到大学生的广泛参与，82.1%的科技类大学生表示在校期间有过参加社会实践的经历。大学生参加社会实践的原因传递着满满的正能量，绝大多数大学生是出于"锻炼实践能力"（24.0%）、"了解社会"（20.6%）、"服务社会"（17.3%）、"增长见识"（16.8%）、"提高人际交往能力"（15.6%）等目的参加社会实践，这也正是高校组织相关社会实践活动想要达到的育人目标；极少数大学生为"获得荣誉或学分"（4.0%）以及"升学、出国、就业"（1.4%）等其他较为功利的目的而参加社会实践。可见，高校实践育人的成果显著，值得不断发扬。此外，调查显示，作为校园社会实践活动的经典形式——参观红色教育基地，在大学生群体中的开展情况总体较好，62.8%表示"组织过"相关活动，19.6%则表示"没组织过"，另有17.6%表示"不知道"。

4. 全员育人获得科技类大学生较高评价，教书育人、科研育人齐头并进

科技类大学生对高校全员育人相关状况评价较高。调查发现，高校教师教书育人情况良好，大多数高校教师在教授专业知识的同时，注重行为世范、言传身教，在践行社会主义核心价值观方面起到了良好的表率作用。70.8%的科技类大学生表示在学习专业课的过程中，教师"重视"对学生进行价值观方面的引导。此外，67.5%的科技类大学生表示，大多数教师在践行社会主义核心价值观方面起到了良好的表率作用。以上结果表明，高校大多数教师做到了教书与育人相统一。就科研育人而言，绝大多数（93.1%）的科技类大学生认为在学习或科研过程中其教师重视对自己进行学术规范或学术道德方面的引导。学术规范和学术道德教育作为科研育人的主要内容，是高校"立德树人"的重要环节，受到高校的高度重视。

5. 对于社会热议事件，科技类大学生持有正确的评价标准，展现出较强的责任担当意识

针对引起社会热议的"九旬院士站着做报告，'九零后'学生趴着打瞌睡"事件，科技类大学生群体总体上能正确评价，绝大部分学

生从自身群体出发寻找原因，表现出对科学家的尊重以及对科学的敬畏之情。调查显示，近七成（69.4%）学生认为"学生打瞌睡是对老人、对科学的不尊重"；13.7%的学生则表示"老院士的报告难以引起学生的心理共鸣，学生打瞌睡是难免的"；7.9%的学生认为"学生打瞌睡反映了报告组织工作中的问题"；另有9.1%的学生表示"说不清楚"。

（二）值得关注的问题或现象以及对策建议

大学生日常思想政治教育开展状况良好，受到广泛认可，但调查中我们也发现了一些值得关注的问题或现象。其一，大学生网络使用偏好明显，对高校微信、微博等新媒体公众平台的浏览频率高，但浏览思想政治教育主题类网站频率较低（41.6%的大学生表示"几乎不浏览"思想政治教育类主题网站）；其二，科技创新活动在科技类大学生群体中的普及度不够，仅41.4%的学生表示参加过此类活动；其三，不同高校日常思想政治教育开展状况差异显著，西南地区高校（四川省尤其突出）科技类大学生在浏览思想政治教育主题网站、参加科技创新活动方面情况较差，教书育人、科研育人状况不甚理想（远远低于全国平均值）。基于对科技类大学生日常思想政治教育开展状况的总体把握，为进一步改进和增强育人成效，本课题组拟提出以下对策建议：

1. 高度重视网络空间社会主义核心价值观的培育和弘扬，利用好网络育人平台

网络空间已成为大学生思想活跃的主阵地，加强网络空间大学生的价值引领是高校思想政治工作的一项重要任务。习近平在全国高校思想政治工作会议上强调："要运用新媒体新技术使工作活起来，推动思想政治工作传统优势同信息技术高度融合，增强时代感和吸引力。"[①]《关于加强和改进新形势下高校思想政治工作的意见》也指出，"要加强互联网思想政治工作载体建设，加强学生互动社区、主题教育网站、专业

[①]《习近平在全国高校思想政治工作会议上强调　把思想政治工作贯穿教育教学全过程　开创我国高等教育事业发展新局面》，《光明日报》2016年12月9日。

学术网站和'两微一端'建设，运用大学生喜欢的表达方式开展思想政治教育。"① 这些论述为我们进一步做好网络育人工作提供了行动指南。

其一，顺势而为促成效，利用好高校"微媒体"等平台的独特优势。调查显示，高校普遍设有微信、微博等新媒体公众平台，94.1%的大学生表示知晓，其中89.9%的大学生表示会"经常浏览"或"偶尔浏览"这些公众平台。可见，大学生对高校"微媒体"的关注度颇高，高校"微媒体"在大学生群体中具有相当大的影响力。我们要主动、自觉地利用好这些公众平台，结合这些网络平台的运作特点以及大学生特质，以大学生易于接受的方式对其进行核心价值观教育和引导，切实发挥这些平台的育人效果。一方面，我们可以将社会主义核心价值观的培育和弘扬融入大学生日常学习生活，构建集学习、生活、服务于一体的公众平台，以平等互动的互联网思维开展育人工作，使大学生在潜移默化中接受、认同；另一方面，积极开发具有亲和力、吸引力和感染力的微博、微信公众号等传播平台，引导和培育优秀教师和学生骨干的微博、微信公众号等，打造高品质的网络育人阵地，扩大主流声音对大学生群体的影响力。

其二，逆势谋新破瓶颈，改进网络育人方法。调查发现，思想政治教育类主题网站遭遇瓶颈，41.6%的学生表示"几乎不浏览"此类网站，仅29.9%左右的大学生浏览频率较高，表示"几乎每天都浏览"（7.2%）或"每周浏览2—3次"（22.7%）。针对大学生网络使用偏好特点，一方面，思想政治教育类主题网站建设要在增加吸引力、点击率和浏览量上下功夫，使之成为满足大学生需求、大学生真正喜爱的价值引领阵地；另一方面，结合大学生生活学习实际，以多种形式开展网络育人工作。以"易班"平台为例，其作为提供教育教学、生活服务、文化娱乐的综合性互动社区，以大学生喜闻乐见的形式举办网络文化活动节，"推出'培育和践行社会主义核心价值观大家谈''爱传百校——寻找校园身边的感动'等多项线上线下相结合的活动，得到大学

---

① 《中共中央国务院印发〈关于加强和改进新形势下高校思想政治工作的意见〉》，《光明日报》2017年2月28日。

生的积极响应,活动期间网站访问量130多万人次。"① 这一集趣味性、导向性、教育性于一体的育人形式使得社会主义核心价值观产生了很好的传播和教育效果。大学生思想活跃、个性突出、语言活泼,对网络内容的传播形式偏好明显,思想政治工作要在挖掘大学生需求和网络生活特点等方面谋求创新和发展,创建大学生网上精神家园。

2. 强化高校实践育人优势,增强价值引领

调查显示,高校实践育人开展情况良好,效果显著。大学生积极参与高校社会实践活动,82.1%的大学生表示在校期间有过参加社会实践的经历。进一步分析发现,参加过社会实践活动的大学生思想政治状况综合表现更佳,更具科学精神和科学素养。因此,进一步强化社会实践育人是改进大学生思想政治教育的应有之举。一方面,高校以及相关部门应高度重视搭建社会实践活动平台和项目,为大学生参与形式多样、主题丰富的社会实践活动创造更多机会和有利条件,不断满足大学生"投身实践"的青春热情;并抓好相关管理制度建设,形成实践育人长效机制。此外,要推出更多以"培育和践行社会主义核心价值观"为主题的社会实践项目,依托高校已建设成的大学生科技下乡、大学生"三下乡"暑期社会实践、大学生义务支教、大学生学雷锋志愿服务和大学生公益活动等相关重点项目,扎实推进大学生社会主义核心价值观的培育和践行。在注重"服务社会"和"提高能力"的基础上发挥社会实践活动的价值引领作用。另一方面,要注重提高实践教学在课程中的比重,让学生在接触丰富多彩的生活世界中既能掌握理论知识又能提高解决问题的能力,把解决大学生思想问题与实际问题结合起来。

3. 加大对科研育人的重视程度,切实提高科技类大学生学术品格和创新精神

分析发现,高校教师越重视对学生学术规范和学术道德的引导,则大学生的学术诚信状况越好,大学生的科学素养与科学精神越高,大学生的思想道德状况表现越好。学术道德和学术规范作为科学研究的基本遵守,高校必须高度重视。其一,高校教师不仅要以身作则,发挥好表

---

① 《易班搭起学习生活服务"一站式"通道 广西39所试点高校注册学生24万余名》,《中国教育报》2016年1月8日。

率和示范作用，而且必须在教书育人过程中高度重视对刚踏入科研领域的大学生进行学术规范和学术道德教育；在学习和科研过程中不仅要为大学生提供智力支持，更要以高度的责任感和使命感，促进高校德才兼备、全面发展的创新人才培养。其二，重视"学术道德与学术规范"课程的开设，对学术道德与学术规范方面的知识进行系统化教育。其三，适度开展以"学术诚信月"、学术道德与学术诚信宣讲会（讲座、报告会、演讲）等多种形式的教育活动，营造良好的学术风气，促进大学生学术诚信品格、实事求是科学研究精神的养成。其四，积极构建科技创新活动体系，提高科技类大学生参与热情。科技创新活动、学术竞赛等活动是提升大学生科研素养和培育大学生学术创新精神的重要途径。调查发现，参加过科技创新活动的大学生群体科学素养和科学精神更高，然而科技创新活动在大学生群体中的普及度并不高，仅41.4%的大学生表示参加过此类活动。高校应高度重视为大学生（尤其是科技类大学生）参加学术科技活动搭建有利平台，探索更接地气、更多人可参与、与社会现实紧密结合的科技创新实践体系，完善激励机制和保障机制，积极引导大学生广泛参与，是提高高校人才培养质量的重要环节。

（执笔人：王晓霞）

第十四章 对价值观教育成效的评价

培育和践行社会主义核心价值观,是高校思想政治工作的核心内容。在社会主义核心价值观培育和践行过程中,各地各高校将培育和践行社会主义核心价值观作为一项长期性、系统性工作,不断创新方式方法、探索有效形式、形成长效机制。从总体上看,社会主义核心价值观教育的理念思路、内容形式、方法手段不断创新,社会主义核心价值观教育的时代感和实效性不断增强,反映出培育和践行社会主义核心价值观的积极成效。然而,评价社会主义核心价值观教育的效果,需要多视角、多维度观测,才能尽可能客观地呈现社会主义核心价值观教育的成效。本章力求从大学生对社会主义核心价值观教育整体成效的评价、对影响社会主义核心价值观教育成效因素的看法两个维度,客观描述和科学分析大学生对社会主义核心价值观教育成效评价的有关情况。

一 整体成效评价

当前社会主义核心价值观教育的整体成效问题,日益引起社会各界的关注重视。大学生作为培育和践行社会主义核心价值观的重要参与者和受教育对象,他们对社会主义核心价值观教育整体成效的评价,较为客观和真实地反映着当前社会主义核心价值观教育开展及其现实成效状况,也因此成为衡量当前社会主义核心价值观培育和践行状况的重要维度。

(一) 总体评价

大学生对当前社会主义核心价值观教育效果的评价持续向好。课题组将选择"成效非常大""成效比较大"以及"一般"的整体比例看作大学生对当前社会主义核心价值观教育开展状况持肯定性评价的比例;将选择"成效非常大""成效比较大"的整体比例看作大学生对当前社会主义核心价值观教育开展状况的整体满意度。从图14-1中可以看出,93.1%的科技类大学生对当前社会主义核心价值观教育开展状况给予"肯定性评价",科技类大学生对社会主义核心价值观教育效果的"整体满意度"为50.8%,这两个比例均大于非科技类大学生。对社会主义核心价值观教育持负面评价的大学生也占有一定比例,在非科技类大学生中,认为效果"比较小"或"非常小"的大学生比例为7.5%,而科技类大学生的负面评价为6.9%。从总体数据来看,科技类大学生对社会主义核心价值观教育效果的肯定性评价和整体满意度高于非科技类大学生。负面评价的存在,表明在大学生社会主义核心价值观教育工作中仍然存在一些薄弱环节和亟待解决的问题,教育针对性和实效性还需要进一步提升。

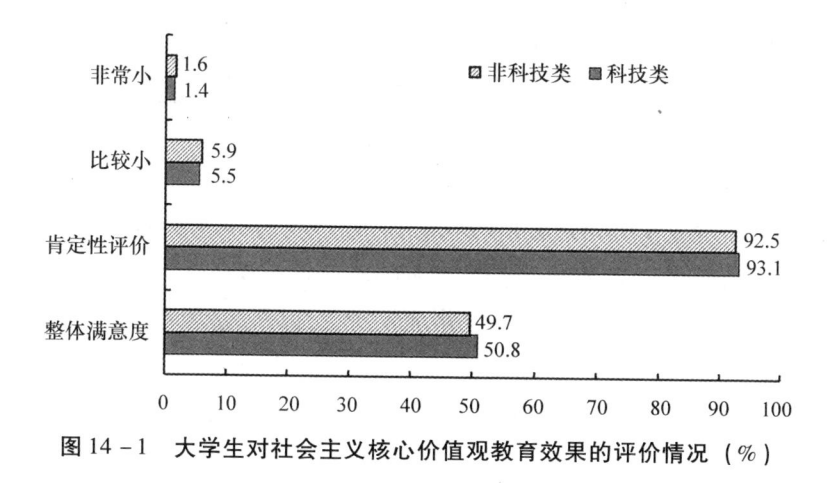

图14-1 大学生对社会主义核心价值观教育效果的评价情况(%)

(二)不同类型大学生对社会主义核心价值观教育的整体成效的评价

1. 基于自然因素的分析

不同性别的大学生对社会主义核心价值观教育的整体成效的评价存在显著性差异($\chi^2 = 30.829$, $P < 0.001$)。从表14-1中可以看出,

92.1%的科技类男生、90.8%的非科技类男生对当前社会主义核心价值观教育的整体开展状况持肯定性评价，科技类、非科技类男生对社会主义核心价值观教育效果的整体满意度分别为50.1%、51.7%。相比较来说，94.8%的科技类女生、93.5%的非科技类女生对社会主义核心价值观教育的整体开展状况持肯定性评价，科技类、非科技类女生对社会主义核心价值观教育效果的整体满意度分别为51.9%、48.2%。科技类男生认为大学生社会主义核心价值观教育效果"成效较小"或"成效很小"的比例为7.9%，低于非科技类男生的9.2%，但高于科技类女生的5.2%。

表14-1　　不同性别对社会主义核心价值观教育效果的评价情况　　（%）

类别	性别	对社会主义核心价值观教育效果的评价					
		成效非常大	成效比较大	一般	成效较小	成效很小
科技类	男	8.6	41.5	42.0	6.2	1.7
	女	6.0	45.9	42.9	4.3	0.9
非科技类	男	9.1	42.6	39.1	6.5	2.7
	女	6.6	41.6	45.3	5.6	0.9

不同民族的大学生对社会主义核心价值观教育的整体成效的评价存在显著性差异（$\chi^2=41.676$，$P<0.001$）。从表14-2中，可以看出，93.8%的科技类汉族大学生、93.7%的非科技类汉族大学生对当前社会主义核心价值观教育的整体开展状况持肯定性评价，科技类、非科技类汉族大学生对社会主义核心价值观教育效果的整体满意度分别为51.5%、49.9%。相比较来说，89.3%的科技类少数民族大学生、83.5%的非科技类少数民族大学生对社会主义核心价值观教育的整体开展状况持肯定性评价，科技类、非科技类少数民族大学生对社会主义核心价值观教育效果的整体满意度为46.3%、47.4%。科技类、非科技类少数民族大学生认为大学生社会主义核心价值观教育效果"成效较小"或"成效很小"的比例分别为10.7%、16.5%，均高于汉族大学生的比例，这说明课题组还需要加强对少数民族大学生的社会主义核心价值观教育。

表 14-2　不同民族大学生对社会主义核心价值观教育效果的评价情况　（%）

类别	民族	对社会主义核心价值观教育效果的评价				
		成效非常大	成效比较大	一般	成效较小	成效很小
科技类	汉族	7.6	43.9	42.3	5.1	1.1
	少数民族	7.3	39.0	43.0	7.8	2.9
非科技类	汉族	7.5	42.4	43.8	5.0	1.3
	少数民族	7.8	39.6	36.1	12.9	3.6

独生子女和非独生子女大学生对社会主义核心价值观教育的评价存在显著性差异（$\chi^2 = 28.754$，$P < 0.001$）。从表 14-3 中可以看出，92.8%的科技类、92.5%的非科技类独生子女对当前社会主义核心价值观教育开展状况持肯定性评价，科技类、非科技类独生子女对社会主义核心价值观教育效果的整体满意度分别为 51.5%、51.7%。而 93.6%的科技类、92.3%的非科技类非独生子女对当前社会主义核心价值观教育开展状况持肯定性评价，科技类、非科技类非独生子女对社会主义核心价值观教育效果的整体满意度分别为 49.8%、47.3%。科技类大学生中，独生子女认为大学生社会主义核心价值观教育效果"成效较小"或"成效很小"的比例为 7.2%，高于非独生子女的 6.4%。

表 14-3　独生子女和非独生子女大学生对社会主义核心价值观教育效果的评价情况　（%）

类别	是否独生子女	对社会主义核心价值观教育效果的评价				
		成效非常大	成效比较大	一般	成效较小	成效很小
科技类	独生子女	8.9	42.6	41.3	5.4	1.8
	非独生子女	6.1	43.7	43.8	5.6	0.8
非科技类	独生子女	9.1	42.6	40.8	5.5	2.0
	非独生子女	5.9	41.4	45.0	6.4	1.3

2. 基于不同省份的分析

不同省份高校的大学生对社会主义核心价值观教育的评价存在显著性差异（$\chi^2 = 425.196$，$P < 0.001$）。从表 14-4 中可以看出，除了四川省以

外，其他省份90%以上大学生对当前社会主义核心价值观教育开展状况持肯定性评价，且对社会主义核心价值观教育效果的整体满意度均在50%左右。四川省的大学生对当前社会主义核心价值观教育开展状况持肯定性评价比例为71.5%，对社会主义核心价值观教育效果的整体满意度为23.6%，明显低于其他省份的大学生。

表14–4　　不同省份的高校大学生对社会主义核心价值观教育效果的评价情况　　（%）

学校所在省份	肯定性评价	成效非常大	成效比较大	一般	成效较小	成效很小
北京	92.1	8.8	39.7	43.6	6.9	1.0
安徽	95.4	8.5	55.4	31.5	4.6	0.0
天津	96.4	9.4	43.5	43.5	3.6	0.0
吉林	95.2	11.9	53.0	30.3	4.3	0.5
上海	91.5	4.7	31.1	55.7	6.6	1.9
江苏	92.2	3.6	44.6	44.0	6.6	1.2
福建	97.9	2.8	43.4	51.7	1.4	0.7
山东	93.2	15.9	40.1	37.2	5.8	1.0
湖北	95.3	6.9	47.4	41.0	4.0	0.7
重庆	93.4	5.4	39.7	48.3	5.4	1.2
四川	71.5	3.6	20.0	47.9	16.4	12.1
陕西	92.0	6.8	44.2	41.0	6.6	1.4
甘肃	97.0	30.3	27.3	39.4	3.0	0.0
宁夏	93.6	2.1	46.8	44.7	5.3	1.1
河北	93.2	6.8	40.8	45.6	3.9	2.9
广西	95.0	8.9	48.5	37.6	5.0	0.0
河南	96.4	3.6	64.3	28.6	0.0	3.5
黑龙江	94.8	13.8	41.4	39.7	5.1	0.0
江西	100.0	0.0	50.0	50.0	0.0	0.0
内蒙古	100.0	3.9	39.2	56.9	0.0	0.0
山西	93.5	5.6	48.1	39.8	6.5	0.0
西藏	100.0	7.4	51.9	40.7	0.0	0.0
浙江	100.0	2.0	60.8	37.2	0.0	0.0

3. 基于教育因素的分析

不同政治面貌的大学生对社会主义核心价值观教育的评价存在显著性差异（$\chi^2=24.906$，$P<0.001$）。从表14-5中可以看出，94.7%的科技类党员、95.0%的非科技类党员大学生对当前社会主义核心价值观教育开展状况持肯定性评价，党员对社会主义核心价值观教育效果的整体满意度分别为55.7%、55.5%。而科技类非党员、非科技类非党员大学生对当前社会主义核心价值观教育开展状况持肯定性评价的比例分别为92.6%、91.8%，对社会主义核心价值观教育效果的整体满意度分别为49.3%、48.0%。科技类大学生中，党员认为社会主义核心价值观教育效果"成效较小"或"成效很小"的比例为5.3%，低于非党员的7.4%。

表14-5　　　不同政治面貌的大学生对社会主义核心价值观
教育效果的评价情况　　　　　　　　　　　（%）

类别	政治面貌	对社会主义核心价值观教育效果的评价				
		成效非常大	成效比较大	一般	成效较小	成效很小
科技类	党员	7.0	48.7	39.0	4.7	0.6
	非党员	7.8	41.5	43.3	5.8	1.6
非科技类	党员	8.7	46.8	39.5	3.8	1.2
	非党员	7.2	40.8	43.8	6.5	1.7

不同学生干部经历的大学生对社会主义核心价值观教育的评价存在显著性差异（$\chi^2=13.237$，$P<0.01$）。从表14-6中可以看出，93.3%的科技类、92.6%的非科技类担任过学生干部的大学生对当前社会主义核心价值观教育开展状况持肯定性评价，其对社会主义核心价值观教育效果的整体满意度分别为51.9%、50.1%。而没有担任过学生干部的科技类、非科技类大学生对当前社会主义核心价值观教育开展状况持肯定性评价的比例分别为92.2%、91.9%，其对社会主义核心价值观教育效果的整体满意度分别为45.2%、47.6%。科技类大学生中，担任过学生干部的大学生认为大学生社会主义核心价值观教育效果"成效较小"或"成效很小"的比例为6.7%，低于没有担任过学生干部的大学生的7.8%。

表14-6　　不同学生干部经历的大学生对社会主义核心价值观
　　　　　　教育效果的评价情况　　　　　　　　　　　　　　（%）

类别	是否担任过学生干部	对社会主义核心价值观教育效果的评价				
		成效非常大	成效比较大	一般	成效较小	成效很小
科技类	是	7.3	44.6	41.4	5.1	1.6
	否	8.4	36.8	47.0	7.2	0.6
非科技类	是	7.4	42.7	42.5	6.1	1.3
	否	8.2	39.4	44.3	5.3	2.8

不同学校类别的大学生对社会主义核心价值观教育的评价存在显著性差异（$\chi^2=15.401$，$P<0.001$）。从表14-7中可以看出，93.5%的985高校大学生对当前社会主义核心价值观教育开展状况持肯定性评价，其对社会主义核心价值观教育效果的整体满意度为49.0%。93.4%的211高校大学生对当前社会主义核心价值观教育开展状况持肯定性评价，其对社会主义核心价值观教育效果的整体满意度为52.9%。而普通本科的大学生对当前社会主义核心价值观教育开展状况持肯定性评价的比例为92.8%，其对社会主义核心价值观教育效果的整体满意度为51.3%。普通本科大学生认为大学生社会主义核心价值观教育效果"成效较小"或"成效很小"的比例为7.2%，高于985高校的6.5%以及211高校大学生的6.6%。

表14-7　　不同学校类别的大学生对社会主义核心价值观
　　　　　　教育效果的评价情况　　　　　　　　　　　　　　（%）

学校类别	对社会主义核心价值观教育效果的评价				
	成效非常大	成效比较大	一般	成效较小	成效很小
985高校	7.1	41.9	44.5	5.4	1.1
211高校	6.7	46.2	40.5	5.6	1.0
普通本科	8.4	42.9	41.5	5.5	1.7

学校区域不同的大学生对社会主义核心价值观教育的评价存在显著性差异（$\chi^2=150.666$，$P<0.001$）。从表14-8中可以看出，除了西

南地区,其他地区学校的大学生对社会主义核心价值观教育成效的肯定性评价比均在92.0%以上,其中学校在华中地区的大学生对社会主义核心价值观教育成效的肯定性评价比最高,为95.4%。除了华北和西南地区,其他地区高校的大学生对社会主义核心价值观教育成效的满意度均在51.0%以上,而华北和西南地区的大学生对社会主义核心价值观教育成效的满意度分别为49.3%和38.6%。西南地区的大学生认为社会主义核心价值观教育效果"成效较小"或"成效很小"的比例为13.7%,明显高于其他地区的大学生。

表14-8 学校在不同区域的大学生对社会主义核心价值观教育效果的评价情况 (%)

学校所在区域	肯定性评价	对社会主义核心价值观教育效果的评价				
		成效非常大	成效比较大	一般	成效较小	成效很小
华东地区	94.8	7.5	44.7	42.6	4.3	0.9
华南地区	95.0	8.9	48.5	37.6	5.0	0.0
华中地区	95.4	6.7	48.5	40.2	3.7	0.9
华北地区	93.4	8.0	41.3	44.1	5.8	0.8
西北地区	92.6	7.5	43.5	41.6	6.1	1.3
西南地区	86.3	4.9	33.7	47.7	8.8	4.9
东北地区	95.1	12.3	50.2	32.5	4.5	0.5

不同学校类型的大学生对社会主义核心价值观教育的评价存在显著性差异($\chi^2 = 224.034$,$P < 0.001$)。从表14-9中可以看出,除了民族类和政法类高校的大学生,其他学校类型的大学生对社会主义核心价值观教育成效的肯定性评价比均在91.0%以上。其中,军事类和语言类高校的大学生对社会主义核心价值观教育成效的肯定性评价比达到100%。而政法类高校大学生对社会主义核心价值观教育成效的肯定性评价比为50.0%,明显低于其他学校类型的大学生。除了军事类、语言类和民族类高校的大学生,其他学校类型的大学生对社会主义核心价值观教育成效的满意度均在50%左右。军事类高校大学生对社会主义核心价值观教育成效的满意度为100.0%,最高且明显高于其他学校类

型。而语言类高校大学生对社会主义核心价值观教育成效的满意度为41.6%，为最低且明显低于其他学校类型。政法类高校的大学生认为社会主义核心价值观教育效果"成效较小"或"成效很小"的比例为50.0%，明显高于其他学校类型。

表14-9　　　　不同学校类型的大学生对社会主义核心价值观
教育效果的评价情况　　　　　　　　　　（%）

学校类型	肯定性评价	对社会主义核心价值观教育效果的评价				
		成效非常大	成效比较大	一般	成效较小	成效很小
语言类	100.0	8.3	33.3	58.4	0.0	0.0
理工类	94.0	8.6	42.8	42.6	5.0	1.0
综合类	93.8	7.5	42.9	43.5	5.3	0.8
农林类	93.6	6.7	45.0	41.9	4.8	1.6
艺术类	95.7	4.3	47.8	43.5	4.4	0.0
财经类	91.7	12.5	38.9	40.3	8.3	0.0
政法类	50.0	0.0	50.0	0.0	50.0	0.0
师范类	94.6	6.3	45.8	42.5	4.8	0.6
民族类	78.4	3.6	38.1	36.6	13.4	8.3
军事类	100.0	50.0	50.0	0.0	0.0	0.0
医药类	96.9	6.4	48.4	42.0	2.6	0.6

二　对影响成效因素的看法

从接受教育的大学生的角度，科学分析大学生社会主义核心价值观教育成效的影响因素，对于增强大学生社会主义核心价值观教育的针对性、实效性，提高大学生社会主义核心价值观教育的质量和水平，充分发挥大学生社会主义核心价值观教育的功能具有重要意义。通过交互分析的方法了解不同的大学生群体对影响成效的因素的看法，以便研究和把握不同因素影响大学生社会主义核心价值观教育成效的规律。

（一）总体情况

课题组将影响大学生社会主义核心价值观教育成效的因素分为"活

动形式"、"活动力度"、"制度建设"、"活动内容"、"社会环境"、"学生自身原因"、"其他"七个方面，通过多重响应的分析方法，得出大学生对影响社会主义核心价值观教育成效因素看法的调查结果。影响科技类和非科技类大学生社会主义核心价值观教育成效的因素，按照选择相应选项的大学生比例从高到低排序，依次为：活动形式、学生自身原因、活动内容、活动力度、社会环境、制度建设、其他。

（二）不同类型大学生对影响成效因素的看法

为进一步了解影响大学生社会主义核心价值观教育成效的因素，课题组从自然因素、不同省份和教育因素三个方面进行了多重响应变量交叉表分析。

1. 基于自然因素的分析

不同性别的大学生，对影响大学生社会主义核心价值观教育成效因素的认识存在差异。从表14-10可以看出，科技类大学生中，65.1%的男生认为活动形式是影响成效的因素；29.2%的男生认为制度建设是影响成效的因素；38.0%的男生认为社会环境是影响成效的因素，男生在这三方面的比例均分别高于女生的比例。此外，有45.0%的男生认为活动力度是影响社会主义核心价值观教育成效的因素；有53.8%的男生认为活动内容是影响成效的因素；60.2%的男生认为学生自身原因是影响成效的因素，但男生在这三方面的比例均分别低于女生的比例。

表14-10　　不同性别大学生对影响社会主义核心价值观教育成效因素的认知情况　　（%）

类别	性别	活动形式	活动力度	制度建设	活动内容	社会环境	学生自身原因	其他
科技类	男	65.1	45.0	29.2	53.8	38.0	60.2	4.2
	女	64.7	50.4	26.0	54.3	34.7	65.9	3.3
非科技类	男	67.4	47.4	32.9	55.8	35.7	63.8	5.1
	女	68.7	47.4	33.3	59.5	37.7	69.4	3.8

不同民族的大学生，对影响大学生社会主义核心价值观成效因素的认识存在差异。从表14-11中可以看出，科技类大学生中65.7%的汉族大学生认为活动形式是影响社会主义核心价值观教育成效的因素；28.1%的汉族大学生认为制度建设是影响成效的因素；63.2%的汉族大学生认为学生自身原因是影响社会主义核心价值观教育成效的因素，汉族大学生在这三方面的比例均高于少数民族大学生。有51.4%的少数民族大学生认为活动力度是影响社会主义核心价值观教育成效的因素；有54.2%的少数民族大学生认为活动内容是影响社会主义核心价值观教育成效的因素；有39.4%的少数民族大学生认为社会环境是影响社会主义核心价值观教育成效的因素，科技类大学生中少数民族大学生这三方面的比例均高于汉族大学生。

表14-11　　　　不同民族大学生对影响社会主义核心价值观
教育成效因素的认知情况　　　　　　　　　　（%）

类别	民族	活动形式	活动力度	制度建设	活动内容	社会环境	学生自身原因	其他
科技类	汉族	65.7	46.5	28.1	54.1	36.2	63.2	4.0
	少数民族	60.1	51.4	27.0	54.2	39.4	59.7	2.6
非科技类	汉族	68.8	47.3	33.5	57.9	37.2	68.4	4.5
	少数民族	63.4	47.5	30.0	59.1	35.4	59.9	3.1

不同年龄段的大学生，对影响社会主义核心价值观教育成效因素的认识存在差异。从表14-12可以看出，从活动形式因素来看，科技类大学生中，有66.0%的低年龄段大学生、63.9%的中间年龄段大学生、69.1%的高年龄段大学生认为活动形式是影响社会主义核心价值观教育成效的因素。由此可见，科技类高年龄段大学生中相对有更多的学生认为活动形式是影响社会主义核心价值观教育成效的因素，并且此结论对非科技类大学生同样适用。从活动内容因素来看，科技类和非科技类中间年龄段大学生中均相对有更多的学生认为社会环境是影响社会主义核

心价值观教育成效的因素。从学生自身原因因素来看,科技类和非科技类低年龄段大学生中均相对有更多的学生认为学生自身原因是影响社会主义核心价值观教育成效的因素。而科技类的中间年龄段、非科技类的高年龄段大学生分别认为活动力度、制度建设两个因素是影响社会主义核心价值观教育成效的重要因素。

表 14-12　　　　不同年龄段大学生对影响社会主义核心价值观
教育成效因素的认知情况　　　　　　　　（%）

类别	年龄段	大学生社会主义核心价值观教育成效的影响因素						
		活动形式	活动力度	制度建设	活动内容	社会环境	学生自身原因	其他
科技类	低年龄段	66.0	46.0	27.9	53.8	34.7	65.1	4.1
	中间年龄段	63.9	48.2	28.2	55.0	37.6	60.6	3.8
	高年龄段	69.1	45.5	27.7	47.3	41.4	60.9	1.8
非科技类	低年龄段	67.2	45.8	31.5	56.2	35.2	68.5	4.9
	中间年龄段	68.8	49.0	34.3	59.6	38.3	67.3	3.5
	高年龄段	81.7	49.5	37.6	55.9	36.6	55.9	4.3

不同生源地的大学生对影响大学生社会主义核心价值观成效因素的认识存在差异。从表 14-13 可以看出,科技类大学生中,51.8% 的乡镇及以下的大学生认为活动力度是影响核心价值观教育成效的因素;28.8% 的乡镇及以下的大学生认为制度建设是影响成效的因素;40.8% 的乡镇及以下的大学生认为社会环境是影响成效的因素,乡镇及以下的大学生在这三方面的比例均高于县级及以上的大学生。有 65.6% 的县级及以上的大学生认为活动形式是影响社会主义核心价值观教育成效的因素;有 54.7% 的县级及以上的大学生认为活动内容是影响成效的因素,县级及以上的大学生这两方面的比例均高于乡镇及以下的大学生。

表 14 – 13　　　不同生源地大学生对影响社会主义核心价值观
教育成效因素的认知情况　　　　　　　　　　　（%）

类别	生源地	活动形式	活动力度	制度建设	活动内容	社会环境	学生自身原因	其他
科技类	乡镇及以下	64.4	51.8	28.8	53.3	40.8	61.5	3.9
	县级及以上	65.6	42.3	27.0	54.7	32.4	62.9	3.8
非科技类	乡镇及以下	68.9	50.4	34.1	57.8	41.5	66.5	5.0
	县级及以上	67.8	44.8	32.5	58.3	33.4	67.7	3.9

表头：大学生社会主义核心价值观教育成效的影响因素

是否独生子女对影响大学生社会主义核心价值观成效因素的认识存在差异。从表 14 – 14 可以看出，科技类大学生中，28.6% 的独生子女大学生认为制度建设是影响社会主义核心价值观教育成效的因素；54.8% 的独生子女大学生认为活动内容是影响成效的因素，独生子女大学生在这两方面的比例均高于非独生子女大学生；有 65.8% 的非独生子女大学生认为活动形式是影响社会主义核心价值观教育成效的因素；有 51.7% 的非独生子女大学生认为活动力度是影响社会主义核心价值观教育成效的因素；有 39.6% 的非独生子女大学生认为社会环境是影响社会主义核心价值观教育成效的因素；64.6% 的非独生子女大学生认为学生自身原因是影响社会主义核心价值观教育成效的因素，非独生子女大学生这四方面均高于独生子女大学生的比例。

表 14 – 14　　　独生子女与非独生子女大学生对影响社会主义
核心价值观教育成效因素的认知情况　　　　　　　（%）

类别	是否独生子女	活动形式	活动力度	制度建设	活动内容	社会环境	学生自身原因	其他
科技类	独生子女	64.2	43.0	28.6	54.8	33.8	60.4	4.0
	非独生子女	65.8	51.7	27.2	53.3	39.6	64.6	3.7
非科技类	独生子女	67.7	44.8	33.9	57.3	33.4	65.1	4.5
	非独生子女	68.6	50.1	32.5	59.1	40.6	69.5	4.2

2. 基于不同省份的分析

学校所在省份不同的大学生，对影响大学生社会主义核心价值观成效因素的认识存在差异。从表14-15可以看出，学校在浙江省的大学生认为活动形式、制度建设、社会环境是影响社会主义核心价值观教育成效的因素，大学生比例分别是100.0%、54.9%、66.7%，且明显高于其他省份。被调查的100.0%江西省高校的大学生认为活动力度和学生自身原因是影响社会主义核心价值观教育成效的因素，且明显高于其他省份。61.3%的学校在上海的大学生认为活动内容是影响社会主义核心价值观教育成效的因素，且明显高于其他省份。

表14-15　学校在不同省份大学生对影响社会主义核心价值观教育成效因素的认知情况　　　　（%）

省份	活动形式	活动力度	制度建设	活动内容	社会环境	学生自身原因	其他
北京	63.3	41.5	26.3	54.4	32.4	58.0	4.3
安徽	68.9	50.8	25.8	57.6	47.0	71.2	1.5
天津	60.5	45.9	27.9	59.9	39.5	68.0	1.7
吉林	56.8	47.9	25.0	45.8	27.6	52.6	4.2
上海	70.8	46.2	25.5	61.3	18.9	69.8	1.9
江苏	74.6	40.8	27.8	58.6	36.7	62.7	4.1
福建	62.5	52.8	32.6	57.6	41.0	65.3	4.2
山东	65.1	43.1	25.4	42.6	30.1	53.1	4.8
湖北	66.3	46.7	26.2	55.0	35.2	64.3	3.7
重庆	65.8	49.6	23.5	54.3	40.7	66.3	3.3
四川	67.9	50.0	36.4	51.4	41.4	62.9	1.4
陕西	70.5	49.9	27.2	56.7	37.1	62.3	4.2
甘肃	52.9	35.3	26.5	58.8	23.5	44.1	5.9
宁夏	61.5	42.7	24.0	51.0	41.7	56.3	4.2
河北	65.7	41.9	30.5	54.3	34.3	69.5	2.9
广西	62.4	49.5	25.7	55.4	42.6	67.3	3.0
河南	53.6	71.4	46.4	46.4	60.7	57.1	7.1
黑龙江	55.9	47.5	28.8	55.9	33.9	66.1	8.5
江西	50.0	100.0	0.0	50.0	50.0	100.0	0.0

续表

省份	大学生社会主义核心价值观教育成效的影响因素						
	活动形式	活动力度	制度建设	活动内容	社会环境	学生自身原因	其他
内蒙古	31.4	51.0	45.1	45.1	54.9	56.9	5.9
山西	58.2	55.5	31.8	51.8	38.2	69.1	6.4
西藏	66.7	44.4	22.2	51.9	33.3	77.8	3.7
浙江	100.0	62.7	54.9	52.9	66.7	52.9	5.9

3. 基于教育因素的分析

不同年级的大学生，对影响大学生社会主义核心价值观教育成效因素的认识存在差异。从表14-16可以看出，科技类大学生中，从活动形式因素来看，大一、大二、大三、大四、研究生中，分别有65.9%、61.9%、66.7%、61.9%、69.8%的学生认为活动形式是影响大学生社会主义核心价值观教育成效的因素。由此可知，研究生中相对有更多的学生，认为活动形式是影响大学生社会主义核心价值观教育成效的因素。从学生自身原因因素来看，大一、大二、大三、大四、研究生中，分别有63.7%、61.8%、62.7%、59.3%、64.3%的学生认为学生自身原因是影响大学生社会主义核心价值观教育成效的因素。由此可见，研究生中相对有更多的学生，认为学生自身原因是影响大学生社会主义核心价值观教育成效的因素。

表14-16　　不同年级科技类大学生对影响社会主义核心价值观
教育成效因素的认知情况　　（%）

类别	年级	大学生社会主义核心价值观教育成效的影响因素						
		活动形式	活动力度	制度建设	活动内容	社会环境	学生自身原因	其他
科技类	大一	65.9	46.6	29.6	54.7	34.1	63.7	4.0
	大二	61.9	47.7	25.7	53.8	37.2	61.8	5.0
	大三	66.7	46.9	25.9	55.3	35.8	62.7	3.6
	大四	61.9	47.3	30.4	52.8	38.6	59.3	4.6
	硕士	69.8	46.9	28.5	53.1	38.3	64.3	1.3

政治面貌不同的大学生,对影响大学生社会主义核心价值观教育成效因素的认识存在差异。从表14-17可以看出,科技类大学生中,有65.9%的党员大学生认为活动形式、47.2%的党员大学生认为活动力度、54.9%的党员大学生认为活动内容、36.7%的党员大学生认为社会环境、62.4%的党员大学生认为学生自身原因是影响社会主义核心价值观教育成效的因素,均分别高于非党员大学生的比例;有23.7%的党员大学生认为制度建设是影响社会主义核心价值观教育成效的因素,其比例低于非党员大学生的比例。

表14-17　　　　不同政治面貌大学生对影响社会主义核心价值观
教育成效因素的认知情况　　　　　　　　　　(%)

类别	政治面貌	活动形式	活动力度	制度建设	活动内容	社会环境	学生自身原因	其他
科技类	党员	65.9	47.2	23.7	54.9	36.7	62.4	2.4
	非党员	64.7	46.9	29.3	53.7	36.6	62.2	4.4
非科技类	党员	69.9	48.5	30.9	63.1	37.1	60.1	3.2
	非党员	67.7	47.1	33.8	56.6	36.8	69.2	4.6

学生干部经历不同的大学生,对影响大学生社会主义核心价值观教育成效因素的认识存在差异。从表14-18可以看出,科技类大学生中,有学生干部经历的大学生66.0%认为活动形式、56.5%认为活动内容、63.8%认为学生自身原因是影响社会主义核心价值观教育成效的因素,这三方面的比例均分别高于没有学生干部经历的大学生;而有学生干部经历的大学生认为活动力度、制度建设、社会环境、其他这四个方面的因素是影响社会主义核心价值观教育成效的因素的比例,低于没有学生干部经历的大学生。

表 14-18　不同学生干部经历大学生对影响社会主义核心价值观教育成效因素的认知情况　　（%）

类别	学生干部经历	活动形式	活动力度	制度建设	活动内容	社会环境	学生自身原因	其他
科技类	有	66.0	46.7	27.9	56.5	36.6	63.8	3.7
科技类	无	60.7	50.1	28.4	43.9	37.0	56.7	4.6
非科技类	有	68.9	47.4	33.3	59.2	37.7	68.6	4.4
非科技类	无	64.7	47.2	32.5	52.8	32.7	60.7	4.1

不同学校类别的大学生，对影响大学生社会主义核心价值观教育成效因素的认识存在差异。从表 14-19 可以看出，211 高校大学生有 68.3% 认为活动形式是影响社会主义核心价值观教育成效的因素；59.4% 认为活动内容是影响思想政治教育成效的因素，这两方面的比例均高于 985 高校和普通本科大学生。普通高校大学生有 50.5% 认为活动力度是影响成效的因素；29.4% 认为制度建设是影响社会主义核心价值观教育成效的因素；40.7% 认为社会环境是影响社会主义核心价值观教育成效的因素，这三方面的比例均高于 211 高校和 985 高校大学生。

表 14-19　不同学校类别大学生对影响社会主义核心价值观教育成效因素的认知情况　　（%）

学校类别	活动形式	活动力度	制度建设	活动内容	社会环境	学生自身原因	其他
985 高校	66.8	45.0	25.5	55.0	31.7	62.3	2.8
211 高校	68.3	42.9	28.6	59.4	36.1	62.3	3.3
普通本科	62.1	50.5	29.4	50.9	40.7	62.3	4.9

来自不同区域高校的大学生，对影响大学生社会主义核心价值观教育成效因素的认识存在差异。从表 14-20 可以看出，有 69.4%、

29.0%的华东地区高校的大学生分别认为活动形式、制度建设是影响社会主义核心价值观教育成效的因素,且明显高于其他区域;华南地区高校的大学生认为活动力度、社会环境、学生自身原因是影响社会主义核心价值观教育成效的因素,且明显高于其他区域。55.7%的西北地区高校的大学生认为活动内容是影响社会主义核心价值观教育成效的因素,且明显高于其他区域。

表 14-20　　　不同区域高校大学生对影响社会主义核心价值观
教育成效因素的认知情况　　　　　　　　　　（%）

学校所在区域	大学生社会主义核心价值观教育成效的影响因素						
	活动形式	活动力度	制度建设	活动内容	社会环境	学生自身原因	其他
华东地区	69.4	48.7	29.0	53.8	37.1	62.3	3.8
华南地区	62.4	49.5	25.7	55.4	42.6	67.3	3.0
华中地区	65.4	48.3	27.5	54.5	36.8	63.8	3.9
华北地区	61.8	43.7	28.8	54.8	35.9	62.6	3.9
西北地区	67.5	47.4	26.5	55.7	37.1	59.8	4.3
西南地区	66.6	49.5	27.8	53.2	40.5	65.9	2.7
东北地区	56.6	47.8	25.9	48.2	29.1	55.8	5.2

学校类型不同的大学生,对影响大学生社会主义核心价值观教育成效因素的认识存在差异。100.0%军事类高校的大学生认为活动形式是影响社会主义核心价值观教育成效的因素,且明显高于其他学校类型;58.3%语言类高校的大学生认为活动力度是影响社会主义核心价值观教育成效的因素,且高于其他学校类型;政法类高校大学生在制度建设、活动内容、社会环境、学生自身原因方面的比例远远高于其他类大学生;除政法类大学生外,57.5%财经类高校的大学生认为活动内容是影响社会主义核心价值观教育成效的因素,且高于其他学校类型。

表 14-21　　学校类型不同的大学生对影响社会主义核心
价值观教育成效因素的认知情况　　　　　（%）

学校类型	大学生社会主义核心价值观教育成效的影响因素						
	活动形式	活动力度	制度建设	活动内容	社会环境	学生自身原因	其他
语言类	83.3	58.3	33.3	16.7	16.7	66.7	0.0
理工类	65.9	45.1	27.3	54.9	38.5	62.6	3.6
综合类	63.7	44.0	26.6	55.4	33.0	63.3	3.0
农林类	67.1	50.3	22.2	55.7	34.2	65.2	6.6
艺术类	69.6	47.8	30.4	56.5	26.1	69.6	4.3
财经类	57.5	49.3	34.2	57.5	37.0	65.8	12.3
政法类	50.0	50.0	50.0	100.0	100.0	100.0	0.0
师范类	64.1	53.0	31.7	53.0	36.8	60.8	3.9
民族类	64.6	54.4	29.2	50.8	37.4	59.0	1.0
军事类	100.0	0.0	0.0	50.0	50.0	50.0	0.0
医药类	61.8	52.2	39.5	40.8	45.9	52.9	4.5

三　本章小结

调查表明，科技类大学生在高校开展的社会主义价值观教育中参与的积极性、对高校社会主义核心价值观教育效果的评价和对教育开展状况的满意度呈上升趋势；同时，数据分析中发现的一些问题与不足也为进一步改进价值观教育提供了现实参考。

（一）主要结论

调查表明，当前科技类大学生认为社会主义价值观教育的"主渠道"和"主阵地"作用发挥不断提升，对社会主义价值观教育整体成效的评价较好。调查结果显示，93.1%的科技类大学生对当前社会主义核心价值观教育开展状况持肯定性评价，科技类大学生社会主义核心价值观教育效果的整体满意度为50.8%，这充分说明在科技类大学生中，价值观教育工作取得了显著成效。活动形式、学生自身原因、活动内容是影响科技类大学生核心价值观教育成效的主要因素。调查中，分别有65.0%的科技类大学生认为活动形式、62.3%的科技类大学生认为学生自身原因、54.0%的科技类大学生认为活动内容，是影响大学生核心价值观教育成效的因素，相应人数均超过了调查样本数的一半以上。由此可见，改进教育活动形式、重视学生自身存在的问题、优化教育内容是提高科技类大学生社会主义核心价值观的主要渠道和重要途径。

（二）主要问题与对策建议

1. 主要问题

一是科技类大学生对社会主义核心价值观教育的整体成效持负面评价的比例仍然存在。这表明社会主义核心价值观教育效果有待进一步提高，教育教学的针对性和实效性还需要持续增强。调查结果显示，科技类大学生认为核心价值观教育效果"成效较小"或"成效很小"的比例为6.9%。交互分析表明，四川省的科技类大学生对核心价值观教育效果"成效较小"或"成效很小"的比例为28.5%，明显高于学校在其他省份的大学生；学校在西南地区的科技类大学生对核心价值观教育效果的肯定性评价明显低于学校在其他地区的大学生；学校类型为政法类的科技类大学生的肯定性评价也明显低于其他学校类型。

二是不同教育背景的科技类大学生群体对影响核心价值观教育成效的因素的看法存在差异。影响大部分科技类大学生社会主义核心价值观教育成效的主要因素是活动形式（65.0%）、学生自身原因（62.3%）和活动内容（54.0%）。学校省份不同的科技类大学生对影响核心价值观教育成效的因素的看法存在显著差异。调查显示，科技类大学生中，浙江省的大学生认为活动形式是影响价值观教育成因的因素的占比高达100%；66.7%的浙江省大学生认为社会环境是影响价值观教育成因的因素；100%的江西省的大学生认为活动力度、学生自身原因是影响价值观教育成因的因素，明显高于其他省份。从活动形式因素来看，分别有65.0%的科技类大学生、68.2%的非科技类大学生认为活动形式是影响社会主义核心价值观教育成效的因素。由此可见，非科技类大学生中相对有更多的学生，认为活动形式是影响社会主义核心价值观教育成效的因素。

2. 建议与对策

一是坚持不懈用社会主义核心价值观教育科技类大学生，引导他们扣好人生的第一粒扣子。要把社会主义核心价值观贯穿于高校办学育人全过程，弘扬以爱国主义为核心的民族精神和以改革创新为核心的时代精神，坚持用社会主义核心价值观引领知识教育、引领师德建设，加强中华优秀传统文化和革命文化、社会主义先进文化教育，加强党史、国史、改革开放史、社会主义发展史教育，加强国家意识、法治意识、社会责任意识和民族团结进步教育、国家安全教育、科学精神教育。坚持贯穿结合融入，把社会主义核心价值观同师生教学和学校紧密结合起来，体现在学校规章制度和师生行为规范中，引导科技类大学生做社会主义核心价值观的坚定信仰者、积极传播者、模范践行者。

二是找准并破解影响科技类大学生社会主义核心价值观教育成效的因素。调查显示，影响大学生社会主义核心价值观教育成效的因素，按照选择相应选项的大学生比例从高到低排序，依次为：活动形式、学生自身原因、活动内容、活动力度、社会环境、制度建设等。超过一半的大学生认为，影响大学生社会主义核心价值观教育成效的主要因素是活动形式、学生自身原因和活动内容。接近一半的大学生认为，影响大学生社会主义核心价值观教育成效的主要因素是活动力度。因此，提高大学生社会主义核心价值观教育成效，就需要改进教育活动形式，拒绝千校一面、千篇一律和"假大空"，解决大学生自身存在的问题，优化教育内容、加强活动实效，有效破解制约社会主义核心价值观教育成效的问题和薄弱环节，让社会主义核心价值观融入校园文化之中，让大学生活多姿多彩，为大学生成长成才创造良好文化环境，让导向正确、格调高雅的校园文化像阳光和空气一样充满学校各个角落，产生润物无声、潜移默化的育人效果。

三是构建科技类大学生培育践行社会主义核心价值观教育的长效机制。认真贯彻落实《关于在各级各类学校推动培育和践行社会主义核心价值观长效机制建设的意见》；修订完善大学生成长发展核心素养体系；结合党的十九大召开、建军 90 周年等重大事件和重要时间节点，突出爱国主义教育内容，在大学生中广泛开展社会主义核心价值观教育活动；指导开展教书育人楷模、教师和大学生年度人物评选及先进事迹推广展示活动；编排创作体现核心价值观内涵的优秀校园文化作品，传颂校园好声音；深化主题社会实践和志愿公益活动：组建社会主义核心价值观"大学生讲师团"，深化暑期"三下乡"、教育扶贫等社会实践活动；建立健全大学生诚信档案，推动将学生个人诚信作为升学、毕业、评先评优、奖学金发放、鉴定推荐等环节的重要考量因素。

（执笔人：司文超）

后　　记

　　《中国科技类大学生健康成长状况研究报告》是我们承担的由中国科协委托的重大调研项目"大学生（科技类）价值观状况及其教育引导研究"的总报告成果。根据委托方的要求，本研究成果重点聚焦了中国科技类大学生在人生观、政治观、道德观、文化观、核心价值观、择业观、创新创业、科学精神与科学素养、学术道德等方面的典型特征及其影响因素。希望通过本课题的研究，使我们能更好地理解当前中国科技类大学生在认知践行社会主义核心价值观、弘扬科学道德精神等方面是否取得了理想的效果，通过研究成果为进一步提升完善的对策和思路提供参考和借鉴。

　　该课题的顺利推进得益于各方力量和学界同仁的鼎力支持与团结协作。首先，本课题的问卷是由课题组自主研究设计而成，是课题组在反复征求各方专家意见以及预调查基础上不断修改完善而形成的，可以说最终的问卷是凝结了众人的智慧；其次，该课题基于随机抽样的原则，于2017年1—3月在全国24个省（自治区、直辖市）的80所高校开展了问卷调查，在问卷调查和数据采集中，得到了这些高校有关部门和老师们的大力协助，如果没有他们的协助这个课题不会这么顺利推动；最后，感谢参与本课题数据录入和统计分析的同学们，长达14页、5807份有效问卷的高质量数据录入，也是一件耗时巨大的工程，同学们保质保量完成了问卷的清理和录入。具体的调查高校名单和调研数据统计人员均已经在本报告中进行了说明，对于他们的协助和参与表示深深的谢意！

　　该研究报告的撰写工作是由武汉大学的作者们共同完成。《概述》部分和第六章由王丹撰写，第一章由胡栩健撰写，第二章和第五章由杨曼曼撰写，第三章和第四章由许家烨撰写，第七章和第十章由姜俊丰撰写，第八章由张晓芳撰写，第九章由何甜田撰写，第十一章和第十四章由司文超撰写，第十二章和第十三章由王晓霞撰写。王培刚教授负责本书《中国科技类大学生健康成长状况研究报告》调查、研究和撰写工作的统筹与指导，全程参与了课题的研究设计和报告撰写修订，统筹了全书的写作风格和统计表述，最后通读了全稿。沈壮海教授也共同主持本课题并参与课题设计和研究指导。王丹、王晓霞、许家烨和姜俊丰还承担了调查研究的大量组织协调工作。

中国社会科学出版社的田文编辑为《中国科技类大学生健康成长状况研究报告》的付梓出版倾注了大量的心血，细致严谨的编校工作对于提升研究报告的出版质量增色不少。对于参与该报告出版的所有编校人员表示深深的谢意！

由于作者的时间和水平有限，研究报告中的不当之处，请学界同仁和各位读者批评指正。

王培刚
2018 年 7 月 24 日

参与调研高校名单（以教育部公布的 2017 年全国高等学校名单为序）：

中国人民大学、清华大学、北京工业大学、北京航空航天大学、北京科技大学、北京邮电大学、中国农业大学、中国传媒大学、中央财经大学、外交学院、中央音乐学院、中国政法大学、中华女子学院、中国地质大学（北京）、北京联合大学、天津大学、天津科技大学、中国民航大学、燕山大学、华北科技学院、中国人民武装警察部队学院、山西大学、山西农业大学、山西医科大学、内蒙古医科大学、集宁师范学院、吉林大学、东北师范大学、吉林师范大学、吉林财经大学、吉林农业科技学院、吉林警察学院、哈尔滨商业大学、复旦大学、华东师范大学、上海外国语大学、南京航空航天大学、南京农业大学、江苏师范大学、南京晓庄学院、浙江中医药大学、浙江传媒学院、中国科学技术大学、合肥工业大学、厦门大学、闽南师范大学、江西财经大学、江西警察学院、中国石油大学（华东）、山东建筑大学、山东中医药大学、曲阜师范大学、滨州学院、安阳师范学院、洛阳师范学院、武汉大学、华中科技大学、武汉工程大学、中国地质大学（武汉）、中南民族大学、广州体育学院、桂林电子科技大学、广西科技师范学院、重庆大学、重庆邮电大学、重庆师范大学、四川美术学院、重庆科技学院、电子科技大学、西南民族大学、西藏农牧学院、西安交通大学、西安建筑科技大学、长安大学、西北农林科技大学、兰州大学、兰州财经大学、甘肃政法学院、宁夏大学、北方民族大学

调研数据统计人员（以姓氏笔划为序）：

丁秋、王丹、王晓霞、朱赵明、任云照、任韶华、刘烽、汤春燕、汤香、许家烨、阮美辰、杜泓锐、李萍、杨曼曼、杨光、何甜田、余奕、张晓芳、张刚鸣、张琳、张玲、张楚洛、赵玲玉、胡子怡、胡栩健、姜俊丰、奚艳贝、唐慧颖、黄兆琼、梅文韬、董祥宾